王一川 董晓萍 主编
国家社会科学基金重大项目
我国文化软实力发展战略研究(下)

中国民俗文化软实力发展战略专论

董晓萍 著

商务印书馆
The Commercial Press

2015年·北京

图书在版编目(CIP)数据

中国民俗文化软实力发展战略专论/董晓萍著.—北京：商务印书馆，2015
ISBN 978-7-100-11595-7

Ⅰ.①中… Ⅱ.①董 Ⅲ.风俗习惯－研究－中国 Ⅳ.①K892

中国版本图书馆 CIP 数据核字(2015)第 223100 号

所有权利保留。
未经许可，不得以任何方式使用。

中国民俗文化软实力发展战略专论
董晓萍 著

商 务 印 书 馆 出 版
(北京王府井大街36号 邮政编码 100710)
商 务 印 书 馆 发 行
北 京 冠 中 印 刷 厂 印 刷
ISBN 978-7-100-11595-7

2015 年 8 月第 1 版	开本 880×1230 1/32
2015 年 8 月北京第 1 次印刷	印张 14½

定价：45.00 元

目　录

引　言 ··· 1

第一部分　基本理论问题与发展战略要点 ············· 11

第一章　中国民俗文化的价值观和社会运行系统 ······ 13
　第一节　中国民俗文化价值观的构建 ················ 14
　　一、党性民间文艺理论的历史成因 ················ 15
　　二、党性民间文艺理论的核心概念 ················ 28
　　三、党性民间文艺理论与社会主义意识形态文化
　　　　建设的关系 ································ 41
　　四、民间文艺作品的内容和形式的价值与改造 ······ 51
　　五、民间文艺在社会主义意识形态文化中的地位 ···· 62
　第二节　中国民俗文化的社会运行 ·················· 89
　　一、中国民俗文化在国家管理系统中的文化分层 ···· 90
　　二、政府主导文化 ······························ 92
　　三、历史性辅助文化 ···························· 93
　　四、政府主导文化与历史性辅助文化的关系 ········ 97
　第三节　中国民俗文化在国家管理系统中的现代定位 ·· 99
　　一、中国民俗文化在现代社会变迁中的文化分类 ···· 99
　　二、中国民俗文化在现代社会变迁中的基本特征 ···· 104
　　三、中国民俗文化在现代社会变迁中的结构秩序 ···· 106

第二章　中国民俗文化软实力建设的战略途径 ········ 111
　第一节　中国民俗文化软实力战略建设的核心理论问题 ··· 112

一、国家化空间与多元时空格局 ·············· 112
　　二、文化分层与社会分层的错位 ·············· 118
　　三、高速城镇化过程中的民俗文化转型 ·········· 129
　　四、遗产文化与民俗文化的互动 ·············· 134
　第二节　中国民俗文化软实力战略建设的
　　　　　目标、方法与途径 ·················· 152
　　一、中国民俗文化软实力战略建设的目标 ········ 153
　　二、中国民俗文化软实力战略建设的方法 ········ 153
　　三、中国民俗文化软实力战略建设的途径 ········ 155

第二部分　国家重点保护领域与优先建设的专项项目 ···· 157

第三章　国家民俗文化的重点保护领域 ············· 159
　第一节　国家民俗文化保护的核心理论问题 ········ 159
　　一、"新精神性"的概念与社会管理新理念 ······· 160
　　二、民俗文化保护的社会重要性 ·············· 164
　第二节　国家文化新传统与民间文艺保护 ········· 167
　　一、民间文艺实力化思想的发展历程 ············ 168
　　二、民间文艺出版物的积累与走势 ············· 177
　　三、民间文艺非遗书刊的出版与交流 ············ 186
　　四、中国民族民间文艺十套集成志书 ············ 188
　第三节　国家手工技艺与手艺保护 ·············· 204
　　一、手工记忆与历史作坊保护 ················ 206
　　二、手工技术与工匠传承保护 ················ 208
　　三、手工知识与文化属性保护 ················ 214
　第四节　国家传统节日与节日保护 ·············· 217
　　一、传统节日的两种文化模式 ················ 218

二、传统节日的历史样本与运行节点 ……………………… 228
　　三、传统节日的地方知识与文化符号 ……………………… 231
　　四、传统节日的政府管理与新闻报道 ……………………… 238
　　五、节日文化的对外宣传与输出策略 ……………………… 241
　第五节　国家综合防灾减灾与民俗文化软实力建设 ………… 242
　　一、国家综合防灾减灾与民俗文化软实力建设的关系 …… 243
　　二、防灾减灾民俗文化建设与政府管理 …………………… 250
　　三、我国现阶段防灾减灾民俗文化建设的根本问题 ……… 253

第四章　中国故事跨媒体建设专项规划 ………………………… 257
　第一节　中国故事的跨媒体建设工程 ………………………… 258
　　一、中国故事的民生建设工程 ……………………………… 258
　　二、中国故事的文化创新工程 ……………………………… 258
　第二节　中国故事跨媒体建设的信息资源 …………………… 260
　　一、现代信息故事的基本特征 ……………………………… 260
　　二、信息故事的跨媒体形态 ………………………………… 262
　　三、故事资源的国际化历程 ………………………………… 264
　　四、故事文本与国家遗产清单 ……………………………… 266
　第三节　中国故事跨媒体建设的校园基础 …………………… 270
　　一、全球化环境中大学生对故事民俗的认知 ……………… 280
　　二、新媒体生活方式中故事民俗传播的现状 ……………… 285
　　三、数字校园建设中故事民俗的教育活动 ………………… 291
　第四节　中国故事跨媒体建设的产业趋势 …………………… 313
　　一、中国故事跨媒体建设的前期基础 ……………………… 314
　　二、创新维护中国故事的民俗文化底蕴 …………………… 316
　　三、其他辅助的故事媒体文化产业 ………………………… 317

四、中国故事跨媒体产品的对外输出 ……………… 317

第五章 中国非物质文化遗产建设专项规划 …………… 333
第一节 政府非遗与民间非遗的差异与建设规划 ………… 333
一、政府非遗：国有化观念与传承人定位 ………… 335
二、民间非遗：文化空间保护与研究性保护 ……… 339
第二节 民族音乐与民族文化主体性的建设 ……………… 353
一、民族音乐与民族文化主体性建设的关系……… 354
二、民族音乐在民族文化主体性建设中遇到的新挑战 ……… 357
三、民族音乐通向民族文化主体性新建设的渠道 ……… 358
第三节 保护文化多样性与多民族民俗教育 ……………… 360
一、教育、生态文化与经济结合的政策系统 ……… 360
二、民俗非遗资源与民族民俗教育教材 ………… 362

第六章 中国传统行业文化建设专项规划 ……………… 363
第一节 传统行业文化专项规划建设的要点 ……………… 364
一、传统行业文化专项规划建设的价值评估 …… 364
二、传统行业文化专项规划建设的主要任务 …… 368
第二节 传统行业文化建设规划专项的分布 …………… 372
一、木作传统行业文化建设专项 ………… 373
二、珐琅作传统行业文化建设专项 ………… 374
三、盔头戏装作传统行业文化建设专项 ………… 374
四、雕漆作传统行业文化建设专项 ………… 375
五、花作传统行业文化建设专项 ………… 375
六、油漆作传统行业文化建设专项 ………… 376
七、裱作传统行业文化建设专项 ………… 377
第三节 传统行业文化专项规划建设的实施步骤 ………… 377

一、搜集资料并建立传统行业知识的数据库 ………… 378
　　二、确定个案并开展专项建设的描述性研究 ………… 379
　　三、互动性保护并提升传承行业的传承能力 ………… 380

第七章　中国节日文化建设专项规划 ………… 381
第一节　节日文化模式建设专项规划 ………… 381
　　一、非遗节日文化建设专项规划 ………… 381
　　二、其他节日文化建设专项规划 ………… 382
　　三、多元节日文化建设专项规划 ………… 382
第二节　节日文化保护专项建设规划 ………… 383
　　一、保护节日文化机制 ………… 383
　　二、保护节日文化凝聚力 ………… 384
　　三、保护节日文化空间 ………… 384
　　四、保护节日生活传统 ………… 385

第八章　中国防灾减灾民俗文化建设专项规划 ………… 386
第一节　防灾减灾民俗文化专项建设的思路 ………… 386
　　一、防灾减灾民俗文化专项建设的概念 ………… 387
　　二、防灾减灾民俗文化专项建设的性质 ………… 392
第二节　防灾减灾民俗文化建设专项的分类 ………… 392
　　一、已有民俗文化建设 ………… 393
　　二、政府管理民俗文化建设 ………… 394
　　三、政府信息网络文化建设 ………… 395
第三节　防灾减灾历史资源整理与优化利用 ………… 396
　　一、正统史书对自然灾害预测和灾害过程的记载 ………… 396
　　二、正统史书对灾害社会文化现象的记载 ………… 397
　　三、对历代防灾减灾民俗经验的优化利用 ………… 398

第四节　政府防灾减灾网站的民俗文化建设 …………… 401
　　一、政府防灾减灾网站的信息分类与现状分析 ………… 401
　　二、政府防灾减灾网站的民俗信息特征与文化建设 …… 405

结论　民俗文化软实力建设的社会重要性、国际性
　　　与未来意义 …………………………………………… 409

附录一　主要参考文献 ……………………………………… 414
附录二　中国文化软实力发展战略研究网站样本 ………… 436
附录三　本书使用彩图样页 ………………………………… 447
后　记 ………………………………………………………… 454

引　言

　　《中国民俗文化软实力发展战略专论》，首次将中国民俗文化建设纳入国家文化软实力总体发展战略研究的范畴，将政府主导文化与多地区、多民族民俗文化的战略建设进行统一部署，将对内民俗文化品格提升与对外民俗文化交流加以统筹管理，研究我国文化软实力建设在基层社会层面所要解决的关键文化问题，阐释当代民俗文化建设的内涵、特征、任务与目标，揭示我国民俗文化软实力形成的历史进程、社会文化分层结构、社会运行方式和优势资源分布，提出在全球化、现代化和农村城镇化背景下需要重点保护的民俗文化领域，并就优先建设项目制订专项规划方案。本书尝试从民俗学的视角，为国家文化软实力建设补充提供理论新成果，一并提供可资参考的社会应用意见。

一、中国民俗文化软实力建设的目标、理论、方法与框架

（一）需求与目标

　　从民俗学的视角切入，研究中国民俗文化软实力发展战略研究，旨在在全球文化环境变迁和我国实施文化强国战略的背景下，加强以广大基层社会各层面为主的文化建设，鼓励地区文化发展的自主性，巩固多民族团结，提升国民素质综合水平，优化中华民族文化主体性中的民俗文化特质成分，调整我国对外文化交流策略，在世界面

前树立中国多元文化相融汇的文明风采，表现出中国能把优秀历史文化传统与现代社会价值观相结合的强大建设能力。

第二次世界大战之后，世界很多发达国家和发展中国家都在恢复和平社会建设，但也相继发生了经济发展与文化建设失衡的矛盾。许多重大社会与自然变迁成为不可视的历史，不少古老文明地标在留传亿万年后轰然倒塌，地球支撑人类生命的能力与"经济"这一字眼所赋予人类追求幸福的愿望的能力同时受到质疑，于是人们将注意力转向可视化的文化变迁，亲近本土民俗文化，反思民俗文化带给自然界与社会活动的协调规则，重视民俗文化对于人类精神家园建设的维护功能和修复现代社会病的人文能量。

我国是世界四大文明古国之一，而且是人类古老文明唯一完整延续的国家。我国拥有优秀的历史文化传统和极其丰厚的多元文化财富，但是，当今世界以现代化、全球化和信息化为划界，将历史传统与现代文化加以重新定义，我国首次面临创新维护历史传统的重大挑战。在这方面的一个十分重要的问题是：如何正确利用民俗文化？

进入21世纪以来，世界范围内的政治变动、地区战争冲突、金融危机和地球巨灾接连发生，这些动荡反映到我国，有时会演变为重大文化冲击，所连锁造成的社会危机不亚于外部灾害。正确地对待和优化利用民俗文化，在解决某些冲突上，往往能起到关键作用。换个角度说，我国在提升国家综合竞争实力时，还不能不考虑一个历史文明古国所无法超越的文化双面性：有时文化财富越多，历史包袱也就越重。而在解决这种双面性的难题上，民俗文化往往能起到穿越、转型和重新构架的工具作用。综上所述，面对世界文化环境的变迁和各国社会格局变动的新局势，我国民俗文化建设的任务尤为繁重，也尤为紧迫。在这种情况下，建设国家民俗文化软实力，是补充现代文化知识体系和可操作方案的创新实践，而这正是一个古老文明国家建立反思文化的过程。在现代社会条件下拥有反思文化的国家才能再度走向文化成熟。

研究我国民俗文化软实力建设战略的思路,是在党的十七大和十八大连续提出经济建设、政治建设、社会建设、文化建设和生态文明建设等多位一体国家建设的总体布局中,在我国 20 世纪以来国家民族现代化建设的进程中,特别是在改革开放后的经济社会转型中,在政府主导的社会文化运行下对民俗文化建设的探索成绩和实践经验加以描述和分析,并进行科学总结。在此基础上,对 21 世纪应对全球文化环境变化和我国民俗文化发展的策略进行评价和预测,对其中主要掣肘问题进行归纳,指出需要注意和加强管理的症结问题,就特别关系到国家社会文化总体建设的民俗文化问题开展战略研究,包括:国家社会文化管理的宏观运行与地方民俗和民族民俗多元文化良性运行的关系,政府主导国家社会主义意识形态文化与民俗文化的整体建设关系,国家公共文化政策、政府投入与民族民俗需求的关系,政府工作进入联合国文化遗产保护框架后维护原地文化权利和改善人民生活的关系,我国对外民俗文化输出成本与社会收益的评估,在世界灾害一体化趋势中我国防灾减灾民俗文化体系的建设和优化利用等。总之,本项研究立足于中国国情实际,继承和弘扬中国优秀民俗文化传统,促进国家文化软实力的整体建设和协调发展。

(二) 理论与方法

本书的理论目标有三:一是研究具有中国特色的民俗文化软实力,二是研究符合中国社会整体文化结构的民俗文化软实力,三是研究带有中国符号元素与对外输出代表作性质的民俗文化软实力。

本书的研究方法,主要采用民俗学与社会学相结合的方法,运用自下而上的视角,分析民俗文化对国家当代"新精神性"文化建设的价值和功能。本书所涉及的基本问题有：我国民俗文化的社会运行特点、民俗文化的分类分布与政府评估资源、民俗文化的重点保护领域和核心理论问题、民俗文化软实力规划建设范畴、目前政府工作的相关缺位点与改进渠道，阐述民俗文化与国家文化权利、民族文化主体性、文化多样性、民俗非遗项目管理、民族团结、社会认同、地方社会发展、生态环境保护和综合防灾减灾工作等的密切关系。在当代全球文化环境变迁的趋势中，民俗文化日益呈现出地方性、民族性、历史性和国际化的特征，在这一过程中，民俗文化的受关注程度得到明显提升。但是，与世界发达国家相比，我国的对外开放时间还比较短，创新维护民俗文化传统和对外输出优秀民俗文化代表作的经验还不足，对于将民俗文化纳入国家文化建设的有效效益的可预测性及激发其内生机制的办法还不多，所以，这方面的研究，还应包括对提高民俗文化软实力途径的研究，要充分发挥民俗文化软实力对国家文化软实力的补充和完善作用。

本书的研究框架，包括宏观战略研究和重点领域专项研究两方面。宏观战略研究，指在全球文化环境变迁中进行的国家民俗文化管理的现代策略转型、对策与预测研究。这是对中国现代社会改革引发的民俗文化变迁部分，对其影响到国家文化管理支撑能力的主要领域所进行的针对性研究。重点领域专项研究，指对国家已进行的社会文化建设中的民俗文化建设现状和问题，展开具体的、实证性的研究，并提出专项规划建设的对策。

(三) 研究框架

本书的研究框架，根据研究目标、理论和方法确定，利用民俗学基础研究的前期成果，补充课题组第一手田野调查资料和问卷数据，采用民俗文化与中国整体文化综合分析的框架(HLIC-MAIC-LTFC)，即"精英文化(Higher-culture)：文学(Literature)—制度(Institution)—

意识(Consciousness),大众文化(Middle-culture):艺术(Art)—工业(Industry)—商品(Commodity),民俗文化(Lower-culture):传统(Tradition)—民俗(Folklore)—文化空间(Cultural-space)",开展实证研究。

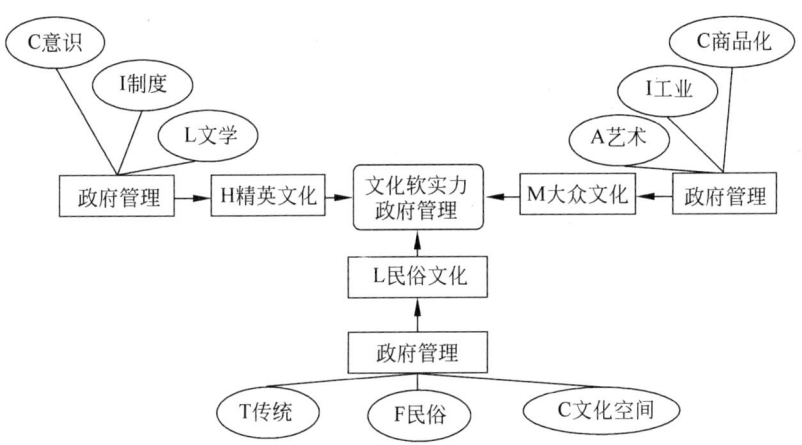

图1 中国民俗文化软实力研究分析框架(HLIC-MAIC-LTFC)示意图

这一研究框架的描述是:①开展民俗学与社会学的综合研究,形成精英文化、大众文化与民俗文化研究的互动性框架;②将理论研究与实证研究相结合,形成基础研究、数据分析、定性研究与定量研究相参照的互补性框架;③将民俗文化软实力战略研究与人才培养战略相结合,形成重大项目研究与民俗学高等教育改革相促进的应用型框架。

二、民俗文化软实力建设的现状与缺位

(一)国内建设现状

我国改革开放后首次遇到一些重大社会文化变迁问题,需要从民俗文化建设的角度予以解决,重点应在宏观战略上调整对象。

中国特色社会主义体制下民俗文化管理理论有待拓展。我国坚持中国特色社会主义建设的政治方向明确，民俗文化研究理论来源丰富。但是，在社会治理理论方面，主要还是采用自上而下的社会运行学说，缺乏自下而上的民俗文化研究理论做补充。此外，中国特色的社会主义国家文化软实力建设理论要进一步获得国际认同，也要协调世界各国不同社会意识形态之间的差异或冲突，完善自身的理论表述形式，因而补充民俗文化研究理论仍是十分必要的。

政府对民俗文化行政管控的权力有待进一步下放。我国改革开放以来对一般社会文化的管理力度已经增大，但相对而言，对民俗文化管理的力度还嫌不足。政府掌握的行政资源，非政府企业组织的运作渠道，与传统民间组织所具有的自治管理资源，三者之间不平衡。在市场经济体制下，政府行政资源的管理权威下降，非政府的企业组织和传统民间组织的能动性增强。在很多情况下，这类不平衡的结果，造成了社会资源与文化资源的分离现象。非政府的企业组织和传统民间组织掌握多元地方文化空间，政府的政策下到基层社会很容易落空，这成为我国民俗文化软实力建设的一块短板。调动非政府的企业组织、传统民间组织等各种社会力量的能动性，以多元文化资源补充和辅助政府行政管理，可以建立我国社会主义体制下现代民俗文化建设的独特经验。有了这种新格局，政府可以降低管理民俗文化的行政成本，提高管理民俗文化的社会效益，乃至提升整体社会文化管理的效益，对此政府应该给予重视。

政府民俗文化管理指标体系有待建设。我国民俗文化软实力管理研究是一个理论性兼应用性的新课题，将之付诸社会实践，离不开测量指标体系的建设。但我国政府目前对民俗文化的管理还大多处于资料分析或者宏观论述的阶段，能落实到民俗文化管理操作层面的东西还是空白。加强政府管理民俗文化指标体系建设，可以为政府的实际决策提供科学依据,也能对民俗文化软实力建设起到有效的推动作用。

国家民俗文化符号系统有待创新建设。建立民俗文化管理指标体系要有民俗文化符号的表征提供支持,但到目前为止,我国还缺乏一套能标识国家民俗文化软实力的符号系统。学术界和社会人士对民俗文化的评价,还大多都停留在感性认识上,热衷于罗列和解释民俗文化现象,而尚未达到提取出抽象符号的程度。缺乏民俗文化符号系统,已造成对民俗文化理论创新的掣肘,也使政府在利用民俗文化对外吸引上居于弱势,有时还付出了过高的文化支出,却回收了不对等的外部反馈。我国的确是一个历史传统悠久的民俗文化大国,但现代社会所需要的民俗文化符号却不会自动生成,需要经过高端研究创新提炼。有了这套民俗文化符号,民俗文化领域的文化资本才能进一步凸显,民俗文化软实力建设才能更加有的放矢。

(二) 重点领域的民俗文化缺位点

在我国社会文化建设中,在需要开展民俗文化实力建设的重点领域,目前存在较多的缺位点,兹略述以下比较主要的两种。

第一,国家主流媒体中的民间文化建设缺位点。我国主流媒体对优秀民俗文化传播不力,造成这种结局的原因是多方面的,有意识形态的原因,有文化翻译的原因,也有民俗文化输出方式的原因,等等。在这方面,政府管理体制和知识结构系统都有待改革。

第二,国家民俗文化建设本身的缺位点。我国改革开放后出现的社会分层结构变迁引发了文化分层的变迁,在基层社会的民俗文化建设上出现了缺位点,与我国目前正在火热进行的民俗申遗工作形成了很大的反差,产生了政府宏观政策调控知识不足的问题,传统民俗"公有财富化"与国家非遗"国有化"的矛盾,非遗项目国家"名录化"与民族民俗文化权利选择的矛盾,以及民俗生态文化链断裂,大批民俗文化承担者成为政府社会福利投入的对象和防灾减灾的目标人群等,在这种情况下,加强民俗文化建设已势在必行。

三、民俗文化软实力建设的基本原则与重点领域行动建议

(一)基本原则

国家民俗文化软实力建设是基于我国多地区、多民族民俗文化共同发展、共谋社会繁荣的目标所开展的新"精神性"理论建设。这项工作同时有很强的实践性,应在重点领域做好规划,在专项探索中落实,取得经验后再全面推广。主要从中华民族主体文化的特质民俗文化上着眼,加强研究与实践,促进国家文化软实力的总体建设。

(二)重点领域规划与专项建设

我国民俗文化软实力的建设与我国社会主义意识形态文化建设的理论进程是联系在一起的,重点规划领域及其专项分布有五。

一是中国故事软实力跨媒体专项规划建设。我国故事传播与大众传媒、作家文学、影视大片、互联网和对外文化交流紧密相关,运用民俗学、社会学、文艺学和跨文化比较研究等交叉学科研究的理论与方法,开发我国丰厚的故事资源,提取故事民俗文化符号,补充和丰富我国文化符号系统和政府管理测量指标系统,使中国故事充分发挥软实力作用。

二是中国非物质文化遗产专项规划建设。我国政府保护的非物质文化遗产项目中有大量的民俗文化代表作,它们本身是非政府文化,是在地方"文化空间"中传承的历史地理文化遗产,所以,在该专项的建设中,需要根据联合国教科文组织推行人类遗产保护工作框架在我国落地后产生的经验与问题,开展基础研究,解决基本理论问题,分析政府非遗与民间非遗知识系统的差异,建立多元化的规划建

设方案。要关注民族音乐和多民族民俗教育教材两方面的探索建设,它们都是在现代社会中外文化交往中凸显国家文化主体性特质的活跃成分,建设任务紧迫,示范意义明显。

三是中国传统行业文化专项规划建设。传统行业文化是我国长期农业文明的成就之一,其大量发明早已引起世界的关注。在现代工业化、高科技和商业利润追求对地球资源急剧消耗的情况下,自然生态环境与人文精神传承失去平衡,重新阐释和强调传统行业遵循的天人合一模式,保护其活态优秀遗产,就其富有生命力的部分进行专项建设,具有积极的现代意义和长远的未来启示意义。

四是中国节日文化专项规划建设。没有节日的国家就没有国家文化,没有节日的民族就没有民族性格,没有节日的社会就没有多元文化的魅力,没有节日的历史就缺乏对外交流。我国传统节日众多、现代节日活跃,也在中外交流中形成或共享一些外来节日。在当今的非物质文化遗产保护中,其中的部分传统节日还成为非遗节日。国家文化软实力建设需要大力建设节日文化。要在现代社会条件下,在深入研究我国优秀节日文化传统的基础上,针对非遗传统节日、其他节日和多民族多元节日的不同对象,制定专项规划,开展创新建设,保护我国节日文化机制、节日文化空间、节日生活传统和节日文化凝聚力,赋予全民以新的文化自觉和文化自信。

五是中国综合防灾减灾民俗文化专项规划建设。进入21世纪以来,世界自然灾害一体化成为共同趋势,但各国抵御灾害的文化差异较大,加强民俗文化软实力建设具有必要性,可以辅助国家综合防灾减灾文化建设。要正确利用民俗文化,建设积极性文化。要尊重在灾害悲痛中举行的特定民俗禳灾仪式的功能,促进重建灾后和平家园。要发挥民间组织在灾害自救和群体互助中的作用,运用本地、本民族的民俗经验,降低次生灾害风险,抵制人为恐慌酿成的社会危机。要将政府与民间防灾减灾工作相结合,使国家与人民生命财产的灾害损失降到最低限度。

能否从国家文化软实力发展战略的角度研究我国民俗文化的建设,其结果是大不一样的。本书只是一个开始,但它前行的脚步不会停歇。

第一部分

基本理论问题与发展战略要点

第一章　中国民俗文化的价值观和社会运行系统

中国文化软实力战略建设的重要方面是民俗文化软实力建设。改革开放以来，中国首次遇到一些重大社会文化变迁问题，涉及维护国家文化权利、民族文化主体性、地方文化多样性、社会认同、民族团结、地方社会传统、非物质文化遗产保护、生态环境治理和综合防灾减灾等，都需要通过加强民俗文化软实力建设的途径去解决。通过这方面的建设，可以使民俗文化成为国家文化支撑能力的结构要素，对我国现代社会文化建设发挥更大的作用。

我国是历史文明古国，在采集民俗和积累口头传统上，拥有雄厚的文化资本。但是，在民俗文化的价值观和社会运行方式上，以亚洲仅有的中、印两个世界文明古国为例，就有较大的差异。我国自先秦时期起，已在国家管理知识中吸收民俗和利用民俗，这点与印度相似。但印度较早地进入了印欧文化圈，在欧亚大陆和东南亚与南亚海洋岛国中，其民俗文化也有着广泛的影响。我国民俗文化是大陆农业文明的产物，在亚太文化圈中有重要的历史影响和现实作用，但对西方世界影响较小。此外，中国民俗文化是中国人的共享文化，这点也与印度相似，但中国是非宗教国家，故在整体社会历史认同上，民俗规约性的作用特别突出；印度是宗教国家，故宗教规约性的作用特别突出。再从人类进入现代社会的情况看，以中、西比较为例，自

20世纪60年代以来,西方发达国家重视保护和利用民俗传统,视之为国家知识的内容和政府治理的对象,不过西方强国又对外推行统一文化和霸权文化,引发了一些欧洲国家和发展中国家的抵制。我国通过建设民俗文化软实力,可以增进和发展我国的文化多样性,向世界展示更为全面完整的中国文化形象,在世界文化之林中立于不败之地,这是两种不同的路数。

本章阐述我国民俗文化软实力建设的历史进程、核心问题和国际化趋势,预测民俗文化建设对国家整体文化软实力建设的影响,尝试从理论构建和政策研究两方面,提供框架性的学术参考意见。

第一节 中国民俗文化价值观的构建

建设民俗文化软实力,符合我国社会主义核心价值观。在国家现代化的进程中,中国共产党指导民俗文化建设,是一种思想文化新建设。它在五四新文化运动中初兴,激发了现代民俗学与民间文学运动的发展壮大,还曾酿成影响重大的社会文化运动。在共产党领导的延安时期,革命民间文艺活动蓬勃发展。毛泽东的《在延安文艺座谈会上的讲话》发表后,出现了党与人民共同利益最大化前提下的党建理论话语与民间文艺话语的平行关系,形成了党性民间文艺思想,为确立党性民间文艺理论的话语权奠定了理论基础,这也体现了共产党领导民俗文化与封建正统文化管理的本质区别。不过,由于战争环境的局限等原因,延安时期的党性民间文艺建设属于党领导下的"文艺工作",还无法形成理论系统。新中国初期学苏联,苏联输入的共产主义理论为我国社会主义意识形态体系的建设提供了政治导向,也为延安党性文艺思想转为党性文艺理论提供了时代条件,还为我国高校的民间文艺学学科建设提供了较为严密的理论系统和方法论框架,推动了民间文艺学的科学研究和教育事业的发展。与此同时,我国政府对传统民间文艺的继承与发展,也在政策制定和行政管理方式上,加以探索。改革开放后,通过拨乱反正、经过党内外理论工作者的共同努力,我国在以民间文艺为核心的民俗文化理论建设上逐步形成了自己的理论体系和工作模式。

在当今世界提倡文化多样性的潮流中,总结这笔思想财富,认识和保持党领导民间文艺的话语权,仍然是十分重要的。它是我国社会主义文化形态具有中国特色的一种标志,也必将成为我国当代文化软实力建设的一块思想基石。

一、党性民间文艺理论的历史成因

党性民间文艺理论,是指以马克思主义思想为指导,以社会主义国家政府文化管理为主导,以搜集民间文学运动、科学研究、专业教育和多民族民间文艺演出事业为主,同时吸纳民俗文化、民族文化、地方文化和非物质遗产文化等多层理论分支的成果为辅助支撑,构成我国整体民俗文化软实力建设的工程。

本节的结构围绕几个主要讨论的问题展开,包括:党性民间文艺理论的形成与研究的切入点、党性民间文艺理论中的领袖焦点问题、党性民间文艺理论的核心概念与思想争论、党性民间文艺与社会主义意识形态建设的关系、民间文艺作品的内容与形式的价值和改造等。

本节使用的资料,以党内外理论工作者的出版著述为主,如从延安到新中国时期和改革开放后,都有党性民间文艺理论文章发表,加上长期从事政府文化部门领导工作的党内文艺工作者的文章,将之放到社会主义国际阵营国家曾普遍提倡的党性文艺理论宏观背景下考察,并与新中国初期学苏联理论的内容做比较,同时也与我国民间文艺学和民俗学学科建设的理论文章做比较,总结我国党性民间文艺理论建设的历史,指出其共有的国学传统和民俗文化观,分析其提出的概念和观点,评价不同阶段我国文化建设的方针路线所相应含有的、不可回避的导向因素的影响。

全球化发展至今,东欧社会主义阵营国家的民俗学者已在讨论党性民间文艺话语权的断裂与接续问题,而我国社会主义时期的党性民间文艺理论建设从未停止,这种理论史是值得认真总结的。

(一)党性民间文艺理论的形成

党性民间文艺理论的实质,是以党的领导为最高原则,围绕党的政治目标和中心工作,建设民间文艺理论,开展民间文艺研究和群众文化活动。讨论它的理论的形成,指讨论它的理论来源、理论史,及其对现有理论形态的影响。

苏联共产主义理论和文艺理论早在五四前后已被引进我国,开始时成分比较复杂,以普列汉诺夫为代表的马克思主义,以车别杜为代表的革命民主主义与以赫尔岑(Alexander Herzen)和皮萨列夫(Dmitri Pisarev)为代表的革命民粹派思想陆续输入,并都有中译本出版。洪长泰曾指出,五四时期的共产党领导人李大钊和后来成为领袖的毛泽东都受到俄国早期马克思主义和革命民粹派思想的影响,当然也都有关注中国文化传统与革命实践的特点。[①] 据参加过五四运动的钟敬文回忆,他和同时期的不少学者都接触过普列汉诺夫的早期马克思主义,但尚未触及到学术思想,他说:"在大革命失败后的一段时间里,许多原来参加过革命活动的同志聚集在上海,大量翻译了马列主义方面的学术理论,如普列汉诺夫的《没有地址的信》

---

① 〔美〕洪长泰(Chang-tai Hung):《到民间去——1918—1937年的中国知识分子与民间文学运动》,董晓萍译,上海文艺出版社1993年版,第288—291页。

(即鲁迅、林柏修所译的《艺术论》),就是那时传入我国的。这方面直接关于民间文学的理论虽然不多,但是,它对民间文艺学的研究是起了启发、引导作用的。在这段时期,民间文学的一般研究角度也开拓了,由原来比较局限于文艺学及民俗学的探讨,扩大到跟社会学、民族学、人类学、原始文化史等联系起来。"①他又说:"我在大革命时期,已经接触到《共产党宣言》和《共产主义 ABC》等书籍。但是,那主要只对我的社会观起过一些作用,对于学术思想却触动不大,……这种思想并没有成为精神的主导力量。"②他在自己的著作中是把政治与学术加以区分的。

到"左联"时期,苏联革命文学理论被我国进步学者和文化人士所接受。程正民指出,当时鲁迅和冯雪峰等翻译了普列汉诺夫、卢那察尔斯基、沃罗夫斯基等人的文艺论著,③促进了苏联文学理论的传播。瞿秋白曾是"左联"领导人之一,也是苏区红军时代的党内文艺理论家,丁易曾写道:"瞿秋白同志提议学校的名称应以高尔基来命名。"苏区红军文艺特征在很大程度上都受到瞿秋白的影响,他是明确地把苏联文学思想转为党性文艺路线的早期党内文艺理论家。丁易还引用李伯钊的话说,除了瞿秋白,苏区其他党的领导人,如叶剑英同志和刘伯承等,也"都很重视文艺工作对教育工作所起的辅助作用。由外来的少数文艺工作的爱好者与红军中高级干部发动组织的工农剧社,很短时间就推广到各省县,以至于区都组织起工农剧社的分社"。④ 相对于五四学者,"左联"革命文人的转折,是从接受苏联

---

① 钟敬文主编:《民间文艺学文丛》,北京师范大学出版社1982年版,第3—4页。
② 钟敬文:《钟敬文民间文学论集》(上),上海文艺出版社1982年版,第5页。
③ 程正民、程凯:《中国现代文学理论知识体系的建构——文学理论教材与教学的历史沿革》,北京大学出版社2005年版,第115页。
④ 丁易:"回忆瞿秋白同志",《人民日报》1950年6月18日。

政治学说，转向了接受苏联革命文学理论，而且有社会主义学说和文学理论两种影响，正是从事党性文艺理论工作所必备的两种要素。

在党性文艺思想建设上，"左联"和苏区红军文艺是两支互相配合的革命文艺部队，丁易认为："这两支部队虽然被蒋匪阻隔，信息难通，但在斗争的方向上却基本上是一致的。"两者共同为延安时期党性文艺思想的发展打下基础，他们提出的与农民"打成一片"的口号，后来还成为延安文艺工作的口号。还有一个分支，由在国统区从事民间文学工作的学者组成，他们不是党性文艺思想的建设者，但用丁易的话说，他们的努力同样是"五四以来革命文学的一个重要发展"。①

延安时期，毛泽东发表了《在延安文艺座谈会上的讲话》。他在这个讲话中，在党性文艺思想建设上，明确地提出了学习和利用民间文艺的主张，这使此前在苏区发展起来的党性文艺思想成为延安党建理论的一部分。1944年，周扬组织编译的《马克思主义与文艺》一书出版，②受到了毛泽东的表扬。在该著中，收入了马克思、恩格斯、普列汉诺夫、列宁、斯大林、高尔基、鲁迅和毛泽东的党性文艺观的语录，汇集成册，供延安革命知识分子和革命文艺工作者学习《讲话》时参考。现在看这本书的价值，至少有二。

第一，对党内建立民间文艺价值观起到重要作用。当时一些奔赴延安的中外兼通的高级知识分子，通过翻译和介绍这本书中的马克思主义领袖的文章，向毛泽东和他的战友们，普及了国际社会主义阵营提倡的党性文艺理论，被党内领导层接受。书中共选录6位马克思主义经典作家的文章，其中来自苏联的作者占4位，即普列汉诺

---

① 丁易："苏区文艺运动"，《中国现代文学史略》，作家出版社1955年版，第二章第四节。

② 周扬编：《马克思主义与文艺》，1944年初版，作家出版社1984年再版，《序言》第1页。

夫、列宁、斯大林和高尔基,故此书是以介绍苏联理论(包括党性民间文艺理论)为主的。书中还将毛泽东的《讲话》列入,在马克思主义社会史观和文艺观上,将毛泽东与马恩列斯并举,这无疑极大地提高了毛泽东的地位。此举也成为新中国成立前党内了解苏联理论的一次集中学习,为党性民间文艺理论进入新中国的社会主义文化建设做了铺垫。

第二,对延安革命知识分子和革命文艺工作者建立民间文艺价值观起到重要作用。这本书同时面向延安的党内外知识分子和文艺工作者群体,普及推广马克思主义文艺观和苏联的党性民间文艺理论,使他们在这本书的引导下,进一步坚定了接受和服从《讲话》的信心。何其芳、丁易、吕骥、张庚、贺绿汀、周巍峙等在延安的知识分子,钟敬文等国统区的知识分子,都先后热情地加入了学习《讲话》的行列。何其芳撰写了《谈民间文学》一文,直接运用苏联高尔基的民间文艺观,承认民间文艺对建设"民族形式"的"中国今天的新文学"有巨大作用:

> 高尔基对民间的文学的估价,我觉得是最恰当不过了。我曾经花了一些时间去研究民歌,所看的各省歌谣在两千首以上,而结果却是我对一位朋友叹息道:我的研究只是证明了高尔基的意见的正确,并不能超过他。
> 高尔基说:"如果不知道人民的口头创作那就不可能知道劳动人民底真正历史。"的的确确,我们今天似乎还没有一部讲中国劳动人民的生活与思想的历史。比如一提到旧礼教,我们总以为它像天罗地网一样,最严密地统治着封建社会的各个阶层的。读了许多民歌,我才知道其实不然。在一个地区的一千首以上的民歌中,我只找到了两三首是

完全宣传封建道德的。而明白地从各种问题上反对封建秩序的却很多。

高尔基要求苏联的作家们充分注意民间文学,并把旧俄的一般作家未曾吸收利用口头传说作为一个很大的弱点。这就更把民间文学和专家的创作问题联系起来了。在这一点上,也许我们倒可以对于高尔基的意见有些增加。高尔基似乎着重民间传说可以作为专家创作的素材。而在中国今天的新文学,则为了解决大众化问题,民族形式问题,更非研究并吸取民间文学形式的长处不可。①

一批延安党内知识分子对《讲话》中的党性民间文艺思想加以发挥,并与延安鲁艺创作和搜集民间文艺的活动相结合,使延安时期的党性民间文艺思想变得更有号召力,更加适合在当时争取国家民族独立解放的斗争中发展,真正成为动员人民、组织人民,形成伟大的革命武装力量的文艺武器。相比之下,瞿秋白的思想偏左,排斥农村和农民民间文艺,不大符合中国国情。与延安党内领导人和革命知识分子相比,他对苏联理论的吸收还是苏式的,而延安党性民间文艺思想更接中国的地气。当抗日战争进入后期阶段,延安党性民间文艺思想已体现出强大的政治功能,党内理论家丁易对这时延安党性民间文艺思想的价值分析说:

这一运动是在毛泽东同志直接指导之下,由于工农民

---

① 何其芳:"谈民间文学",原作于1946年10月23日,收入钟敬文编:《民间文艺新论集》,中外出版社1950年版,第56—62页。

主政府的民主自由的环境,文艺大众化得到了正确的领导和广泛地实践,因而就取得了丰富的经验,这种长期的从实践中取得的经验是极可宝贵的,它给文学的工农兵方向创造了实例,因而推动了文学的工农兵方向的发展,并为后来抗日战争期间社会主义现实主义更进一步的发展准备了基础。[①]

新中国成立后,丁易为延安歌剧《白毛女》到苏联领取了斯大林奖金,他在颁奖会上的感言中提出,《白毛女》的创作成功,是将国际社会主义阵营中的马克思主义文艺观与中国的延安党性文艺思想相互结合的结果,他还提到了毛泽东的《讲话》、周扬的党性文艺理论观和延安鲁艺的集体创作的合力作用。从他的发言中能看出,他所理解的党性民间文艺,是有党内领袖与理论家的政治导向、有革命文艺作家的创作和有群众动员目标的整体政治文化建设。

歌剧《白毛女》是在毛主席的光辉论著《在延安文艺座谈会上的讲话》发表之后,在正确的文艺思想领导下的人民群众集体创作。因为它比较生动真实的反映了丰富的现实斗争的一角,……周扬同志认为它生动地说明了"旧社会把人逼成鬼,新社会使鬼变成人"的真理。他亲自同张庚同志领导鲁迅艺术学院的一些同志,进行这一歌剧的集体创作,许多作家、戏剧家都参加讨论,不少工人、农民、战士给我们提出了修改的意见。在执笔工作上,贺敬之同志做了大部

---

① 丁易:"苏区文艺运动",《中国现代文学史略》,作家出版社1955年版,第二章第四节。

分工作。……至此,我更深一步地体会了毛主席的至理名言:"中国的革命的文学家艺术家,有出息的文学家艺术家,必须到群众中去,必须长期地无条件地全身心地到工农兵群众中去,到火热的斗争中去。"①

需要指出的是,在延安根据地内,中国共产党带领全国人民开展争取国家民族解放的最后斗争,号召知识分子与工农群众共同从事民间文艺的"集体创作",创作的作品要符合各地区的实际,要利用当地喜闻乐见的传统民间文艺形式,这种政党理念和文艺方针政策的内涵,是与苏联党性民间文艺理论多少有区别的。它促进中国传统民间文艺与党性政治文艺两条线的积极互动,也对五四新文化运动中的民间文艺观和苏区红军时代的党性民间文艺思想加以吸收,扩大了党内外各阶层对党性文艺工作的情感认可与政治认知。在民族存亡安危和争取国家统一解放的关键时刻,这方面的民间文艺表演活动和相关表演社会事件也都起到了民族凝聚和社会整合的作用。1949年末,钟敬文接受了丁易的意见,为刚刚筹备建立的新中国高校民间文艺学学科编撰了《民间文艺新论集》的教材,书中的首篇文章就收录了参加周扬的《马克思主义与文艺》一书翻译工作的曹葆华的译作《原始文学的意义》,另外收入了延安鲁艺搜集的《陕北民歌集》的主编何其芳的两篇论文。② 在新中国初期,延安党性民间文艺思想就是一个标杆。

---

① 丁易:"歌剧《白毛女》创作的经过",《中国青年报》1951年4月18日。
② 曹葆华:"原始文学的意义(苏联,M.高尔基作)",何其芳:"谈民间文学"和"从搜集到写定",钟敬文主编:《民间文艺新论集》,中外出版社1950年版,第1—9、57—62、175—178页。本书目录中对何其芳《从搜集到写定》的标题录为《从集搜到整理》,兹以正文为准注出。

在以上社会事件接续发生的过程中,在各个文化转型期,都会造成社会改革目标与民间文艺的遇合,其结果之一,是产生提升民间文艺地位的社会运动,从这个角度说,五四民间文学运动和延安民间文艺运动都是这样的社会运动。它们与一般社会事件不同,一般社会事件可以改变知识分子的社会观,但不一定能改变知识分子的学术观,而通过某种学术文化手段改变国家命运的社会运动却能改变知识分子社会观兼学术观,造成知识分子世界观的整体转变,这在中外学术文化史上都不乏其例。钟敬文就谈到自己有这种经历:"我在民间文学研究上,比较自觉和认真运用马列主义的观点,是在四十年代中期以后。……(我)有机会读到《在延安文艺座谈会上的讲话》,使我对文艺的性质、作用及文艺家的任务等,有了更清楚的认识。"[①]他经历了20世纪前半期中国社会的剧变,目睹了共产党将民间文艺与国家社会理想蓝图共建,极大地激发了政治热情,愿意把自己的全部学问,连同世界观的改造,都交给党,全心全意地配合党性民间文艺理论建设。他还在这一时期,在出版《民间文艺新论集》的同时,发表了长篇论文《口头文学:一宗重大的民族文化财产》,[②]做出积极响应的实际行动。在新中国成立后,周魏峙经过延安文艺运动的洗礼,已成为社会主义党性民间文艺理论家和管理型人才。

在社会主义国际阵营国家范围内,此时都已进入战后和平时期,学习苏联党性文艺理论成为风潮。各国所引进的苏联理论,对传统与现实、继承与发展、革命思想与本民族文化成分的关系,民族与国家、文学与生活、政治与艺术等问题,都有比较深入的讨论。这些讨

---

① 钟敬文:《钟敬文民间文学论集》(上),上海文艺出版社1982年版,《自序》,第7页。
② 钟敬文编:《民间文艺新论集》,中外出版社1950年版。钟敬文:"口头文学:一宗重大的民族文化财产",落款注明写于"1950年开国纪念日前夕"。钟敬文:《钟敬文民间文学论集》(上),上海文艺出版社1982年版,第1—20页。

论都要比 20 世纪初引进我国的苏联理论更为成熟。在我国,新中国初期的党性文艺理论构建,是围绕毛泽东发表的一系列讲话开展的,毛泽东在这些讲话中是要求社会主义意识形态与民族形式的建设相统一的。在我国,在这种情况下,所掀起的学苏联风潮,虽然在形势上是"一边倒",但从政府到学者,都对苏联的外来品如何在中国传播,不是没有考虑的。① 这就必然出现两种结果:一是在政府方面比较关注中国实际,而此前我党已有近半个世纪的改造利用民间文艺的摸索,开展过批评教条主义的延安整风运动,现在引进苏联理论,也不会是单纯机械的模仿,而会思考解决我国社会主义建设之初遇到的困惑与解决困惑的关键问题与方法,政府部门聘请苏联专家工作会因中方的需求而扩大;二是民间文艺学界的党性文艺理论建设,继承五四新文化运动以来的民间文艺学遗产,吸收延安民间文艺思想,发展高校民间文艺学学科建设,统筹兼顾地发展民间文艺事业。在这种情况下,因为当时苏联党性民间文艺理论有系统化的理论结构、多样化的研究问题和严密的方法论框架,具有足够的学术优势,故产生了重大的指导意义,有力地推动了我国社会主义意识形态新文化的新创造,同时对我国党性民间文艺理论和民间文艺学学术建设有全方位的带动。

(二)党性民间文艺理论中的领袖焦点问题

新中国初期引进了大量的苏联党性文艺理论著作,这些著作的共同特点是将党指导文艺工作社会主流化,用以改造传统民间文艺,创造新民间文艺作品,使之成为科学社会主义运动的一部分。

---

① 据苏联进研班翻译潘桂珍回忆,苏联专家柯尔尊为了解中国教师的讲课内容与方法和中国学生的听课需要,曾旁听北京师范大学中文系钟子翱老师的文艺理论课。参见潘桂珍:"值得刻录的一段经历",收入陈惇、刘洪涛主编:《窗砚华年——北京师范大学苏联文学进修班、研究班纪念文集》,中国社会科学出版社 2012 年版,第 154 页。

苏联党性民间文艺理论的原意,不是指某个学者的科研成果,而是指马克思主义领袖亲自指挥科学社会主义运动的示范实践。苏联学者开也夫在《马克思主义经典著作家论人民创作与苏联口头文艺学的任务》一文中指出,马克思、恩格斯和列宁都是创建党性民间文艺理论的革命领袖,也是对此理论持有解释权和行使权的最高政治权威。

> 伟大的十月社会主义革命以后,在俄罗斯人民口头文学创作的研究中,开始了一个新时期。马克思、恩格斯、列宁和斯大林的经典著作和个别言论,奠定了苏联关于人民创作的科学的理论基础。这些科学的种种原则,又经我们党内像 Н. К. 克鲁普斯卡雅、М. И. 加里宁、А. А. 日丹诺夫等那样权威活动家们的许多言论而丰富了起来。在马克思、列宁主义和马克思、列宁的战友的古典著作中,对于"人民"二字的原始概念给了正确解释,并深刻地揭露出了广义的人民创作的本质。马克思、列宁主义的经典著作和我们党中央关于决定着苏维埃国家在文化和艺术方面的政策的文化和艺术问题的决议,同样也提供了一切必要的方针,以便正确地把比较狭义的人民创作看做为各种形式的人民艺术。总之,只有在马克思、列宁的理论基础上,才能够把这个与艺术文学有如血脉关系的艺术特殊形式之一的口头人民创作的专门科学建立起来,——换句话说就是把口头文艺学建立起来。①

---

① 〔苏〕А. А. 开也夫:《马克思主义经典著作家论人民创作与苏联口头文艺学的任务》,连树声译,油印本,北京师范大学中文系民间文学教研室印,内部资料,1955年。

根据他的定义,党性民间文艺的经典理论由国际共产主义运动的最高领袖制定,具有最高的党性。它的最高任务是参与制定"国家在文化和艺术方面的政策"、"决议"和"方针",确立民间文艺研究的政治导向和科学原则,并领导民间文艺学的"专门科学"。

党性民间文艺与革命领袖形象是结为一体的,这就导致了一系列政治化的取向:1)革命领袖本人谈论民间文艺的言论,成为党性民间文艺的标准教本;2)围绕革命领袖产生的民间传说和民歌诗歌,被提升到党性原则的高度,作为无产阶级革命时代的"文化英雄"史诗,予以重点研究、宣传和推广;3)革命领袖所肯定或喜爱的民间文艺作品是民间文艺的理想范本,党性民间文艺理论的实践目标就是要指导作家和人民创作这种范本。

对苏联党性民间文艺理论要求建立革命领袖专题和征集革命领袖歌谣与传说的做法,在我国反应不一。我国各民族神话、传说、故事、史诗和歌谣中都蕴藏着大量的"文化英雄"类型。仅就党性民间文艺而言,20世纪以来,在苏区红军文艺时代、延安时期和新中国成立后,都涌现过很多歌颂领袖人物的民间文艺作品。但是,这些作品的聚焦点都是民众思维和民众情感中的话语类型,而不是由共产党自己歌颂自己的革命领袖。周巍峙于1951年发表了一篇《略谈歌颂毛主席的歌曲创作》的文章,反对党内吹捧革命领袖的作品,他的这种观念就是站在人民的立场上提出来的。

他有三个观点值得关注:一是他了解苏联的党性文艺作品,提到了高尔基那篇扬名国际社会主义阵营国家的散文《海燕》,但他并不迷信高尔基,他也不赞成对《海燕》断章取义。他对张春桥借助高尔基的名作搞个人崇拜的做法提出了直截了当的批评;二是他之所以能正确地理解苏联党性文学作品,是由于他有延安文艺运动的实践,他参加过延安党性文艺作品的创作过程,所以他能找到党性民间文艺的立脚点决不是党内自我表扬,而是要保持党与人民的紧密联系;即便是以革命领袖为主人公的民间文艺创作,也要体现"领袖与群众之间的正确的关系",而不是单独颂扬领袖;三是他讲建设党性文艺理论与遵守文艺创作规律的一致性,认为要去掉"油腔滑调",抒发"纯真感情",从"情感掌握与创作方法上",解决"对民歌曲调如何正确运用的问题"。[①] 二十余年后,周巍峙亲自创作了歌颂毛泽东的战友周恩来的歌曲《十里长街送总理》,同时发表了《周总理是执行和捍卫毛主席革命文艺路线的光辉典范》的长篇论文。他是将周总理放到人民的评价和情感中写的。他在研究周总理的党性文艺思想的文章中指出,周总理善于把握民间文艺和社会历史事件关系的尺度,他主持创作和编排的大型音乐舞蹈史诗《东方红》,正是这种党和国家领导人亲自指挥党性文艺理论建设与作品创新的崇高样本。

  这部作品的产生以及它获得的政治效果和艺术效果都不是偶然的,它和当时国际国内的阶级斗争形势息息相关。在国际上,当时帝国主义、社会帝国主义和各国反动派曾喧嚣一时,组织了反华大合唱,肆意诽谤攻击中国共产党,恫吓中国人民和世界人民。……(《东方红》创作和演出把)党的诞生、秋收起义、遵义会议这几个重大历史事件能否突出地表现出来,是周总理最关注的事情。在创作和排练过程中,他发动大家出主意,想办法,反复进行研究,在艺术上务求达到尽可能的完美。当时我们虽然认识到创作和演出好这部作品在政治上的重大意义,但是艺术上怎样才能表现

[①] 周巍峙:"略谈歌颂毛主席的歌曲创作",转载《人民日报》1951年2月11日,原载《人民音乐》1951年第1期,第58—59页。

好,却是一个不小的难题。因为过去反映这方面内容的艺术作品很少,除少数革命民歌外,没有一首现成可用的歌曲,也缺乏可供加工的舞蹈素材,时间又很短,凭空起楼阁是很不容易做好的事情。周总理鼓励我们要敢于标社会主义之新,立无产阶级之异。……《东方红》的创作和演出,是周总理坚决贯彻执行毛主席的革命文艺路线,亲自领导的一项重要的文艺革命实践。在这次富有成果的实践过程中,周总理一直教导我们要认真学习毛主席《在延安文艺座谈会上的讲话》,深刻体会毛主席指示的创作原则,努力做到政治和艺术的统一,内容和形式的统一,革命的政治内容和尽可能完美的艺术形式的统一,要具有新鲜活泼的、为中国老百姓所喜闻乐见的中国作风和中国气派,鼓励我们在文艺上认真进行社会主义革命,不要浅尝辄止,不要怕麻烦。总理说:革命就不怕麻烦,这是人民的事业。①

如何树立党性民间文艺的话语权?很多学者都认为,要采取符合人民根本利益的和尊重文艺创作规律的立场,正确运用人民赋予的话语权。实际上,在 20 世纪 50 年代初,毛泽东本人也是反对个人崇拜的。

二、党性民间文艺理论的核心概念

党性民间文艺理论的核心概念是什么?从苏联学者的理论著作看,其核心概念是阶级性、人民性、集体性和民族性。从这个角度来

---

① 周巍峙:"周总理是执行和捍卫毛主席革命文艺路线的光辉典范",《人民音乐》1977 年第 5 期,第 9—15 页。

考察苏联理论对我国的影响,会提出一些新的学术问题。我们可以带着这些问题,观察我国当时文化建设工作中和高校民间文艺学学科建设中遇到的困惑,党内外民间文艺理论工作者对一些一时难以解决的问题的态度,以及他们在某种程度上进行的独立思考。

苏联文艺理论家季莫菲也夫的观点在我国的影响很大。周扬在延安时期已引用了他的文章。20世纪50年代初,他的文艺理论教材《文学原理》被介绍到我国高校,使他成为仅次于普列汉诺夫、高尔基等苏联社会主义思想家和革命文艺理论家的权威人物。他的弟子毕达可夫和柯尊都是20世纪50年代来华支教的苏联专家,曾分别在北京大学和北京师范大学讲授苏联文学理论课程,都使用过他的教材。[①] 以下从季莫菲也夫的观点切入,并使用我国学者的文章做比较,讨论我国党性民间文艺理论建设中的一些实质性问题。

(一) 党性民间文艺理论的核心概念与思想争论

苏联党性民间文艺理论认为,阶级性、人民性、集体性和民族性都是核心概念,围绕这些概念开展基础研究,是科学社会主义运动学说的组成部分。季莫菲也夫对"阶级性"的概念有深刻的分析。他认为,在苏联民间文艺理论中,对这一概念的经典论述,源于列宁的"两层文化"说,不过列宁的"两层文化"说是从政治学的角度提出的,不是从文化学角度提出的,他说:

> 列宁关于在阶级社会中的"两种文化"的学说,给予我们评价一切文化现象——其中包括有人民创作的产品——

[①] 程正民、程凯:《中国现代文学理论知识体系的建构——文学理论教材与教学的历史沿革》,北京大学出版社2005年版,第117—119页。

的唯一正确的准则。①

季莫菲也夫强调,列宁这段论述的重点在科学社会主义运动上,而不在文化科学上,这正是"两层文化"说的实质。学者要将"两层文化"说用到文化上,也要用到"文化革命"上。周扬在编辑《马克思主义与文艺》时收入了季莫菲也夫的文章,这篇文章中有下面一段话:

> 按照列宁的观点,如果要将"两层文化"说用在文化上,也要用到文化革命上,因为"胜利了的工人阶级最重要的任务就是实现文化革命——用民族语言实行普及教育,一往直前地发展中等和高等教育,人民的共产主义教养和教育"。艺术必须从文化革命任务的观点上为人民服务。列宁在跟克拉洛依·蔡特金的谈话中说过:"真的,我们的工人和农民们应该得到比马戏更多的东西。他们有权利得到真正伟大的艺术。因此,我们首先要推行最广泛的人民教育和训练。它创造出文化的基础,——当然,这是在粮食问题解决了的条件之下才有可能,在这种基础上,必须生长出真正新的、伟大的共产主义艺术,这种艺术将创造出适合于自己内容的形式。"②

我们没有找到周扬讨论季莫菲也夫这个观点的文章,无法判断他怎样看待"两层文化"说。但不等于说他对"阶级性"的概念没有自

---

① 〔苏〕季莫菲也夫:"论人民性的概念",于同陨译,原载《语文学习》1956年7月号。另见周扬编:《马克思主义与文艺》,1944年初版,作家出版社1984年再版,第155页。

② 周扬编:《马克思主义与文艺》,1944年初版,作家出版社1984年再版,第155—156页。

己的看法。周巍峙有从实际出发的作风,他在调研之后,在谈到我国基层文化建设时,并没有完全套用"两层文化"说,在使用"阶级性"的概念上也很少有教条主义的做法。他提出,对不同层次和不同体裁的民间文艺都要给予鼓励,要"万紫千红",不要一花独放;要"繁荣美丽的景象",不要丢掉民族传统的冷漠。即便是引进"西洋乐器",也要能"演奏中国作品"。

> 现在职工的音乐活动真正做到百花齐放了,不仅题材方面既有配合厂矿中心任务歌颂大跃进的,也有回忆革命史,进行阶级斗争教育的;既有现代题材,也有历史题材,优秀的民歌也是职工们所爱听的。在形式方面:唱的有群众歌曲,有民歌,有进行曲,也有"圆舞曲";有几个人的小演唱,也有几百人的大合唱;有独唱,有重唱;有的连歌带舞,有的连弹带唱;有诗歌联唱,有快板表演唱;不仅有曲艺、戏曲演唱,还有曲艺合唱,戏曲合唱。演奏方面,有独奏,有重奏,有领奏,有合奏;有轻快的舞曲,也有强烈的打击乐;有民乐,也有西洋乐器(是演奏中国作品)。[1]

这段讲词,换成学者,要对民间文艺、通俗文艺、大众文艺和群众文艺等概念做界定;换成艺术家,要对"戏曲"、"曲艺"和"圆舞曲"做上、中、下三层文化的分层;换成政府文化部门的负责人,要在"两层文化"说的边缘上走钢丝,但周巍峙却能讲得这样通俗易懂。我们现在都能毫无顾忌地畅谈这种看法了,当下提倡文化多样性还给我们

---

[1] 周巍峙:"方向正确 方法对头 成绩巨大 前途无量——根据山西工人作曲家和音乐活动积极分子座谈会上的发言改写",《人民音乐》1960年第6期,第15页。

增添了十倍的勇气。但在50年前这种勇气就可能被打成一折,因为在当时没有发生它的历史条件。

季莫菲也夫对"人民性"概念也有很多研究,他在《论人民性的概念》一文中提出,"人民性的最高形式",仍然是"党性"。他说:

> 在社会主义的艺术中,在我们前面的是共产主义的党性,就是说艺术家要达到共产党所号召的目标。列宁说,共产党的力量在于表现人民的觉悟,而党的任务是"带同全部人民进入社会主义"。所以社会主义艺术的党性是艺术家自己所意识到的人民利益的最深刻、最全面的表现。①

他的弟子柯尔尊与他一脉相承,在北京师范大学开设的"文艺学概论"课中,在讲义的末节,专设《共产党在社会主义现实主义文学发展中的领导作用》一章,解释"人民性"和"党性"的联系。②

"人民性"与"阶级性"的概念也有所不同。一些苏联理论家认为,"阶级性"强调国家机器的作用,"人民性"与历史动力有关。人民是科学社会主义运动的主力,因此对"人民性"概念的完整界定还要通过对"人民"的性质、人民的"历史创造力"和"人民的解放斗争"等系列概念的相应界定来完成,进而指出民间文艺研究的政治目标。在这个问题上,开也夫提到了列宁思想的贡献:

---

① 〔苏〕季莫菲也夫:"论人民性的概念",于同隗译,原载《语文学习》1956年7月号,油印本,北京师范大学中文系民间文学教研室印,内部资料,1955年。

② 〔苏〕维·波·柯尔尊:《文艺学概论》,北京师范大学中文系外国文学教研组译,高等教育出版社1959年版,第249—262页。

> 列宁深信人民有决定的历史上的作用,并热烈地相信劳动群众的创造力。……列宁生活并活动在工人阶级在俄国形成的时代,这个工人阶级由于历史的发展而提升到人民的先进的、主导的力量的地位。无论是别林斯基,也无论是车尔尼雪夫斯基和杜布洛留波夫,都不可能按照他们同时代的俄国社会发展的水平,充分地评价这种力量的意义。列宁和斯大林站在革命的马克思主义的立场,并始终不渝地运用非常精确的历史的和阶级的观点来研究关于人民解放斗争的问题。①

开也夫还引用 A. 日丹诺夫的话说,列宁的党性原则"是我们党和苏联政府在思想领域,特别是在艺术、文学和人民创作方面的政策的主要基础"。② 这种"人民性"的代名词就是党性、政治性和思想性。

还有一些苏联理论家认为,要界定"人民性"的概念,就要界定"人民主体性"的概念,这样就把"人民性"与"全民性"两个概念联系起来了。季莫菲也夫认为:

> 人民性的第一个条件是作品中提出有全民意义的问题……第二个条件艺术家要从人民的利益出发来说明提出的问题……艺术必须为群众所了解。这里是人民性的另一个主要特征。③

---

① 〔苏〕A. A. 开也夫:《马克思主义经典著作家论人民创作与苏联口头文艺学的任务》,连树声译,油印本,北京师范大学中文系民间文学教研室印,内部资料,1955年。
② 〔苏〕A. A. 开也夫:《马克思主义经典著作家论人民创作与苏联口头文艺学的任务》,连树声译,油印本,北京师范大学中文系民间文学教研室印,内部资料,1955年。
③ 〔苏〕季莫菲也夫:"论人民性的概念",于同瑰译,原载《语文学习》1956年7月号,油印本,北京师范大学中文系民间文学教研室印,内部资料,1955年。

谭得伶留学莫斯科大学，回国后曾协助柯尔尊教学。她对苏联党性文艺的特点可以双向观察，在研究的结果上，她也对中、苏双方的意见都比较关注。从她的分析看，在柯尔尊来华教学的20世纪50年代中期，苏联已开始反对对革命领袖的个人崇拜，党内民主生活氛围有所改善，很多作家在文学创作中"对当代社会的矛盾和斗争反映得比过去深刻，敢于提出重大的社会问题，深入挖掘人的精神世界，文学与现实联系的更加密切了"。作家更注意搜集和利用民歌民谣，如鲍科夫于"1950年出版了《俄罗斯民歌民谣集》"等。但西方反社会主义势力加强了对苏联文学的干扰，加上内部的社会动荡，在苏联党性文艺系统中也出现了"尖锐的思想斗争和紧张的创作探索"；在理论建设上，进入了"巨大的变化时期"。[①] 由于中苏关系的变化，我国对苏联后来的理论发展了解较少；不过苏联理论后来的发展对我国的影响也很少。

20世纪50年代苏联理论输入我国还是要面对我国的问题，苏联来华专家也要适应中国高校的教学需求。当时我国在党性民间文艺理论建设中遇到的一个比较突出的问题是，如何既要加强党的领导，又要避免伤害"人民性"很强的传统民间文艺？在这一时期，周巍峙对政府主管文艺中的党性原则经常使用"政治挂帅"一词来表达。在1960年的一篇文章中，他对贯彻"政治挂帅"的原则与保持民间文艺和人民关系的措施做了具体解释：

> 职工的音乐活动是坚持政治挂帅，贯彻了为无产阶级的政治服务，为生产服务的正确方向。这一条，专业文艺工

[①] 谭得伶："五十年代苏联文学概述"，马家骏、冉国选、谭绍凯主编：《当代苏联文学》（上），河南大学出版社1989年版，第15—57页，重点是第27、45、57页。

作者也是这样做的,但是在工人文艺活动中,则显得特别突出。因为工矿企业是一个统一的整体,文艺工作决不能孤立地进行。其次,开展音乐活动坚决执行面向群众、面向车间的原则。演唱活动处处考虑群众的需要和方便,真正做到灵活多样,与群众打成一片。①

周巍峙的意见是要与"群众打成一片",不要造成党群关系的疏离。他的观点来自延安《讲话》精神。毛泽东在《讲话》中,提出了文艺为革命工作服务和为人民群众服务的"二为方针",②周巍峙在各种领导讲话的场合都是认真贯彻这种精神的。

在 20 世纪以来中国共产党人为人民根本利益的不懈奋斗中,利用和发展民间文艺,已成为党实现新社会建设目标的一部分。在一篇论及人民音乐的文章中,周巍峙还从五四运动开始梳理,分析了这一历史进程。

"五四",以后,中国工人阶级登上历史政治舞台,中国共产党宣告成立,我国人民音乐文化的发展便进入了一个崭新的时代。可以说,有了党的领导,才有了真正自觉的群众歌咏运动,树立了新的革命传统;有了毛主席的方针和路线,群众歌咏运动才能向着日益深入、日益壮大、日益提高的方向迅速地发展。中国共产党从成立的时候起,就十分重视革命的群众歌曲在人民革命斗争中的巨大鼓舞作用和组织力量。毛泽东同志在他亲自起草的"古田会议"的决

---

① 周巍峙:"方向正确 方法对头 成绩巨大 前途无量——根据山西工人作曲家和音乐活动积极分子座谈会上的发言改写",《人民音乐》1960 年第 6 期,第 15 页。
② 毛泽东:《在延安文艺座谈会上的讲话》,人民出版社 1975 年版,第 12 页。

议中,最早地为发展革命歌曲提出了明确的任务,当时许多同志曾经在用民歌填词,创作革命歌曲,译介外国革命歌曲等方面做了很多工作。初期的工农革命歌曲,就是紧密地配合着工农革命斗争的需要,成为人民革命斗争的有力武器,在广大群众中普遍流传。这种在党的领导下发展起来的群众音乐活动,是人民革命运动的一个组成部分;这个运动和以前群众音乐活动的根本区别,就在于它带有高度的革命自觉性和鲜明的政治倾向性。①

钟敬文是赞成毛泽东的《讲话》的,他曾说:"抗日战争时期,延安不但一时成为新的政治中心了,也成为新的文化中心。《在延安文艺座谈会上的讲话》发表后,中国民间文艺学也进入了一个新的时期。《讲话》的主旨虽然在于革命文艺的服务方向问题,但其中也对民众固有的文化(包括文学、艺术上)作了正确的评价,并号召革命作家重视它,向它学习。"②但他更关注民众本身的创造才能,希望培养更多的民间艺术家,而不是由党的工作去替代。他在一段札记中说:

> 艺术是属于人民的。它必须在广大劳动群众的底层有其最深厚的根基。它必须为这些群众所了解和爱好。它必须结合这些群众的情感、思想和意志,并提高他们。它必须在群众中间唤起艺术家,并使他们得到发展。③

---

① 周巍峙:"坚持群众歌咏运动的革命传统 更好地为社会主义革命和建设服务",《人民音乐》1960 年第 1 期,第 35 页。
② 钟敬文主编:《民间文艺学文丛》,北京师范大学出版社 1982 年版,第 4 页。
③ 〔苏〕蔡特金:"列宁印象记"中所引列宁语,引自静君辑:《马、恩、列论民间文学》,油印本,北京师范大学中文系民间文学教研室印,内部资料,1955 年。

他在1980年代主编的《民间文学概论》中,仍保留了这个表述框架。[①] 当然,对于马克思主义的社会史和文艺观,周巍峙是在领导工作中运用,钟先生是从学术理论上提出的。

在被苏联学者界定的概念中,"集体性"和"民族性"也是两个核心概念。对于"集体性",我国五四已有讨论,但所讨论的"集体性"与"历史性"和"文化"的概念,三者关系十分紧密,表现出我国这个文学大国、历史文献大国和文化大国的学者对改造国学传统和利用民间文艺的决心,加上受到德国格林兄弟和英国文化人类学派等的影响,当时吸引了一大批文学精英和历史学精英前来应战,大家齐心协力地投身民间文学搜集运动和研究工作,期待在改造"旧文化"和建设"新文化"上有一番作为。但是,一旦改造"旧文化"和建设"新文化"的目标阶段性地完成,这个阵容也就解散了。后来在中山大学出现了早期的民俗学和民族学调查工作,其中也包括调查少数民族民间文艺和民俗,但由于国内大革命的动荡和军阀混战等阻碍,这些调查在指导思想上和理论构建上,还没有达到将"集体性"讨论过渡到"民族性"讨论的程度。那时搜集和发表的少数民族民间文艺作品,一部分进入了民俗学的视野,也有不少进入了"社会学"、"人类学"、"少数民族语言学"和"民族学"的视野,研究的问题也比较分散。对少数民族社会状况的调查也各自为战,对少数民族民间文艺的认识实际上也不多。这些都要等到后来进入新中国国家民族统一建设的时期才能解决。

新中国初期学苏联提供了机会。党内理论工作者和民间文艺学学者,在这一时期的学习中,才出现了将"集体性"与"民族性"的概念加以综合理解的倾向,但所形成的结果,还是中国式的"集体性"概

[①] 钟敬文主编:《民间文学概论》,高等教育出版社,2010年版,第123—124页。

念。周巍峙是将"集体性"、"民族性"、"阶级性"和"人民性"的概念,在理论研究和实际工作中加以综合应用的。他在一篇文章中说:

> 根据多年来发展少数民族文艺的历史经验,我觉得有几个问题应该强调一下。
>
> 发展少数民族艺术,必须坚决执行文艺为广大人民服务,为社会主义服务的方向,贯彻百花齐放、百家争鸣、古为今用、洋为中用、推陈出新的方针。同时要注意题材、形式、风格、流派的多样化,学术上的问题要采取民主讨论的方式加以解决。少数民族艺术的繁荣,不仅是满足本民族人民的需要,对全国也是重要的贡献。……进行少数民族题材的创作,必须尊重少数民族人民群众的审美观念和欣赏习惯,必须强调继承本民族艺术的优秀传统,保持本民族艺术的独特风格。这是根本原则,是不能动摇的。①

苏联党性民间文艺理论及其科学社会主义运动学说,对我国党性民间文艺理论的提升和发展,起到了一定的作用。另一方面,作为一种外来理论,要与目标国的社会制度、政治思想范畴、文学传统和民俗文化模式相契合,还需要有政治话语的权威性和理论方法的优势。在新中国成立初期,我国百废待兴,苏联理论正好发挥优势。但到底怎样将民间文艺的"集体性"与"民族性"的概念共建?这一时期并未解决,而不解决这个问题,就会影响我国党性民间文艺理论构成的完整性。

---

① 周巍峙:"加强民族团结 繁荣民族文化",《中国民族》1980年第9期,第3—4页。

(二) 党性民间文艺理论与实践的历史反思

党性民间文艺理论建设与实践探索,由执政党政府与学者合作进行,吸收古今中外先进文化,重视和发展民间文艺价值观,在党性文艺理论思想的总体指导下,在党和政府的文化建设、高校民间文艺学学科建设、全国群众文化建设等各方面,经历各种探索和磨合阶段逐步形成。在这一建设过程中,历经大量的困难、挫折和失败是在所难免的,但其中的经验教训也是需要总结的。

民间文艺是从民族民俗传统文化中发展而来的,中国人接触它和认识它,首先要经过自然传承;但中国人要捍卫它和优化利用它,却要等到自己现代文化意识的成熟。国家政府要领导它,还要具备完善的现代精神文化、物质文化和中外人文社会科学研究新成果的知识系统,才能游刃有余。周巍峙总结说:

> 一个人,就我这代讲,是和民间文化一同成长的。甚至在战争年代到新中国成立以后,我都离不开民间文化。我从小时候、不懂事的时候,就看到街上卖唱的唱的是民歌,有些民歌到现在还记得。在少年时代,我受到祖父的影响。他是一个业余的昆曲人才。他就喜欢听书,听苏北评话,带我去看。我看的第一本书就是《水浒》,一看就迷了,老想看武松怎么把老虎打死。这里充满了智慧,充满了民间民俗各种各样的情节、语言。这对我后来的生活很有影响。再就是看戏、参与婚丧提亲。它们没有一个不是文化活动。包括迎送,包括祭礼,分牛肉,印象很深刻。我们那里办丧事,要放焰火、要做道场、念经,还伴有音乐。我们家乡有个风俗,到下半夜,和尚道士吃夜宵。夜宵叫精国粉,散子。吃了以后,大家可以点着唱民歌,可以随意参加游戏。我们

从小就喜欢参加这样的活动,以及迎会城隍菩萨出来出巡,迎会前都有民间艺术表演。那个时代,从上海到抗日战场,我们常常用民间的东西。

我们搞十套民间文艺集成的时候,有个厅长说这是超前的,还没到那个时候你就搞了。假设二十年前不搞这个十套集成,很多文艺资料就消失了。……中国960万平方公里,有些很重要的民间文化就在最偏僻的地方。解放初,我们去佤寨,部落之间还有仇杀,要找摆人头的架子,提着人头的是英雄,这应该扬弃,但作为历史的发展,它在佤族的发展中是很重要的东西。这跟历史怎么协调?佤族的头发在舞台上常表现甩发,佤族的妇女长发披肩戴个箍,像皇后一样,光脚。这样的民俗、历史都值得我们好好研究。在民族地区,一方面要轰轰烈烈,一方面要埋头苦干。要有使命感、危机感,同时又跟个人的敬业精神结合起来。要注意质量、科学性,不至于搞些很差或者很假的东西、已经变化的东西。……市场经济要发展,但有些变化不一定很健康。我们的真东西要经得起时间和历史的考验,应是真的、是可靠的材料。总之,一方面要大张旗鼓地取得社会各界的支持,另一方面做很踏实的工作。①

我国很多党内理论工作者都对党性民间文艺理论建设在十七年中出现的历史偏差和错误倾向进行了认真地分析和批评。

钟敬文先生曾说,他钦佩这种共产党领导干部的这种自我批评精神。他强调民间文艺学学科建设应该坚持民族的、自主的态度,所

---

① 周巍峙:"一项需要埋头苦干的大工程",《中国民族》2003年第5期。

指出的主要问题有：从原始文学概念切入，研究民间文学与人类社会直线进化的关系的得失；学苏联的方法及其方法的问题；由对象出发选择研究理论与方法的必要性等。

党与知识分子的关系是党性文艺理论中的大问题，也是我国自延安文艺运动以来一直在面对和着力解决的大问题。它体现了我党从延安党性文艺思想转为执政党时期的党性文艺理论时期凝聚人才的胸怀与气魄。正是这种合作，为党性民间文艺理论与民间文艺学学科建设的统筹兼顾发展提供了可能。

三、党性民间文艺理论与社会主义意识形态文化建设的关系

苏联党性文艺理论对我国的积极影响，是以党性民间文艺理论建设促进了社会主义意识形态文化建设。从东欧社会主义阵营国家的民俗学发展历程看，将民间文艺活动和理论研究纳入科学社会主义运动中，是导向社会主义国家意识形态体系建设的初期步骤。但是，按照这种苏联模式发展也有一系列的问题，例如，对民间文艺与社会主义意识形态不匹配的矛盾怎样解决？对民间文艺中的民俗文化现象与现实社会运行的差异如何解释？对作家与人民群众共同创作的新编民间文艺的价值怎样描述？社会主义意识形态与民族形式兼容的原则是什么？建设党性民间文艺理论与发展民间文艺学学科建设各有哪些步骤？这些都是十分紧要的问题，当时都需要尽快做出回答。而苏联民间文学理论界经过十月革命、联工布党史讨论、20世纪30至40年代的文艺理论建设，以及1950年苏联民间文学研究基本问题的大讨论，对党性民间文艺理论与苏联社会主义意识形态文化建设的关系的处理，已经做出了一些解答。苏联在将自己的理论体系输入中国之前，在苏联民间文艺界，还产生了两个动向：一是将民间文艺简单政治化的做法，转型为与马克思主义社会进化

史论和艺术观相结合,使之顺利进入社会主义意识形态体系;二是将民间文艺反抗主题的研究,转型为民间文艺体裁史和编年史研究,开启了民间文艺学和民间文艺学史并重的学科建设新体系。自20世纪50年代起,苏联高校教材和高等师范教育教材进入我国,在这些著作中,都有这两种倾向。苏联当时的这些先进学说都对我国产生了影响。

(一)通过民间文艺体裁研究切入人类社会共同进化史的研究

开也夫认为,在党性民间文艺与社会主义意识形态建设的关系的处理上,苏联理论界确立了以马克思主义为指导、以神话学等体裁史研究为专业化方向的科学原则,在高校的教学科研中,执行这种科学原则,对民间文艺体裁加强研究,包括研究体裁的内容、形式和功能,可以由此切入,研究和认识人类社会共同进化的历史。他说:

> 马克思在他没有完成的《政治经济学批判》(一八五九)的导论里,以古希腊史诗为例证确立了三个重要的理论原则。
>
> 第一,他肯定:艺术甚至在社会发展的较早阶段有时已经达到了很大的高度,因为艺术的某些繁荣时期"并不是与社会的一般发展相适应的。因为也不是与那构成社会组织骨干的社会的物质基础相适应的。例如,希腊人与现代人的比较,或者是莎士比亚与现代人之比较"。换句话说,艺术的繁荣跟社会力的繁荣之间的联系远不是直接的,艺术(整个文化也一样)在不平衡地发展着。
>
> 第二,马克思肯定:某些具有重大意义的艺术形式(特别是史诗),"只有在艺术发展比较低的阶段上才是有可能的"。马克思指出,希腊史诗发生于神话:"希腊神话不仅是

希腊艺术的宝库,而且是希腊艺术的土壤。"而新的时代,资本主义以及伴随着它的战胜自然的技术发明的时代,破坏了一切神话。"任何神话都在想象里并借助想象以征服自然力,支配自然力,把自然力加以形象化;因此,随着这些自然力之实际上被支配,神话就消失了。"

跟唯心主义地解释神话的"神话学派"的代表们相反,马克思提供了唯物主义的定义,他说:"希腊艺术的前提是希腊神话,即在人民幻想中经过不自觉的艺术方式所加工过的自然界和社会形态。"同时马克思指出,并不是任何一种神话都能够成为这样的"前提"。例如,"埃及神话决不能成为希腊艺术的土壤或母胎"。这就是说,马克思承认艺术里的人种上的特性,在社会发展的较早阶段,在氏族部落内和奴隶制的社会环境里就已经有了。

第三,马克思注意到:"困难并不在于了解希腊艺术和史诗是与社会发展的某些形态相联系的,困难是在于了解它们还是继续供给我们以艺术的享受,而且在某些方面还是一种标准和不可及的规范。"马克思在解释这个难题时,把人类的发展和个人的发展形象地来做比拟:"一个大人是不能再变为一个小孩的,除非他变得孩子气了。但是,难道小孩的天真不令他高兴吗?难道他自己不应当努力在更高的阶段上把小孩的真实的本质表现出来吗?……为什么在它展开得最美好的社会幼年时期(马克思指的是古希腊——作者)不应该作为一个永不复返的阶段显示出不朽的魅力呢?"

为什么通过民间文艺体裁研究,就能研究人类社会共同进化的历史呢？开也夫又说：

> （马克思）不是机械地，而是要考虑到每一个民族的历史和艺术活动的一切具体特性。研究者的任务中就含有从这些言论的观点上去阐明像俄罗斯的勇士歌和苏联的民族叙事诗这样的叙事诗作品的出现，这些勇士歌和叙事诗，是在甚少发展的社会关系的基础上产生的，但是对创作它们的人们含有非常巨大的教育意义，而且有时候也是"一种标准和不可企及的规范"。另一方面，马克思关于作为史诗的"母胎和土壤"的神话的消灭的原则，不应当理解为绝对的，也就是说，理解为一切叙事诗的创作都必须跟神话的消灭同归于尽。

按照这段解释的逻辑，神话与赖以产生神话的"社会幼年时期"同归于尽，就好比石器与赖以产生这种古老工具的原始社会同归于尽，是一个道理。同理，找到民间文艺体裁的进化路线，如从神话变为故事的路线，或者从歌谣变为民歌、戏曲、歌剧和现代电影的路线，也就能找到人类社会从原始社会向奴隶社会、封建社会、资本主义社会、社会主义社会和共产主义社会进化的共同路线。这是马克思主义早期社会进化论应用到民俗学研究中的结果。由它导致了民间文艺学编年史的研究，曾统一了各国社会主义民俗学者的步伐，帮助各国民俗学者开辟了以往未曾开辟的民间文艺学史的理论空间。

另一位苏联民间文艺学者普梯洛夫从这个角度赞扬过高尔基，说他善于运用民间文艺体裁研究人类社会共同进化史，整个苏联文学界都"继承了高尔基的传统"。普梯洛夫还解释说，高尔基开创的这一传统的内涵是："善于用当代的思想概括这些（民间文学——作者注)形象,善于在不改变它们的本质的条件下,把它们提高到巨大的社会历史概括的高度。"①普梯洛夫在此段文字前面,在上下文的观点中,他还有另一句话:"高尔基善于从旧的民间文学形象和情节中揭示出它们的基本内核,窥见它们的永恒的意义。"不过,他将这句话视为次要的,而将高尔基社会进化论的研究视为"最主要的"。钟敬文的看法不同,他在这位苏联学者认为是次要的地方做了个批注,将之列为主要的地方。他写到,主要的地方恰恰应该是"从形象和情节揭示内核"。对这个微妙的差异的出现,我们可以从钟敬文的其他治学经历中找到脉络。他几乎在早于普梯洛夫此文的 30 年前,就已开始对故事的"形象和情节"做类型研究,他现在的这个批注,还增加了对故事类型背后的"内核"的关心。由此我们也能看到,严肃的学者在接受外来理论时,总先有个人的坚实的研究做基础,再去判断和取舍他人的学说。

在当时其他社会主义阵营国家,处于苏联党性民间文艺理论的绝对支配下,也在建设早期进化论理论指导下的民俗学和民间文艺学,例如爱沙尼亚,就曾被苏联民间文艺学者树立为服从苏联党性民间文艺理论规划建设的典型,索柯洛娃在《苏联民间文艺学四十年》中说:

> 波罗的海沿岸的民间文学工作者正在研究民间诗歌创作个别体裁的历史发展。爱沙尼亚民间文学工作者利用民间文学解决爱沙尼亚民族人种与人种史的问题。他们的这

---

① 〔苏〕普梯洛夫:"论苏联文学中民间文学化的几个问题",〔苏〕索柯洛娃等:《苏联民间文艺学四十年》,刘锡诚、马昌仪译,科学出版社 1959 年版,第 44 页。

种创举值得特别重视。①

（爱沙尼亚民俗学者的）第一个尝试是塔穆别列的《从民间口头创作的观点来看爱沙尼亚人种史的若干问题》(《爱沙尼亚人民的人种史问题》，莫奥尔主编，塔林，1956年)。②

这种人类共同进化历史的研究所带来的问题，是掩盖各国民间文艺自身的特点。近年爱沙尼亚民俗学者对此进行了反思：

> 在苏联时期，爱沙尼亚高校奉行马克思主义进化论，这一学说把民俗解释为有代表性的农民阶级文化的反抗示威表达，以及有历史倾向的原始文学。这一学说还有一种浪漫主义的认识，及按照政府主导意识形态所规划的方针政策，通过暴力革命的途径，人类社会就将消灭资本主义，很快地过渡到共产主义。民俗是历史上保存下来的东西，而这种历史正在消失，因此对民俗要格外重视，要比以往任何时期都抓紧讨论。

> 苏维埃文化变革同样影响到了民俗学领域。虽然引用马克思主义经典著作成了硬性要求，相较于二战之前，民俗

---

① 〔苏〕索柯洛娃：“苏联民间文艺学四十年”，索柯洛娃等：《苏联民间文艺学四十年》，刘锡诚、马昌仪译，科学出版社1959年版，第18页。

② 〔苏〕索柯洛娃：“苏联民间文艺学四十年”，索柯洛娃等：《苏联民间文艺学四十年》，刘锡诚、马昌仪译，科学出版社1959年版，第18页，注释69。该注释中对爱沙尼亚学者的文章题目和书名，译者均使用引号（""），本文作者已改为书名号，以符合现在出版物的规范。

学领域的学术问题并没有太大的变化。尽管如此,人们还是放弃了对某些问题的研究,如民间宗教就是如此。尽管这类问题在其他苏维埃国家中并没有禁止讨论。不过,20 世纪 30 年代以后,符合苏维埃意识形态的当代民俗,即苏维埃民俗的概念被引入了爱沙尼亚。于是,指导人们创作苏维埃民俗的任务就落到了民俗学者们的身上。在斯大林时代的晚期,在民俗档案馆通讯员的要求下,爱沙尼亚的民俗学者们被迫在田野工作中优先搜集苏维埃民俗。各通讯站点把这项工作持续进行到了 20 世纪 50 年代中期,此后档案馆才停止对苏维埃民俗的搜集。苏维埃民俗一般要求反映集体化运动、卫国战争和工人生活等内容。就像在拉脱维亚的案例中所反映的那样,如果没有这一类的民俗,那么民俗学家和被访人有时会心照不宣地相互配合,把苏维埃"民俗"给造出来。[1]

与苏联时期爱沙尼亚民俗学孤岛化不同,当代爱沙尼亚民俗学的基础研究和概念性框架的搭建,是与国际同行的理论发展紧密联系在一起的。当代民俗学已产生了很高的国际化维度。当代爱沙尼亚民俗学研究的范围,已扩大到讲波罗的语的芬兰人、芬兰—乌戈尔人、英国和印度等其他国家的民俗。与其他国家民俗学研究中心的接触和合作也在发展,包括芬兰、德国、匈牙利、印度、爱尔兰、拉脱维亚、立陶宛、俄国、英国和美国等。爱沙尼亚民俗学界与中

---

[1] Kulasalu, Kaisa, "Immoral Obscenity: Censorship of Folklore Manuscript Collections in Late Stalinist Estonia", *Journal of Ethnology and Folkloristics*, issue: 7 (1)/2013, pp. 68—69.

国、中国民俗学者和中国民俗学研究中心的接触也在发展，这种联系还会变得更加重要，因为这不仅对爱沙尼亚，而且对整个欧洲民俗学的研究都有重要价值。①

我们把爱沙尼亚民俗学的境遇当作镜子，可以观察我国同时期民间文艺学学科建设的变化、坚持与不足。钟敬文是通过苏联学者的著作了解到爱沙尼亚民俗学的状况的，他在1954年为北京师范大学中文系学生所出的考卷中，就有"试论爱沙尼亚民歌的价值"的题目。当然，他无法知道他后来对学苏联的反思，竟与爱沙尼亚民俗学者在脱离苏联而独立的学术批评成为神遇。

(二) 借助马克思主义文艺观研究民间文艺的性质与特征

我国民俗学者通过学苏联党性民间文艺学理论，重视一些本来不大留意的理论现象，解决中国民间文艺学学科建设中遇到的问题，并提出一些学术建设性意见，主要有三。

1. 民间文学的范围和界限

在这一时期，钟敬文认为，过去我国学术界中有不少学者把口头文学(我们更习惯的称呼是"民间文学"和"民间文艺")的范围伸展得很广远，差不多除了那些封建的士大夫文人创作的"高雅的"诗文和现代专业作家的一般作品之外，一切流传在民间的、多少有些通俗意味的作品都被包揽进去。在这里，自然包含着真正劳动人民的作品，可是也广泛地包括了那些乡村地主阶级、城市市民阶级的"口头创作"，乃至于封建士大夫(或小资产阶级知识分子)的某些通俗作品。因为有着这种缺乏原则性的看法，就使某些粗心的文艺理论家误认

---

① 〔爱沙尼亚〕于鲁·瓦尔克(ülo Valk): "爱沙尼亚民俗学史略与当代发展"，董晓萍译，《民俗典籍文字研究》，2014年第13辑，商务印书馆2014年版，第28页。

为人民的口头创作是饱含封建毒素的,是洋溢着小市民低级趣味的;也因此使某些老实的文艺工作者,对于高尔基许多称赞人民创作的名言是否适用于中国的口头文学的问题,表示着相当的怀疑。他说,他原来认为,只有绝大多数下层人民(过去,主要是农民和手工业工人)所创作和传诵的作品,才算得上真正的口头文学,至于那些封建文人、城市知识分子创作的通俗文学和一般地主、富农及市民等制作的"口头文学",尽管中间有些也是值得注意或者可以吸取的,但是,一般地说,这些不能算是真正的人民口头文学。它的内容和艺术价值,也不能跟真正的人民创作无区别地相提并论。这种看法,同意的人固然不少,不同意的也尽有之。因此,我自己有时候多少也不免有些动摇。可是,当我看到苏联学者关于这个问题的明确言论的时候,我的态度就变得坚决了。苏联学者们所谓口头文学(或译作民间文学),一般是指劳动人民自己创作和传播的语言艺术。例如莫斯科大学 1951 年出版的《俄罗斯口头文学教学大纲》的引言上,第一句就说:"本课程的目的在于讲授劳动人民的口头诗歌创作。"它告诉我们,口头文学(《大纲》中又称《人民创作》、《人民口头创作》)的范围是很清楚的。有了这样明确的界限,我们就无须再像过去那样,把许多虽然流传在民间而本质上却不属于广大人民的东西算作口头文学或人民创作了。今后为着使大家对它观念更清晰起见,干脆地废去那些界限广泛而意义模糊的"民间文艺"一类的旧名称,采取"人民口头创作"或"人民创作"的新术语,是有好处的。

2. 民间文学的特征

在这一时期,民俗学者认为,苏联学者们举出民间文学的人民性特征,无疑是很重要的。但人民性的特征,不限于民间文学,一切为大作家的作品都具有一定的人民性,而且越少受出身的或当时占统治地位的阶级的束缚,其创作反映人民的生活、要求和利益的限度就越增大,也就是说越富于人民性。但是,在过去的阶级社会中,统治阶级的思想就是占统治地位的思想。那社会里多数的专业作家(例如中国封建时代的士大夫和文人)的作品大都是有意无意替统治阶级效劳的。我们可以说,民间文学的人民性,虽然不是它独具的特征,却是使它跟过去阶级社会中大多数只为统治阶级服务的书本文学一个重大的区别,口头文学研究者对于这种特征的重视或忽略,不只是他们对人民创作特征认识的真正与否的问题,而且是他们的世界观和方法论基本不同的问题。

3. 对于新编民间文学的看法

以往民间文艺者只从某些固有的特征(例如口传性或没有作者姓名等)着眼,认为现在群众的作品跟过去的民间创作缺少那种共通的东西。苏联学者却很重视当代社会的劳动人民和民间艺人的新创作,而且从人民创作史的观点去肯定它是人民民间文学发展最高阶段的产物。这对中国学者是有启发的。①

在钟敬文对苏联理论引进效果的总结中,他的某些观点,如对劳动人民和市民阶层划分的看法,对民间文学与通俗文学的区分,将对民间作品的阶级分层等同于文化分层等,都受到苏联党性民间文艺理论的支配性的影响。这在同时期的爱沙尼亚民俗学者中也有过。不过钟敬文后来做了更正。在改革开放之初,他申明,阶级分层与文化分层有差别;对通俗文学的界定,也要从我国历史文化传统的实际出发,应该将之纳入民间文艺学的研究对象。在学科建设上,他主张将我国已有古老传统文化,将五四新文化运动再塑造的新民间文艺学,以及与延安以来发展的党性文艺思想,统筹兼顾发展。在这种地

---

① 钟敬文:"学习苏联先进的口头文学理论",原为钟敬文、连树声译《苏联口头文学概论》书所写的序言的一部分,原载《新建设》1954年2月号。

方,我们能看到,周巍峙也有同样的思考。在 1958 年那个极"左"到疯狂的年代,他冷静地指出,民间文艺工作要"加强党的领导",但也不能因为整风和反右就助长"轻视传统的虚无主义倾向",①他也认为我国独有的民间文艺体裁要自主发展。

总之,这一时期,在政府和高校,经过学习党性文艺和党性民间文艺理论的过程,加强了互动。在教育部的领导下,高校民间文艺专业创新建设。在文化部的领导下,民间文艺学术社团和群众文化馆站组织纷纷建立,促进全民意义上的民间文艺工作蓬勃发展。对钟敬文和周巍峙这方面更深层的历史反思,我们还将在下面的文章中继续讨论。

四、民间文艺作品的内容和形式的价值与改造

在苏联民间党性文艺理论中有一个不容回避的观点,就是对人民创作采用二分法,这就涉及对传统民间文艺作品的批评、改造问题。前面一再提到,我国文化传统悠久,民间文艺与民俗文化关系密切,传统民间文艺与传统少数民族文化混合,如何处理这些关系中的矛盾,如何使其协调发展?这些都是需要讨论的问题。

(一) 对待民间文艺内容和形式的三种倾向

开也夫说:"苏联口头文艺学的基本任务,是克服它的落后于人民生活要求的现象。就苏联共产党第十九次代表大会的决定来看,这个任务的重要性就特别鲜明。"其他苏联理论家也认为,根据联共(布)中央决定的精神,民间文艺学的教学和作品选择,应批评多半偏向选择旧的、农民的口头文学,而轻视工人阶级的口头文学、现代的

---

① 周巍峙:"使曲艺在祖国伟大的建设高潮中跃进再跃进——第一届全国曲艺会演开幕词",1958 年 8 月 1 日讲,《人民音乐》1958 年第 8 期,第 12 页。

口头文学。[1] 这种观点也给中国带来了影响,具体表现是,在新中国初期党性民间文艺理论的建设中,出现了三种倾向。第一,不切实际的抬高民间文学的地位。在这方面,中国学者大量引用高尔基将民间文学提高到一切作家创作之上的观点作依据。高尔基对恩格斯的劳动创造民间文艺的观点加以拔高,进一步引申说,劳动产生幻想,幻想是人类渴望使自然的力量服从于自己的表现,在民间文学中,古代最不能实现的幻想都实现了,如那些"飞毯"、"快靴"的故事就是显然的证明。我国民间文艺学者对他的观点加以广泛运用,对使用弓箭、发现药草、发明生产工具和教民农耕的神话传说展开了重点研究,认为这就是在马克思主义历史唯物主义观指导下,进行民间文艺学学科的基础理论建设。第二,改编和创作民间文艺新作品,剔除传统民间文艺作品中被列为禁区的成分,如民间宗教。高尔基强调不能对民间文艺做消极研究,而要做积极研究,为此文人学者还要参与民间创作,拿出集体创作的新民间文艺作品,他说:"集体创作的强大力量的极其明显的证据就是:数百年以来,个人创作没有创造出任何跟《伊利亚特》、《卡列瓦拉》相媲美的东西来,个人的天才并没有做出任何一个不以人民的创造为根源的概括。……艺术是在个人的掌握之中,但只有集体才能创造。"[2]他还说,知识分子应参与改造自我和改造民间文艺的运动。[3] 这种改造民间文艺的做法在同时期的爱沙尼亚等其他社会主义国家也出现了。我国当时也接受了这种说法。第三,开展对民间文学作品形式的研究。在钟敬文等学者的主持下,

---

[1] 社论:"要深入地研究民间史诗",《文学报》1952年7月1日。
[2] 〔苏〕Ю. H. 西道洛娃:"高尔基论民间文学",六石译,油印本,北京师范大学中文系民间文学教研室印,内部资料,1955年。
[3] 〔苏〕Ю. H. 西道洛娃:"高尔基论民间文学",六石译,油印本,北京师范大学中文系民间文学教研室印,内部资料,1955年。

此时 П.克拉也夫斯基和 A.李巴也夫的观点被引入我国,他们认为,民间文艺的形式研究也很重要,对民众而言,形式"是他们的经验底唯一组织者、他们的思维底形象化的体现者,以及集体劳动力底鼓舞者"。① 他们还认为,在民间文学体裁中,民歌形式的流行性最高,在编年史出现之前,民众就是使用这种形式来叙述自己的历史。②

(二) 对传统民间文艺的两种认识

现在我们需要重新讨论延安党性民间文艺思想的作用。共产党在领导延安文艺工作时已在处理民间文艺作品的"新"、"旧"关系问题。何其芳在延安时期已接受高尔基的观点。高尔基说:"如果不知道人民的口头创作那就不可能知道劳动人民的真正历史。"③他也认为,通过民间文艺可以认识历史、历史与现实的联系和人民的乐观主义。但是,他是从历史观的角度理解高尔基的这段话的,这种理解与高尔基的原意并不完全一致。而他的初衷不能完全抛弃传统民间文艺。

一份在延安时期陕北边区文教大会上通过的《关于发展群众艺术的决议》引起了我们的注意,它在对待传统民间文艺作品的价值与改造上,与何其芳的看法基本一致。这份决议指出:

在一九四二年文艺座谈会之后,艺术工作者已开始为

---

① 〔苏〕П.克拉也夫斯基、A.李巴也夫:"民间作品的各种形式",克冰译,译者注:这段话借用了曹葆华的译文,见《苏联的文学》,第 41 页,油印本,北京师范大学中文系民间文学教研室印,内部资料,1955 年。

② 〔苏〕П.克拉也夫斯基、A.李巴也夫:"民间作品的各种形式",克冰译,译者注:这段话借用了曹葆华的译文,见《苏联的文学》,第 41 页,油印本,北京师范大学中文系民间文学教研室印,内部资料,1955 年。

③ 何其芳:"谈民间文学",钟敬文编:《民间文艺新论集》,中外出版社 1950 年版,第 57—62 页。

艺术与群众的结合而共同奋斗。但要在群众中完全以新艺术的阵容代替旧艺术的阵容,要在艺术工作者中完全以联系群众的阵容代替脱离群众的阵容,还需要一个长时期的和多方面的巨大的努力。加强对于艺术工作的领导,团结一切艺术工作者,来达到上述的目的,便是今天边区艺术战线上的中心任务。

……

发展或改造农民艺术均应注意到今天边区农村的实际条件,特别要注意不误生产与群众自愿的原则。艺术上的民主必须在组织与创作各方面充分发扬出来。这并不是减轻对群众艺术活动的领导,而是真正地加强领导。各级领导者和各文艺团体应该密切合作,根据各地情况,在群众中布置工作,培养典型,组织竞赛,推动全局。政治上与技术上的指导帮助尤为重要。应该供给和教给各群众艺术团体与民间艺人以新的或改编过的唱词和剧本,发动和帮助群众自己动手创作,提高和奖励他们多演新剧,教育他们去改进他们艺术组织内部的生活和废除不良习惯。这一切对发展群众艺术运动有决定的作用。①

洪长泰认为,在延安文艺思想中,有继承五四新文化运动和新民间文学运动的成分②,实际情况也是这样。在延安党性文艺思想指

---

① (陕北)边区文教大会:"关于发展群众艺术的决议——一九四四年十一月十六日边区文教大会通过边区二届二次参议会批准",收入《解放区普通教育的改革问题》,油印本,北京师范大学中文系民间文学教研室印,内部资料,1955年。
② 〔美〕洪长泰:《到民间去——1918—1937年的中国知识分子与民间文学运动》,董晓萍译,上海文艺出版社1993年版,第294—299页。

导下,延安革命文艺工作者与工农群众相结合,创作了民间文艺形式的革命新歌剧《白毛女》、新秧歌剧《兄妹开荒》与《夫妻识字》,又以《白毛女》最为成功。这些作品都没有对传统民间文艺采用决绝的摈弃态度。那么,这些新作品怎样体现党性文艺思想呢? 丁易对此做了仔细的分析:

> 在创作过程中,我们也遇到了许多困难,发生过偏向。首先在认识这一故事的主题的深切意义上就走过弯曲的路程。开始有的同志认为这只是没有意义的神怪故事,有的同志认为可以作为一个"破除迷信"的题材来写;也有的同志认为应把"反封建"和"反迷信"两种主题处理在这一个材料里。经过了对这个故事的仔细研究,我们才抓取了更积极的主题意义——表现反对封建制度,表现两个不同社会的对照。①

几十年后,周巍峙仍认为,《白毛女》是达到党性文艺思想标准的历史杰作,在新中国社会主义文化建设中仍能起到标杆的作用。

> 现代剧目可以在艺术创作上创造奇迹,只要依靠群众就行。……再看歌剧,从秧歌剧发展到新歌剧,从《兄妹开荒》到《白毛女》,只两年多就解决了新歌剧发展的基本方向,带动了新歌剧创作运动的高潮。所以快是可能的。问题在于是否贯彻群众路线,是否依靠广大工农作者进行

---

① 丁易:"歌剧《白毛女》创作的经过",《中国青年报》1951 年 4 月 18 日。

创作。①

吕骥认为,传统民间文艺作品虽有这样、那样的不足,但还是要向民间文艺学习,"先做群众的学生,然后才能做群众的先生",而不是倒过来,总想着要去改造对方。他以改造说书艺人韩起祥的过程为例回忆,他是真心敬佩韩起祥的,韩起祥将人物形象、故事情节和说唱形式融通合一,表演技艺卓越,达到可以意会、不能言传的程度。对传统民间文艺作品,一定要"虚心谨慎地去发扬它的光辉的传统"。

> 民间音乐总是以其强烈的人民情绪感染着我们,……听韩起祥的说唱,就是由于他的淳朴的音乐形象和他的热情而富有变化的歌声,突出地刻画了刘巧和其他人物的性格,加上他的卓越的三弦伴奏,才使我们暂时忘掉其他一切,被带进他所创造的音乐世界,跟着刘巧一同和封建势力斗争……虽然民歌,如高尔基所指出的,总是亲切地伴随着历史,并且有自己的意见,真实地反映了人民的思想情绪。但我们也不能忘记马克思所指出的,"统治阶级的思想,常常是统治的思想"。因此劳动人民过去在封建统治下,常常接受了某些封建统治阶级的思想……民间音乐的局限性还不止此。就表现形式来说,我们也不能不承认它的简朴,有时确实达到了简陋的程度,这是在一定的社会条件限制下形成的。也由于社会条件的限制,没有可能得到高度的综合和集中,很多时候是平铺直叙,过多重复,缺乏变化和发

---

① 周巍峙:"把目前戏曲演出现代剧目的高潮推向更新更高的阶段",《戏剧报》1958年第14期,第13页。

展,缺乏严密的组织。这些缺点正有待掌握了现代音乐科学知识的新的音乐工作者去补足、发展、丰富起来,使它达到更高的水平,更臻完美。这样说,是否降低了民间音乐的意义和价值呢?我以为它的深刻的人民性,洋溢着人民情绪的、具有高度感染力的音乐形象,简洁而具有高度概括力的音乐语言,丝毫不会因为这些局限性而被掩盖。正因为它具有如此优秀的因素,它才强烈地感动着我们,高出于我们的许多创作,才值得我们努力学习、继承和发扬。毛主席谆谆教导我们的,必须先做群众的学生,然后才能做群众的先生,这个指示是十分英明的,我们必须以这样的谦虚态度去学习民间音乐,然后虚心谨慎地去发扬它的光辉的传统!①

同在延安从事戏曲研究和创作的张庚,写过一篇《鲁艺工作团对于秧歌的一些经验》,也持类似的意见。② 周巍峙强调:"至于某些戏的思想内容有缺点,技术上有问题,这种情形是免不了的,千百年后也会有的,别的艺术也都存在的,有的比这还严重,在这方面不要有自卑感。……要能充分运用传统艺术形式与技术,编剧、导演、演员及音乐干部能很好合作,使内容与形式做得比较协和。"③他的看法是与那些出于政治目的批评民间文艺的做法有区别的。

我们从党内外文艺工作者的文章中了解到,延安文艺精神怎样

---

① 吕骥:"学习和继承民间音乐的优秀传统",节录原文第二、三、七节,油印本,北京师范大学中文系民间文学教研室印,内部资料,1955年。

② 张庚:"鲁艺工作团对于秧歌的一些经验",油印本,北京师范大学中文系民间文学教研室印,内部资料,1955年。

③ 周巍峙:"把目前戏曲演出现代剧目的高潮推向更新更高的阶段",《戏剧报》1958年第14期,第9页。

被当时的知识分子所理解和贯彻,《白毛女》怎样成为延安党性文艺思想的代表作。这种新创作的实质,是将实现党与人民根本利益作为最高原则,以传统民间文艺为基础,通过作家与民间艺人的合作,在作品的形象、情节和形式上,都能达到既符合党的政治动员目标,又让民众喜闻乐见的效果,这种新民间文艺作品的创作才是成功的。作为党内民间文艺理论工作者,他们的这种认识使他们在新中国初期对苏联理论并没有盲从。他们在实际工作中需要有跟从的步调,但他们心中的延安精神又让他们控制着自己的步伐。

(三) 改造传统民间文艺

苏联党性民间文艺理论批评一些苏联民间文艺学者跟着西方民俗学跑,宣传神话学派、模仿学派、英国人类学派、俄国资产阶级"历史学派"、"历史诗学"、形式主义学派等,[①]批评他们在搞资产阶级学科。当时社会主义阵营国家的很多民俗学者都受到了批评。

但是,对于改造传统民间文艺作品的问题要辩证地对待。中国的旧文人有瞧不起民间文艺的现象,但这种情况在五四运动后有改变,胡适、董作宾、俞平伯、周作人、顾颉刚和刘复等还都拿出了优秀的民间文艺仿作和研究著作。钟敬文也认为,延安革命诗人李季创作了《王贵与李香香》成绩很大,不过作者对传统民间文艺作品的继承不足,需要改进。周巍峙也曾对新中国初期文人仿作民歌的失败之处提出批评。

钟敬文对苏联理论中的"历史性"观点是赞同的。一些苏联民间文艺理论家认为,要全面研究民间文艺,就要开展整体文化史的研究,契切罗夫说:

[①] 〔苏〕A. A. 开也夫:《马克思主义经典著作家论人民创作与苏联口头文艺学的任务》,连树声译,油印本,北京师范大学中文系民间文学教研室印,内部资料,1955年。

认为民间文学完全是统治的剥削阶级的创造，这就把人民从文化史中一笔勾销，这种理论并不是孤立存在的；它本身吸收了其他唯心主义的论点。例如在许多资产阶级研究家的著作中，关于民间文学外来的说法开始变成了统治阶级转移文化的说法，据说一切艺术作品、风俗习惯、文化传统等都是从统治阶级下降到民间去的。按照这种说法，没有创造能力的"保守的群众"，从"上层"集团学到了"时髦"，而这种时髦在当时的上层集团里却已经过时了。这种"下降文化"的理论的最明显表现之一可以在汉斯·纳乌曼在第一次世界大战后所写的著作中找到。[①]

　　契切罗夫讲到编写"文化史"，谈到如何处理民间文学作品中的"风俗习惯、文化传统"现象，对钟敬文有所触动。他早在20世纪30年代发表的关于歌谣、故事的文章中就有对这类民俗文化现象的综合论述，还因此称民间文艺学为"特殊文艺学"。[②] 契切罗夫的观点尽管有强调无产阶级党性的明显色彩，但到底能为他解决一个困惑许久的问题带来了帮助。契切罗夫本人撰写了苏联民间文艺学史，还为他在理论和方法上都提供了一个可参照试行的样本。他主持翻译了契切罗夫的部分著作。在20世纪60年代，他还写出了中国晚清民间文艺学史的系列开创性文章。

　　周巍峙处理的是音乐史问题，这与他所从事的专业工作有关。

---

　　① 〔苏〕契切罗夫：“文学和民间口头创作”，朱方译，中国民间文艺研究会编：《苏联民间文学论文集》，作家出版社1958年版，第256—282页。
　　② 钟敬文："民间文艺学的建设"，原作于1935年；钟敬文："歌谣机能试论"，原作于1936年，钟敬文：《钟敬文民间文学论集》（下），上海文艺出版社1985年版，第1—12、252—264页。

他也呼吁从文化史的角度撰写中国音乐史,补充党性文艺理论。

中国共产党和人民政府对音乐工作一贯重视,建国后更为音乐事业发展创造了良好的环境,特别是一些中央领导同志对音乐工作的关心扶持,成为新中国音乐创作事业发展的一个重大动力。只有在新中国这样一个广阔的天地里,音乐工作者才可能驰骋在音乐园地上大大发挥他们的聪明才智。

歌曲在过去革命与战争年代,作为阶级斗争、民族斗争的武器,发挥过巨大作用,现在我们虽已走上以经济建设为中心的发展道路,但我们的革命音乐传统是不能丢的。在新的历史时期,形势任务不同,我们的创作题材、体裁、风格都应有相应的改变。群众歌曲、小型合唱歌曲过去曾是斗争的武器,而现在则应成为活跃生活、团结人民、联系群众的桥梁,用具有较强艺术魅力、思想深刻的歌曲鼓舞和教育人民,积极参与祖国建设,激发人民对祖国山河的热爱之情,提高人民爱国主义、集体主义和社会主义思想,鼓舞人们之间友谊交往,描写人们祥和幸福的生活,是新时期音乐工作的任务。我们拥有近12亿人民的中华民族,必须认真贯彻"百花齐放、百家争鸣"的方针,使音乐的形式、题材、体裁、风格多样化,更应很好地发挥各兄弟民族的才能,使中华民族文化繁荣发达。[1]

---

[1] 周巍峙:"音苑史卷寓风云——《中国新文艺大系·音乐卷》序",《新文化史料》1994年第6期,第21—24页。

苏联党性民间文艺理论在提出改造民间文艺作品的同时还提出改造知识分子的问题,但这是一把双刃剑,在实际操作中,是要既改造传统民间文艺作品,又改造知识分子,对两者都施加社会压力,这已被历史证明是错误的做法。我们对待文化问题要尊重文化规律,对传统民间文艺和知识分子利用传统文艺的管理也都要符合文化规律,而不要违反文化规律进行干涉。

(四) 新时期农村题材

我国的农村文艺问题,是从五四、到苏区、到延安,再到新中国成立以来的各时期,都是需要面对和解决的问题。在改革开放后的农村城镇化进程中,这一老问题又成了新问题。1981年,周巍峙主持召开文化部农村题材创作座谈会,他强调要始终重视农村文艺题材:

> 我国历来是一个农民占总人口的百分之八九十以上的国家。不但在两千多年的封建社会时期是如此,在我们社会主义的今天,情况也依然是如此。这是一个简单的、又是重大的事实。但就是这样一个简单而重大的事实,这样一个明显的国情,却并不很容易认识。办起事来不从占人口大多数的农民出发,甚至不把农民放在眼里,不但在我们文化艺术工作同志中有这种情形,就连在我们党的许多干部中也常有这种情形。在民主革命时期,我们党是经历了许多曲折和失败之后,才取得了对"中国革命的基本问题是农民问题"这个基本问题的认识。
>
> ……
>
> 正如我国的革命和建设都从解决农村问题着手展开自己的伟大征途一样,我国新文艺运动的实绩,也是发端于农村题材的描写的。鲁迅先生的《阿Q正传》、《故乡》、《祝

福》等，茅盾的《春蚕》等，就是永远闪耀着不灭的光辉的第一批描写农村生活的优秀作品。特别是毛主席《在延安文艺座谈会上的讲话》发表以后，大批的小说家、诗人、剧作家、音乐家走向农村，深入农民生活，写出了一大批反映农村生活的成功之作。其中歌剧《白毛女》，长篇小说《太阳照在桑乾河上》、《暴风骤雨》等，则成了有世界声誉的作品。①

他从党性政治和民间文艺价值的两方面，动员广大文艺工作者重视农村文艺题材的建设。他认为，农村题材的创作，要从农业生产蒸蒸日上、农村面貌日新月异的现实出发，通过表现党的三中全会以来农村生活的变化，反映我国亿万农民在党的领导下，重新掌握自己命运的历史性变化，通过改革开放的农村生活，描绘我国农业文化的新建设景象，②钟敬文在新时期的民间文艺学学科建设中也指出，我国的农村民俗和农村民间文艺正在迅速弱化，要抓紧研究。③

五、民间文艺在社会主义意识形态文化中的地位

苏联党性民间文艺理论在苏维埃时期已强调国际化，但我国有自己利用民间文学的历史传统，再加上五四运动和延安文艺精神的储备，加以吸收新中国成立以来社会主义意识形态文化建设的经验，我国的党性民间文艺理论建设走上了一条民族的、自主的道路。与此相关的两个问题需要讨论：一是发展民间文艺与社会主义意识形

---

① 周巍峙："农村题材大有作为——在文化部召开的农村题材创作座谈会上的讲话"，原文写于1981年6月27日，《电影通讯》1981年第8期，第1—2页。
② 周巍峙："农村题材大有作为——在文化部召开的农村题材创作座谈会上的讲话"，原文写于1981年6月27日，《电影通讯》1981年第8期，第2—5页。
③ 钟敬文："对中国当代民俗学的一些意见"，钟敬文主编：《民间文化讲演集》，广西民族出版社1998年版，第4—5页。

态主导地位的关系,二是保护利用民间文艺与继承和发展民族文化传统的关系。

(一) 发展民间文艺与社会主义意识形态主导地位的关系

苏联党性民间文艺理论推行国际化策略,与二战时期苏联党性文艺理论向苏联社会主义阵营国家输出的历程有关,苏联也因此获得了民间文艺学"国际化"的话语权。这一理论格局的形成,与其马克思主义理论的来源有关。由这种理论史产生的理论形态,也对我国产生了影响,不过这种影响已内化为我国社会主义意识形态文化主流化过程中的矛盾和对解决矛盾的探索。

1. 民间文艺与文化进化论

契切罗夫在谈到这个问题时曾说:"社会主义制度保证了天才在生活和创造活动的各方面都能得到高度的繁荣。劳动者从剥削和民族压迫下获得解放,就给艺术创造带来了广阔的规模,这可以由社会主义阵营各国的专业艺术和广大人民的群众艺术的空前高涨得到确切的证明。与那扼杀和摧残大量民间天才的资产阶级制度相反,人民政权、共产党和工人党对发展艺术,对培养工人、农民和知识分子的天才表现出经常的积极的关怀。"[①]契切罗夫的这一观点是他接受马克思主义早期文化进化论的结果。恩格斯在《家族、私有财产和国家的起源》中,引用神话、传说、歌曲和其他口头文学资料,解释人类国家社会发展的不同发展阶段,成为苏联党性民间文艺理论家构建话语权的经典范例。用这种观点看各国各民族的民间文艺,苏联便可以对各国民间文艺进行相同的规划管理,带领各国各民族在共同进化的社会轨道上前进,一起奔向共产主义的理想目标。列宁也认

---

① 〔苏〕契切罗夫:"文学和民间口头创作",朱方译,中国民间文艺研究会编:《苏联民间文学论文集》,作家出版社 1958 年版,第 256—282 页。

为,民间文艺是国家社会发展的组成部分,在经济、社会和政治建设各方面,都可以无条件的使用民间文艺,建成无产阶级文化。无产阶级文化是人类历史文化中一切有价值的东西的继承与发展,各国各民族文化里都有民主成分与社会主义成分。民间文艺的内容由社会主义内容统一起来,构成国家社会主义意识形态的成分,体现党性民间文艺的历史使命和作用。在关于本国的民族文化(包括民俗文化)与国际化的无产阶级文化建设的党的政策方面,列宁强调:

> 全人类的无产阶级文化不是排斥各民族的民族文化,而是以民族文化为前提并且滋养民族文化,正像各民族的民族文化不是取消而是充实和丰富全人类的无产阶级一样。[①]

列宁在1913年写给高尔基的一封信中还说,运用党性民间文艺建设与管理的模式,可以指出在现代条件下苏联各民族社会主义和艺术发展的具体道路。马林科夫在苏共第十九次党代表大会上关于联共(布)中央工作的总结报告中指出:

> 苏联人民的口头文学创作,这是巩固我们社会主义制度、确立我们的共产主义理想的力量之一。在新与旧、先进与落后之间的斗争中,重要的是不仅要看到创造新社会制度的力量,并且要不断培养这些力量,注意用各种方法发展它们,不倦地组织它们并使之臻于完善,以利于我们社会的

---

① 〔苏〕列宁:"关于民族问题的批评意见",原载《列宁全集》第20卷,引自周扬编:《马克思主义与文艺》,1944年初版,作家出版社1984年再版,第154—155页。

顺利前进。①

苏联创造国际化党性民间文艺理论的产品是创作党性文学,列宁强调文学是党的文学,民间文艺出版物是党的民间文艺出版物,他还提出了建设党性文学的原则:

> 党的出版物的这个原则是什么呢?这不只是说,对于社会主义无产阶级,写作事业不能是个人或集团的赚钱工具,而且根本不能是与无产阶级总的事业无关的个人事业。无党性的写作者滚开!超人的写作者滚开!写作事业应当成为整个无产阶级事业的一部分,成为由整个工人阶级的整个觉悟的先锋队所开动的一部巨大的社会民主主义机器的"齿轮和螺丝钉"。写作事业应当成为社会民主党有组织的、有计划的、统一的党的工作的一个组成部分。②

列宁提出了党性出版物是无产阶级国家机器的"齿轮和螺丝钉"的原则,这也对我国的影响很大。我国在 20 世纪 50 年代涌现了相当多的这类民间文艺出版物,包括《各民族民间文学丛刊》和分省《歌谣资料集》等系列著作,应该都与这一指导思想不无关系。1958 年出现的大跃进民歌运动,将这种党性民间文艺创作推向了"有组织的、有计划的、统一的党的工作",造成了文化灾难。当然,我们今天

---

① 〔苏〕Π. 马林科夫:《十九次党代表大会关于联共(布)中央工作的总结报告》,国家政治书籍出版局 1952 年版,第 68 页。译者注:见该书中译本第 66 页。油印本,北京师范大学中文系民间文学教研室印,内部资料,1955 年。
② 〔苏〕列宁:"党的组织和党的出版物",《列宁选集》第 1 卷,人民出版社 1995 年版,第 663 页。

重看这些出版物,不是简单地加以批评,近年这种批评文章已经不少了。我们是要发现党内外理论工作者当时发生的困惑和解决困惑中产生的不同思想倾向,而这些都是过去较少去碰的地方。

1958年的大跃进民歌运动是通过发动民间文学搜集出版工作,创造大规模的党性民间文艺运动,开展科学社会主义运动的突出个案。当时苏联专家已经撤走,大跃进民歌运动显然不是为了学苏联,而是在脱离苏联之后,表明我党开展独立自主的社会主义革命建设运动的决心比从前更大。周扬和郭沫若在他们合编的《红旗歌谣》的前言中,申明了这个宗旨:

> 我国劳动人民在一九五八年以排山倒海之势在各个战线上做出了惊人的奇迹。劳动人民的这股干劲,就在他们所创作的歌谣中得到了最真切、最生动的反映。新民歌是劳动群众的自由创作,他们的真实情感的抒写。……他们唾弃一切妨碍他们前进的旧传统、旧习惯。诗歌和劳动在社会主义、共产主义新思想的基础上重新结合起来,正是在这个意义上,新民歌可以说是群众共产主义文艺的萌芽。[①]

在周扬看来,大跃进民歌运动的目标有三:创造党性民间文艺作品,发动科学社会主义运动和发展民间文艺;在这三者之间,他是偏重于创造党性民间文艺作品和发动科学社会主义运动的。多年后,他在谈到这个问题时,还是政治弦绷得很紧,提出:

[①] 郭沫若、周扬:"编者的话",郭沫若、周扬编:《红旗歌谣》,红旗杂志社1959年版,第1—2页。

> 革命的道路是漫长的,在社会主义社会,阶级矛盾和阶级斗争还存在,斗争更加艰巨,更加曲折复杂。在社会主义时代的新国风中,我们听到了各族人民在无产阶级专政条件下继续革命、大干社会主义的勇敢之歌和快乐之歌。[①]

当然他的这种认识是发自内心的,不是迎奉的。所以当他后来发现自己的观点偏离了社会主义意识形态文化建设的轨道时,他也勇于改正。

我国传统民间文艺蕴藏着复杂的民俗文化事象,包括故事、民歌、戏曲、曲艺等极为丰富的体裁、难以胜计的题材和相关的宗教信仰与日常生活;令其统一进化,变成千篇一律的样板,这是不可能的;用社会运动的方式去拉动其统一进步,能热闹一时,但不能长久持续。我国党内外理论工作者提出的"不能一条腿走路","不能搞现代题材的节目而丢了传统节目",要"大胆革新"和多元化,这些都是正确的。这批资料是党性民间文艺理论史中的财富。

2. 原始文学与文学体系

苏联党性民间文艺理论国际化的另一思想背景,与接受"原始文学"的观点有关,它要求各国民间文艺依照苏联体制纳入文学体系,民间文学资料档案也被纳入这个体系之中,在高校的文学系内进行民间文艺学的学科建设。在这种苏联社会主义意识形态的学科系统内,民间文艺和相关民俗文化事象就都被理解成为带有历史倾向的"原始文学",这样民间文艺便可以与原已占有主流文学地位的作家文学有了共同的源头,能让民间文艺成为国家认同和社会历史认同

---

① 周扬:"序",中国民间文艺研究会、中国社会科学院文学研究所各民族民间文学组编:《中国歌谣选》第一集,上海文艺出版社1978年版,第1、4页。

的基石,能与上层社会主义意识形态相处。钟敬文正是在这个意义上,在新中国成立之初,陈述了他接受马克思主义的初衷:

> 高尔基说过,俄国民谣就是俄国的历史。我们如果写一部比较具体的中国的社会史、生活史,舍弃了民间文学和一般民俗资料是不能够有更丰美的凭借的。①

但在党性民间文艺理论的话语体系内,对民间文艺和民俗事象中的所谓"宗教迷信"和"封建陋习"就没有必要强调,因为不利于社会主义意识形态的建设。

直到 20 世纪 90 年代,苏联党性民间文艺理论一直都强势地在东欧社会主义国家中起主导作用。20 世纪 90 年代以后,除俄国之外的其他国家都陆续脱离了苏联体系,恢复了他们各自的民俗学建设,但他们的民俗学者仍然承认,苏联理论提供了新的理论导向和方法论体系,在长达半个世纪的时间内,控制了本国民俗学的发展方向。不过他们的民俗学也还有自己的学术传统,只是在政治上不占主流。以波罗的海岸的爱沙尼亚为例,那些没有进入政治主流的本国民俗学者,停止了职业生涯,放下了研究本国传统民间文艺的学术活动。② 这点与中国的情况相似,中国一些民俗学者也被迫离开了高校教学科研的岗位。改革开放后,我国党性民间文艺理论辅助社会主义文化主导地位的巩固,成为确立我党执政力和治国方略的

---

① 钟敬文:"口头文学:一宗重大的民族文化财产",写于 1950 年开国纪念日前夕,收入钟敬文:《钟敬文民间文学论集》(上),上海文艺出版社 1982 年版,第 5—6 页。

② Kuutma, Kristin, *Introduction: Constructing a Disciplinary History*, *Studies in Estonian Folkloristics and Ethnology*, edited by Kristin Kuutma and Tiiu Jaago, Tartu: Tartu University Press, 2005, pp. 12—13.

要素。

3. 民间文艺与少数民族文艺

自1950年起,我国党性民间文艺理论与民间文艺学学科建设共同发展,并侧重于民间文艺与少数民族文艺的协调发展。自1950年起,中央人民政府向少数民族地区派遣由中央干部和高校学者共同组成的中央民族访问团,赴少数民族地区访问,费孝通、林耀华、沈钧儒、萨空了等都参加了这一工作。中央民族访问团的工作是搜集和了解少数民族的社会、历史和文化知识,包括对少数民族民间文艺作品的搜集;在理论上,这一工作是将国家民族工作的"统一性"、"民族性"与"民间文学"的概念共同理解的:

> 中央人民政府政务院于1950年6月决定派出中央访问团,分西北、中南、西南三路,后又增加东北共四路访问各少数民族。访问团的任务是传达中央人民政府和毛泽东对全国少数民族同胞的深切关怀,宣传人民政治协商会议通过的《共同纲领》中的民族政策,密切中央人民政府与各民族的联系,加强民族团结。除此之外,访问团还有一个任务就是要拜访各地的少数民族,弄清楚他们的民族名称(包括自称和他称)、人数、语言和简单的历史,以及他们在文化上的特点(包括风俗习惯)。周恩来认为,接触少数民族最好的办法就是通过艺术来接触。于是,从中央戏剧学院等一些文艺团体抽调骨干,在中央访问团里成立了文艺组。[①]

[①] 王晓霞:"中央民族歌舞团的成立",中共中央党史研究室科研管理部、国家民族事务委员会民族问题研究中心等编:《中国共产党民族工作历史经验研究》上册,中共党史出版社2009年版,第761页。

中央访问团的工作方式,以汉族与少数民族友好交流和友好调查研究为主,整理和出版了一批少数民族民间文学作品选。这些资料后以国家命名,变成中国民间文学作品集,在北京陆续出版。钟敬文在 1950 年 9 月时总结说,中央访问团的工作与各地文工团的工作结合,推动了高校民间文艺学学科建设,高校以往偏重"古典文学和文艺学",现在纷纷开设了"民间文艺"的课程,产生了高校人文学科知识体系格局上的变化:

>　　这一年来民间文艺学的活动,我觉得有几点是值得郑重指述的。
>　　首先,我们要指出的是一般文艺界、文化界对于民间文艺的注意或重视。自去年以来,北京及各地,日报和定期刊物逐日增加。在报上刊载民间文艺资料和谈论民间文艺的文章,已经成了一种很常见的事情。有些报纸,并且辟有"民间文艺"的副刊,专门登载这方面的作品、论文等,例如《光明日报》和《大刚报》等就是这样的。
>　　……
>　　此外,许多地方的文艺工作者、文艺工作团队等,都集体地、有计划地在采集和学习民间文艺(主要是民歌、民乐和民间舞蹈等),例如西北文联曾派工作队到青海、新疆等地方去做采录少数民族歌谣的工作,并且得到相当数量的资料和一些可贵的经验。渤海区音乐工作者们也在当地展开这种工作,结果编辑成一部《渤海民间音乐集》(共二百多篇,油印本)。不久以前出发到西北和西南去的中央访问团,他们的文工团也把采集民间文艺列在此行的工作表上。在一向注重古典文学和文艺学等的大学中文系,现在已经

纷纷开设"民间文艺"的功课,教育部也在新定的该系课程中,列入这个课目。中央人民政府出版总署曾经广征这方面的资料,准备编辑出版。①

中央访问团的到来,促进各民族人民对中华民族的历史认同,与对新诞生的社会主义统一大家庭的社会认同。曾与钟敬文教授一同在中国民间文艺研究会共事的老舍在一份报告中指出,在中国文联的领导下,中国作协对少数民族文学同样给予重视,这种工作让作协认识到了少数民族文学的价值。② 老舍在这份报告中分析了蒙古族、藏族、维吾尔族、哈萨克族以及西北和西南少数民族地区的民族文学分布状况,并且对于少数民族文学的搜集、整理、翻译和创作等工作都做了讨论,提出了开展兄弟民族文学工作的具体措施,其中第一条就是:"推动各文艺团体的各级领导重视兄弟民族文学工作,加强领导,鼓励搜集、整理、翻译与创作。大力培养搜集整理兄弟民族文学遗产的干部,培养翻译人才与作家。"③

中共中央宣传部曾经计划和组织过少数民族文学史的编写工作。据1958年《中共中央宣传部关于少数民族文学史编写工作座谈会纪要》:

> 目前社会上迫切需要编写一部以马克思主义的观点阐述的包括各少数民族的中国文学发展史。中国科学院文学

---

① 钟敬文:"一年来的新民间文艺学活动",原作于1950年,收入钟敬文《民间文艺谈薮》,湖南人民出版社1981年版,第270—272页。
② 老舍:"关于兄弟民族文学工作的报告",中国社会科学院少数民族文学研究所编印:《中国少数民族文学史编写参考资料》,内部资料,第482页。
③ 老舍:"关于兄弟民族文学工作的报告",中国社会科学院少数民族文学研究所编印:《中国少数民族文学史编写参考资料》,内部资料,第499页。

研究所已制订了关于编写这部书的计划。准备先编写"中国文学简史",四卷里少数民族占一卷(如少数民族须占两卷,即改为五卷本);后出版"详史",十二卷中少数民族占三卷。每卷约计二十万字。书中各少数民族文学史的部分,决定由各民族自治区和有少数民族聚居的省份负责编写,或由有关省、区协作完成。各省、自治区党委应指定专人,组织当地力量分头编写,最后由文学研究所汇编定稿。凡是不能写出文学发展史的民族,均写"文学概况"。①

这次少数民族文学史的编写工作由中宣部主持,由中央民委和各省有关机构组织,由中国社会科学院文学研究所等国内院校的学者共同参与。少数民族文学史的编写工作,对缺乏文字记载的少数民族来说,无疑加强了少数民族民间故事、民歌、民间舞蹈、民间戏曲和史诗等体裁的搜集与整理。钟敬文教授本人于1956年参加了中国文联作家西北考察团,同行的有冯至、朱光潜和张恨水等人。他在此行中见到了延安说书艺人韩起祥,十分激动。回京后,他满腔热情地撰写了歌颂民间文艺和社会主义文化建设的作品,并将访问体会用于民间文艺学学科建设。

4. 多民族文艺与地方文艺

我国重视社会主义统一国家多民族、多地区民间文艺的发展。周巍峙自20世纪50年代至21世纪初发表文章,提倡民族民间文艺和地方文艺,他的观点渗透在《略谈歌颂毛主席的歌曲创作》《解放思想、拨乱反正、进一步繁荣民族声乐艺术》《加强民族团结、繁荣民

---

① 中共中央宣传部:"关于少数民族文学史编写工作座谈会纪要",中国社会科学院少数民族文学研究所编印:《中国少数民族文学史编写参考资料》,内部资料,1958年,第1页。

族文化》《发展民族器乐艺术》《努力开创民族器乐艺术新局面》和《竭尽全力打造民族文化的万里长城》等多篇文章中。他的主要观点是,我国汉族与少数民族长期共存,历史基础深厚,社会认同广泛,民间文艺多种多样,各民族民间文艺还都有自己的地方传统。在社会主义时期党性民间文艺理论的建设中,更要强调民族平等,推陈出新,促进民族团结和社会和谐发展。其中,他发表于1978年的《解放思想、拨乱反正、进一步繁荣民族声乐艺术》是他多年发表这种观点中的一篇承上启下的代表作,他在文中以"汉、回、苗、壮、藏、高山、维吾尔、哈萨克、白、普米、朝鲜、彝、傣、蒙古等十五个民族"为例,强调:

> 社会主义的文化艺术,必须有自己的形式,这就是民族形式。一方面,继承民族文化艺术的优秀传统,另一方面,借鉴外来艺术中一切有用的东西,这是创造社会主义文化艺术的途径。

> 我国的民族民间唱法,则是我国人民群众在长期的生活中创造并逐步形成的。它的风格、特点是和我国的历史发展、地理条件、人民的生活、欣赏习惯,特别是和人民群众的语言有十分密切的关系。我国地域辽阔、民族众多,各地、各民族的历史地理条件、人民生活、欣赏习惯、群众语言又有很大的差别。因此,各地、各民族的唱法在风格、特点上又各有区别。我们的民族民间唱法决不是单一的,而是非常丰富的。①

---

① 周巍峙:"解放思想、拨乱反正、进一步繁荣民族声乐艺术",《人民音乐》1978年第6期,第7,9—11页。

钟敬文教授最早参与创建的中国民间文艺研究会，在20世纪50年代，组织搜集和出版了一批少数民族叙事诗，包括《阿细人的歌》和《阿诗玛》等。钟敬文教授还将所搜集的少数民族民间文艺作品在自己主编的会刊《民间文艺集刊》上发表。他在晚年提出建立一国多民族民俗学的理论，①是在对这种理论探索全面总结的基础上提出的。周巍峙从党和政府工作的角度，多年来始终不遗余力地宣传推进社会主义体制下的多民族多地区民间文艺发展工作。在另外两篇文章中，他还特别对西藏的藏族、内蒙古的蒙古族和新疆的柯尔克孜族三大英雄史诗表示高度重视，对新疆维吾尔族、广西壮族、云南彝族和白族的民间叙事文艺的发展也大力鼓励，不遗余力。

> 我国是一个多民族的国家。各族人民在长期的生活、劳动和斗争中，都产生了自己民族的文化艺术，这些文化艺术在历史发展的长河中逐步形成自己特有的民族风格。……在少数民族人民中，流传着很多长篇的说唱史诗和优美动人的传说故事，如藏族的《格萨尔王》，蒙古族的《英雄格斯尔可汗》，柯尔克孜族的《玛纳斯》，彝族的《阿诗玛》，白族的《望夫云》。也有集中歌颂壮族歌仙刘三姐的带传记性的大量优秀民歌。有流传至今约有一千三百年历史、内容十分丰富的维吾尔族说唱音乐《十二木卡姆》。藏族早已有了内容丰富的藏戏，白族、傣族、蒙古族等也有一定的戏剧形式。至于民歌、说唱、舞蹈、歌舞、乐曲等形式的运用，则更为广泛。②

---

① 钟敬文："多民族一国民俗学"，钟敬文：《建立中国民俗学派》，黑龙江教育出版社1999年版，第27—33页。
② 周巍峙："加强民族团结 繁荣民族文化"，《中国民族》1980年第9期，第3—4页。

他坚持用本国社会主义文艺理论,主要是继承和发展延安文艺精神,提高党内外人士的思想水平,在延安讲话精神指导下,做好文艺领导工作。

现在我国西北地区少数民族的三大英雄史诗,与蒙古族长调民歌和新疆维吾尔族的木卡姆都已成为世界非物质文化遗产,在政府指导和组织申报工作方面,周巍峙先生都耗费了极大的心血,他的相关理论文章,他的顶层设计和他的南征北旅的工作指导,将长留在我国社会主义文化建设的史册中。

20世纪50年代党性文艺理论实践活动的不足,是没有对"民族性"的概念做深入讨论,没有围绕这个概念做相对独立的理论建构。当时苏联理论虽然有"民族性"的概念,但实际上没有发展多民族文化的意图,而是整合东欧其他国家的民族文化,这样苏联就不能给我国这方面的民族文化建设提供相应的理论支撑。在我国,党的政府开展的民族调查和民族文化鉴定,赢得了广大少数民族群众对共产党和中央政府的政治向心力,党和政府却多少忽略了提升少数民族自身的文化自觉。到20世纪50年代中期,大量搜集上来的少数民族民间文艺作品大都是用汉字记录的,不是用少数民族文字记录的。在地方社会,那些拥护共产党的少数民族作家也在用汉字创作,而不是用少数民族文字创作,这样一来,在客观上,一些地区的少数民族民间文艺便成为汉族民间文艺的补充。从方法论上说,在我国长期多民族共居的国家中,将富有口头传统的少数民族民间文艺,与早已使用书面文献的汉族民间文艺对照,开展双方互补研究,这无可厚非。况且,在传统社会被轻视的少数民族民间文艺,在新中国时期被吸纳为社会主义文化的构成部分,这本身也是革命性的变化,故需要充分肯定我国政府业已开展的多民族文学和地方文学工作。但是,这种成果主要是政治成果,还要将之转化为文化成果。要全面开展民族文化建设和地方文化建设,提升我国多民族多地区的文化自觉性和文化凝聚力,这样才能将党性民间文艺理论的政治话语权变为文化优势。这是我国文化发展不能依靠苏联理论的地方。

(二) 民族文化传统的继承与创新

苏联党性民间文艺理论国际化强调党性民间文艺理论建设对于本国和国际社会主义阵营联盟国家的双重责任。在这类问题上,我们能认识到,在中、苏党性民间文艺理论差异的背后,是两国的文化传统和民俗文化差异在起控制作用。叶果洛夫提出:

> 艺术的民族特点的问题具有重大的理论意义与实践意义。这一问题是与加强各族人民的友谊及其在艺术创作和文化方面实行合作的任务,与反对资产阶级民族主义和世界主义,争取无产阶级国际主义原则胜利的斗争密切相联系的。
>
> 马克思列宁主义所持的出发点是:一切大小民族都有其自己的特点,这些特点反映在民族艺术上,成为多民族的世界文化和世界艺术的组成部分。世界文化集约着一切民族艺术和一切民族文学的优秀成果。
>
> 一切民族的民主主义的艺术和社会主义的艺术,就其性质和内容来说都是国际的。但是它决不是非民族的。它揭示于人民的生活,显示了人们社会生活和民族生活的具体情况,反映了劳动人民的先进的社会美学观念,反映了由于历史与文化发展的特点所决定的各民族的优良特点。这种特点也就赋予各个民族的艺术以独特性和定型。
>
> 苏联和人民民主国家文化建设的实践令人信服地证明,各族人民可以用适合自己语言、生活和民族特点的方式

达到全人类的即社会主义的文化。民族艺术与国际艺术的有机统一,也是资本主义国家中进步艺术所固有的。正如列宁所说:劳动人民的生活条件,势必要在资产阶级民族中产生民主主义和社会主义思想。而这种思想自然也表现在艺术制作方面。①

苏联学者的具体问题是:本民族的心理素质在艺术中的反映? 艺术家如何从自己的世界观和社会审美观出发"摄取"民族特点? 艺术反映人民的民族性格发生在哪种社会发展的阶段上? 艺术的民族特点和民族形式是什么? 艺术拥有自己所喜爱的、反映自己历史文化和民族"环境"特点的形象是什么? 哪些艺术拥有自己独特的表现手段? 这些手段怎样发扬构成全民族的艺术文化的财富、艺术的民族传统和国际关系? 叶果洛夫认为,"所有这一切都证明,由于各民族劳动群众有共同的根本利益,由于他们具有反对压迫者,争取社会进步的共同目的,因而每个民族的艺术的内容乃是国际的,但是共同的、国际的东西在每个民族中都是独特地表现出来的"。② 我国也有"民族的就是世界的"说法,但这不是我国党性文艺理论的主要问题,更不是现在所说的国际化问题。

我国在党性民间文艺理论的过程中,是始终将继承弘扬民族文化传统当作全党全社会的重大问题来讨论的,并将之视为关系到我国社会主义国家独立自主建设的方针政策的高度予以重视。它所面向的是在我国社会主义意识形态文化建设中如何处理民族文化传统

---

① 〔苏〕A.叶果洛夫:"论艺术的民族特点",赵俊哲、高文德译,原载苏联《共产党人》杂志 1956 年第 9 期。油印本,北京师范大学中文系民间文学教研室印,内部资料,1955 年。
② 〔苏〕A.叶果洛夫:"论艺术的民族特点",赵俊哲、高文德译,原载苏联《共产党人》杂志 1956 年第 9 期。油印本,北京师范大学中文系民间文学教研室印,内部资料,1955 年。

的问题。在我国这个历史悠久的文化大国中,新旧矛盾很多,就民间文艺来说,其中一个比较尖锐的矛盾是如何处理民间文艺作品中的宗教迷信成分?是允许其进入社会主义意识形态还是排斥在外?高尔基曾因夸大民间文艺中的宗教作用受到批评,此后苏联党性民间文艺理论都采取了治理精神污染的做法,我们后来称之为"庸俗社会学"。但当时我国政府是效仿,还是走自己的路?这是必须做出的选择。我们从周巍峙先生的文章中可以看出,他要求一切从我国实际出发。在 20 世纪 50 年代的一篇文章中,他以保留所谓宗教迷信成分较多的中国戏曲为例,提出应保护这笔历史上流传下来的"民族优秀遗产",正确地理解和运用民族民间文艺发展政策。

> 许多优秀的传统戏曲剧目一直到现在还在起着鼓舞人心、教育人民的作用。许多历史人物,在广大劳动人民的心目中,还有很深的影响。在大跃进中许多群众经常提到黄忠、罗成、武松、穆桂英、花木兰、孔明等等为人们所推崇和崇敬的人物,这和戏曲长期在舞台上介绍他们、歌颂他们有很大关系。因此,今后仍然应该重视优秀传统剧目的发掘、整理、加工、演出的工作。……要从思想上重视传统剧目,两条腿走路,不能因强调现代戏而忽略传统剧目的教育作用。

> 传统如不发展就不易保存,传统的革新正是为了发展民族优秀遗产。京剧《白毛女》的演员就反映,过去演历史剧很不注意人物性格的思想分析,演了《白毛女》以后就比较注意了。

中国戏曲的表演艺术有着独特的风格,优美的表现形式,丰富而精湛的表演技巧,这一笔优秀的遗产很宝贵,它对现代剧目的发展也有很大的好处,应该好好加以保护,不要使它丧失掉,这一点应很明确。①

我国遇到的另一个矛盾是如何处理多民族民间文艺发展不平衡的现象?是否要社会主义意识形态的标准设定一个框子,去框定各民族民间文艺?对此周巍峙也是反对的。他在各种场合都表示,不要千人一面,不要强求一律,不要艺术风格雷同。要支持汉族与少数民族文艺平等、多元地发展,培植百花。他说:

民族风格问题,不仅是一个表现形式,它牵涉到一个民族长期形成的审美习惯,还牵涉到民族自尊心问题,必须很好地注意。特别是汉族文艺工作者,在表现少数民族人民生活时,对少数民族风格问题更要严肃对待。

解放以来,汉族文艺工作者向少数民族文艺工作者学习了许多东西,丰富了自己的创作和表演内容,其中有不少作品和表演受到少数民族人民的欢迎和称赞,这一点是应该充分肯定的。当然,我们也应看到有些汉族文艺工作者,在进行创作或工作时,由于对少数民族人民的生活和艺术传统理解不深,也有的由于方法不对头,或思想认识上的原因,而产生了一些缺点,这也是事实,应该认真加以改进。我们认为,汉族文艺工作者在创作少数民族题材时,首先必

---

① 周巍峙:"把目前戏曲演出现代剧目的高潮推向更新更高的阶段",《戏剧报》1958年第14期,第9、14页。

须强调要采取学习的态度,必须十分尊重少数民族的民族心理、生活习俗和欣赏习惯,必须深入少数民族生活,向人民学习,向少数民族艺术传统学习。从选择题材到成品,以及形式、风格等方面的问题,都应征求少数民族人民和文艺工作者的意见,取得他们的帮助和指导。特别是在艺术风格方面,更要多向少数民族文艺工作者求教。少数民族文艺工作者,对汉族和其他民族的文艺工作者创作表现自己民族生活的作品,应该热情欢迎,积极提供帮助,使他们获得成功。[1]

怎样建立党性民间文艺理论的民族特色?苏联理论认为,民间文艺的繁荣和党性文艺思想的胜利,表现为党引领苏联文化发展的持续高涨,证明"苏联人的思想和文化水平已经大大提高了;党正用最优秀的文学和艺术作品来培养他们的欣赏力"。[2] 民族特色的本质不是历史问题,而是一个标志党性文艺水平的社会主义现实问题。我国曾引入了高尔基的观点,将高尔基视为苏联社会主义现实主义方法的创始人。周魏峙在党的领导岗位上处理民间文艺的各种问题,他在一篇评论歌剧《洪湖赤卫队》的文章中谈到自己的观点:

> 该剧所以是一部比较成功的歌剧,不仅因为它有很高的思想水平,能做到政治与艺术的和谐统一,给人们较大的感染力,有相当大的教育效果;同时,由于该剧在歌剧民族

---

[1] 周魏峙:"加强民族团结 繁荣民族文化",《中国民族》1980年第9期,第5页。
[2] 〔苏〕Н. П. 安德列夫:《俄罗斯口头文学》,莫斯科—列宁格勒1938年第2版,第29页。油印本,北京师范大学中文系民间文学教研室印,内部资料,1955年。

化的问题上,做了较成功的尝试,证明新歌剧工作者必须向民族、民间文艺学习的重要意义。

……

在新歌剧的创作和演出上如何进一步民族化、群众化的问题,《洪湖赤卫队》也有突出的成绩。创作开始,同时就考虑到民族化问题,要求有突出的民族色彩,力求在形式上更加完整些。曲调用了许多沔阳花鼓和洪湖地区的民歌调子,采用革命民歌歌词,加以发展,听起来十分亲切动人。用强烈的方法写英雄人物,用夸张的手法写反面人物,使正面人物更美,反面人物更丑。这都是戏曲手法,学习得很有成绩,也是戏曲演员和新歌剧工作者密切合作、共同创作的结果。①

党性民间文艺理论中的民族特色,应该从这种"政治与艺术"的统一性中获得;要在具体艺术创作中突显民族特色,要"深入生活,体会群体情感,认真研究民族风格"。② 在我国开展非物质文化遗产保护的今天,回顾这些理论忠告和经验之谈总有启发。

前面已约略提到,在社会主义民间文艺理论建设中,一直都在讨论知识分子的世界观在民间文艺研究中和创作中的地位,它的核心问题是讨论知识分子在社会主义国家的政治、文化、学术与教育领域的发展空间和社会允许他们怎样去发展,以及他们对民族传统文化的继承与发展的作用。与之相对的问题,是如何评价搜集民间文艺

---

① 周巍峙:"漫谈《洪湖赤卫队》各方面的成就和它的创作道路",《剧本》1960年第3期,第21、23、26页。
② 周巍峙:"漫谈《洪湖赤卫队》各方面的成就和它的创作道路",《剧本》1960年第3期,第26页。

作品的社会群众运动,是将其视为做成科学社会主义运动,还是尊重民族文化的发展规律,提倡文化多样性,体现社会主义意识形态系统兼容性的优势?这些都是老问题,也是至今被热议的话题。对这方面的历史资料展开学术研究,有利于吸收历史经验,加强社会主义党性民间文艺理论的建设,促进开展国际同行间的学术对话,使这项工作朝着有利于现代民俗学和人文文化建设的方向发展。

丁易认为,我国社会主义意识形态文化系统是从延安时期开始酝酿和尝试的,当时大批革命知识分子带着各种文艺才能或学术专长奔向延安,投身于抗日民主政府领导下的民间文艺活动,成为延安党性民间文艺思想的积极的实践者。开始并未发现知识分子世界观与党性民间文艺工作的矛盾。他在《陕甘宁边区和广大敌后抗日根据地的文学活动》中说:

> 这些文艺活动首先是继承并发扬了苏区工农红军的文艺活动的优良传统,把文艺活动深入到工农群众中去,积极开展工农群众文艺活动。这里且从最大的一个解放区——华北解放区(原晋冀鲁和晋察冀两个解放区)为例。一九三七年,八路军开到这两个地区前线作战,随军宣传队到哪里,哪里便掀起了群众的文艺活动。富有战斗性的歌舞、短剧、活报,对当地的文艺活动都起了刺激和推动作用。由于农民在抗日战争中获得了解放,减租减息运动提高了他们的物质生活和政治觉悟,他们开始要求文化。再加上解放区各种文化机构和文艺团体的帮助,华北敌后就出现了许多农村剧团,用集体的秧歌舞及各种新内容旧形式的艺术活动表现农民自己的事情。
>
> ……

一九四二年以前,有太行剧团、抗敌剧团、冀中火线剧社、新世纪剧社等职业剧团;这些剧团经常开办农村戏剧训练班或乡艺训练班,传授戏曲尝试。学校方面有晋东南创办了民族革命艺术学校、鲁迅艺术学校,晋察冀有联大文艺学院,都训练出大批文艺干部,散布华北各地。此外,太行区有农村戏剧协会,晋察冀有文救会,冀中有文建会,都是专门领导农村文化工作的团体。这些剧团、学校、协会一方面展开了自身的文艺活动,另一方面也大大推动并帮助了群众文艺活动。[1]

在延安时期,我党将党性民间文艺思想的实践与解放全中国的使命联系在一起,这使知识分子转变世界观的任务愈发紧迫。周巍峙是从太行山区转战到延安鲁艺的革命知识分子,经历了这个过程,他谈到这个问题时说:

过去绝大多数的音乐专家都是瞧不起劳动人民,自然也不愿意为劳动人民服务的。所以劳动人民的生活和斗争的无比丰富生动的内容,在他们的作品中是没有地位的;人民的音乐创作和群众中的音乐天才,他们也是轻视的;对人民群众的音乐生活,他们是不关心的;群众不是他的创作和演出的对象,当然更谈不到对劳动人民的音乐活动加以具体的帮助了。因此旧社会的许多音乐专家,实际上是自觉

---

[1] 丁易:"陕甘宁边区和广大敌后抗日根据地的文学活动",《中国现代文学史略》第十章第四节,作家出版社 1955 年版。

或不自觉地处于和人民群众相对立的地位的。①

他认为,党性民间文艺工作的重要任务是培养革命民间文艺人才队伍。知识分子转变对民间文艺的态度,肯于亲近民众,向民众学习,便能成为这支队伍的骨干,钟敬文有相似的看法,他说:

> 当时解放区的文艺的理论家和教育家们,首先批评了过去不够尊重人民艺术的错误,并郑重要求作家以后努力进行这方面的学习。许多作家也在参加实际工作中,亲自收集民间歌谣、谚语和故事,并认真地加以研究及利用,蒋管区进步的文艺工作者,也一齐响应毛主席的正确号召,更加珍重人民固有的文学和使自己的作品跟这种优秀的传统密切结合。……全国解放以后,又在这种胜利的到达点之前大大跨进了一步。搜集、发扬人民固有的优秀艺术,已经成了政府文化政策的一部分。②

黄药眠教授也有相同的看法。程正民谈道:"在1951年的思想改造中,《文艺报》对高校中文系的文艺学教学展开批判,主要对象是山东大学的吕荧,最后连'左'派教授黄药眠也不得不做检讨,当时主要批评文艺学教学不以《讲话》为纲。"③然而没有这种赤胆诤言,就没有党性民间文艺理论从各个方面获得的磨炼与成熟。

---

① 周巍峙:"坚持群众歌咏运动的革命传统 更好地为社会主义革命和建设服务",《人民音乐》1960年第1期,第34—35页。
② 钟敬文:"学习苏联先进的口头文学理论",原为钟敬文、连树声译《苏联口头文学概论》序言的一部分,原载《新建设》1954年2月号。
③ 程正民、程凯:《中国现代文学理论知识体系的建构——文学理论教材与教学的历史沿革》,北京大学出版社2005年版,第119页。

从知识分子世界观的方面观察他们接近党性民间文艺理论的倾向,究竟要达到什么目标？在这个问题上,要了解知识分子的世界观兼学术观对他们研究民间文艺和从事文艺创作的作用。钟敬文不认为搜集民间文学运动就能代替学科建设,因为一旦各种社会运动过去,民间文艺的文化本质就会显露出来。对其价值和功能的评估,无论是政治的还是经济的,都会带来文化失衡的严重后果。一个教训是,在20世纪50年代学苏联的风潮中,少数学者将民间文艺的政治能量无限夸大,结果对党性民间文艺理论建设和民间文艺学学科建设都有害无益。在这一点上,程正民发现。造成民间文艺学与文学理论互补关系的,正是文化和文化科学。他指出,"特别民间文化与文艺学的关系,而这正是钟敬文与巴赫金共同关注的问题"。程正民有一段颇有创造性的将钟敬文与巴赫金进行比较研究的讨论,兹录入于下：

> 钟敬文对巴赫金关于文学与文化、文艺学与文化史关系的见解,关于要在民间文化语境中进行文学研究的看法,关于对传统文艺学固有偏狭性的批评,是非常赞同的。在钟敬文看来,巴赫金没有把文学研究封闭在文学的狭窄圈子里,而是从文化的角度,特别是从民间文化的角度,从民俗学和人类学的角度切入文学研究,是把文艺学和文化史的研究结合起来的,这样也就大大拓展了文学研究的领域,给文学研究提供了新的角度,给文艺学带来新的活力。

> 关于文艺学建设的思考,钟敬文可以说从巴赫金那里找到了知音,但钟敬文的这种思考并不是在见到巴赫金的论著之后才有的,他的思考早在30年代就开始了。1935年,

在《民间文艺学的建设》一文中,钟敬文针对民间文艺的特殊性(制作过程的集团性、表现媒介的口传性、形式和内容的素朴性和类同性),明确提出要建设民间文艺学,认为它是文化科学中一门独立、系统的学科。他认为,一般的文艺学无法反映和概括民间文艺的特殊内容。几十年后,钟敬文在一系列文章中,特别是在《建立民间文艺学的一些设想》中,又重新强调建立独立民间文艺学科体系的重要性。他说,"文学大概应分为三大干流,一是专业作家的文学(书本文学),其次是俗文学(唐宋以来的都市文学),再次是民间口头文学(主要是劳动人民的文学)","我们现在学界流行的文艺学,实际上只是第一种,古今专业作家创作的文艺学,而且是往往依照某些外国这方面的著作的框架(甚至有的例证也袭用了)而编纂出来的,它很少从广大人民各种口头文学概括出来的东西,除了关于文学的起源等问题,偶尔采及人民集体创作(原始文学)的例证。"根据三种文学的实际,钟敬文认为应有正确反映这实际的三种不同的文艺学,即古今作家文学的文艺学、通俗创作的文艺学及人民口头创作的文艺学。在这三者之上,才能有一种概括的文艺学,所谓一般的文艺学。①

从我国在这方面所经历的近一个世纪的历程看,党性民间文艺理论话语权的建设,不能完全依靠苏联,而要真心依靠知识分子,还要依靠党内外理论工作者的共同努力。

---

① 程正民:"文化诗学:钟敬文和巴赫金的对话",《文学评论》2002年第2期,第5—6页。

（三）搜集民间文学的群众运动的性质和意义

与社会主义民间文艺理论建设中的知识分子地位相对的问题是如何评价搜集民间文艺作品的社会群众运动，是将其视为做成科学社会主义运动，还是尊重民族文化的发展规律，提倡文化多样性，体现社会主义意识形态系统兼容性的优势？苏联党性民间文艺理论将搜集整理民间文艺作品作为科学社会主义运动的组成部分，并鼓励知识分子在运动中创造党性民间文艺新作品，包括歌颂革命领袖的作品和反映社会主义现实主义的作品。在20世纪的苏维埃时期，至影响我国最大的五六十年代，苏联都开展了大规模的搜集民间文学作品的群众运动，①这对普及和提高苏联党性民间文艺理论话语权收到了积极的效果。高尔基是这种群众社会运动的理论组织者和实践推手之一，西道洛娃说：

> 高尔基的一种最新和最重要的理论是他的关于不能局限于对于民间文学的消极的研究，必须积极地参加到民间的创作生活中去，使民间诗歌成为共产主义教育的工具的论点。因此，高尔基在广大舆论界的注意之下，在国内展开了搜集、整理、研究、出版民间文学作品的巨大工作。②

从我国20世纪以来国家民族现代化进程中的民间文学搜集整理工作看，知识分子们在历次搜集运动所依据的，有不容绕开的苏联理论，也有其他多种国际思潮的影响，包括日本的、英国的、爱尔兰

---

① 〔苏〕IO. H. 西道洛娃：“高尔基论民间文学”，六石译，油印本，北京师范大学中文系民间文学教研室印，内部资料，1955年。

② 〔苏〕IO. H. 西道洛娃：“高尔基论民间文学”，六石译，油印本，北京师范大学中文系民间文学教研室印，内部资料，1955年。

的、德国的和芬兰的等外来影响。从党性民间文艺理论和民间文艺学学科建设的两方面看,所共同依据的是本国文化传统和社会主义新文化建设理念。从这个角度观察苏联的影响,应该说,苏联理论使我国了解到国际社会主义阵营国家民间文学搜集运动的理论观念、实践导向和社会信息,不过也使我国党内外民间文艺理论工作者都加强了对探寻民族的、自主的道路的理论思考。

钟敬文长期指导高校民间文艺学建设,对契切罗夫通过搜集民间文艺作品建设自己学派的观点十分敏感。他历经五四至20世纪末我国的历次民间文学搜集运动,并在多年从事理论研究之后,终于在晚年提出建立中国民俗学派的主张。

对钟敬文建立中国民俗学派产生重大影响的搜集民间文学运动,正是20世纪80年代由国务院发动、文化部主持、周巍峙领导的中国民族民间文艺十套集成志书搜集整理运动。

周巍峙从五个方面总结了我国民间文艺搜集运动"对我国新的历史时期的社会主义文艺事业和精神文明建设"的重大意义:①它是一套具有重大科学价值的文献资料系列丛书;②它是我国优秀的民族民间文艺作品的总汇,表现了我国各族人民勤劳勇敢、智慧和坚持正义,大公无私,舍己为人,团结互助,热爱乡土,热爱人民,热爱祖国,反抗侵略,反对封建压迫,反对趋炎附势,反对贪赃枉法的民主思想和崇高品德,是对人民群众、特别是对广大青少年进行品德教育的良好教材。优秀的、健康的民族民间文艺的介绍与传播,对于满足广大人民群众的文化要求,提高人民的文化素养和欣赏水平,培养人民的高尚情操,加强人们的民族自豪感和爱国主义精神,都将起到重大作用;③编纂集成志书,并不是仅仅为了把祖宗创造的文化珍品传给后代子孙,而是首先为了运用,为现实服务,为祖国现代化建设服务;④创造具有中国民族风格特色的社会主义新文艺,离不开我国民族民间文艺的优秀传统；⑤培养人才所必需，我国的文化艺术有鲜明的民族特色，在世界上独树一帜，自成体系，是举世公认的。但是系统的研究工作却很不够，还没建立起比较系统的民族民间文艺理论体系，还有不少空白学科。这套集成可提供研究的资料基础。

近年原东欧社会主义阵营国家的民俗学者对苏联党性民间文艺理论的影响进行了历史反思，结果是评价不一。但我认为，对这个问题的讨论不能简单地以真民俗或伪民俗来判断，而要放到一个宏观历史背景下去考察。要讨论当时被政治话语权化的党性民间文艺理论，在社会主义意识形态建设中，对于新型上层建筑领域和提高人民地位的社会运动，所起到的提供理论来源的作用；要讨论部分民间文艺和民俗在与社会主义意识形态不相符合时被置于禁区，现在又怎样成为民族文化传统的证据？或者成为分析文化多样性的地方参照物？还要讨论怎样看待社会主义国家政府大规模组织民间文艺搜集运动为保存民间文化做出的努力？对这些问题，都不要急于下结论，也不能因为曾经的挫折和失败而因噎废食。在当今全球文化交流的形势下，我国和其他社会主义阵营国家的民俗学者还都应该正视历史，面向未来，对这方面积累的历史资料展开积极的学术研究。因为事实上，无论在古代，在现在，在未来，民间文艺都与国家政府的知识系统分不开。有些问题过去发生，将来还会发生。

第二节　中国民俗文化的社会运行

中国民俗文化扎根很深。中国灿烂的历史文明，包括历史、哲学、伦理、语言、民俗、社会、文艺学和自然科技史等各方面，无不含有民俗文化资源。与印度相比，中国民俗资源不仅有丰富多样的口头传统，还有极为丰富的历史文献，这是为印度人所羡慕的。与西方相比,在西方文化中长期占支配性历史地位的是精英文化和宗教文化,在中国文化中长期占支配性历史地位的是精英文化和民俗文化,这是中国民俗文化的特征。

在我国现代社会运行中,认识民俗文化的价值,是确立现代我国民俗文化软实力建设目标的前提。民俗文化的价值是由民俗文化的结构、文化资源的分配传统、社会分层结构对文化资源控制的形态及其变迁所决定的。现在中国民俗文化遇到的问题很多,都与这些方面出现的新走势有关,需要重新给予评估和研究。

一、中国民俗文化在国家管理系统中的文化分层

钟敬文最早提出了中国文化分层理论,简称"文化三层说"。他提出,中国文化由上、中、下三层文化组成,上层文化是统治阶级支配下的精英阶层创造的典籍文化,中层文化是市民文化、都市文化或大众文化,下层文化是民间口头文化。民俗文化主要指的是中下层文化,但不排除上层文化也有民俗。我国三层文化的关系是相对的,不是完全对立的,它们彼此渗透和互相吸收,共同构成我国整体文化。在改革开放前的长期社会历史中,我国的文化分层与社会分层是对称的,上层文化是国家经典文化和意识形态文化,由少数精英阶层保管和阐释;民俗文化是国家的社会基层文化和风俗民情文化,属于绝大多数人口享用的日常生活文化。我国的民俗文化也为全球华人所共享,是世界上分享人口最多的民间传承文化。

钟敬文关于中国文化分层理论有很多经典论述,最早于1982年在杭州大学讲话中提出,下面抄录他稍后所做的、读者引用率最高的一段阐述:

> 中华民族的传统文化可以分为三条干流。第一条是上

层文化,从阶级上说,它主要是封建地主阶级所创造和享用的文化。第二条是中层文化的干流,它主要是市民文化。第三条干流是下层文化,即由广大农民及其他劳动人民所创造和传承的文化。中、下层文化就是民俗文化,它虽然属于民族文化的一个部分,但却是重要的、不可忽视的部分。

在我国过去的长期封建社会中,一般出身(或依附)于上层阶级的文人学者,是看不起中、下层文化的。这种情形到了近代多少有些改变。50年代,我们学术界由于受到苏联学术的影响和极"左"思潮的干扰,有些人曾经过分夸大了某些民俗文化(例如民间文学)的意义和作用,把它抬高到民族文化的唯一主体的地位。这种做法也是不妥当的。现在提倡实事求是的学风,我们就要从本民族三层文化的事实出发,恰当地估价民俗文化的位置。

从民俗文化本身讲,它内容宏富,其中有些还是人类文化宝库中的优秀部分。它们在民族长期的生活中,发挥过广泛、巨大的作用;有许多在社会主义新社会中仍在发挥积极作用,成为祖国新文化的一部分。①

钟敬文的文化分层理论适用于我国农业社会时期,包括社会主义国家建设初期。在这个漫长的历史时期中,每当中国社会发生内部改革或遭遇外来入侵时,中国的上层文化与民俗文化都会呈现出整体性,文化分层结构与社会分层结构产生强大的互动效应。西方国家一般持"二层说",大都承认上层文化与下层文化,精英文化与民众文化,不提中层文化,法国等欧洲国家实行资产阶级革命后,市民

---

① 钟敬文:《民俗文化学:梗概与兴起》,董晓萍编,中华书局1996年版,第15—16页。

阶级力量崛起,但他们也不提中层文化。这是因为西方国家的社会管理对象观念为政府文化和非政府文化,或称官方文化与非官方文化,这样所谓"中层文化"就被划入非政府或非官方文化,没有必要另立分层。自20世纪70年代起,美国兴起中产阶级研究,照我们今天的理解,中产阶级应有中层文化,但美国的中产阶级是与社会分配级差和民主思想相对应的概念,其对象包括所有城乡该范畴内的社会成员,而不是专指城市文化,因而美国的中产阶级研究也与钟敬文的中层文化论有区别。钟敬文的"中层文化"说是根据中国社会历史形态和传统文化结构提出的学术观点,得到了国际同行的认可。我们要从国家文化软实力建设的战略目标出发,将钟敬文的文化分层理论加以拓展,进行新时期国家文化结构研究,并对其中的民俗文化结构和位置进行准确解释。

在国家管理系统中讨论现代文化结构,主要应从政府管理的主导文化和非政府管理的辅助性文化两个方面加以讨论,并提出研究性参考意见。这样做的目的,是促进国家管理宏观文化的合理政策构建,针对民俗文化管理的规定性,进行"分层"管理实施。

二、政府主导文化

政府主导文化,指由我国党和政府管理的社会主义意识形态文化,这是我国文化建设的主体结构部分。政府主导文化兼容由历史传统进入现代社会的其他文化成分,并将其纳入政府管理系统进行综合建设。在21世纪中国扩大对外开放和世界重新认识中国的双向需求中,政府还应增强执政能力,提高管理主导文化与其他辅助性文化的水平,促进建设国家凝聚力文化。

三、历史性辅助文化

历史性辅助文化,指在我国历史上形成并流传至今并进入现代社会文化系统的其他各种基本文化形态,包括民俗文化、传统文化、民族文化、地方文化和遗产文化。与政府主导文化相比,其他历史性的辅助文化都有局限性,不具备国家意识形态文化的权威性和政府号召的支配力。但它们在局部层面上,仍是政府主导文化的社会基础和支撑内容。目前我国政府主导文化在对其他历史性辅助文化的研究和利用上,还有较大创新提升的空间。

(一) 民俗文化

民俗文化,是我国祖先创造并世代流传下来的风俗形态和行为惯制,以及一套有关宇宙观、人生文化、人与自然界和社会和谐运行的人文经验。它是拥有共享地理地貌依附感,共享历史传统、共享物质生产生活习惯,共享种族、语言、信仰和艺术的自我文化标识。在国家范围内,民俗文化具有差异性,主要是地方差异性和民族差异性,国内各地各民族民俗形成了拥有丰富差异性的文化生态链。在现代社会,民俗文化是现代学校教育之外的人类生存和发展的知识系统,但要比现代学校教育的资格更老,乃至在没有现代学校教育的地方都有民俗文化。民俗文化教育与学校教育平行,都具有历史记忆和现代传承的功能,两者互补。在全球化下发生世界文化同化趋势以后,各国纷纷呼吁保护文化多样性,民俗文化及其所承载的现代学校教育之外的人类多样化知识系统受到越来越多的重视。在世界自然文化遗产和非物质文化遗产保护工作中,民俗文化是各类遗产中的原地或原住民生态文化,是支撑、欣赏和延续保护各类遗产的关键部分。

(二)传统文化

我国的民俗文化不是独立存在的。现代民俗文化是从历史上传承下来的民俗,它与上层文化的传承精华密不可分,共同形成传统文化。因此,要了解民俗文化管理的规定性,还要了解传统文化。

传统文化,是我国积蓄五千年历史文明绵延至今的国家标志性文化,是国人的骄傲和世界的瑰宝。我国传统文化的结构,以儒家礼制和伦理道德文化为支配性文化,同时吸收了佛教和道教等其他宗教文化,也在一定程度上吸收了民俗文化,形成了庞大的思想系统与国家管理制度体系。我国传统文化的优秀成分,包括天人合一的古代哲学思想,人类社会、自然界和宇宙运行相关性的易学思想,以及提倡祖宗观念、孝养观念、家国观念与和谐观念等,都需要继承和发展。一些从初级社会组织起形成和现在仍被奉行的公有文化要素,如慈善公益风尚等,需要强化和拓展。今天我们提到弘扬民俗文化的优秀成分,是与传统文化的优秀成分相混合的,这是因为这些优秀民俗文化成分已进入历代国家制度,汇入传统文化主流,得到国家政府的保护,而得到国家制度保护的民俗文化,或被冠以传统文化名称的民俗文化,更容易得到流传。传统文化与民俗文化的区别是,传统文化是以上层文化为支配的、吸收民俗文化的国家文化共同体,民俗文化是以中下层文化为支配的国家文化"底座"。

(三)民族文化

我国是多民族统一国家,汉族和少数民族都拥有各自的民族文化。对各民族本身来说,它在长期历史和本地社会中创造和分享的是"人的由来"文化、"民族起源"文化、"民族迁徙"文化和各族祖先中备受歌颂的"文化英雄"文化。在现代化时期,当现代人追问自己的"出身"和"信仰"由来时,它成为一种答案和归宿。在全球化时期,当跨文化交流的人们关注自我的"特征"和"传统"时,它成为一种反省和重构。在政府管理的主导文化系统中,民族文化是不可或缺的基础部分。缺少了多民族文化,国家政府管理文化建设就失去了依据和活力。繁荣民族文化是国家文化建设的重要而稳定的目标。民俗文化与民族文化的联系与区别是,从文化资源上说,民俗文化与少数民族文化关系密切,甚至一些少数民族干部和学者认为,在我国社会主义文化体系中,少数民族文化就是民俗文化;抽去了民俗文化,就没有少数民族文化。从文化分布上说,我国民俗文化以全国共享性为主,少数民族文化以地区(自治区)分享性为主。

(四) 地方文化

我国是地理地貌广袤辽阔的国家,在国家行政区划范围内,分布着东、西、南、北、中不同区域内的自然文化单位,它们在各区域内演化和生成,是当地自然地理与历史传统的融合体。我国中小区域和微型区域星罗棋布,孕育了丰富的地方文化。地方文化既是一个地理空间的概念,也是一个历史时间的概念,还是一个民族聚居地的概念,一个小社会乡风民俗特征的概念,同时也是一个人生文化起点的概念。[①] 地方文化具有地理、历史、民族、民俗和人生等各种要素的集合性,是历史性的辅助文化中最有活力的部分。民俗文化与地方文化的关系是,地方文化的概念大于民俗文化,民俗文化是镶嵌在地方文化中的风俗民情部分,大约反映在乡音土语、饮食、服饰、住房、交通、生产生活器具、民间文学和土特产等方面。

[①] 王静爱、董晓萍等编著:《乡土地理教程》,北京师范大学出版社2009年版,第3—7页。

（五）遗产文化

遗产文化的概念是由人类学、民俗学、社会学、历史学、艺术学和地理学等多学科学者共同提出的，是一个综合性概念。它被用来界定人类共享优秀文明的理论、政府工作框架、原地历史传统、遗产公有化的脆弱性和建设生态文明社会的未来意识等，具有很强的目标性。20世纪90年代后期，联合国在制定千年发展规划中，将区域、种族、性别和民俗列为四大要素，纳入政府工作框架，这对全面保护利用民俗文化是一种福音，对各国各地区人民开展民俗文化交流是一种机会，同时也通过政府承认遗产文化概念和保护政策的方式，确认了本国民俗进入遗产文化部分，可以从现代制度上，得到国家政府的保护；那些国家级的民俗文化代表作，还可以得到世界级的保护。

中国是世界上人类遗产最多的国家之一，也是人类遗产的历史分布、地区分布、民族分布和民俗分布最广的国家。截至21世纪初，我国政府已加入联合国教科文组织人类遗产保护的全部工作系统，随之遗产文化保护工作也全面纳入国家文化建设的轨道。我国的政府主导文化与传统文化、民俗文化、民族文化和地方文化互补，对遗产保护工作起到关键作用。在这种背景下，特别是在非物质文化遗产保护方面，政府对保护优秀民俗资源和重视民俗文化价值提供了强大的政策支撑，民俗学者也在非遗保护中十分活跃，从理论到实践上都给予了积极的回应。

民俗文化与遗产文化的关系，有两者的文化对象相关性的关系，还有联合国教科文组织保护遗产公约对两者的相关制约的关系，这是与以上几组关系不同的地方。对我国文化软实力的建设而言，这是一种新挑战。它要求我国政府在研究制定遗产文化保护政策上，要吸收世界其他国家保护遗产的现代经验，包括自然生态系统保护和本真性保护等；也要充分考虑我国国情，根据我国政府的执政能力，开展既适合我国目前实际又兼顾长远目标的遗产文化保护工作。在这方面，一种必须考虑的国情是，我国地理环境复杂、经济脱贫压力大，自然灾害频仍、国民文化素质不高，在必须大力开展生态文明建设的前提下，国家政府保护文化生态系统的任务其实远比保护自然生态系统繁重。我国现代化时期的遗产破坏程度远大于前现代化时期，长江中下游古民居群落的消失、西南和中原多条流域地带农牧文明的退化、南北古都城墙与胡同的拆迁，大批极富天才的民间工匠的人亡艺绝，皆为现代人所亲历。很多学者和社会力量的代言人为之奔走呼吁，要求加强保护。诸如此类问题的屡屡发生，不是出自生态系统的威胁，而是出自文化生态系统的失控。为此，我国政府应加强文化生态系统保护，带动生态系统保护，推进遗产文化保护，这是我国政府遗产文化保护工作的特点，是我国不同于世界其他国家遗产保护工作的地方。在我国的遗产文化保护方面，政府应从民俗文化遗产保护开展试点、积累经验，因为我国民俗文化遗产传承人基数最大、共享范围最广，与其他各种辅助性文化的沟通点也最多。现代国家遗产保护工作还需要提高国民素质，国民主体也正是民俗传承主体，故从民俗文化抓起，成本低而认同度高，能拉动其他辅助文化的建设，起到牵一发而动全身的作用。

四、政府主导文化与历史性辅助文化的关系

我国文化软实力建设的总体目标，是要加强以政府为主导的国家社会主义意识形态文化建设，但这决不等于取代历史性的辅助文化。各种辅助文化都有自己面对的特定社会群体，都有自己的文化内涵，也都有自己塑造的文化形象，这些地方都不是能由政府主导文

化代替的。

上述各种文化的划分不是绝对的,彼此之间存在着交叉关系。在我国多民族长期共存的社会历史发展中,政府主导文化与历史性的辅助文化具有较高的融通性。在我国现行体制内,政府管理的主导文化与历史性的辅助文化,共同构成国家整体文化。

民俗文化与传统文化、民族文化、地方文化和遗产文化都有联系。在不同社会阶段和不同历史时期中,民俗文化还都能成为携带优秀文化传统进入新文化建设的载体。在我国由农业社会向现代化社会转型的重大转折时期,民俗文化还与政府主导文化有共同构架新社会文化的趋同性。民俗文化的这一特征,已为我国改革开放后的新时期历史所证明。

与政府主导文化相比,民俗文化是局部特有文化,但它在特定范围内的号召力大,开放能力强,人民对之习惯成自然。它的文化生态环境良好与否,与人民对幸福指标的描述直接相关。从政府管理成本说,人民对它有感情而乐于亲近。在对外沟通交流中,民俗文化往往能承担优先角色,容易被国际社会所接受,在综合防灾减灾工作中,民俗文化也有很强的心理穿透力,能够帮助政府建立"社会信任",积极重建灾后精神家园。

辅助性文化,如民族文化和地方文化,都可以推动非政府的民间外交活动和民间文化交流事业。在全球化背景下,它们的受保护程度和发展水平,还成为国际舆论评价我国改革开放质量的一种标尺。以民族文化为例,它被要求尊重和被要求理解的核心部分正是政府主导文化建设的关切点。以地方文化为例,改革开放以来,地方建设工作蓬勃发展,形成了当地社会发展的特色化支柱。

政府主管部门要充分考虑到我国各层面文化的特点,这样在规划布局和实际利用时,才能更为妥当。

第三节 中国民俗文化在国家管理系统中的现代定位

中国民俗在国家现代化建设中的文化地位,指在党中央提出的社会主义经济建设、政治建设、文化建设、社会建设、社区建设和生态文明建设六位一体发展的总体布局中,在所取得的经济社会建设成就和实践经验中,就民俗文化进入现代社会文化建设的部分,考察其对建设社会群体道德价值观和文化自觉性,对促进良性社会文化运行所起到的不可替代的作用。它还指在正确理论指导下,在21世纪的开局一二十年,以民俗资源为国家基础文化资源,以积极开放的心态和学习意识吸收世界先进文化,探索完善国家文化建设的历程,包括以民族民俗文化增加社会凝聚力、加强文化遗产保护、提升全民幸福指数,与扩大对外民俗文化交流等诸活动的协调发展状况。它从理论与实践两方面,评估民俗文化在国家管理系统中所占的现代位置。

一、中国民俗文化在现代社会变迁中的文化分类

在我国现代化进程中,政府评估民俗文化建设的必要性,除了分析民俗文化在国家整体文化结构中的位置和社会地位之外,还要观察民俗文化资源分配传统的变化,并了解民俗文化资源分布的现状,这对于提出政府指导性政策是十分必要的。

改革开放后,我国进入快速现代化建设和全球化时期。在社会主义新文化理念的指导下,在政治宽松、文化复兴的氛围中,在举国体制的背景下,民俗文化资源获得了现代意义上的生存环境,这是繁荣国家文化事业的必要步骤。政府、学者和社会力量三方都对民俗

资源加强了利用,民俗文化对政府管理文化的渗透性更强,在政府主导文化中增加了分量。从我们的调查研究看,经过三十多年的历程,我国的民俗文化资源,在文化分布上,已产生了新的分化,对此,政府的关注点需要转移,学者的研究方向也需要调整。归纳起来说,目前我国民俗文化部分的状况,有以下四种类型。

(一) 农村内生型

此指截至我国全面改革开放前,由国务院发动和投入资金,由文化部组织,延请高校与科研院所相关专业领军学者主持,在国家级层面上,所搜集完成的"中国民族民间文艺十套集成志书"(简称"十集成")。这次工作在省县范围内全面铺开,最后以省卷本为单位出版,是对我国民族民俗文艺传统资源的一次历史性的总清理和总登记。这也是全民民俗文化搜集与教育的社会运动,历时 30 年,动员各地城乡民俗文艺讲述家、艺人和群众文化工作者十几亿人参加,规模空前。十集成的性质,无疑是一笔巨大的农业民俗文化财富。这笔财富在封闭环境中形成,拥有强大的内部文化功能(对此,本书在后面还将继续讨论)。但在接踵而来的我国高速城市化运动中,它也成为空前绝后的最大历史规模性民俗文艺资源。在农村社会内部的急速转型中,农村民俗文艺的传统脱落,生存环境脆弱化,已丧失了自生自长的历史机制。现在这批资源已成为我国文化生态系统中的民俗原种,不能复制,不可再生,需要政府给予全面保护。关于十集成对民俗文化软实力建设的重要性,我们还将在后面详细论述。

我国拥有的另一种国家级内生型民俗文化资源是新编地方志省卷本。这是由政府领导的对我国宋代以来编纂地方志资料进行的大规模接续运动,与十集成同步展开。政府主管职能部门明确提出,编写新地方志应包括"民俗志",这是我国政府首次将搜集和编纂"民俗志"纳入我国地方志的整体文化结构。这批"民俗志",以民俗学分类,按物质民俗、精神民俗、社会组织民俗和语言民俗四范畴,重新编辑本地传统地方志中的民俗,补充当代调查民俗,如山东民俗志、河南民俗学和(浙江)海州民俗志等。由这场运动所带动,我国编修村志之风兴起,成为一种新的创造。据保守数字统计,各地自发编撰的村志已有数百部,广西邕宁县《孟连村志》写了本村600年的村史,耗时13年,访谈2500余人,考查了全村300多处历史与民俗遗址。河南、浙江萧山、陕西宝鸡和榆林、河北迁安和正定、贵州、安徽西递、广西南宁市郊和邕宁县、北京京郊的爨底下村等都出版了较好的村志。在我国农村空心、农村民俗消失很快的情况下,这批村志成为保存村庄民俗文化记忆的唯一文献。在申遗工作兴起后,村级民俗志成为建立非遗名录的基础资料。新编地方志是对十集成民俗文艺的民俗社会传承背景的必要补充和文化诠释,两种民俗文化资源互补,构成一套相对完整的国家民俗文化资源大型丛书。

(二) 文化资源型

在我国进入快速现代化进程后,大量民俗从农业社会的生产生活方式转为现代社会的文化资源,[①]这是一种前所未有的变化。民俗作为资源,有了文化符号、商品和身份价值三重性,这种性质是农业社会民俗所不具备的。作为文化符号的民俗,进入政府行政工作,如历史文物遗址与国家荣誉教育,革命圣地纪念地与红色文化宣传、绿色生态环境与安全文化建设等。作为商品的民俗,成为商业利益追逐的对象,或者被进行旅游开发,或者被送进文化产业改造,或者被纳入影视媒体做陪衬。作为身份价值的民俗,给民俗传承人带来了社会流动的机会,也为申遗增加了筹码。民俗资源化的倾向是创新利用民俗的必然过程,在这一过程中,部分民俗从内生型变为与行

[①] 董晓萍:《全球化与民俗保护》,高等教育出版社2007年版,重点看"导言"部分。

政化、工业化、商业化和媒体化挂钩的外向型,能够适应现代社会环境生存,但如此一来农业民俗也遭到了"改造"、"变味"等严厉批评。其中不少民俗资源开发活动是以经济搭台、文化唱戏的名义进行的,尤其在我国一部分新兴城市、沿海侨乡、经济欠发达农村、少数民族聚居区和城乡结合部出现较多,被批评为"建设性破坏"。政府要考虑如何制定正确的对策加以引导。

(三)知识工具型

民俗工具论是一个民俗学学术史上的理论问题,不是今天才提出来的,在19世纪末、20世纪初就有,原指将民俗当作政治工具。本节再次谈这个问题,是从"知识工具论"的角度提出来的,指在我国现代社会的中央和地方社会文化建设中,将民俗知识当作工具,进行媒体工业、旅游经济、文化产业和各种地方工程的形象建设,这是一种综合性新现象,到处可看到。一些媒体人、影视导演、项目评估组、学术咨询会的专家学者,以及其他社会力量,把民俗当作一种可以随意解释和可以增值的传统知识,制成实施工程的一件顺手的工具。影视作品的民俗百图、奥运会的群艺节目编导、新农村的建设方案、少数民族旅游村的风俗排练、地方山水晚会的文化创意和灾区重建的人文规划等,都有这种情况。但是,有些民俗具有极强的内部权威性和内情驱动性,是不能被当作外部知识工具使用的,如我国多民族民俗信仰传统、家族习俗和手艺传统等,对它们是需要加以严肃的保护的。要尊重本地本民族知识系统和知识价值观,要避免用外来文化和价值观念对其加以改造和干涉。在这方面印度比我们做得好。

(四)对外输出型

指对民俗文化的生活方式输出、表演艺术输出和手工艺产品输出。在全球化时期,我国民俗的输出量增加,民俗、影视和对外汉语推广已成为我国政府现代文化输出的三大渠道。但是,采用内外双视角,从总结和预测两方面,评估中国民俗资源的输出种类和输出方式是必要的。例如,在我国各地各民族的民俗生活方式上,包括年节庆典方式,哪些可以输出,哪些欢迎外部社会参观和参与活动;哪些不适合输出,只能在限定范围内进行严肃的、古老的和内部传承。这些都要调查和讨论。民俗输出与否,也是本地本民族的一种文化权利,如何使用这种权利,不能只靠政府意志和行政手段,还要尊重本地本民族的选择。

我国民俗文化的定位是有变化的,但也有一些不变之处,即民俗文化的基本特征。

第一,民俗文化是集体性文化,不是个体性文化,从优秀民俗的集体规约角度去引导,就能发挥民俗的集体凝聚力作用。仅从个体角度去利用民俗,不会产生社会效益。在现代社会,民俗解释增加了个人叙事的成分,但我们不要把它看成是民俗本身,而是要看个体表述民俗时渗透了哪些个体主观情感和价值观,再进行社会学的背景分析。

第二,民俗文化是历史性文化。民俗文化的集体认同是在历史上形成的,故民俗文化有历史性,但民俗文化的历史性不等于历史史实的本身,不能将民俗文化直接历史文献化。民俗文化是动态的历史文化,是模式化的历史与不断发生的日常变迁相结合的产物。

第三,民俗文化是整合性文化。在传统与现代两种文化、两种社会和两种生命之间的阶段,我们都能发现和看见民俗文化。民俗文化在两者断裂和转型阶段出现,协助危机过渡,辅助多元整合与协作社会治理。在我国20世纪的五四阶段、抗战阶段、新中国初期阶段、改革开放阶段、全球化与民俗化冲突阶段,民俗文化现象都被关注,民俗文化研究的地位都在提高。我国的民俗文化还产生了大量整合性文化的思想遗产,如"天人合一"、"量入为出"与"和为贵"等。

然而与影视的现代传媒工业和汉语推广的现代教育活动相比,我国民俗文化,原属于自然传承文化,从长期封闭的农业社会发展而来。在现代世界文化输出的高标准要求面前,我国民俗文化的优秀性还缺乏与外部开放环境和世界多元文化模式的对话与对比,对国家自身文化建设的有效性的判断水平和激发内生机制的水平都严重不足,对创新维护民俗文化还缺乏文化自觉和文化自信,对现代民俗传承理论与社会应用的探索都经验不足,这些都是需要研究和改进的地方。改善我国民俗文化的输出能力,已成为一种不可回避的国家责任。

二、中国民俗文化在现代社会变迁中的基本特征

民俗文化在我国现代社会变迁中遇到了新问题,我在《新时期民俗学研究与国家文化建设的基本问题》一文对此做了阐述:

> 当代民俗学研究对象的社会分层与文化分层的对应关系发生了错位,这是由于全球化、现代化和信息化对多元文化(包括民俗文化)都有"解密"性,同时中国的社会结构和文化结构也发生了快速变化。由于社会流动、社会分层和市场经济等新因素的掺入,社会分层与文化分层的界限变得模糊不清,距市场最近的民俗成了"最炫民族风"。非市场化的民俗,虽靠近历史传统和农业社会,曾被民俗社会成员肩扛手捧,现在却被锁在崇高礼仪、口承世传和手艺绝活中日渐冷落,两者矛盾突出。民俗学者需要重新面对20世纪民俗学提出的社会分层与文化分层对应的经典问题,提出有说服力的新阐释。当然,这也取决于民俗学者参与建

设国家文化的决心和能力。

还有两点要注意。第一,正是由于全球化、现代化和信息化对多元文化的"解密",中西民俗学展现了各自的学术优势。被西方同行分段切分的三文明研究,在中国民俗中却都不同程度地保存了下来,而且从20世纪起就被混合地考察或被整体地研究。我们曾羡慕西方学术主流,现在也看清了自己的优势。民俗学往哪里走?是继续跟在西方主流文化后面当"漂流瓶"?还是深入研究中国整体文化中的特有民俗文化?这要我们自己去思考。第二,其实在文化建设促进社会建设的方面,中西差距也很大,特别是在人口、教育、城乡、民族、地方和宗教等问题上,中国民俗学要解决的问题的难度更大。民俗学能否在新的世界氛围和国内环境中得到新发展,也要看能否拿出理论新成果。[①]

近年社会学的调查研究证明,我国长期以来形成的文化分层与社会分层结构对应的稳定性已被打破,这种改变的结果,是中国民俗在现代社会运行中的文化秩序发生了变化。这是一个理论兼实践性的问题。从理论上说,对它的研究,要借鉴并发展钟敬文的文化分层经典理论;从实践上说,对它的研究,要借助民俗学相邻学科的成果,主要是社会学者对社会分层结构的研究成果。民俗学擅长使用大文化科学的视角和自下而上的研究方法,对具体社会运行研究和自上而下的研究方法不熟悉,在这点上,社会学正好可以补充。

---

① 董晓萍:"新时期民俗学研究与国家文化建设的基本问题",朝戈金、董晓萍、萧放主编:《民俗学与新时期国家文化建设》,中国社会科学出版社2013年版,第38—39页。

三、中国民俗文化在现代社会变迁中的结构秩序

从民俗学与社会学的双重视角看,中国民俗在现代社会变迁中发生了结构秩序的变化,大体有以下三点。

(一) 民俗文化共享主体开始分化

中国在长期农业社会历史发展过程中,民俗文化享用主体主要是庞大的农业人口。在此基础上,形成了多阶层、多民族、多区域共享的民俗文化。我国的民俗文化还在全球华人社会所赖以生存的目标国世代传承,这些"出国"的民俗也照样是农业民俗,它们成为华夏儿女的认同文化。民俗文化的这种高度共享和广泛分享的特征,为其他类别的文化所未有。其他类别的文化,包括上面提到的上层文化和精英文化等,在享用群体和历史模式上,都没有民俗文化这样基础稳定。直到改革开放前,我国民俗文化分布的农业人口主体分布大体不变。但改革开放后,这种结构却发生了拆解乃至消灭的巨大变化。

我国农村民俗文化享用主体出现了解构现象。在农村高速城市化的进程中,农村空心化现象急剧泛化,农业主力人口成为进城打工群体,留在农村的都是老人、妇女和儿童。城乡民俗共享主体分成异地活动的两部分,他们每年很少聚合,或者常年不再聚合。这是当今社会的主流倾向,在这种主流趋势中,两部分人群已无法组成完整的民俗文化共享主体。

近年搞活地方经济受到鼓励,中央政府尤其向东南沿海经济特区和少数民族聚居的西部地区重点进行政策倾斜,促进地方经济发展。在这一过程中,东南沿海省份的民俗文化与华侨文化相结合,西部地区的少数民族文化和地方经济发展需求相结合,彼此都形成了新的情感价值观,产生了民俗文化共享主体重新组合的新动力。在

这种形势下,如何正确地利用这种民俗文化主体结构的新模块,使之成为维系民俗文化情感指数的文化资本,携带地方社会和民族聚居区进入现代化文化建设,便成为一项既针对当下,又有可持续发展需要的重要工作。在这类问题上,政府采纳民俗文化主体人群建设的合理化建议,对民俗文化资源的分配走势加以正确引导是必要的。

(二) 民俗文化生态链发生断裂

在我国城市布局中的沿海城市、内地城市、西部城市、城市群和城乡结合部等处,也出现了文化秩序不平衡的现象。社会职业中的国营职工、干部和教师等固化状态开始瓦解,从中国农业社会留传下来的身份制度发生了松动,农民工、个体户和中小企业私营者高调进入社会分层,使城市民俗文化主体结构也发生了从未有过的变化。[①] 更需要关注的是,在这种巨大变动中,民俗文化生态链中的相当一部分人群,转变为现代社会的中低收入人群,成为政府加强公共资金和社会福利投入的对象,有时也成为政府防灾减灾的目标人群。在这方面,政府投入政策和管理政策的变化,势必影响到可控制的民俗文化主体对象的情感变化,影响到他们对政府公信力的感性认识。在这种情况下,了解民俗文化生态链的改变,便成为政府实施宏观政策调控的一种必备的知识结构。正确地利用社会角色原理和社会政策引导原理制定政策,促进民俗文化生态链的有序运行,使其发挥民俗文化正能量,对于加强政府投入的改革力度是一项既有针对性又有辅助性的工作。

[①] 李强:《转型时期的中国社会分层结构》,黑龙江人民出版社 2002 年版,第 23—28 页。

(三) 民俗文化运行秩序局部失调

实际上,在当下全球化、现代化和网络化的扩大开放趋势中,政府职能部门、商家、民俗文化传承人和民俗学者都表现得十分活跃,但他们在民俗文化运行秩序上扮演了不同的角色。某些政府职能部门打着脱贫致富的旗号进行民俗旅游资源开发,一味追求政绩,破坏了民俗资源,造成了民俗文化开发失调的现象。黄河、长江两岸古老的行船民俗和民居民俗转瞬孱弱,乃至濒危,正是这类严重后果。不少商业企业积极投入民俗资源开发活动,搞经济搭台、文化唱戏,尤其在我国一部分新兴城市、沿海侨乡、经济欠发达农村、少数民族聚居区和城乡结合部进行的商业开发活动较多,少数地方上的民俗文化传承人为了眼前的物质改善予以配合,毁坏了大量民俗村庄和民俗文化地址,这种行为被批评为"建设性破坏"。

针对这些问题,国家政府急需进行宏观调控,对民俗文化建设秩序进行科学管理,对民俗学教育和民俗学研究大力加强。

(四) 民俗文化符号变身流失

我们近年还对国内院校和部分外国高校的大学生做了逾万份的问卷调查,从调查问卷中抽取出了大学生眼中最有代表性的中国文化符号[①]。在这些文化符号中,有一部分是民俗文化符号,还有一批符号属于民俗文化符号被作家文学、大众文学、影视大片和新媒体吸收后,变化形态,成为受大学生欢迎的文化符号。

从对民俗文化符号变形流传的现象分析看,主要倾向有五:

---

① 王一川、张洪忠、林玮:"我国大学生中外文化符号调查",《当代文坛》2010 年第 6 期。董晓萍:"跨文化的汉语文化交流:调研与对策",《温州大学学报》2012 年第 1 期。另参见王一川:"电影软实力及其效果层面",《当代电影》2008 年第 2 期;王一川、郭必恒、张洪忠、唐建英:"中式大片软实力现状及其提升对策建议",《天津社会科学》2010 年第 4 期;王一川:"北京文化符号与世界城市软实力建设",《北京社会科学》2011 年第 2 期。

1. 文化发明符号

如民族服饰符号"旗袍"。关于"旗袍",很多大学生已不知道发明它的民族族属为满族,而直接将它认定为国服。

2. 故事符号

有的故事文化符号被认为是外国符号,如中国的老虎外婆故事,清代文献已有记载,但被当作是20世纪初传入的德国童话符号,这就给民俗学的知识普及提出了问题。

3. 历史人物符号

民俗文化中的历史人物符号少,神话人物多;神话人物是很难进入大学生眼中的国家文化符号的,进入国家文化符号的都是精英人物,如孔子、孟子、鲁迅、毛泽东等。但上面刚刚谈到的现在政府开展的非遗保护工作却对保护相关民俗文化符号大有益处。非遗项目是要求保护非遗传承人、传承民族和传承文化空间的,在执行这类非遗项目中,很多民俗文化中的传奇人物,如"中医"非遗项目中的神医李时珍故事、"造纸术"非遗项目中的蔡伦故事、"印刷术"非遗项目中的毕昇故事、"书法"非遗项目中的王羲之故事等,都被除去历史的尘封,并被"非遗"的概念重新擦亮。他们在中国历代传奇人物中的公认程度最高,可以通过讲好中国故事的方式,进入现代知识结构,建设民俗文化。

4. 文化遗产符号

故宫、长城、兵马俑,这些被大学生看中的文化符号都来自精英文化。但按照联合国教科文组织的非遗保护规定,对文化遗产的保护要连带遗产地点和缓冲区进行保护。那么,故宫和长城的地点在北京,兵马俑的地点在陕西西安,要保护这些文化遗产,就要同时保护北京和西安的古都民俗文化,发挥当地人民的保护积极性。

5. 物质民俗符号

在国家非遗项目中,有些是物质民俗文化遗产,如茶叶和手工技艺,但在大学生的问卷中往往没有填写。通过非遗项目,不但可以使这类物质文化遗产得到保护,而且能保护国家著名产茶地福建和浙江等地的茶文化空间,或者保护大量精美手工技艺、手工工匠传承人及其老字号传承企业,使它们进入青年一代的视野,成为可补充的重要文化符号,而不是悄悄流失。

从民俗文化符号角度建设民俗文化,是将民俗的精神性与物质性遗产共同保护的努力,其目标是为构建国家文化符号补充更丰富的中国元素。

第二章　中国民俗文化软实力建设的战略途径

中国民俗文化软实力研究的定义，指考察新时期民俗学研究与国家文化建设的关系。它不仅是指民俗学怎样为国家文化建设服务，而且是指民俗学怎样将国家文化建设纳入自己的研究对象。它的具体含义，是指从创新维护民俗文化价值及发挥民俗文化功能的视角，对我国改革开放以来社会转型和经济发展中文化运行的经验教训，对21世纪我国应对全球自然环境与文化变迁的政策走势，进行研究、评价和预测，并做出描述性的解释。它还要提出一些值得关注的基本问题，以对国家文化建设有所裨益，包括：国家社会宏观运行与地方与民族多元文化良性运行的关系，政府主导的国家社会主义意识形态文化与传统文化和民俗文化的整体建设的关系，国家公共文化政策与投入基层政府文化服务系统建设的协调关系，政府文化工作进入联合国人类遗产保护框架后维护原地人民文化权利和改善人民生活的关系，我国对外文化输出的成本与收益的评估，在世界灾害一体化的变迁趋势中我国减灾文化体系的建设等，并就民俗文化建设的重点领域提出建设性意见。

第一节　中国民俗文化软实力战略建设的核心理论问题

在20世纪经济全球化引发的各种全球性变迁中,产生了诸多的文化不确定性,它们在21世纪继续存在,而且还在扩大。在这方面,比较核心的理论问题是,"文化空间"等概念的引进,使我国民俗学研究的走势发生了变化,使民俗学、社会学和艺术学的关系更为密切。这种变化影响到民俗文化建设的范围、内涵及其对国家文化建设的终极目标的整体反思。我国民俗文化软实力的建设,不能脱离这些核心理论问题,对于它们的认识和把握,对预测民俗文化在国家文化软实力体系中的位置和需要加强的社会管理环节,对在世界文化环境变迁中我国民俗文化的抬升程度与将要遇到的掣肘问题,都有总体理论意义;同时对我们选择重点建设领域,也有一定的参考价值。

一、国家化空间与多元时空格局[①]

"文化空间"的概念源于"空间"的概念。20世纪学者对"空间"的概念有种种解释,但都给它赋予了国家意识和确定的时间属性。全球化的复杂进程引起了"空间"概念的变化。在21世纪前后,"文化空间"的概念被提出,造成了对以往"空间"概念的颠覆。从一般意义上说,现代学者使用"文化空间"的概念,是呼吁尊重多元社会空间的发展模式,承认区域空间内的独立文化传统及其社会价值,保护文化多样性,这是一场不小的国际思潮。对民俗学来说,引进"文化空

[①] 董晓萍:"'文化空间'的民俗地理学研究",该文对民俗学视角的文化空间研究做了详细讨论,《民俗典籍文字研究》第8辑,商务印书馆2011年版,第80—93页。

间"的概念,能促进对民俗文化、民族文化、地方文化和遗产文化的交叉研究,在原住民和原地文化的特定空间内,将民俗学所擅长的地方性和民族性差异性研究深化和拓展,产出具体研究、微观研究和个案研究的成果。中国是一个民俗文化大国,这种学术转型是十分有利的,它能使民俗学研究进一步深化,能推动民俗学、艺术学与社会学的综合研究,能突破单一学科的局限获得综合性的研究意见,这就有助于国家文化软实力建设和相关政府政策的建设,适合在政府主导文化和其他辅助文化的整体运行结构中化用。

(一) 国家化空间与微观空间和具体社会空间的互动

在民俗学的研究中,"文化空间"始终具有文化与自然双属性,这就使民俗学与自然科学的研究对象有部分相似之处。但民俗学也关注文化空间内的地方民俗和民族民俗,这又使之与自然科学产生了距离。民俗学研究文化空间的意义,不是对国家化空间观的补充,而是验证和阐释了另一种富有地区差异性的、为多民族群体所传承的、被自然与文化一体观所制约的微观社会模式。与国家化空间观相比,它呈现为一种多元时空格局。它在微观空间内执行功能,用文化控制人们冒犯自然的行为,它日常化的存在,又能超时间的运行。它站在国家化空间观的对面或侧面,但不是对立物,两者的关系是一种长期并存的现实。

从前的民俗学、艺术学和社会学研究都不大聚焦这种现实。他们的研究,涉及"地方文化"、"民族文化"和"民俗文化",但关注其文化现象,或者关注国家政府的管理角色,这就等于忽略了微观文化空间是"研究"的空间,结果就使以往政府主导文化反思经济社会的发展肆无忌惮地侵犯自然资源的后果的成因时,显得思想乏力。以往民俗学也有一定的微观文化空间研究成果,但这种研究并不普遍,而且不大关注政府政策运行对微观空间的影响,这也是它的短板。民俗学因此不能概括微观空间中自然与文化互利机制的社会原理,不能对它的国家干预、地方认同和历史传承的连续性做出明晰地解释,因此民俗学也需要提高。

应该承认,当下对"文化空间"的概念的讨论,还不能完全等同于以往民俗学对微观空间观的个案研究,但这方面的研究历程却能解释,"文化空间"概念的被引入,从实质上说,是使民俗学者观察和研究民俗事象的时间框架被打破,进入了空间要素分析的阶段。这时民俗学者需要思考的一个基本问题是:国家化空间与"文化空间"所导向的微观空间的异同,以及重视微观空间建设对国家文化软实力建设的意义。

20世纪70年代前,已有一批学者提出,民俗文化行为对发现微观空间有积极作用。有的学者还对文化空间中的社会因素与自然环境的关系做了定位。周廷儒很早就讨论古人类文化活动对界定微观空间的价值,在他的研究中,"空间"是在一种稳定的时态概念下被界定的。[1] 谭其骧以历史朝代、历史事件和历史人物的古籍文献为线索,标明地理地界的各类人文活动,减少了人们对微观空间未知知识的猜测。[2] H. J. 德伯里(Harm J. de Blij)在《人文地理:文化、社会与空间》中提出,应将社会活动和人文因素都纳入空间表述。[3] 冀朝鼎注意到古代水利工程可以建构地方社会空间。[4] 他们的著作至今仍然影响着人们对于空间概念的认识。

在国家文化软实力建设中思考微观空间研究的价值,还能揭示

---

[1] 周廷儒:《周廷儒文集》,北京师范大学出版社1992年版。
[2] 谭其骧主编:《中国历史地图集》,地图出版社1982年版。
[3] 〔美〕德伯里:《人文地理:文化、社会与空间》,王民等译,北京师范大学出版社1988年版。
[4] 冀朝鼎:《中国历史上的基本经济区与水利事业的发展》,英文版,1936年,朱诗鳌译,中国社会科学出版社1981年版。

另外一个道理,即人类在拥有高消费经济能力和智能工具产品的时代,也会忘了民俗。民俗虽然无须高度集权而顺其自然地变动,虽然因无政治功利的传承而显得弱势,但它却可以借助局部更新的活力,在敬畏自然和群体自律文化的规则中变动,成为自然与文化的守护神。相反,那些忘记了最具群约性的民俗的现代人,就是忘了人类集体性的自我,反遭自然对人类的无情报复。

进入经济全球化时期后,国家化"空间"的实体性和稳定性,在某些国家和某些地区被消解,人类利用地球资源的高技术和高速联合经济开发行为,营造了大片的虚拟空间,并介入不同时态与不同空间交错纠结的内涵,在这种情况下,具体社会空间研究引起了学者的注意。

史培军对空间的社会控制机制进行了定性研究。[1] 王恩涌等在《人文自然科学》一书中,把文化空间分成三类,即形式文化区、功能文化区和乡土文化区,[2]这些都是前人不大涉及的提法,但作者没有把国家化空间与微观空间做适当的区分,因此也就不可能讨论微观空间中的国家宏观调控与民俗文化走势有时会不一致的问题。作者的思想仍以国家化空间观为主,关注国家政府的管理权力,包括领土空间、自然资源、人口规模、经济水平、军事力量、科技水平、国民士气和政府质量评价等,[3]这种研究对微观空间理论而言,不是完全没有启发的,但我们不能依靠它。赵济从物质文化方面理解微观空间的

---

[1] 史培军、宫鹏、李晓兵、陈晋、齐晔、潘耀忠:《土地利用/覆盖变化研究的方法与实践》,科学出版社 2000 年版;王静爱主编:《中国地理教程》,高等教育出版社 2007 年版,第 267 页。

[2] 王恩涌、赵荣、张小林、刘继生、李贵才、韩茂莉编著:《人文自然科学》,高等教育出版社 2000 年版,第 32 页。

[3] 王恩涌、赵荣、张小林、刘继生、李贵才、韩茂莉编著:《人文自然科学》,高等教育出版社 2000 年版,第 294—300 页。

概念,而不是把自然现象笼统地从社会文化现象中剥离出来。他指出两者有彼此胶着的特征,他还揭示了两者在微观空间中交织的复杂性。[1] 他在另一部著作中还讨论了民族文化、地区文化和宗教文化的问题,[2]从民俗学的角度看,这些都与民俗文化问题有关。张镜湖所撰《世界的资源与环境》,对世界多国家、多民族、多地区的调查数据加以分析,他发现,早期空间研究对象的本身,其实都是具体社会空间,在那里,生产生活民俗与文化空间具有高度一致性,恰恰是工业革命和经济暴利导致了两者的不一致,[3]这个结论对我们的研究很有启发意义。

近年也有学者研究具体社会空间与民俗分布的关系,但作者不大懂民俗学,没有对具体社会空间中的民俗功能做考察,[4]不免影响了研究的深度。此书与张镜湖的书比较,张是很有眼光的。安介生的《历史民族地理》用历史地理学的观点研究具体社会空间,有很多突破点,在他看来,微观空间是识别社会关系的要素。上古时期的人们已经知道根据方位及空间距离的具体位置,进行族群识别,在这种知识系统中,具体社会空间是民族群体和地方社会生存的常识,有些具体社会空间的地名演化成当地民族或地方组织的代名词。[5]

民俗学者在具体社会空间中研究的方法和结果也称"具体社会史"。现代社会是网络信息社会,民俗学者获得资料的渠道多了,但仍然要到具体社会空间中做田野调查,了解具体社会史。重构具体

---

[1] 赵济主编:《中国自然地理》,高等教育出版社1980年版,第322页。
[2] 赵济、陈传康主编:《中国地理》,高等教育出版社2001年版,第277—292页。
[3] 张镜湖:《世界的资源与环境》,科学出版社2004年版,第18—19页。
[4] 吴必虎、刘筱娟:《人类景观史》,上海人民出版社2004年版,第298—332页,"序言"第5页。
[5] 安介生:《历史民族地理》(上),山东教育出版社2007年版,第120页。另见第97、98、113、117页。

社会史的资料系统。我国现代社会急剧变迁,更急需民俗学者走下去,他们认识的微观社会怎样多姿多彩,就能带来怎样的具体社会史,就能充实怎样鲜活的民俗学理论,就能描述和建设怎样多元的民俗文化。

(二) 国家化空间与物质文化价值的流失

法国学者对空间的研究比较透彻,他们强调全球化使国家化空间的含义失落,使具体社会空间的价值被突显出来,"(全球化)其实是一个在不同时态与不同空间交错背景中具有多重形式的一个复杂进程",在国家层面上,作为主权象征的领土或空间四至,现在已经"至少局部地失去了其物质价值,但却仍然保持着其象征意义和表述形式"。① 法国学者研究物质文化有自己的学术传统,他们发现,发生这种转变的结果,是使物质文化研究登场。全球化造成国家化空间资源流失的另一后果,是使微观空间内的传承群体、传承空间和传承实物的知识消失。为此,学者要关注空间文化传承的社会变迁,也要关注被文化所塑造的物质产品的变迁。

从他们的研究看,现代人能在方便快捷的商业消费生活中忘记民俗,也能忘记民俗物质,我们看他们的讨论:"所有涉及从区域到全球的流通,流通连接的产物,物质化或非物质化交换物,对于相异性和交融性的意识,几乎全部都被忽略而过。正是这种对过去的遗忘,导致了在理解全球化现象突然加速的当今世界时,人们才会显得如此知识贫乏。"② 近 6 年来,我带我的科研小组与法国学者合作,转向对物质民俗的研究,特别是对其中的传统手工行业文化的研究。我

---

① 〔法〕贝特朗·巴迪(Bertrand Badie)、〔法〕玛丽-弗朗索瓦·杜兰(Marie-Francose Durand)等编:《全球化地图》,许铁兵译,社会科学文献出版社 2007 年版,第 6、8 页。

② 〔法〕贝特朗·巴迪、〔法〕玛丽-弗朗索瓦·杜兰等编:《全球化地图》,许铁兵译,社会科学文献出版社 2007 年版,第 8 页。

们也吸收了日本民俗学者的研究成果。千叶德尔认为,物质文化体现了"经济、社会、政治等各种各样的过程产生的结构"。① 有些日本学者还把部分民俗当作物质文化要素开展研究,使民俗学研究深入到地方社会中去。

很多学者意识到,全球化把地球空间单一化,但不同国家、不同地区的文化空间研究,可以让我们发现民俗文化适应自然资源的数量和种类选择产品和产量的价值与合理性。目前我国政府、学者都在帮助传统手工行业的从业者了解物质文化的多样性,这也导致了行业利益变成文化权利,也导致了各种声音的不统一。在这种情况下,"行业网络"的研究就变得特别重要,它是识别和找回"认知世界空间"存在的证明。

我国多民族、多地区的差异化生态环境,孕育了十分复杂多样的微观物质文化空间,提供了多元物质文化结构模式。无论在地理环境恶劣和自然资源匮乏的地区,还是在地理环境优越和自然资源丰腴的地区,在当地的具体社会空间内,都曾有民俗文化制约人类群体的强势功能,都曾有当地土生土长的、人与自然友好相处的物质文化观和知识系统,它的自然属性极富节俭性,但却文化繁复、礼仪众多。对它的研究,让人类尊重自然的心态虔敬而成熟,这也是抵制全球化弊病的一种学术努力。

二、文化分层与社会分层的错位

20世纪50年代初,俄国民俗学者普罗普(Vladimir Propp)提

---

① 〔日〕八木康幸:"文化科学与自然科学",原载〔日〕福田亚细男、小松和彦编:《讲座日本の文化科学》,河合洋尚、陈浣娜译,收入王晓葵、何彬编:《现代日本文化科学的理论与方法》,学苑出版社2010年版,第177页。但八木康幸最早发表此观点在1997年,参见该著第190页注释1。

出，民俗学在本质上是一种意识形态的科学，社会主义国家的民俗学是阐释社会主义意识形态优越性的工具，民俗学研究体现了社会主义意识形态可以将传统社会的口头文学、民间信仰和民族文化纳入建设范畴的具体过程。① 比普罗普还要早几年，在新中国成立前夕，钟敬文先生已发表文章指出，应考虑将民俗学的研究对象适时地转变为新型社会构建要素的可能性。他根据当时即将开展国家民主政体建设的趋势，认为有必要抓紧口头文学和人民文化传统的研究，将其优秀成分视为民族文化财富，纳入新社会建设。②。在新中国史上，陆续出现的民间文艺学和民俗学成果还有很多。在我国人文社科的其他领域，也都有各自的研究著述。民俗学对象中的中下层文化，对应着社会主义社会的人民主体社会阶层互动，社会发展了，文化就发展；文化繁荣了，社会就繁荣。但是，自改革开放以来，当代民俗学研究对象的社会分层与文化分层的对应关系发生了错位，民俗学者需要重新面对 20 世纪民俗学提出的文化分层与社会分层对应的经典问题，提出有说服力的新阐释。民俗学还要就当代文化分层与社会分层的结构不一致而传统一致的复杂性，以及在当代新形势下，民俗文化与政府主导文化互利互动的新特征，开展调查研究，并对促进政府的良性管理提出有益的建议。当然，能否做到这一点，取决于民俗学者参与国家文化软实力建设的决心和能力。

---

① Propp, Vladimir, *Theory and History of Folklore*, trans. by Matin, Ariadnay and Matin, Richard P., Minneapolis: University of Minnesota Press, 1984, pp. 9—11.
② 参见钟敬文于 1948 年末所发表的分析延安诗人李季创作《王贵与李香香》的论文，1949 年初发表的讨论华南方言运动系列论文《关于方言文学运动的理论断片》和 1950 年发表的《口头文学：一宗重大的民族文化财产》一文；详见钟敬文：《民间文学论集》（下），上海文艺出版社 1985 年版，第 28—35，415—423 页。重点看钟敬文："口头文学：一宗重大的民族文化财产"，钟敬文：《民间文学论集》（上），上海文艺出版社 1982 年版，第 1—3 页。

（一）民俗学研究对象的社会划分与文化分层

民俗学过去以民俗事象为研究对象，并认为民俗事象的创造者、享用者和承担者是同一个稳定的社会阶层。这个阶层的识别，在社会中下层群体中，也在我国广大农村人口中。这种社会划分的方式，决定了民俗学的文化分层有两个含义，一是指中下层文化，二是指农村文化。但是，在改革开放后，我国社会分层结构法发生了重大变化。传统意义上的农村在高速城市化中大面积解体，传统民俗学的研究对象也在经历悄然的变化。中层文化的承担者不再仅仅是城市市民，还涌现了新兴的中产阶级。中产阶级的主要成分是知识分子，他们不像以往市民那样在感官刺激中消费民俗，而是拥有保护民俗的现代理性，并乐于生活在天籁民俗的境界中，寻求反抗现代社会病的精神出路。下层文化的承担者，从前是世代耕种土地的农民，现在是他们的打工子孙，是整个中国社会最庞大的城乡流动人口。绝大多数年轻一辈的农村青年男女带着原地和原民族的民俗，涌入异地和异民族的民俗中，并与之相处和相安。与自己的前辈相比，他们所经历的是前所未有的下层文化裂变。他们还要在所打工的现代城市环境中，以流动移民的身份，感受到重新将民俗价值化对自己的生命意义。他们忽然明白，原来那正是自己的根基强大之所在，自己要立足于异文化，就必须保持民俗文化特征。农村的老人和儿童是一批淡出现代人视线的留守人员，同时也是原地民俗的末代看守。他们处于现代社会的边缘，是政府管理对象中的弱势群体。他们中间极少数的优秀民俗的承担者，经政府认定为非遗"传承人"后，也能在社会分层中晋级，但这种概率是十分有限的。总之，经典民俗学中的文化分层与社会分层的对应性已被打破，现代民俗处于文化分层与社会分层犬牙交错的态势中。

在这方面，民俗学需要与社会学进行交叉研究。社会学家李强认为,界定文化分层与社会分层的对应,是从文化资源的社会分配角度提出的问题,从19世纪末凡勃伦(Thorstein Venblen)到20世纪晚期的布迪厄(Pierre Bourdieu),都曾提出过阶段性的重要观点。文化分层与社会分层对应的识别标志,有生活方式、民俗、宗教信仰和学校教育等。在中国,自封建社会建立起,就有文化资源分配的阶级等差,统治阶级支配文化资源。但由于中国在封建社会早期就建立了科举制度,又使文化分层与社会分层的对应关系可以松动。此外,中国是多民族统一国家,在历史上,非统治民族在获得先进文化后,借助军事力量,也能改变阶级分层,成为统治者和文化资源的支配者。从多元角度概括中国历史,可以看到,"在按常规运作的稳定社会状态下","文化分层对经济分层、阶级区分起到了固化的重要作用",[1]即便从社会资源的方面看,文化资源也居于整个社会运行的核心位置。

当代中国社会的巨变在于社会资源分配制度发生了根本性的改变,这使社会资源居于整个社会运行的核心位置,文化资源的地位下降,这对中国来说是一场核裂式的历史巨变。李强指出,现代中国社会的社会分层,"指社会成员、社会群体因社会资源占有不同而产生的层化或差异现象",这种社会资源占有因获得国家法律法规的保护,具有法律上的合理性。"社会资源是对人有价值的资源的总称,它包括:政治资源、经济资源、文化资源等等"。在现代社会资源体系中,文化资源的地位是退居经济资源之后的,"在社会资源中最核心的还是包括财产、收入在内的经济资源"。[2] 这是对中国人的历史思维的颠覆性变革。

---

[1] 李强:《社会分层十讲》,社会科学文献出版社2008年版,第15页。
[2] 李强:《社会分层十讲》,社会科学文献出版社2008年版,第1页。

根据李强的观点,社会学意义上的"社会流动",指"个体或群体在社会分层结构中位置的变化和在地理空间中位置的变化两个方面"。

> 社会学更注重研究前一个方面,即社会地位高低的变化。像农民工流入城市、工人调动工作,家庭成员几代人的变迁、干部升迁、富裕集团的形成等,都属于社会流动的领域。社会分层和社会流动是一个事物的两个方面,两者密切相关,一个讲的是社会分成高低不同的层次,另一个讲的是人们怎样进入这种层次。①

社会资源分配怎样颠覆了文化资源分配的格局?据李强分析,正是通过社会分层结构变化的途径实现的。他在阐述这个观点时引用了民谣之类的民俗资料,分析得具体透彻,又能深入浅出,我把这段话抄在下面,与民俗学界的同仁分享,然后再谈我的看法,希望引起民俗学与社会学交叉研究的兴趣。

> 中国目前正面临非常严峻的社会分层问题。改革开放近30年来,中国社会结构发生了重大变迁。迄今为止,中国社会仍然处于分化、解组、整合、流动比较剧烈的时期。举个例子,改革以前,中国社会的私营企业主、民营经济主以及所谓富翁阶层都已经消失多年。而今天,动辄就是富翁排行榜,亿万富翁有很大一批。而中国社会又是长期有"不患寡而患不均"传统的社会,贫富分化以后,一些人有很

---

① 李强:《社会分层十讲》,社会科学文献出版社2008年版,第2页。

大的不满情绪。譬如,社会上流行的歌谣称:"大饭店往里看,里面都是贪污犯,先枪毙后审判,基本没有冤假案。"说里面都是贪污犯,不一定是事实,但这样的歌谣在社会上传诵却是事实,歌谣所反映的社会仇恨情绪却是存在的。研究证明,社会分化和社会分层已经成为激化社会矛盾的重要背景。几乎所有社会冲突都与分层问题有关,比如,城市向农村征地造成"失地农民"问题,城市房地产开发造成"拆迁"中的利益冲突;再比如,近来房产主、业主与居住者的维权运动、城市外来人口与城市管理的矛盾等等。所有这些方面的社会矛盾、社会冲突,都与社会分层研究密切相关。所以,社会分层是个今日中国关乎社会安全、社会和谐、社会稳定的研究领域。①

在社会分层结构的剧烈变动中,在文化资源分配权力的变更中,我国的民俗文化系统仍然是相对稳定的。虽然文化分层与社会分层的对应性有变动,但民俗承担者仍有稳定的文化表现。从前民俗承担者是把社会分层的压力与文化分层的生命力"混搭"在一起适应的,现在社会分层结构发生了改变,他们在文化分层上并没有对等提速,并且还在民俗文化传统中乐此不疲地生活。不错,现代社会的民俗文化事象有诸多变化,但那大多是符号的变化而已,属于"换汤不换药"的性质。之所以如此,是由民俗文化的构成系统不同造成的。民俗文化是自然生态资源、文化资源和社会资源共同支配的文化系统。人类自身的自然生育及其家庭家族、人对天地自然运行节律和生物演化规律的集体遵循,都属于这个文化系统。民俗文化与社会

---

① 李强:《社会分层十讲》,社会科学文献出版社 2008 年版,第 7 页。

资源和文化资源的关系是在这个大系统内发生的。脱离这个大系统理解民俗文化，民俗文化只能被用为一时一事的工具，却在整体上显得"另类"，因为民俗文化不是完全依靠社会资源支配的文化，也不是完全依靠文化资源支配的文化，它比其他社会文化资源都要更超脱，也变化更缓慢，却又无处不在，是文化中最软的那一部分。它唯一不受经济资源控制，因为它的权威来自人类区域群体的历史传承和社会认同，而不是来自一人一企的收入与财产。在现代中国社会崇尚拜金主义的时候，富翁祭神的民俗风气跟着流行，就是因为经济资源不能支配民俗文化。在现代中国社会官本位至上的时候，政府官员求风水者也多，就是因为社会资源不能支配民俗文化；在现代中国教育改革和扩大招生的时候，文曲星庙也跟着火了起来，因为文化资源不能支配民俗文化。据社会学者朱炳祥调查，当代社会文化转型时期，农村民俗夹在"齿轮"中，但"村庄的性质却没有从根本上改变，它依然是地域空间内绝大部分人的绝大部分实践的基本单位，日常性的、经常性的、最重大的活动都是在村庄内进行的。但与传统社会封闭性不同的是：村内与村外诸社会文化要素相互交融，互相制约，相互影响，共同运转，完成结构与系统的变迁。在村庄内部结构与系统变迁过程中，我们看到，虽然村庄的同质性被抛弃，但是并没有形成传统与现代绝对割裂，传统总是'楔入'现代"。他对村庄祭祀神龛的民俗变迁进行了调查，发现"一些村庄继续悬挂寿星、麻姑或领袖像"。他还分析了福运民俗，认为从前农民依靠它祈求"家人平安、消灾祛病，子孙繁衍。这是'求生存'的问题。而在市场经济条件下，'福'的内涵有所转换。设置财神与寿星是为了求财与增寿，这就不仅是'求生存'，还是'求发展'"。他认为，在 20 世纪建设现代国家过程中，曾以政治运动的方式打击或取缔神龛与祭拜场所，但"这种强制性的激烈方式只是特殊时期的现象，在更经常的情况下，国家与民间却有足够的智慧使两种文化形成互动式的交融而不是对立"。①

民俗文化承担者的现代权益已全面体现在参与社会资源和文化资源的分配上,而不是像改革开放前那样,只给他们"能手"和"标兵"的称号就行了。对优秀民俗文化传承群体或濒危传承人,政府要加强民俗文化建设意识,建设即引导和投入,而不是压制或忽略。政府要在分配社会资源和文化资源的范围内,向民俗文化公平分配资源。公平分配也包括树正俗,管陋俗,因为陋俗大量侵占社会资源和文化资源,也是一种社会不公平。资源分配包含社会风险,政府对民俗文化建设的资源分配也有社会风险。在过去30年中,我国政府内蒙古草原阿拉善地区的生产民俗投入,由于缺乏民俗文化与生态资源匹配量的传统知识,也缺乏对现代气候变暖造成牧业民俗变迁的调查研究,结果投入越大,对阿拉善生产民俗作业链的破坏越严重,地方沙化速度越快。近年国外社会风险理论引进不少,译介者的描述头头是道,可惜缺乏对政府投入民俗文化建设的风险理论的引入。少数学者注意到公民社会理论,涉及对"行会"等民间组织等"有别于国家和市场的第三领域"治理,②却一笔带过,并未深入。李迎生等谈到国际社会政策的新趋势对我国的启示时,提到建立"以改善民生为宗旨、以帮助弱势群体为己任、以再分配为主要手段、以实现社会公正与和谐为基本理念和奋斗目标的社会政策,对于落实党和政府推进社会建设、构建和谐社会的战略部署具有重要的意义",③但无论对社会建设的广义或狭义的界定都没有提到民俗文化,其实是需要

---

① 朱炳祥:"社会文化转型中的村庄变迁:兼论村庄的本性及其意义",《社会学评论》2013年第2期,第79、81页。
② 段华明:"发达国家社会管理对中国的借鉴意义",《社会学评论》2013年第2期,第24页。
③ 李迎生、卫小将:"社会政策与社会建设——兼谈国际社会政策的新近趋势对我国的启示",《社会学评论》2013年第3期,第13—14页。

补入的,加上这方面的实践探索也要跟上才行。

(二) 民族民俗的社会定位与文化分层

现在讨论民俗学的社会分层与文化分层问题,还涉及民族民俗问题。民族民俗体现出不同民俗群体的文化特征(语言、宗教、习俗等)和历史记忆(族源、祖居地等)。马戎认为,在改革开放后的社会分层结构变动中,民族民俗的社会地位和文化功能也在发生变化。

> 长期以来,由于汉族人口规模大、居住地域广、教育和经济发展条件相对优越,在学校教材中对各少数民族的历史、文化和对中华民族发展所做的贡献介绍得很少,并把各族之间的差异放在民俗差异论的框架中加以解释,所以在汉族干部和民众中普遍造成"大民族主义"心理和对少数民族的或多或少的偏见和歧视。也给民俗差异等与民族差异留下借口。这一点在近年大量汉族流动人口进入西部地区后更为明显,对我国的民族关系带来民俗扩张的负面影响。[①]

在马戎看来,农村城市化给西部民族地区人口的发展带来了障碍。我国实行市场经济体制改革后,对西部地区的流动人口素质进行了重新洗牌,他们在社会分层结构的变动之前,还存在着族群分层。这使民俗文化成为他们的双刃剑,他们在教育、行业、职业、收入结构等方面与全国平均水平相比有明显差距,在这种情况下,民俗文

---

① 马戎在这个问题上发表了系列文章,参见马戎:"理解民族关系的新思路:少数族群问题的'去政治化'",《北京大学学报》2004年第6期,第122—133页;马戎:"中国人口跨地域流动及其对族际交往的影响",《中国人口科学》2009年第6期,第2—13页。

化特色,是他们的生存优势,同时也是政府以保护民俗为名掩盖其他工作不足的借口。如何在发展教育、经济和地方社会文化的整体规划将民族民俗文化的优势发掘和展示出来,努力缔造各地区各民族平等的民俗文化认同,这将是今后我国学术界和文化工作者需要重新关注与耕耘的领域。假如没有提升教育、经济和社会建设水平,单凭民俗文化建设,是不能稳定地维护民族团结和社会和谐的。

(三) 民俗艺术的社会仪式与文化分层

从近年民俗学与艺术学的调查研究看,在民俗艺术的领域里,民俗文化的传承也是相当稳定的。当代民俗艺术的表演添加了媒体工具和时尚文化元素,但这并不能从根本上改变民俗文化传统。在宗教仪式的民俗艺术表演中,民俗文化传统还极为稳定,这方面的研究给我们提供了扩大民俗学与艺术学交叉研究的四种可能性。

1. 仪式研究的核心价值

艺术学的研究对象有艺术的与非艺术的两类,艺术学者要对其中的非艺术现象进行文化研究,这种文化便是民俗文化。对这种民俗文化就要进行民俗学的研究。民俗学研究的深处是民间宗教。民间宗教的传习方式是仪式。有了仪式,才能招徒弟、念经文、做表演。仪式让地方集体走近信仰世界,让他们将历史与现实融合,产生能说服自己的共同情感和价值观。仪式也是一个知识教育系统,但它脱离现代学校教育的体系,扎根于地方性和民族性的文化多样性之中。民俗学者有时习惯于浪漫的想象,将多样化的、差异性的民俗艺术说得无忧无虑、热火朝天,其实它们有时也狭隘和孤独。正是在这种地方,仪式中的音乐、舞蹈和戏剧表演是照亮艺术生命的一缕强光。艺术表演对于保存民俗、宗教和仪式,是一种精神活动,也是一种物质传承,同时是一种维护初级社会组织的过程。仪式的核心功能,是对各种民俗承担者和宗教信仰者都有社会整合功能。

2. 发现民俗知识的价值

从艺术学的视角调查民俗艺术,容易把民俗当作"知识"处理,再用变迁和发展的观点,描述相关家族、道士、科仪、日常器用和说唱文本,而这些描述无一不是对当地微观空间的"认知世界知识"的解释。解释了民俗艺术的民俗文化,就是解释了这些知识。民俗学正是一种研究民众解释历史与现实情感价值观同一性的科学。

3. 将古老艺术当作所有古老文化现象的一部分

在当代社会中调查研究基层社会传承的民俗艺术,发现了古老的艺术种类,艺术学者就会接近民俗学,因为民俗学的早期研究已包括了艺术形式传承的"礼仪、风俗、行为惯制、迷信、歌谣和谚语"[①]。民俗学在这方面的研究是比较成熟的。但是,现代民俗学者也指出,将古老艺术种类直接视为古老文化的判断并不可信。可信的是,古老的艺术现象怎样以古老的传统形式传承?怎样被微观空间中的社会群体加以创新传承?这正是现代艺术学和民俗学都要进行的工作。

4. 用民俗志的观点将文本的文献转为文本的实践

目前我国艺术学者往往将在田野调查中获得的音乐或戏曲文本当真,将之作为历史文献对待,甚至要照文本描写去复原民俗艺术表演,这只是学者的假设而已,其实是不可能做到的,因为文献与日常实践是有差距的。这种差距不是文本的时间问题,而是在微观空间中的地方实践问题。任何社会群体的活动都有空间要素,空间要素不允许时间的任意延长。对特定微观空间的特定人群而言,民俗艺术表演是有时间长度的,这个时间长度要符合当地社会群体的日常生活习惯。超过了这个时间长度,人们就要去休息,剩下的就是神的

---

① 〔爱沙尼亚〕于鲁·瓦尔克(ülo Valk):《民俗学的基本概念》,董晓萍译,收入朝戈金、董晓萍等主编:《民俗学与新时期国家文化建设》,中国社会科学出版社 2013 年版,第 70—72 页。

时间或寺院的时间。艺术学与民俗学结合研究,就能看到民俗文化传统的稳定传承还有微观空间要素的支撑。

从民俗学、社会学、民族学和艺术学的多角度看问题,能让我们对民俗文化的作用看得很清楚。创新维护民俗文化传统,政府主导文化就会拥有更广泛的社会基础,地方社会建设也会得到更有力的支持。

社会分层结构变迁的加剧,并不能直接引起文化分层的骤变,这是社会学和民俗学都在讲的道理。但在我国的社会结构和社会分层巨变下的文化分层为什么变化得那么缓慢?作为国家文化组成部分的民俗文化,在文化分层上有哪些新动态?文化分层的变化迟缓是文化包袱沉重所致,还是表现了文化变迁适应社会变迁的特有动态过程?为什么说民俗学研究文化分层对国家的文化建设有辅助作用?这些都是需要民俗学者给予研究的。在我国这个历史文化大国,文化大国的文化是有其特有价值的。这种特有价值就表现为对社会结构和社会分层变迁具有动态的适应性,民俗承担者正是动态民俗运行环节的主体部分。这种动态变化还能告诉民俗学者,很多文化分层适应社会分层的民俗知识,除非民俗学者看不见,民俗承担者自己总是能看见的。

三、高速城镇化过程中的民俗文化转型

在20世纪较长的一段时间里,我国都有相当数量的学者持城乡二元文化对立观,有的赞美农村文化,否定城市文化,也有的相反。陶行知、梁漱溟和晏阳初等就认为,改造农村即改造社会。[1] 周作人

---

[1] Hayford, Charles, *Rual Reconstruction in China*, Y. C. James Yen and the Mass Education Movement; Alitto, Guy S., *The Last Confucian: Liang Shu-ming and the Chinese Dilemma of Modernity*. 另见陶行知:《陶行知教育论文选集》。关于晏阳初、李景汉等在河北定县农村开展中华平民教育运动所产生文化影响的调查研究,参见董晓萍、〔美〕欧达伟(R. David Arkush):《乡村戏曲演与中国现代民众》,北京师范大学出版社2001年版,第25—34页。

和顾颉刚都认为,城市文化不可救药。常惠说:"文化愈进步,歌谣愈退化。"①梁实秋指出,民俗文化研究与"返璞归真"有一致性。② 但钟敬文仍然认为,与城市文化相比,农村文化的研究任务更为紧迫。③ 这种城乡文化区分的认识,部分地受到西方古典社会学和民俗学的影响,例如,弗迪南德·托尼斯(Ferdinand Tönnies)的城乡二元文化说,墨菲(Rhoads Muiphey)的反都市偏见说④,格林兄弟(Wilheim Grimm & Jocob Grimm)以农村文化恢复民族伟大历史的浪漫主义学说,与威廉·沃兹华斯(William Wordsworth)外来文化毁坏农村文化的自然美的说法等。当然,也有些中国学者是个人研究的心得,与西方学说没有联系。但他们都表示对城乡二元社会的文化接续缺乏信心。

近年我国农村高速城市化的进程改变了城乡格局。传统意义的农村在消失,城市和城市群在增加。这不等于我国的微观文化空间和文化分层结构也随之同步消失,但这给我们带来对民俗文艺的重新思考。

实际上,我国城乡二元文化是一直有联系的。在我国几千年形成的农业文明中,城乡人口拥有同一生态文化圈。从历史上看,我国城乡人口也一直在流动,城市是城乡人口向上奋斗的共同目标,农村是城乡人口生活文化的生产和再生产基地。所不同的是,我国20世纪进入现代化进程后,城市转为城乡个体和集体融入现代化过程的

---

① 常惠:"我们为什么要搜集歌谣",《歌谣》周刊第2期,1922年12月24日;《歌谣》周刊第3期,1922年12月31日。
② 梁实秋:《浪漫的与古典的》,文星书店1965年版,重印本。
③ 钟敬文:"对中国当代民俗学一些问题的意见",钟敬文主编:《民间文化讲演集》,广西人民出版社1998年版,第6—7页。
④ Muiphey, Rhoads, *The Fading of the Maoist Vision: City and Country in China's Development*, 1986, p. 24.

社会单元,也成为学习现代工商业知识,掌握行业技能,扩大社会就业网络的现代学校。城乡人口通过现代社会流动,进入儒家文化传统与现代知识结合的渠道,获得社会就业的新机会。我国近 30 年的城市化转型的结果,并非割断城乡文化的历史联系,而是在新形势下为城乡文化接续和整体建设提供了新空间。

(一) 城乡分类中的民俗文化分类问题

经费孝通研究,中国可作城乡二元社会分类,他本人也使用了社区的个案,[1]郑杭生和陆学艺指出两者混合和变迁的一般现象。[2] 李强在研究我国高速城市化进程中社会分层时,对城市做了新的分类。[3] 民俗学参与国家文化软实力建设,要吸收社会学的理论和方法。我们近年开展城市民俗学的研究,有以下收获。

首先,社会学的城市划分已经细化。现代城市是交通、人口、财富、知识、高科技信息、仪器设备、政府机构、水电、国防高度集中密集区。社会学者已改变了以往的城市或农村的笼统划分,开始考虑到综合城市空间、城市社会布局、城市经济、城市文化构成和城市民俗等特色,将城市划分为传统城市、城市核心区、历史街区、民俗文化区、城中村、城乡结合部和卫星城等。社会学对农村的划分也在细化,陆学艺将农村划分为中西部贫困村庄、沿海发达村庄、纯农业村

---

[1] Arkush, R. David, *Fei Xiaotong and Sociology in Revolutionary China*. Cambridge:Mass. Harvard,1981. 中译本,〔美〕戴维·阿古什:《费孝通传》,董天民译,时事出版社 1986 年版。详见此书对费孝通"社区"理论的讨论。费孝通:《中国农民的生活:一个长江流域乡村生活的田野研究》(*Peasant Life in China:A Field Study of Country Life in the Yangtze Valley*.),London:Routledge and N. Y.:Dutton,1939. 另见费孝通:《行行重行行》,宁夏人民出版社 1992 年版。

[2] 郑杭生主编:《社会学概论新修》(第三版),中国人民大学出版社 2003 年版,第 347—348 页。陆学艺等主编:《2010 年北京社会建设分析报告》,社会科学出版社 2010 年版。

[3] 李强:《转型时期的中国社会分层结构》,黑龙江人民出版社 2002 年版,第 1—57 页。

庄、工业发达村庄、传统村庄、城市化进程中的城中村和城郊村等不同类别,将政治、经济、文化和民俗因素都考虑在农村划分的要素之内,这些研究意见对民俗学都有启发,民俗学者所谓的纯农村研究也必须细化,因为细化才能深化。

我们近年主要对农村家族进城的北京中小商号企业和中小商人做了一系列个案研究。[①] 研究证明,就民俗承担者本身而言,他们对农村与城市的划分也不是简单的行政划分。他们根据家族传统、社会资本、创新能力的区别和差异性,也根据对商业组织理念的认识,与对城市市场机会的把握程度等,确定在城市空间的某城区作为落脚之地和发展网络。北京成文厚家族企业适应了北京城市的现代化进程,学习了现代城市的工商业知识,掌握先进行业技能,利用参与现代会计学校教育的途径,扩大客户系统和就业网络,获得了在城市发展的机会。但从城市中小商号的城乡家族整体看,农民对城乡的选择也不是单一的,而是另有文化标准。北京成文厚由一个农村家族发展而来,我们曾三进其农村原籍调查,发现成文厚故乡农民的选择有三种情况:一是在城市做农村人,二是在农村做城市人,三是在城市做城市人。在城市做城市人的是北京成文厚的这个家族,但他们在城市空间的认识上也有自己的文化网络观。他们有对北京城市的总体概念,还有对北京商业公会的市民行业组织的观念、有对生活区兼商业区的西四小空间的运作观念(如对"前厂后店"的利用),有对房地产权的利用观念,有对宗教网络的划分观念等。他们在这些

---

① 董晓萍、〔法〕蓝克利(Christian Lamouroux):"现代商业的社会史研究:北京成文厚(1942—1952)",《北京师范大学学报》2010年第2期,第20—31页。另见"北京成文厚个案研究——撰写北京商业史的资料、方法与初步结果",原载〔法〕蓝克利主编:《中国近现代行业文化研究:技艺和行业知识的传承与功能》,国家图书馆出版社2010年版,第319—347页。

方面都有细致的认识,并付诸中小商业企业的经营实践。以往民俗学的研究,仅仅用城市或农村的笼统概念搞研究,不考虑民俗承担者的"文化人"角色,这样考察民俗是远远不够的。在现代社会中,还出现了文化村、文化市、城帮村、外省援建社区和新农村等命名,各学科都在城乡研究中利用"遗产文化"的概念,民俗学对这些现象也要加强研究,这样民俗学就大有提升的空间。以往民俗学的研究,仅仅用城市或农村的笼统概念搞研究,不考虑民俗承担者的"文化人"角色,这样考察民俗是远远不够的。

(二) 城乡连续文化建设中的民俗文化的作用

中国民俗文化建设秉持整体构建城乡文化观,这是与以往城乡二元文化对立观的差别。

城乡连续文化建设不是复旧,也不是任其自生自长,它要以政府主导文化为指导,其他辅助文化参与建设,创新提高城乡文化水平。应注意的文化舆论导向和社会工作有以下几点:农村曾是中国社会主体结构部分,现在建设国家城市文化的后盾和再生基地;农村和城市都曾是不健康生活方式的代名词,现在建设城乡一体健康文化走廊,包括食品安全、社会心理健康、生活方式健康和健康的民俗文化生活。人类文化发展的总趋势是回归自然,但也要防止以城市文化破坏农村民俗文化,同时要防止以农村民俗文化否定城市文化。中国民俗文化建设提倡建设城乡多元化的民俗审美观与和谐生活,要在更高层次上,塑造可延续中国历史文明和体现中国民俗文化特色的景观家园。我们要运用现代复杂式思维和网络思维,解释中国城乡社会结构下的经济活力与文化驱动的关系,建立中国自己的阐释模式,而不是套用西方人的阐释模式预测中国民俗文化建设的方向。

四、遗产文化与民俗文化的互动

现在民俗学研究来到了一个社会文化的层次最多,民俗文化的涵盖最广的时期。"非物质文化遗产"概念的引进,引起了民俗学理论走势的另一种变化。在这方面,以国家文化建设为对象,需要民俗学者具有复杂性思维,要认真讨论"遗产文化"的概念与在保护实践出现的复杂问题,注意民俗文化传承人发生的变化。

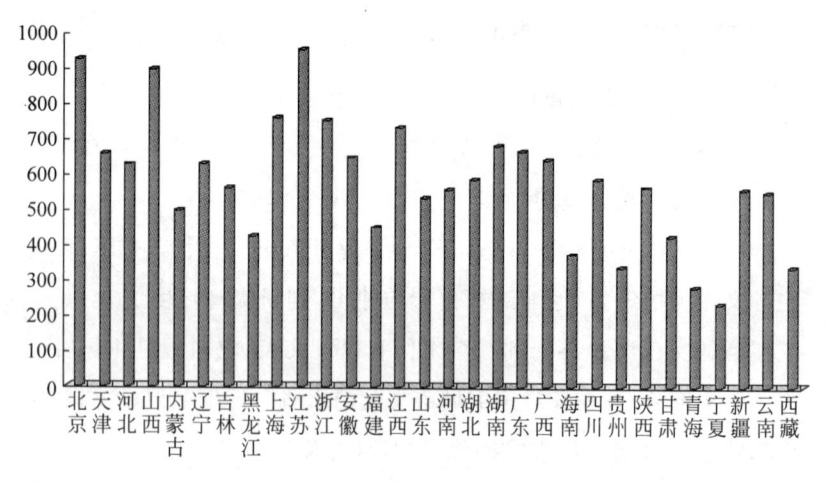

图 2-1　中国民族民间文艺十套集成志书记录各省艺人(讲述人)数量示意图[①]

文化空间、文化分层和高速城镇化的变化给民俗文化建设带来的问题是什么呢?我们发现,在民俗文化系统中,文化资源与社会资源的关系结构发生了变化,出现了"历史实体"、"社会实体"和"民俗实体"三种分化,民俗文化传承人正在这种分化中发生了变化。

---

① 图 2-1《中国民族民间文艺十套集成志书记录各省艺人(讲述人)数量示意图》,根据文化部民族民间文艺发展中心提供十集成艺人数量的数据制作。绘图人:赖彦斌。

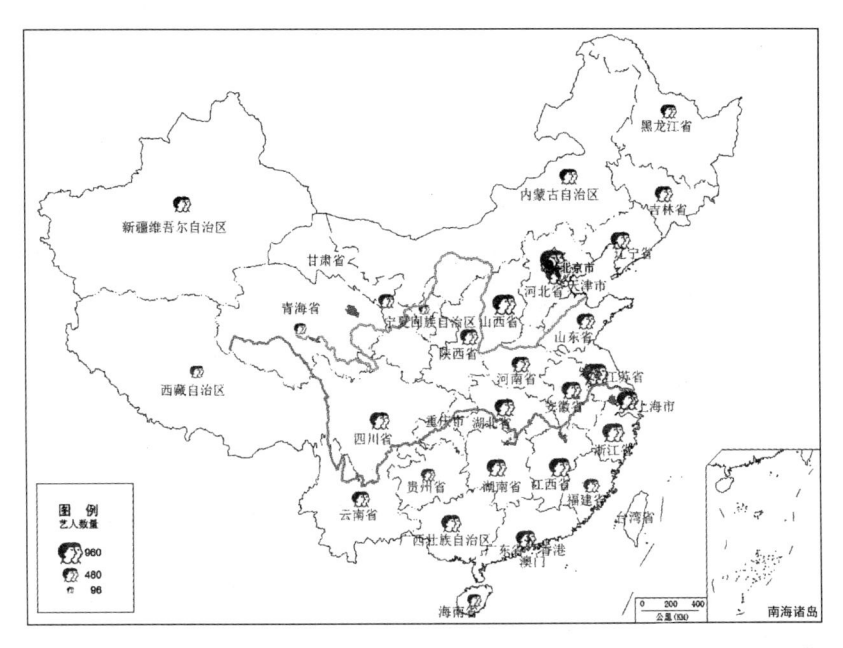

图 2-2　中国民族民间文艺十套集成志书民间艺人(讲述人)数量分布示意图[①]

历史实体,指在较为稳定的文化空间中,在民俗文化资源、自然资源、相关文化资源和社会资源匹配的条件下,民俗文化资源成为"历史实体"。历史实体的含义是不能改动的,被原样保护的,在我国的世界自然遗产与文化遗产保护区,可以看到这种空间。

社会实体,指在拥有集体认同传统的社区,在民俗文化资源与社会资源配套的情况下,民俗文化资源得到挂牌保护。但文化资源的地位低于社会资源,社会资源显得更为强势,文化资源要适应社会资

---

① 图 2-2《中国民族民间文艺十套集成志书民间艺人(讲述人)数量分布示意图》,底图来源:国家基础地理信息系统《2000 年中国行政区划数字地图(1∶400 万)》,北京师范大学地理与遥感科学学院提供,本项研究实验室 2012 年修订,国家测绘局审图号:GS(2012)342。地图编绘:赖彦斌。十套集成志书资源数据提供:李明。

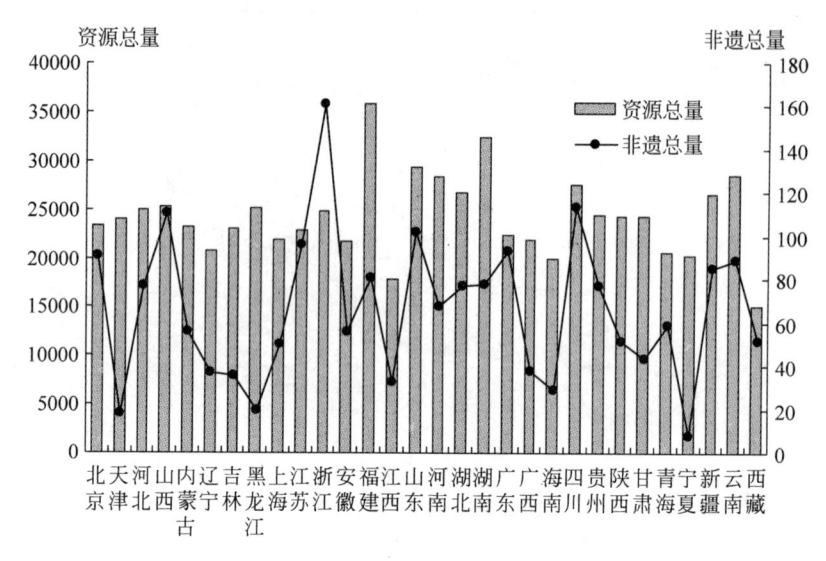

图 2-3 我国民俗文艺总资源与分省国家级非遗"历史实体"比较示意图①

源的引导,变成非遗社区。在这种社区中,很多民俗文化遗产需要跨县联合保护,或者需要跨省联合保护。

民俗实体,指民俗文化承担者已脱离原文化空间或原社区,进入社会流动系统,他们携带的民俗文化资源成为他们个人的特色身份符号。他们中间的少数表演天才,还能获得主流媒体的准入权,通过特异的表演,获得现代社会的喝彩,提高个人的社会地位。在这类现象中,民俗文化资源、民俗文化承担者与民俗文化原地空间是合为一体的,不过集中体现在某民俗表演者个人身上,成为一种民俗实体,这时其文化资源成为社会流动的特殊资本。

---

① 图 2-3《我国民俗文艺总资源与分省国家级非遗"历史实体"比较示意图》,根据文化部民族民间文艺发展中心提供十集成资源数据和文化部公布的国家级非遗三批名单制作。绘图人:赖彦斌。

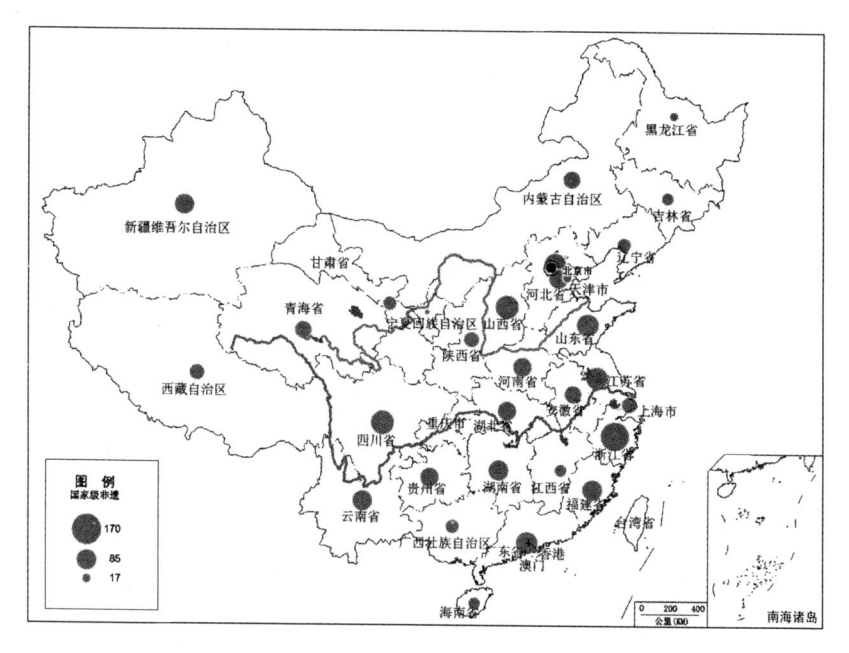

图 2-4　中国国家级非遗"历史实体"数量分布示意图①

在社会资源占优势、文化资源处于相对弱势地位的情况下,对于民俗文化的管理,出现了政府管理权威下降、民俗文化权利意识加强、地方社会发展利益冒尖和商业开发介入的纠结问题,在这些错综复杂的关系中,比较突出的理论问题有三个,即如何对待民俗和管理的民俗文化的"历史实体"、"社会实体"与"民俗实体"。

---

① 图 2-4《中国国家级非遗"历史实体"数量分布示意图》,底图来源:国家基础地理信息系统《2000 年中国行政区划数字地图(1∶400 万)》,北京师范大学地理与遥感科学学院提供,本项研究实验室 2012 年修订,国家测绘局审绘局号:GS(2012)342。地图编绘:赖彦斌。十套集成志书资源数据提供:李明。

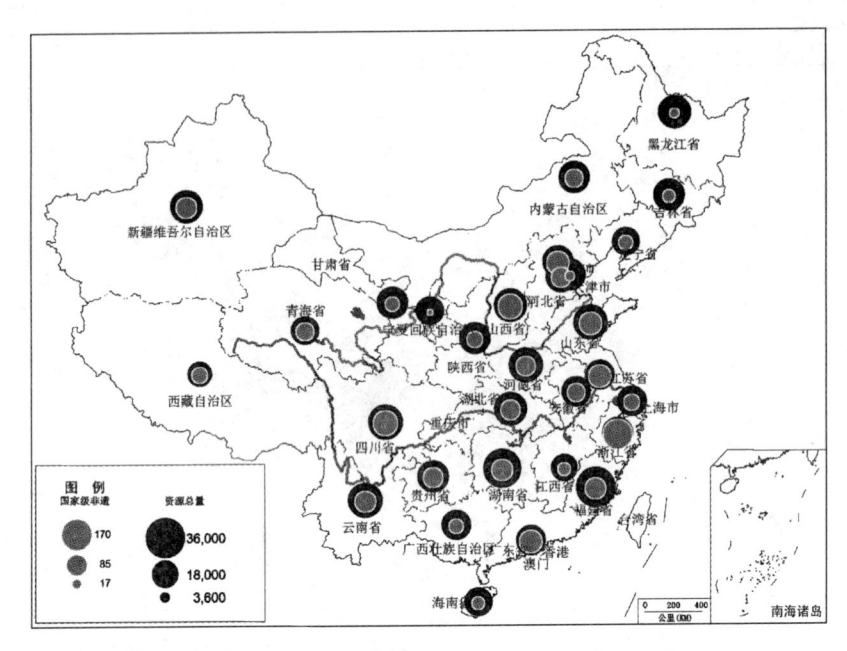

图 2-5　中国民族民间文艺十套集成志书资源总量
与国家级非遗"历史实体"数量比较示意图[①]

(一)"历史实体"与人类遗产保护

我国政府选择保护的世界级自然遗产、文化遗产和自然与文化双遗产,具有多种自然与人文生态资源群落组合的突出特点。这种群落资源分布与民俗文化保护的关系最为密切。这些世界遗产资源都位于国内乃至世界上最好的地理地点。其中,地质遗产覆盖了相当大的面积,它们历经亿万年仍保持着特殊的自然价值,现在也是中

---

① 图 2-5《中国民族民间文艺十套集成志书资源总量与国家级非遗"历史实体"数量比较示意图》,底图来源:国家基础地理信息系统《2000 年中国行政区划数字地图(1∶400 万)》,北京师范大学地理与遥感科学学院提供,本项研究实验室 2012 年修订,国家测绘局审图号:GS(2012)342。地图编绘:赖彦斌。十套集成志书资源数据提供:李明。

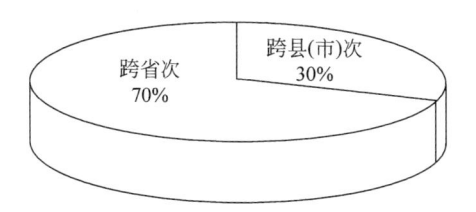

图 2-6　我国国家级非遗省报中申报跨省次与跨县次文化空间保护示意图①

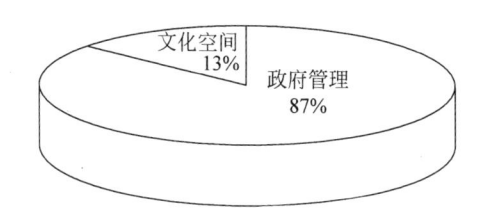

图 2-7　我国国家级非遗省报中申报政府管理与申报跨省(县)文化空间保护示意图

国人的天然邻居和朋友。它们的地形地貌的多样性,构成了动物的多样性和植物的多样性,提供了民俗文化多样性的发生发展空间。它们长期处于国家政府直接管理涉及不到的地方,但却在当地热情淳朴的民风中得到保存。在这种民俗文化氛围中,不仅世界遗产得到了延续,原地居民所拥有绚丽多姿的寨、寺、耕、牧、歌、舞等多民俗也得到了尊重和关爱。他们的传说故事,"历史化"做法比较普遍,他们解释天地山川的由来,讲述民族历史上的个体和群体活动与地方生物、自然景观的关系,帮助人们建立了庄严的历史感和自豪感,增加了对世界遗产的热爱。

在获得世界遗产挂牌保护后,原地居民在解释世界遗产现象上,

---

① 图2-6《我国国家级非遗省报中申报跨省次与跨县次文化空间保护示意图》与以下图2-7,均依据文化部公布的国家级非遗三批名单制作。绘图人:赖彦斌。

更加利用民俗,纷纷为所享用的民俗事象接续历史人物和历史事件,补充历史文献,延长民俗事象的传承时间,争当传承人。这种现象,被民俗学者当作延续民俗传统的现实生命力所在。在这种"历史实体"中,民俗传承人成为民俗历史与传承现实的双向代言人。据《光明日报》报道,江苏无锡市"设立市级锡剧传承人制度","每人每年给予6000元和3000元特殊津贴","重点剧目的创排可获100万元扶持资金;市艺校锡剧班财政每年投入不少于60万元,并随事业的发展逐年递增"。[①] 无锡市政府将保护民俗传统视为保护优秀历史元素,为之提供优厚的现实政策待遇。现代主流媒体也提高了对民俗艺术传承人的宣传力度,《光明日报》曾列专条报道了西藏《格萨尔王传》说唱艺人桑珠和西安高腔传承人严邦镇等过世的信息,与报道越剧名家袁雪芬辞世消息相同规格。[②]

空间分布与地理民俗完美结合。我国的世界级自然遗产地都在西南地区,那里具有南亚热带、中亚热带、北亚热带、暖温带、温带、寒带等多种类型,集中了世界上最丰富的气候现象,也为地方多元文化传承创造了方便条件。当地的多民族群众常年从事传统农牧业生产,也创造了丰富的神话传说、英雄史诗、民族歌舞和民间戏曲。我国首都北京占据了华北平原与燕山山脉交汇的有利地形,积蓄了众多的世界文化遗产,共11个。这些文化遗产都与上层历史相关,反映了封建帝王的政治、历史生活的理念和实践,成为中国文化与历史传统结合的最高峰。这种自然造化与多民族民俗文化密切相关,成

[①] 康保成主编:《中国非物质文化遗产保护发展报告(2012)》,社会科学文献出版社2012年版,第429页。

[②] 《光明日报》2012年2月19日报道《著名越剧艺术表演艺术家、上海越剧院名誉院长袁雪芬逝世》和《格萨尔王传》与西安高腔传承逝世等消息,转引自康保成主编:《中国非物质文化遗产保护发展报告(2012)》,社会科学文献出版社2012年版,第445、452、455页。

为美景与美俗的完美结合。如果单凭某一点,这些世界遗产地都不会那么精彩绝伦。

高原高山对民俗遗产资源的构架作用。在我国的29个世界遗产项目中,至少有16个与山有关,或本身就是山,山占遗产分布总量的55%,这说明山在中国的遗产资源成分中起到重要作用。与山相关的是庞大的生物圈生态系统、山水文化、圣地信仰和劳作社区,它们都是山体地点繁育和发展所须臾不能离开的地理民俗,它们在自己的地理民俗地点中都很强盛,离开了自己的民俗保护就很脆弱,山是这种遗产资源的摇篮,民俗文化是山的精神屏障和生命防线。

山地结构也提供了多种动植物独一无二的生存地,具有很高的生物学价值,也成为民俗多样性最为丰富的地区之一。四川九寨沟是山地社会,当地居民信奉苯教,视山川为神山圣水,对人对生物圈的消费起到制衡作用,九寨沟因此成为世界级生物活化石公园。山地的地理地形复杂程度也与遗产周围环境的具体社会空间有关。世界文化遗产长城所经过的地形极为复杂,长城根据地形的不同采用了不同的结构,工程实施艰难、耗时巨大。城墙沿着山坡起伏延伸,穿过沙漠和沼泽。每隔一段距离,都设有敌楼,用于存放武器和粮食,并方便士兵居住和战时用作掩体。在重要道口、山口、山海交界处,都设立关城,便于交通往来,也有利于防守。长城沿线还建有独立的烽燧、烽火台,用于在敌人入侵时,举火燃烟,传递消息,这是遗产工程与民间通讯风俗结合的范例,显示了中国古代人民的伟大创造力。长城长期在中国历史上起到举足轻重的作用,它的守与失、荣与辱,关系到许多朝代的更替和民族的兴衰,因此一直被看成是中华民族的象征。长城内外还发生了很多著名的历史战役,涌现了一批千古英雄人物,具有多地区、多民族的民俗活动,留传了美丽动人的孟姜女传说,这些都增添了长城的文化内涵。

山地结构也是多元文化的发生地,具有很高的人文价值。在中国大部分遗产地,各种祭拜习俗都很多,泰山山体高大,形体雄伟,人们仰之弥高,视为天梯,崇拜高山,祭天习俗自古兴盛。泰山的遗产,包括建筑物、石刻和道路等,都是根据封禅、游览、宗教活动的需要,依地形设计的,其布局重点从祭地的神社首山至告天的玉皇顶,途中有盘道通行,将山地切割成两个完全不同的空间:一个是以泰安城为中心的人间闹市;一个是从城北岱宗坊直至岱顶的天庭仙界,这充分反映山与人互动的多元因素。[①] 中国还有一批名胜是因为山岳崇拜而得名的,被誉为"山不再高,有仙则灵"。西藏自然保护区位于世界屋脊,很多地方人迹罕至,仍不乏多元文化的遗迹,如聂拉木县科亚古泉华中有人类石器和灰烬遗址,吉隆县邦兴村有藏王松赞干布时修的强真格吉寺,还有古岩画和定日聚落遗址等民俗文物。

山地地貌的复杂组合还产生了大量的风水文化。武当山的古建筑群就十分讲究山林水脉,聚气藏风,达到了建筑与自然的高度和谐。四川黄龙景观由碳酸钙岩质构成,整个坡面宛如一条黄龙自雪山上飞跃而下。当地人在龙头、龙腰和龙尾三处建寺,这是一种很用心的风水设计。

平原结构与文化遗产和民俗。在我国的遗产地中,平原结构略少于山地结构,但也有自己的地理特点,主要有三种遗产形式。[①] 帝王历史纪念地:在半平原、半丘陵之处,在依山傍水之地,多有帝王陵墓遗址,如北京的明清皇陵和西安临潼的秦始皇陵,这与当时墓葬地修建的难易程度和来世文化哲学都有关系。此外,北京的故宫、天坛和颐和园等地,都是帝王活动的历史场所,过去为上层统治者所专

[①] 中华人民共和国联合国教科文组织全国委员会:《世界遗产与我们》,北京师范大学出版社 2004 年版,第 23—24 页。

擅,现在变成广大人民参观游览的皇家博物馆和建筑艺术陈列馆。儒学发祥地:山东的曲阜孔府、孔林和孔庙坐落在齐鲁平原上,是孔子儒学思想的故乡,两千五百年来,一直被朝拜、祭奠,对中国文化产生了深远影响。园林景观:苏州园林是平原地带文化景观的代表,其借山水入园的作品设计,用诗歌文化带动地理欣赏的风气,创造了中国建筑史上的独特风格,也引发了世界游人的兴趣。

民族分布与遗产类型相关,形成了多元文化并存的格局。我国的汉民族主要分布在平原地区,拥有较多的历史文化遗产代表作。少数民族主要分布在山区,拥有较多的自然遗产。此外,从实际情况看,在此表未列的口头与非物质文化遗产中,也是少数民族的传承作品最多。我国多民族长期合作,在不同的遗产地创造了大一统的和地方多元的遗产资源品种,所有中国遗产都凝聚了他们的共同智慧和劳动。

宗教分布是中国遗产资源的一种特有本土成分。在现有的中国世界遗产中,武当山、青城山、武夷山都是著名的中国道教圣地,也有一定的世界影响。在其他自然遗产的分布区,如西藏、四川和云南等,当地的藏民信奉藏传佛教,而且传统深厚,已成为一种与自然遗产相厮守的精神文化。认识这种现象,可以更多地了解我们的祖先创造的多种天人沟通方式,寻找他们把人的活动纳入自然界生命圈的心路历程。

从民俗学调查看,世界遗产地的民俗"历史实体"化,有以下功能:①用民俗中的超自然词汇和民间文学的语汇,补充"三遗产"评价的审美学和自然科学用语的不足;②用民间传说资料,补充地方文献对"三遗产"记载的不足,并用以增加自然风景区的地方史志资料;③在遗产评价工作中,民俗的概念成为边疆风土人情、少数民族文艺或者西部文化大开发的代名词;④利用民俗文化传统,维护民间宗教,保护地方山水资源。

遗产地民俗的"历史实体化",有利于对我国生态环境中的历史文化遗产进行价值定位。

历史实体化的世界遗产保护,首选上层文化文物和历史名胜地点,而几乎所有上层文化遗产和自然遗产的深层都有民俗。民俗文化成为上中下层历史遗产的共同载体。近年我国许多农村都在城市化,农民文化正在减少,民俗遗产保护的工作还承担了描述濒临和需要抢救的农民文化的部分,任务尤为紧迫。保护民俗遗产的重要方面是调动地方政府和民族地区职能部门的积极性,让他们成为促保者。现代民俗文化遗产应争取三保结合,建立中国模式:第一,保护民俗文化环境,开发相关保险业。第二,保护民俗标志物,促进研究,吸引外部参观者的兴趣。第三,保护民俗承担者,即传承人。

欧洲的工业化和现代化比我们早,历史遗产保护也动手早,比我们有经验。他们描述濒危农民文化和民俗生活的工作比我们要早一百多年,我们可以急起直追。他们的另两种做法我们现在尝试倒是不晚,一是在历史遗产的内部,增加人类生活的功能,让现代人能住在遗产里面,像爱护今天一样爱护昨天。一是在历史遗产外部,建立现代生活区,让现代人能进行历史与现代的对比,像反思昨天一样反思今天。对这些国际经验,我们不妨借鉴,实践一段后,再来总结我们保护历史遗产的世界级程度。有了世界级的保护程度,才有世界级的历史遗产。

(二)"社会实体"与民俗文化权利

现在我们不得不考虑民俗承担者的现代变迁。在我国经济社会的发展中,民俗承担者的变迁可归结为三点。

一是从民俗生活方式的承担者变为拥有民俗文艺权利的目标人群,特别是在旅游点和非遗示范村,他们成为高关注度的人群对象。在民俗学研究中可以发现,旅游景点的民俗文艺传承人从拥有文化权利的个人或集体,转变为主动争取社会利益的人群。在过分强调人为利益化的情况下,当地的遗产资源也会与原真性剥离,增加人为减损的风险。在云南三江并流世界遗产地,三条江水绵长互依,自然地貌、动植物生态和风光人情交融,将三江上下游、左右岸的多民族文化传统笼为一个传承社区,形成了一个少数民族文化群落和民俗基因库,他们的民居服饰、婚嫁礼仪、宗教习俗、耕收方式、音乐歌舞、文字绘画等各不相同,包含着浓郁的民族风情和多彩的民族文化,对外界有很大的吸引力。近年云南旅游开发过多,那些深藏在绿水青山中的歌舞村庄迎来了源源不断的客流和商业收入。淳朴的传承人和曾经安静的村庄,与外界的各种社会力量和经济拉力互动,双方猎取优胜旅游地的名气,为致富捞取补偿,结果威胁了遗产的生存,一度被世遗管理部门叫停。这种变化是在计划经济时期所没有的。在中国民族民间文艺十套集成志书搜集和编纂时期,我国各地有一大批国营民间歌谣和戏曲演出团体,许多优秀传承人都是这些文艺团体的台柱子,在我国政府进入联合国非遗保护工作系统后,不到十年,大多文艺团体完成了转企改制,走上了市场化的道路。宁夏回族自治区演艺集团有限公司就是由原宁夏歌舞团、宁夏秦腔剧团、银川秦腔剧团和宁夏京剧团等合并而成的运营机构,全自治区有国家级非遗传承人5人,与原单位一起进入市场环境,共同面临自负盈亏的考验。这种体制的转型,要求传承人把履行民俗文艺的权利与接受生活方式压力结合在一起,谋求新的发展途径。此外,宁夏还组织了超过百人的县级传承人培训,[①]鼓励他们在基层村社非遗传承中发挥人才作用。对这些传承人的保护都是需要政府给予社会调控的,

---

① 康保成主编:《中国非物质文化遗产保护发展报告(2012)》,社会科学文献出版社2012年版,第435—436页。

要保障传承人能够按照他们的生活方式生活，又能传承非遗。

二是他们成为可观察的历史传统，其声音被认为具有祖先文化的特质。在现代社会，他们借助媒体和高新技术产品，部分地改变了传承材料，增强了传承的正能量。在民俗学研究中，我们能发现，民俗承担者从传承民俗文化的单一角色，转变为有时传承民俗文化、有时传承时尚文化的复合角色。这种变化的根源，是我国由封闭社会转变为开放社会，社会结构已发生了根本性的变化，这就造成民俗传承介质和传承渠道的变化。在各种传承种类和传承材料变迁的事象中，行船号子是一个典型个案。20世纪80年代以后，在短短几年内，我国流域经济大面积开发，长江黄河的传统人力行船生产作业，迅速改为机械化船舶作业，飘过千百年的船夫号子戛然而止。20世纪90年代中期以后，行船号子被界定为脱离生产作业的传统民歌，演唱过号子的船夫老人成为民歌手。他们彻底告别了搏击风浪的江河湖海和木船纤缆，带着伴随他们生命里程的船桨和年轻人中爱唱歌的徒弟，来到了影视舞台，为现代大众演唱号子节目。在我国不可胜数的生产性非遗种类中，行船号子瞬间转为徒口民歌，"化石"化的过程就在广大目击者的视线中，这种情况并不多见，行船号子可谓我国最新产生的一块非遗化石。所幸物质与其艺术共存的例子并不多，号子与船夫共危共存，正好符合进入非遗的条件，于是号子转为可观察的舟楫生产历史传统，其歌声被认为具有河流生产文化的独具特质。2012年，上海市举办长江流域号子展演，长江中下游的四川重庆号子、湖南澧水的船工号子、湖北峡江号子和安徽无为木排号子等多支号子团队在上海文化广播影视管理局搭建的平台上进行了展示，①

---

① 康保成主编：《中国非物质文化遗产保护发展报告（2012）》，社会科学文献出版社2012年版，第445—446页。

这是在民俗文化危机中获得另一种现代生存机会的非遗范例。

三是他们中间的一部分人成为政府可控制的文化传承人。国家非遗传承人名录登记传承人706人,形成国家政府可控制的非遗文化传承人的网络。其中,青海省被批准的传承人18人。但是,据青海民族文化网发布,青海省建立了一支60人的传承人队伍,数字大于该省国家级传承人数量的三倍,人员不仅包括国家级传承人,还包括传承人"所属项目保护单位的负责人"。省政府向《格萨尔》博物馆项目投资2650元。[①] 在这种省级保护体制下,省政府不仅可以进一步落实国家级的非遗传承人保护政策,还可以监管传承人的非遗项目及其原地基层干部的作为,实现对传承人和微观文化空间的整体管理。在山东曲阜孔子故里,在孔子学院向世界各地扩展的形势下,《人民日报》报道了曲阜将祭孔庆典与"贴春联"等26种春节非遗礼仪结合起来加以保护的做法。[②] 非遗保护进孔府,深化了对孔府世界文化遗产的保护力度。增加对孔府非遗文化传承人的认定与保护,则有助于推动孔府文化遗产的全面保护。非遗成了扩大这笔遗产影响的新渠道。通过对全球化下非物质文化遗产的识别与肯定,民俗文艺传承人赢得了更多的政府政策保护,政府和学者的工作也提高了民俗传承人的对外影响力,他们被当作内外文化的共有符号。民俗学者通过指出民俗知识和民俗权利,强化了民俗传承人对全球化下的同化文化的抵御作用,他们成为全球化与民俗化的双化对象。他们中的国家级传承人还从文化分层进入了新的社会分层,获得有社会地位的文化代言人位置。

[①] 康保成主编:《中国非物质文化遗产保护发展报告(2012)》,社会科学文献出版社2012年版,第438页。

[②] 《人民日报》报道"2011好客山东贺年会",康保成主编:《中国非物质文化遗产保护发展报告(2012)》,社会科学文献出版社2012年版,第436、439页。

"遗产文化"容易导致一种倾向，就是将政府主导文化的权力成分与市场经济背景下的商人商业文化捆绑在一起。在这种格局中，政府对商人商业活动的政策会影响整体保护工作的进程。商人商业活动对政府保护遗产文化的价值观也会形成不可忽视的影响。民俗学参与研究，应促进将遗产文化建设变成生态文明建设，而避免将之变为市场经济掠夺的牺牲品。

有些工作不是民俗学所能独立承担的，如对传统节日的研究，就需要民俗学与社会学、人类学和民族学通力合作完成。民俗学要研究的基本问题至少有二。1.把握传统节日的民俗文化运行的本质。传统节日的民俗文化，从本质上说，不是以经济利益为主的文化，而是以地方群体利益和文化利益为中心的文化。因此，要避免将传统节日的历史文化做成博物馆资料，而不去描述为原地社会文化的主流。2.传统节日的民俗文化开发，要将社会利益与文化利益相协调。目前部分社会阶层的节日利益诉求可以在现代社会结构中得到满足，但也有一些原地利益群体在节日资源开发中未能得到妥善安排，因此会引发历史误读和社会冲突，包括节日运行的历史模式与现代商业目标的冲突，旅游目标与文化伦理的冲突，生活资源被纳入现代空间后受到生活方式的约束所产生的不适应性冲突，历史街区共有资源与产权竞争的冲突等。在"遗产文化"概念的引导下，在传统节日的研究中，农村民俗、城市民俗、民族民俗、区域民俗等概念共同进入地方建设，历史文献化的倾向在发展，口头传统被再利益化，民族特色被充分强调。"遗产文化"的建设，使民俗学者对文化分层进入社会分层的认识远远跟不上现实变化，理论跟进的任务尤为紧迫。

保护民俗遗产的重要手段是采用民俗的形式保护，即保护民俗生态社区。在现代社会，保护民俗遗产已失去了往昔的模式，年轻一代不大愿意通过祖先的渠道学习民俗遗产，相反是学者在坚持推行保护遗产的政策。在广播、电视、报刊、网络和手机短信息"五大媒体"发展的社会环境中,个人记忆文化的权威失去了往日的光彩,民俗文化的安全性和可靠性已大打折扣。与此同时,人们要求对民俗文化的价值进行再认识。艺术类的口头遗产的传播不受家庭家族和行政地理的限制,要靠传承者创造一定的文化氛围,以便在不同的氛围中产生认同结构,进行社会生存竞争。地区认同和民族认同成为一种可协商的基础,它被人口众多的群众和多民族群体所包围着,以自我认同来换取对民俗遗产某种种类的认同。民俗遗产保护的格局也正在向社区整体文化的方向转变,不少人已意识到,仅仅保护口头文本、民族语言和物质遗产,不等于牢牢保护了民俗遗产的全部内容,还必须保护民俗生活环境和民俗承担者的利益。地方的或多民族的民俗点还应采取与外界文化相互参与、相互沟通的方式,提供自己正确的民俗文化信息,引起别人的兴趣,在民族成员集体传承的基础上,经过局外代言人的选择,才能建设一种可在现代社会里赖以遵循的行为和叙述的范式,一种强大的民俗遗产安全保护网。民俗生态社区,正提供了这种示范或保护网的基本行为单元。

在民俗生态社区中,相对完好保存的地方单位是传统社区,它是一个文化有机分布系统,具有跨行政、跨历史和跨民族联盟的特点,有共同的文本、建居、圣地和仪式,有一套培养民俗传承人才的现实机制,有民俗文化中心的固定空间,已成为"真理化"的社区。保护民俗遗产的根本是保护这种社区的传统。

我国各省均有这类传统社区,那里聚集着成百上千或成千累万的民俗传承人,保留了民俗遗产发生含义的社会结构。保护这种社区的重要性远远大于保护个人。个人衰亡的生理规律不可避免,而个人所承载的民俗遗产精髓却延续在社区中。在现代人盯着古剧、古乐、古琴和古歌和古老的时候,应该连同它们的流传群体和社会文

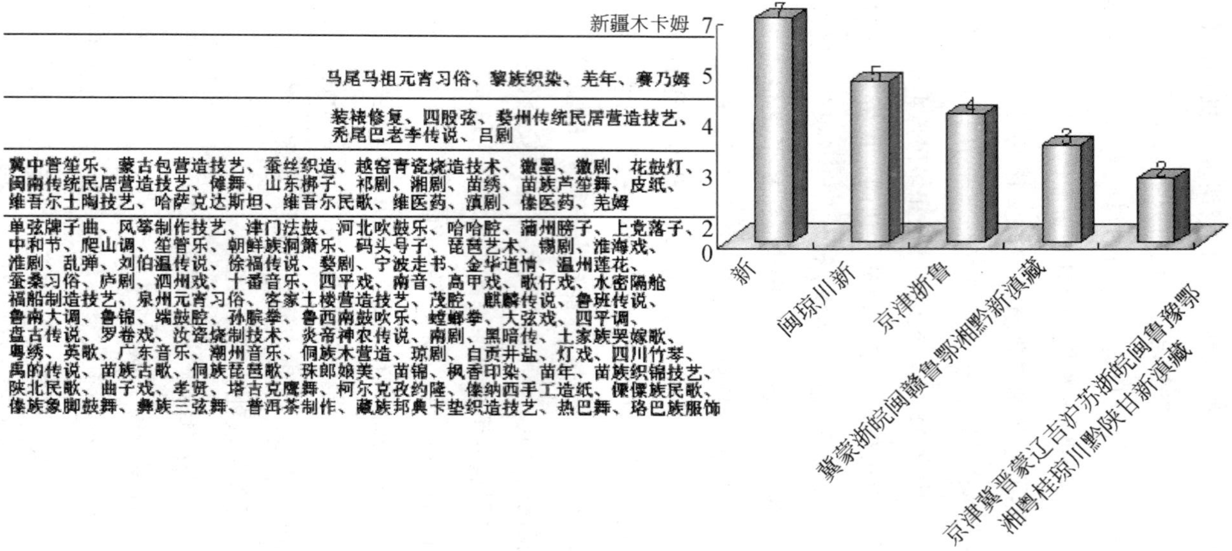

图 2-8 我国国家级非遗省报中申报跨县次保护项目与牵头省份示意图

化结构一起思考。这正是一种整体文化保护,任何民俗遗产都在整体文化中获得其品类、真味、价值和意义。

保护民俗遗产的特殊作用是促进现代化的文化建设。过去人们总以为民俗传统是现代文化的对立面,现在已知总有一部分民俗要进入现代社会,成为现代化文化的组成部分。后人认识民俗才能认识父母感情、认识祖先历史,因此民俗对后代有教育意义。

(三)"民俗实体"与地方社会建设

在民俗学研究中,可以发现,部分民俗承担者的社会分层发生了较大的变化,但他们原有的文化分层与其社会分层的改变并不同步。这时民俗学的文化分层研究需要看到,民俗传承人的民俗价值化倾向增强。在他们的观念中,"民俗"被看成是国家民族文化主体性的象征,是民俗代表作的地方呈现。传承人的社会分层的改变,源自他们是国家文化利益与地方文化利益的双重拥有者。黑龙江省牵头申报了端午节非遗保护,此后组织市民在"博物馆里过大年",进行"市民包粽子比赛"。[1] 在正常情况下,这类活动应该是在自然环境或家户中举行的,现在被用来加强地方文化。在一些文化大省,如江苏和浙江,通过非遗保护,恢复和拓展文化空间,将"民俗实体"做大做强,争取达到文化强省的目标。江苏省淮剧,在获批国家级非遗后,淮剧保护项目由 1 个扩大至 10 个剧团;原申报流传地 2 个,现在连上海淮剧团也发展进来。[2] 江苏省有 5 个国家级手工艺非遗,经协调,将江苏、浙江、四川、山东、广西等省、自治区 60 余种手工非遗项目、

---

[1] 康保成主编:《中国非物质文化遗产保护发展报告(2012)》,社会科学文献出版社 2012 年版,第 420 页。

[2] 康保成主编:《中国非物质文化遗产保护发展报告(2012)》,社会科学文献出版社 2012 年版,第 430 页。

50余位大师集中到省内,交流与展演。[1] 贵州省有国家级苗族芦笙非遗项目2项,省政府将之扩展为"中国苗族国际芦笙节",吸引了中外89支队伍同台表演。[2] 广东省和香港、澳门三地共同申报了国家级粤剧非遗,他们的粤剧保护活动也经常在三地举行,三地还有粤剧学校、粤剧推广协会和粤剧艺术研修班等多种实体机构,热心推进粤剧传承。[3] 这些做法都巩固和扩大了文化空间的共享范围。

第二节 中国民俗文化软实力战略建设的目标、方法与途径

西方发达国家已实现现代文化输出的战略转型,它们采用政府、民间和外界都能接受的民俗文化传播方式,塑造一种人文亲和的姿态,实施国家文化战略建设。我国在这方面的传统更为深厚,社会实践也更为复杂。我国在长期统一的社会发展中,在各民族和各地区之间,形成了中华民族的历史认同和社会认同。不论中国经济崛起到什么程度,都不能不重视这宗重大的民俗文化财富。对此我们拥有充分的话语权。但需要我们拿出有说服力的研究成果和有现代意义的社会实践经验,提供给现代世界,并能自己做出漂亮的说明。

---

[1] 康保成主编:《中国非物质文化遗产保护发展报告(2012)》,社会科学文献出版社2012年版,第430—431页。
[2] 康保成主编:《中国非物质文化遗产保护发展报告(2012)》,社会科学文献出版社2012年版,第410页。
[3] 康保成主编:《中国非物质文化遗产保护发展报告(2012)》,社会科学文献出版社2012年版,第404页。

一、中国民俗文化软实力战略建设的目标

中国民俗文化软实力建设的基本目标,是从民俗学的角度,所提出的有针对性的、民俗学者可以参与解决的关键问题,以及在这些问题上我们所占有的话语权。

中国民俗文化软实力建设的最终目标,是促成建设符合中国文化大国传统和现实国情的、以文化引领经济社会发展的现代政府领导力知识结构和现代国民文化素质构成系统。它是面向21世纪的中国凝聚力文化,它能凝聚多元、凝聚上下内外,团结一切可以团结的国际力量。它不是让世界怕中国和嫉妒中国,而是让世界喜欢中国。这对中国提升对世界优秀文化的表达能力和吸收能力有益。中国历史文明已成为世界资源,中国的优秀民俗文化建设成果也可以成为新的世界资源。在达到这一战略建设目标上,特别是在国际化的话语权竞争中,民俗学始终是一种不可忽视的学术支撑。

二、中国民俗文化软实力战略建设的方法

在国际上,民俗学的发展逾两百年,已形成精神民俗、物质民俗、社会组织民俗、人生民俗和语言民俗等诸多研究分支。二战后,民俗学成为反殖民和反文化霸权的文化武器。1980年代后,东欧社会主义阵营解体,民俗学成为回归社会认同和民族团结的构架工具。在经济全球化的浪潮袭来后,民俗学抵制全球文化同化,保护文化多样性,被再度提升为"国际化"的学科。在我国,民俗学研究自20世纪初至今,已有90年的历史。钟敬文创建了中国民俗学和中国民俗学派,为建设民俗学服务国家文化建设的方法论奠定了坚实的基础。中国民俗文化软实力建设的方法,运用钟敬文的民俗学学说,同时运

用现代民俗学理论,结合调查研究,进行民俗文化软实力的对策建设和重点领域的理论建设与实践探索。

基本方法之一,是采用复杂式思维,避免单一性思维。单一性思维片面强调 GDP 统计数据,结果生成简单思维。实际上,民俗文化的价值和功能是不能简单地用 GDP 衡量和计算的。它让不同历史、不同社会、不同肤色和不同语言的人们都能自律,并感到安全、幸福和稳定。它告诫人们不要违反生态文化规则,为了其他利益去滥用资源、破坏环境和毁灭人性。它向人们提供的另一种知识是,在商品、金钱、利润、私人和局部利益之外,还存在另一个情感价值观系统,一个多元文化共存并包容差异、有理想、道德和情操,讲究合情合理的社会运行系统。中国民俗文化是重情的文化,要求推己及人,达己而达人,合情、合理、合法,不能只讲金钱和霸权。

另一种基本方法是采用网络思维,避免自上而下的线性思维。当今世界是网络信息社会,网络信息社会的特点,是在传统与现代、民间与政府、地方与国家、社会制度与风俗习惯之间,均形成网络关系。郑杭生指出,网络关系改变社会生存方式,"我国的微博用户已达三亿,网民高达五亿。网络使个人领域社会化,私人领域公开化,甚至使隐私领域公众化,一旦有违背规则、违背公德的事件被曝光上网,就会触发网络上敏感而兴奋的'神经',经过网络媒体的裂变式互动传播就会在极短的时间内发送至每一个网络终端,形成网络社会现场围观,并很快造成失控局面"。[1]"公权力遭遇公信力危机时,无论说真话还是假话,做好事还是坏事,都会被认为是说假话、做坏

---

[1] 郑杭生、黄家亮:"当前我国社会管理和社区管理的新趋势",朝戈金、董晓萍等主编:《民俗学与新时期国家文化建设》,中国社会科学出版社 2013 年版,第 8 页。

事"。① 郑杭生还提出,政府对网络思维要"敢于用、善于用,网络就能对社会生活起到积极的作用,如增进社会凝聚力、社会和谐;不敢用、害怕用、消极防御,不会用、不善用或用得不得法、不得体,它就可能对社会生活起到消极作用,甚至破坏作用,如恶化社会心态,为错误思潮的放大推波助澜等"。②

现在是网络决定世界,不是霸权决定世界。到处都是异质的网络空间。传统文化、民俗文化、民族文化和地方文化都在编织无形的网络。网络的关系在变,各个点的关系就在变,所编织的信息图景就在变。忽视网络思维,便不能解释某种社会事件如何从无到有,又从有归于无。不利用网络思维,政府就很难把握处理突发事件的时机,不了解怎样切入,怎样控制,怎样返本开新。从根本上说,中国民俗文化有网络思维的成分,网络能生和,和而不同,和能生万物,它主张人与自然界和社会关系的和谐。中国民俗文化软实力建设,应使用中国历史文明中的网络思维,建立信息时代的新网络思维,去观察世界变化的限度与人类共荣的规则。

三、中国民俗文化软实力战略建设的途径

中国民俗文化软实力建设,在实践上,不会仅仅是文化本身的问题,还会有国家政治、经济、社会和教育等因素。而当民俗文化建设与政治建设、经济建设和社会建设结合在一起的时候,有时也会很难处理。所以,中国民俗文化软实力建设的途径,应该是有助于政府确定可控制的民俗研究项目和民俗文化品种,应该既能促进国家文化

---

① 张音、张新苗:"网络语境与创新社会管理:破解'塔西佗陷阱'的舆论怪圈",《人民日报》2012年6月26日第14版。

② 郑杭生、黄家亮:"当前我国社会管理和社区管理的新趋势",朝戈金、董晓萍等主编:《民俗学与新时期国家文化建设》,中国社会科学出版社2013年版,第8页。

建设全局的发展,又能推动民俗文化创新和保持民俗文化特色,这种途径才切实可行。

明确建设途径要与协调学科建设的任务相结合。我国改革开放后的国家文化建设取得了巨大成就,这是必须肯定的。但也要看到,由于我国社会发展道路的坎坷,民俗学和社会学等主力文化建设学科都曾被打成"资产阶级学科",遭受过挫折,发生过停顿。这对国家整体文化建设的理论积累是有影响的。截至改革开放前,以政府为主导的国家意识形态文化,以政治划界和阶级划界,在不同程度上,对民俗文化、传统文化、民族文化、地方文化和历史遗产文化等进行了政治改造,排斥和压抑了其他辅助文化中的非政治成分的传承和利用。在全球化时期,这些辅助性的各层面文化成了国际交流项目,政府就很被动。在世界很多发达国家,特别是欧美国家,早已重视民俗的、民族的、地方的和遗产的文化,用建设它们来大力改善国家形象,寻求新知识的力量,增强国家综合文化实力。我国在这方面起步不久,还需要时间加强基础研究和进行文化建设。以民俗学为例,我国的民俗学在经历长达 70 年的建设后,至 1997 年才正式列为二级学科。民俗学框架中的民间文艺学成名较早,但也在"文革"前被取消。这对民俗学发挥作用是有影响的。艺术学有类似的命运。在这种情况下,国内这些学科的协调任务就很突出,各学科之间的融通互补性要加强,还要增强学科研究与政府咨询的结合力度。

与此相联系的问题是,要考虑我国与世界发达国家民俗文化建设的差距。我国历史悠久,文明底蕴深厚,但在应对现代社会的民俗文化建设上还缺少资本。我们需要借鉴别人的先进之处,我们应该通过加强中国民俗文化软实力的建设,在世界面前,重树中国人达己达人的泱泱气度,同时也表现出把最好的民族文化传统与最新的现代价值观融汇一处的强大能力。

第二部分

国家重点保护领域与优先建设的专项项目

第三章 国家民俗文化的重点保护领域

确定中国民俗文化建设重点领域的依据和目标有三：一是从民俗文化角度描述国家文化软实力中的民俗实力积累，并提出发展途径；二是在现行国家文化政策中的民俗缺位部分，提出具体的民俗文化建设领域，探索将之与传统文化、民族文化、地方文化和遗产文化等共同建设的途径，整体发挥辅助性文化的作用，促进加强政府主导文化的执政能力；三是预测全球文化格局变迁与中国民俗文化的交织问题，就其中已形成焦点问题的部分，提出民俗学的研究对策。

根据中国民俗文化建设重点领域的依据和目标，结合民俗学基础研究成果，确定我国民俗文化软实力的重点建设领域有四，即国家文化新传统与民间文艺、手工技艺与物质民俗、传统节日文化和综合防灾减灾民俗文化。

第一节 国家民俗文化保护的核心理论问题

在当今世界环境中，民俗文化建设的价值与意义，在于它是我国社会主义意识形态"新精神性"文化建设的组成部分。民俗学在百余年前的国家民族独立解放运动中兴起，在20世纪维护民族精神与物质社会平衡发展中发挥了特殊作用。进入21世纪以后，全球化、高科技和网络信息混合发展,世界很多国家在物质性与精神性建设上出现了失衡状态,冲击了优秀文化价值观,并带来了诸多社会安全风险,这时民俗学面临重建精神性与物质性文化平衡的新任务。当代民俗文化建设呼吁重建崇高的人文精神,重构精神与物质的和谐关系。目前很多欧美国家乃至非洲国家,都很重视民俗学者参与国家的"新精神性"文化建设,以抵制全球化霸权大国以科技进步统一世界多元文化的吞食策略,抵御金元强国以经济增长控制别国文化建设权利的渗透手段。在这种形势下,中国民俗、中国民俗研究机构和中国民俗学的问题,及其在与国家"新精神性"文化建设的互动中,所持有的积极学术作为,就成为一种新的世界期待。中国民俗学者还要关注这方面的一些现实问题,自觉参与国家文化建设,包括参与构建民俗文化符号、讲好中国故事和建设民俗非遗项目等,并要拿出新的理论成果,使民俗文化在国家文化建设中发挥应有的作用。

一、"新精神性"的概念与社会管理新理念

从民俗学的角度说,"新精神性"的概念,是一种带有价值观和支配性的文化管理理念。民俗是有物质性的文化,同时也有精神性。在传统民俗学中,对精神性民俗研究的关注更胜于物质性研究。所谓民俗的物质性,包括物理性的实物,如生产生活器具;也包括社会性的人群团体与日常实践,如民间组织及其民间社会活动。在封闭社会中,民俗的物质性,自然发生,自动运行,在社会生活表层得到充分的彰显,比如我们能看到犁铧、纺车、庙会、集市、婚娶、节庆等,不一而足;而在民俗文化脉络的内部,这种物质性又是与精神性高度契合的,两者共同成为民俗社会生活方式和社会关系的灵魂支撑。现代社会是开放社会,全球化蔓延、高科技发达、市场商品"养眼",而当这一切与那些发展中国家的发展需求相遇合的时候,我们忽然会发

现,从封闭社会世代积累下来的物质性的东西,消失得很快,而造成这种消失的,正是另一种追逐西化、高消费和速变的精神性诉求。以往民俗学所关注的精神性与物质性平衡的关系被打破,现在民俗学所面对的却是优秀民俗文化价值观被冲击,并造成诸多社会安全风险。在这种情况下,民俗学所要关注的"新精神性"国家文化建设,正是重建崇高的人文精神和重构精神性与物质性和谐关系的国家文化管理目标。为此,民俗学者要自觉地参与进去,要积极地承担社会责任,要在解决新问题的社会实践中拓展学科理论。在这方面,民俗学要克服自身学术史上的三种浪漫主义带来的影响。

(一) 文学浪漫主义

19世纪末叶以来,民俗搜集和研究活动进入国家民族独立运动,在德国、芬兰、英国、爱沙尼亚和俄国等一系列欧洲国家都产生了重要影响,涌现了著名民俗学者。在我国,历经晚清时期重审传统国学的思考;又在20世纪中,经历了五四、延安《讲话》、苏联高教理论影响和社会主义新文化建设,在民俗文化建设方面,出现了以文艺学为支配的民间文学理论建设,辅以社会学和民族学做参考,形成了民俗文化建设与社会主义意识形态文化建设的理论进程相重叠的一种格局。改革开放后,我国发动了全国民族民间文艺资源清理和整理出版运动,成果丰盈。然而,上述各种运动中的民俗搜集与研究都是在"抢救"观的指导下进行的,这是受19世纪末、20世纪初欧洲浪漫主义文学思潮影响的结果,其宗旨是要从工业文明、城市文化和外来侵略的"虎口"中,抢救纯正而伟大的民族文化历史及其理想社会状态,民俗正是被抢救文化的"苞心",被夸张得一尘不染。而事实上,这种民俗是不存在的。现在我们知道,民俗从历史中走来,但始终在变。民俗也会被工业化、城市文化和外来文化所"污染"。但民俗之所以一直存在,就在于它站在国家文化的过去、现在和未来的十字路口,扎根在民族情感、价值观和文化主体性之中。民俗代表了国家文化的特有质量。民俗不需要被轮番"抢救",但民俗需要获得高尚的文化身份。我们要克服文学浪漫主义的影响,承认民俗文化是既保持传统基因、又能不断产生社会文化新意义的文化,并给予重点保护和创新建设。

(二) 经济浪漫主义

近几十年来有一种倾向,就是崇信经济浪漫主义。持有这种思想倾向的人天真地认为,经济增长指标 GDP 可以带动民俗文化建设。于是,在这种倾向中,我们看到,民俗旅游、民俗商人、民俗市场和民俗走私曾一度火爆。当然,民俗文化是含有民俗经济成分的,但此民俗经济非彼市场经济。民俗经济遵循生态循环平衡原则,而市场经济遵循商业利润增长原则,这是两码事。经济浪漫主义的影响有两种表现,一是把民俗与贫穷、落后联系在一起的社会偏见,二是把民俗与社会福利挂钩的政策误区。在这种情况下,民俗的开发,成为商品的开发,结果造成民俗资源濒危、流失或断档,民俗文化承担者的文化利益被蔑视,其结果是给农村、城市和社区拔根,[①] 收获适得其反。

(三) 非遗浪漫主义

进入 21 世纪后,我国政府加入联合国教科文组织非物质文化遗产保护公约,开展申遗和非遗保护工作,这项工作吸引了大量民俗学者的参与,国家也颁布了大量民俗非遗保护项目。非遗浪漫主义,指把民俗文化建设等同于非遗工作的一种新浪漫主义思想。这不是说非遗保护工作不重要,也不是说非遗与民俗没有关系,恰恰相反,非

---

① 这里的"拔根"之说受到社会学者朱晓阳关于"有根的城市"和"无根的城市"提法的启发。参见朱晓阳:"有根的城市",《光明日报》2013 年 8 月 22 日第 14 版。

遗建设对民俗保护是大有好处的,我在后面还会做一些分析。但我认为,两者不能等同,等同就是照搬别人的经验而忽视中国的国情,民俗学对国家"新精神性"文化建设的辅助作用也会大打折扣。

从原则上说,民俗是非政府文化,申遗和非遗是政府工作,两者不都是一回事。从我们近年所做的问卷调查和个案研究看,政府非遗工作要通过行政单位执行,但也有不少非遗项目是以跨省或跨县的"文化空间"为单位联合申报的。我们来看一下三批国家级非遗清单,申请单一省域管理的非遗项目占 87%,申请跨省或跨县管理的非遗项目占 13%。这 13%之所指,共有 308 个项目,包括精英文化建设项目和民俗文化建设项目。再看这些"文化空间"非遗项目,我们就会发现,越是历史长、影响大的非遗项目,就越有"文化空间"保护的需求,本文姑且称之为"十字路口"特征。例如,"京剧",由北京市牵头申报,但有 6 省联合申报;"中医传药制剂方法",由天津牵头申报,但有 9 省联合申报;木版年画由山西牵头申报,但有 4 省联合申报;"社火抬阁"由河北牵头申报,但有 13 省联合申报,等等。[①] 我国是人类硕果仅存的连续历史文明古国,是世界上少有的文化多元性大国,以"文化空间"为单位申报非遗,再好不过地体现了我国非遗保护所依存的国情。在我国政府主导文化的体制下,要求跨省或跨县"文化空间"保护的非遗项目仍在 13%,这就说明它们都是非以"文化空间"为单位保护不可的项目。还有为数更多的优秀文化品种,其中大部分是民俗,尚未进入非遗项目。现在仅看这 13%,据我们的粗略统计,其中申请跨省保护者有 645 省次,申请跨县保护者有

[①] 关于我国国家级非遗项目清单的资料来源与初步分析,中山大学中国非物质文化遗产研究中心做了很多实际工作,参见康保成主编:《中国非物质文化遗产保护发展报告(2011)》,社会科学文献出版社 2011 年版;康保成主编:《中国非物质文化遗产保护发展报告(2012)》,社会科学文献出版社 2012 年版。

277县次。这是多么令人惊叹的一项文化财富分布数据！它们毫不掺假地携带着中国非遗特色！更大批未能成为非遗项目的民俗品种怎么办？很明显，要靠地方"文化空间"中的原地民众和社会力量去保护，这就是我说的不能用非遗项目代替民俗文化建设的原因。两者可以互渗，民俗对非遗可以借力发力，但不能持浪漫主义的幻想。

政府实行单一省域管理的非遗项目，与政府批准跨省或跨县"文化空间"管理的非遗项目，两者在管理上有不一致的地方。"文化空间"非遗项目一旦被政府批准，又会由于行政管理上的不顺，出现地方保护落空的现象，结果造成政府当奶妈，替地方投资保护的问题。所以，从政府文化管理的角度讲，也不能不克服非遗浪漫主义观念的影响。

在世界文化环境变迁的背景下，在我国加强文化强国的战略中，民俗学摆脱以上三种浪漫主义的影响，正是民俗学理论突破点之所在。有了这方面的创新基础研究，民俗学才能提升理论水平，才有新资本投入国家"新精神性"文化建设。我们要反思和修正以往单纯用农村民俗构建国家统一历史的浪漫主义思想，反思和摒弃将民俗附加贫穷、保守、落后、无知等歧视观点的殖民主义偏见，同时也抵制全球化霸权大国以科技进步统一世界多样文化的吞食策略和经济霸权思想，科学分析我国民俗文化建设的国情和资源分布特点，为民俗文化建设更好地服务国家文化建设大局做出贡献。

二、民俗文化保护的社会重要性

现代社会民俗文化具有高度的国际性。身处当下全球化、现代化和网络化的开放社会，国家政府职能部门、民俗学者、民俗文化共同体人群和商家都表现得十分活跃。对这方面的发展趋势要有一定的估计。要将国际性当作一种视角，从国家"新精神性"文化建设的高度,规划民俗文化建设的重点领域,认识它们的社会重要性,对它们加以积极的保护利用。

(一) 建设中国故事符号

民俗学参与国家"新精神性"文化建设的一个重要突破点,是通过民间文艺学对中国故事的研究,提取精神民俗符号,参与国家文化符号的构建工作。

在中国文化符号中,故事是具有传统出身和现实普遍意义的符号系统。故事具有处理符号的文本形式,具有赋予符号社会意义的叙事方式,并将符号放到文化结构中,使之产生国别文化符号的差异性和国内文化符号的多元性。改革开放后,民俗学和民间文艺学获得了空前宽松的发展空间;同时,文艺学、艺术学和社会学的加入,网络时代到来,孔子学院的开花,都推动故事迅速进入对外交流的渠道。我国通过大量调查发现,中国传统故事在现代社会已进行"大面积的符号穿越",而不像日本民俗学者大林太良所说的"故事死了"。在我国20世纪的各种变迁中,故事都崭露出极强的文化符号特质,成为中外文化交流的一种载体。但是,在现代社会和世界文化环境中,故事符号系统的传承也在发生变化,现在的故事不是以家族、地方口传和代际相传为主,而是以口头、纸介和多媒体综合流传为主。在这种趋势中,政府应重新审视、利用和研发现存中国巨大故事资源,实施跨媒体故事文化建设工作,全面打造国家"新精神性"文化建设中的创新文化符号。

(二) 建设中国物质民俗符号

保护本土优秀物质民俗文化是当今世界提倡多元文化思潮中的基本命题。法国学者认为,保护优秀物质民俗文化就是保护国家文化,可用来抵制全球化对多元文化的消解。日本学者通过认识优秀物质民俗文化,认识地方社会,寻找国家经济、社会和政治的变迁过程中所形成的物化结构。在我国这个长期农业社会国家中,保护优秀物质民俗文化,就是保护国家历史。中国手工技艺民俗是在传统农业社会自然经济条件下形成的物质文化知识体系和社会网络系统。季羡林先生曾在中国文化和世界文化体系的对话中提出,中国传统文化兼有"理论与技术"的特点,[①]所言大都指中国传统手工制品。在全球化和现代化快速发展的今天,它们大都是来自我国历史上流传至今的、多民族、多地区的非遗民俗精品,不少是国家级非遗代表作,是提取优秀物质民俗文化符号的合适对象。建设这种国家优秀物质民俗文化符号,有助于体现我国独有文化价值,展现中国人历史性思维的内涵。

建设中国物质民俗符号,可以将优秀物质民俗与历史及未来挂钩,将相应手工技艺产品与其工匠和特殊技术保护挂钩,这样既能把握物质民俗产品保护的国家历史意识,也能在保护工作中增强将物质产品的独有文化和技术向未来传承的文化自觉性,使这项工作导向保护民俗物质性中的特别优秀的精神成分,纳入国家"新精神性"文化建设的指标体系进行考量。

(三) 建设中国节日文化符号

节日文化是传统文化、民族主体文化和对外输出文化的综合体。在节日文化中,民俗文化软实力的特征表现得十分突出。建设国家节日文化符号,指从国民参与的角度,将历史传统与文化创新相结合,在保护传统的社会认同和集体事件中,将现实社会和外来文化的新价值观融入,并以地方遗产的方式保护,在社会组织和社会治理方

[①] 季羡林:《〈东方文化集成〉总序》,张玉安、裴晓春:《印度的罗摩故事与东南亚文学》,季羡林主编"东南亚文化编",昆仑出版社2005年版,"总序"第6—7页。

面形成一套符号系统。从政府管理的角度说,它也是国家"新精神性"文化建设与国际化题目的结合点。

以上三点,都是与"新精神性"建设密切相关的常态民俗文化领域,其内涵涉及中国人日常生活的精神民俗、物质民俗和社会组织等主要范畴,对中国人生活的各方面产生长期影响,不正确保护则可能产生负面影响,可见其社会重要性。其他方面的民俗文化,不在这三点范围内的,不等于完全不重要,但未必将其列入重点保护领域。也有的非常重要,如防灾减灾民俗,但它不是常态民俗文化,是专指针对突发事件或应急事件进行的社会文化建设,因而与上面说的三点有区别。以下将就常态民俗文化建设的重点领域进行一一阐述;对于防灾减灾民俗文化建设,我们将在后面单独提到。

第二节　国家文化新传统与民间文艺保护

我国历史上的正统文化和正统文学长期居于统治地位,形成了滋养和衡量国民精神与行为的传统规范。在20世纪初,民俗这一非正统的、被统治的文化,在各国政治、经济和叙事策略的现代转型中,突然纷纷崛起,乃国际时势使然。但仅有国际环境还不行,因为正是有了这种国际环境,国家民族间的现代文化传输与知识互补的新需求也随之产生,这时一个国家社会内部的民俗文化被选择为载体,更需要加强构建,还要产生有存量规模、有对外叙事能力、有语言翻译和跨文化沟通条件的国别代表作,才能形成相互阅读和借鉴的经验。以上所说的建设故事文化符号的工作便属于这一范畴。在这方面,在我国,已形成国家文化新传统,并有民间文艺理论建设与实践探索的长期历程,对此,我们称之为"民间文艺实力化"过程。

以下简要回顾这一过程,以及相关重要文化政策、文化事件和文化成就，同时也指出不足和问题所在。在中国现代学术史上，通过这一过程，让世界从书面典籍上了解了中国，也开始从民间文艺本身认识中国，发现中国民俗文化和整体文化的丰富蕴藏与伟大价值。

一、民间文艺实力化思想的发展历程

这里所使用的民间文艺的范围，包括民间文艺和通俗文艺两种。20世纪初，许多国家进入现代国家民族化的进程，世界发生了多极化的互动，各种连锁反应此起彼伏，其中一个重要的变化是统治者与被统治者的话语权位置发生了逆转，并产生了以国别民俗成果较量各国文化实力的理论假设，人们还通过搜集、出版或翻译异邦民俗的途径，获得了多元文化间互相阅读和欣赏的新经验，产生了比较研究的新倾向，研究民俗的国际思潮兴起。在各国进步学者的参与下，对国别民俗的存量评估和学术研究的理论储备，成为衡量国家民族进步的一种现代尺度，民俗本身也成为国家民族的光荣历史和现代形象的共同标志。在这一过程中，民间文艺"实力化"思想，从无到有，逐渐步入专业化建设和社会主义文化元素构建的轨道，国别文化的叙事能力也得到提升。在20世纪以来的各个时期，大批学术先驱投入到这项工作中。这批精英来自文学、历史学、语言学、考古学和外国文学等多个学门，为文化反思和文化新传统的建设而聚集。他们征集民俗，做文化解释，造成了前所未有的民间文艺发展声势，其各种学术活动几与世界进程同步。这是国内多行精英一起下手、共同造势的社会文化建设效应。

（一）五四时期形成民俗文化新传统

在20世纪初，从五四运动开始，我国进步学术先驱和革命志士仁人就利用民间文艺发起新文化运动，这是现代意义上的国家文化建设的开端。这个开端的一种重要标志是搜集各种民间文艺作品，包括故事传说、民歌谣谚、民间舞蹈、民间戏曲、说唱曲艺和民间绘画等，用当时世界上先进的人文社会科学方法进行研究，将之转化为新思想元素，用以改革社会弊病，开展国民教育，发起社会动员，争取民族解放和国家独立。经过五四运动，我国民间文艺提升为最接地气的现代文化力量，这为 20 世纪国家文化新传统的建设打下了思想基础。

五四建立民俗文化新传统有三条经验。

第一，民间文艺理论研究超过资料搜集，以现代研究促进现代学科意识。据我们所搜集到的国内书目，成书于五四时期的民间文艺著述中，民间文艺理论研究书目 2743 种，民间文艺搜集作品书目 264 种，理论研究对搜集作品占压倒优势。

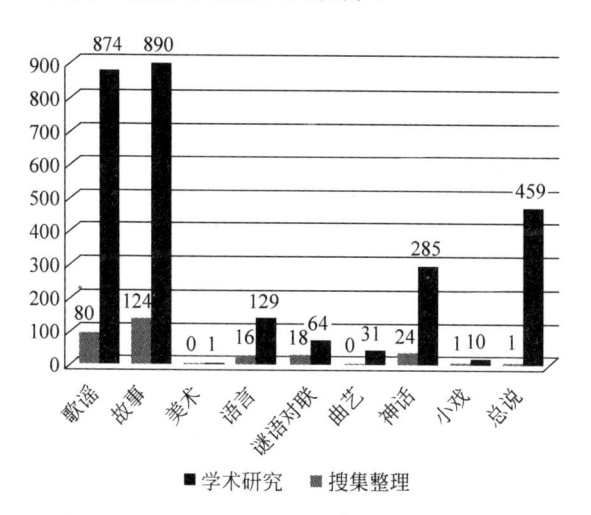

图 3-1 五四时期成书民间文艺分类书目示意图

我国有搜集民间文艺的历史传统，但没有理论研究的风气。晚清时期输入西学后，晚清革命派和改良派知识分子开始对民间文艺做研究,①但成果数量少,在方法上仍沿用传统国学的方法,没有独立的民间文艺研究方法。方法是理论化的标志,民间文艺没有自己的方法就不会激发普遍的理论兴趣。五四时期对民间文艺理论研究书目骤然增多,还建立了顾颉刚的历史地理方法,这是一种标志性的转折。外来刺激是理论化的过程,在当时的理论书籍中,外国故事研究书目有32种,翻译国外神话作品和介绍外国研究著作的书目有16种,译介者都是五四文坛有名的宿将,他们起到了扩大外来刺激和引发国内理论讨论的双重作用。现代理论研究直接导向了现代学科意识,在北大和中大都开设了这方面的课程,这是过去没有的。

第二,民间故事研究追平歌谣研究,以学术领域拓展带动文化建设拓展。五四书刊主要是歌谣与故事出版物。以往的研究认为,评价五四民间文艺运动就是评价北京大学歌谣学运动,北大发动歌谣运动的结果就是收获歌谣书刊,这种说法是不准确和不全面的。五四民间文艺运动是由北大歌谣学运动阶段和中山大学民俗学运动阶段接续构成的。由以上图3-1可以看出,事实上,当时故事书籍与歌谣书籍几乎持平,故事搜集作品数量还要多于歌谣作品。这就打破了以往认为歌谣为"观风知政"正统的习惯性思维瓶颈,面向五四的这一变化进行思考。从先秦诸子、汉魏笔记、唐传奇到五四白话文运动,我国一直是一个善于讲故事的国家,但缺乏故事学理论。五四运

---

① 钟敬文:"晚清时期民间文艺学史试探",原作于1960年代前期,收入钟敬文:《钟敬文民间文学论集》(上),上海文艺出版社1982年版,第195—211页;钟敬文:"晚清革命派著作家的民间文艺学",原作于1963年7月5日,收入钟敬文:《钟敬文民间文学论集》(上),上海文艺出版社1982年版,第212—261页;钟敬文:"晚清革命派作家对民间文学的运用",原作于1963年8月6日,1981年12月26日订正,收入钟敬文:《钟敬文民间文学论集》(上),上海文艺出版社1982年版,第262—289页;钟敬文:"晚清改良派学者的民间文学见解",原作于1964年3月17日,1982年1月10日订正,收入钟敬文:《钟敬文民间文学论集》(上),上海文艺出版社1982年版,第290—353页。

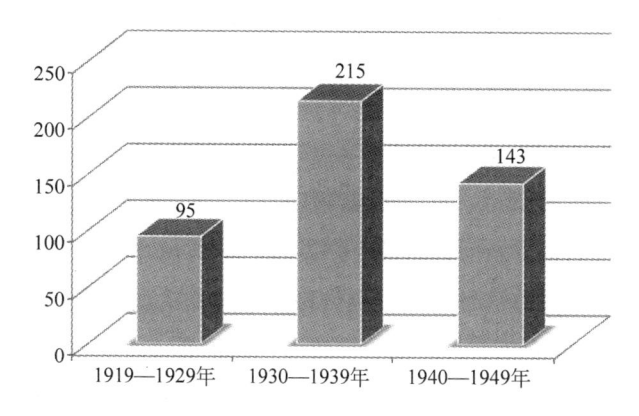

图 3-2　五四白话文学(含故事学)书目基本数据示意图

动提供了这种学术条件,在白话文学运动中,故事学得到了发展。

五四时期我国大量故事资源获得开掘,扩大了五四文化建设的空间。钟敬文先生将白话文学列入通俗文艺。据郭志刚主编《中国现代文学书目汇要》统计,五四至新中国成立前共出版白话小说453种,逾2000篇。其中,自1919至1939年共出版310种,约占68%,余下143种延至1940年代出版,约占32%。两相比较,五四白话小说的影响更大;从民间文艺的角度看,五四通俗文艺的势力也大。刘复、李家瑞的《中国俗曲总目稿》、阿英的《中国俗文学史》、郑振铎的《中国通俗文学史》、老舍、何容编《通俗文艺五讲》等,都很有名。新中国时期的通俗文艺研究陷于沉寂。这项研究的再度兴起是在20世纪90年代之后。

第三,知识分子由搜集保管民间文艺的文化角色转为国家改革参与者的社会角色,并重新阐释和利用民间文艺史料,促进了国家管理民间文艺知识的新价值化。民俗文化是我国历代政府管理的国家知识,这些知识都是通过历史上的知识分子搜集和写作而来的。它们过去被作为非正统和非主流的"人心"资料进献,有民情价值却无民主价值。五四时期知识分子提倡"科学"和"民主"的价值观,并把这种价值观带入民间文艺的搜集与研究中,提高了民俗文化的社会地位。

(二) 抗战时期统战文化塑造新传统

在我国,抗战民间文艺使下层社会口头传统部分获得了革命文艺的身份,对它的学习、改造、模仿和运用的指导思想,进入了中国共产党的党建理论和文艺政策。抗战时期的统战文艺有以下特点。

第一,宣传共同抗战思想的进步书刊和教育民众的宣传期刊。汝南县音乐戏剧巡回教育队编制的《巡教月刊》、晋察冀音乐社编辑的《群众歌集》、中共华中五地委宣传部编制的《标语与墙头诗》、陕坝的《前进》、文化教育研究会编《敌我在宣传战线上》、华北新华书店编《宣传指南》和《如何读报纸》等都是这类通俗读物。有的是表演剧目和通俗绘画创作,鼓舞前方抗战士气,歌颂抗日英雄;有的是憧憬战后和平民主建设生活的影视作品。在民间文艺方面,增加了话剧、曲艺、民间小戏、民间长诗、民间器乐曲等适应反战社会动员的新种类,并有相应的理论著作。此次搜集到抗战时期出版的民间文艺书目中,民间文艺搜集整理作品 379 种,学术研究书目 230 种。

抗战期间的民间文艺被放到国家政治和军事的中心舞台上,成为全民族共同接受的号召力量。这些书目主要不是为研究而生,而是为捍卫国家民族的领土和尊严而生,所以它们不会是研究成果,而是以其数量和规模营造了反法西斯、反侵略和反分裂的内部社会强大舆论,是一笔爱国主义思想遗产。

第二,反映政治领袖与民俗文化的关系。抗战时期,毛泽东等一批无产阶级政治家和革命家纷纷从各个角度撰文,论述通俗文艺建设与思想政治宣传的重要性,并建立起一套战略政策,为我党以通俗

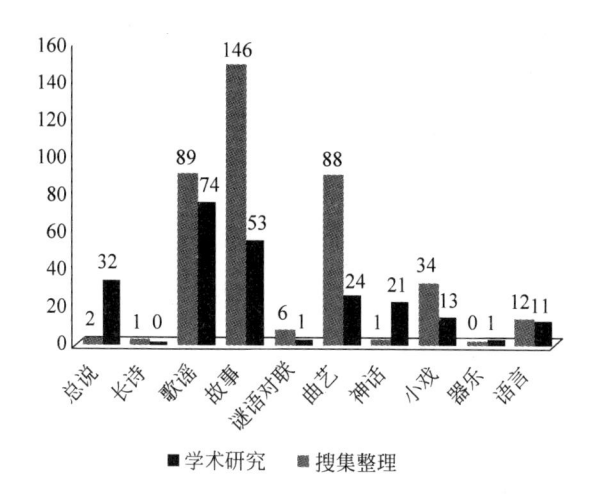

图 3-3 抗战时期(1937—1945 年)出版的民间文艺分类书目示意图

文艺为阵地开展宣传工作定下了基调。毛泽东将民间文艺与领袖政治通俗读物结合,发表"老三篇",成为共产党获得人民公信力的重要来源。毛泽东在抗战中期和后期发表了这三篇通俗政治论文,建立了领袖话语风格的典范。他在《纪念白求恩》(1939)中,使用了老人与鹰的故事,[①]表明了一个政治家坚定地号召国际力量同情中国共产党的态度,也表明了一个政治领袖带领人民共度时艰应有的自信、崇高和乐观的政治素质。他发表的赞扬白求恩的人才观有利于培养对国家社会的忠诚文化。他在《为人民服务》(1944)中,使用了鸟类型的故事,[②]重新解释司马迁《史记》中的"人固有一死,或重于泰山,或轻于鸿毛"的史训,表彰服从延安大生产部署并以身殉职的军人,重申共产党领导的人民军队的军政纲领宣言,强调人民军队的政治

---

① ⅠA*【兔子、鹰和老人】,〔美〕丁乃通(Nai-tung Ting):《中国民间故事类型索引》,郑建成、李琼、尚孟可、白丁译,中国民间文艺出版社 1986 年版,第 1 页。
② 400【丈夫寻妻】,〔美〕丁乃通(Nai-tung Ting):《中国民间故事类型索引》,郑建成、李琼、尚孟可、白丁译,中国民间文艺出版社 1986 年版,第 101—102 页。

属性是履行为人民利益和为国家利益选择生死的军职文化。他在《愚公移山》(1945)中,使用了老人与山的故事,[1]表达了中国共产党依靠自己的力量搬走帝国主义和封建主义两座大山的决心,发表了帝国主义和一切反动派都是纸老虎的著名观点,描绘了建设社会主义新中国的思想蓝图。毛泽东使用故事建立中共党建理论,使之能通俗易懂,获得了极大的成功。我国其他领导人也不乏使用故事表达政见的例子,但毛泽东的老三篇是最有名的。

(三) 战时与战后共同流传的反战文艺

抗战民间文艺在战时和战后继续流传,成为人文科学领域与五四运动一样研究时间最长的一个主题。大批爱国作家、文艺家和表演艺术工作者加入了这个阵营,全国共同抗战。钟敬文主编、重庆出版社于1989年出版的《中国抗日战争时期大后方文学书系·通俗文学卷》是这方面的第一部总结抗战文艺作品与研究成果的系统著作。半个多世纪以来,抗战文艺作品的整理、出版和续写,成为一种大趋势,历久不衰,大量抗战"红歌"被灌制成音像制品在现代社会流通和普及传播。

在国际上,中外民间文艺共同创造了二战文化,许多国家的大量反战民歌也广为流传,鼓舞无数人拿起武器去战斗,反对侵略者,保卫和平。苏联歌曲《山楂树》和《一条小路》等正是这类二战歌曲,它们跨越国界传入我国,在和平年代仍被反复传唱。

---

[1] 911A*【老人和山】一个老人住在一座高山脚下,埋怨不方便。他带着全家人开始挖山下的土,想要移山。(a)人们笑话他并称他为"老愚公"。(b)当一个朋友试图劝他时,这老人说:"如果我不能挖掉大山的话,我的儿子们将继续这一工作。我的儿子们的儿子也这样继续下去,直到这个任务被完成为止。"(c)最后,上帝为他移走了这座山。〔美〕丁乃通:《中国民间故事类型索引》,郑建成、李琼、尚孟可、白丁译,中国民间文艺出版社1986年版,第284页。

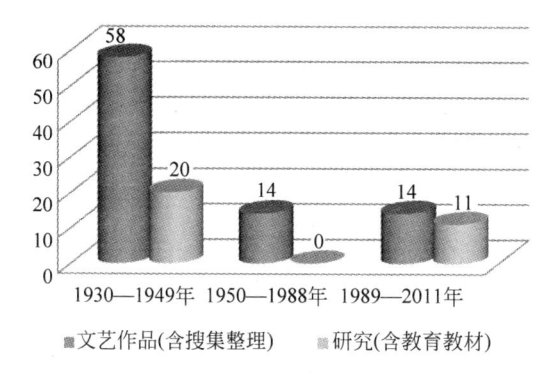

图 3-4　1930—2011 年抗战文艺书目出版示意图

(四) 新中国时期民间文艺新传统的一元化取向

新中国成立初期,在党的社会主义文艺政策指导下,我国的国家文化新传统的概念更加明确。这个概念主要由两部分组成:一是"社会主义意识形态",一是"民族形式"。它的涵盖对象以民间文艺为主,但也不是一概而论,与民间文艺紧密关联的民俗就被排除在外了。民俗被用"社会主义意识形态"的框子套过之后,测定含有非社会主义意识形态的成分,民俗学也成为资产阶级的科学,因而它们不能成为社会主义新文化的构成要素。新中国初期的国家新文化传统是由人民口头文艺、革命作家文艺和工农兵群众创作组成的一元化文艺,服从党的"一元化"领导。至 20 世纪 50 年代中期,也曾提出过"双百方针",但很快就成了花架子。学者发出多元化声音者被划为"右派",予以严厉打击。1958 年发动的大跃进民歌运动正是利用以往的歌谣政治思维,图解"社会主义意识形态"与"民族形式"的概念,所打造的一场错误历史事件。这场运动制造说假话、放空炮的政治垃圾,将"真性情"的民间文艺庸俗化,走到了国家文化新传统的对立面,在施行了一段时间后被终结。这一时期的民间文艺书目中,搜集整理作品 1889 种,学术研究书目 167 种。比较突出的现象是,歌谣书突飞猛进,新编故事书也较多,其他体裁的民间文艺图书数量很少,"神话"书几乎没有。这不是正常的文化繁荣,是政治运作的结果。

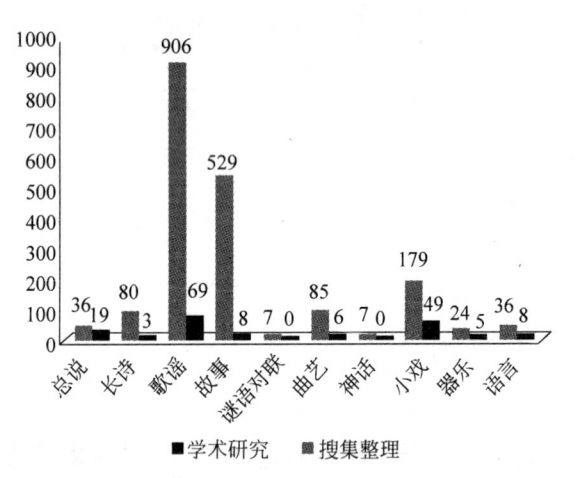

图 3-5 新中国时期(1949—1978 年)民间文艺分类书目示意图

从民俗学角度看,歌谣和故事是与神话、民间长诗、民间小戏、民间器乐和谜语对联在一个口头传统中共生共存的,其他体裁的民间文艺的搜集和研究处于停滞阶段,唯一两种体裁红得发紫、一枝独秀,这肯定是失常状态。与五四盛况和抗战文化局面相比,此种状况是有明显差距的。

新中国时期也发动了搜集民间文学运动,涌现了一些普及读物,如赵景深的《怎样写通俗文艺》、甘肃人民出版社编的《怎样写通俗书》等,但总体上极"左"思潮流行,民间文艺得不到全面发展。

(五) 改革开放后全面发展新传统

改革开放 30 多年至今,我国的国家文化新传统的建设出现了蓬勃发展的新局面。民间文艺搜集和民俗学研究恢复了应有的地位,

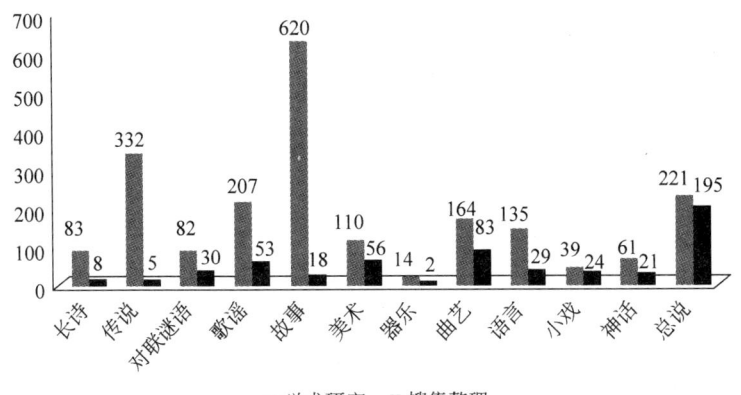

在打破思想禁忌后,神话传说、民间小戏书目增长。

图 3-6 新时期民间文艺分类书目示意图

在新时期对外开放的环境中,在对外交流和外来进口两方面,民间文艺书目的出版都渠道畅通。从目前搜集到的新时期民间文艺书目看,中外书目出版状况达到历史最高水平。另外,有搜集整理作品 2068 种,学术研究书目 524 种,学术著作如雨后春笋般地出现,也标志着民间文艺研究进入繁荣时期。21 世纪以来,我国大量民间文艺代表作成为国家明确规定的继承遗产,成为国家文化的重要资源。

新时期我国民俗文化建设走上了健康的轨道,下面是如何形成文化软实力的问题。

二、民间文艺出版物的积累与走势

20 世纪国家文化新传统建设的主渠道是出版。为了从整体上摸清我国民间文艺纸介成果的家底,我们对国内民间文艺出版情况做了一次较大范围的清理，①主要利用的图书馆有：国家图书馆、北京师范大学图书馆、北京大学图书馆和北京外国语大学图书馆。主要使用民俗学专业书目有：上海民间文学工作资料组编《民间文学论文索引》(1918—1937)，老彭(彭维金)编撰《民间文学书目汇要》。使用相关参考书目索引有：袁闾琨、薛洪勋主编《唐宋传奇总集》、孙楷第《中国通俗小说书目》、江苏省社科院明清小说研究中心编《中国通俗小说总目提要》和郭志刚主编《中国现代文学书目汇要》等。另外，我们还在中国知网等书刊网站上进行了民间文艺书刊查询。我们重点从民俗学学术史的角度对这批书目进行了专业评估。从搜集和评估情况看，20世纪以来，我国民间文艺纸介成果的积累较为丰富，弥补了我国历史上上层典籍丰富而民间文艺出版不足的缺陷。这些成果长期被研究者使用，同时面向社会读者开放，对它们做数据分析，观察广大读者接触我国民间文艺纸介成果的范围与现状，也对我们把握其今后的转型动向和发展趋势有利。

(一) 民间文艺纸介成果积累的总量与分类存量

在国家图书馆和高校图书馆的馆藏中，民间文艺类藏书分别在"民间文艺"、"民间艺术"、"民间故事"、"民间文学"、"民歌"、"谚语"、"民间文学研究"、"民间歌谣"、"文学研究·民间文学"、"民间文艺"、

---

① 上海民间文学工作资料组编：《民间文学论文索引》(1918—1937)，作家出版社上海编辑所1964年版；老彭(彭维金)编撰：《民间文学书目汇要》，张胜泽校订，重庆出版社1988年版。其他参考书目如：袁闾琨、薛洪勋主编：《唐宋传奇总集》，河南人民出版社2001年版；孙楷第：《中国通俗小说书目》，人民文学出版社1990年版；江苏省社科院明清小说研究中心编：《中国通俗小说总目提要》，中国文联出版公司1990年版；郭志刚主编：《中国现代文学书目汇要》，书目文献出版社1994年版。这里所讨论的"书目"的范围，根据所见图书分类和民俗学专业书刊以往分类的历史沿革，包括出版图书和20世纪中国民俗学和民间文艺学史上影响较大的期刊发表论文两种。另，我们还在中国知网等相关书刊网站上进行了民间文艺书刊搜集，本节以下所做书刊数据分析也主要依据这些书目，并适当制作了一些分析图表。

"神话"、"风俗习惯"、"故事"和"曲艺"等14个主题下被收藏。在民俗学专业书目索引中,在钟敬文先生等本专业专家学者指导下,已有民间文艺体裁分类,如"民间文学总论"、"神话"、"传说、故事"、"童话"、"寓言"、"笑话"、"民歌、民谣"、"儿歌、童谣、绕口令"、"谚语"、"谜语"和"民间戏曲",本项研究基本沿用原馆藏和民俗学书目原著的分类体例,并从研究目标出发,对其中的分类中有交叉书目或涵盖书目之处,做了重新归纳和调整。本次共搜集民间文艺书刊8491种,其中,中文著述7945种,外文著述及其中译本714种,搜集民间文学作品资料书籍5137种、学术著作3520种。各类著述存藏数量如图3-7所示。

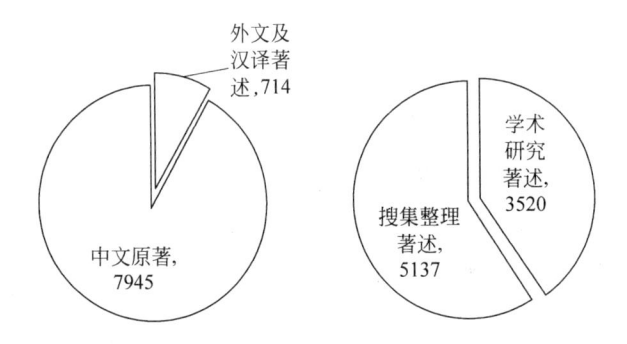

图3-7 民间文艺纸介成果积累总量示意图

按民间文艺体裁划分,这些书刊共涉及神话、传说和故事、歌谣(含民歌)、长诗、语言(含谚语、俗语、歇后语)、谜语对联、曲艺(含舞蹈、杂技、俗文学)、小戏、美术(含建筑、手工艺)和器乐共十套类。它们的分类存量如下(图3-8)。

(二) 民间文艺史纸介成果存量

1. 先秦两汉民间文艺书目

先秦民间文艺成果的重点是《诗经》、《楚辞》和诸子图书中保存

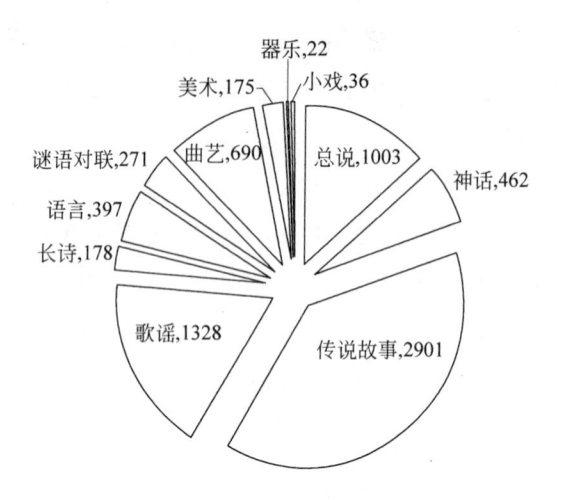

器乐,22
美术,175　小戏,36
谜语对联,271　曲艺,690　总说,1003　神话,462
语言,397
长诗,178
歌谣,1328　传说故事,2901

图3-8　民间文艺纸介成果分类存量示意图

的神话、传说、故事、寓言、歌谣、谚语和谜语,这类著作如《荀子》《列子》、《吴越春秋》和《战国策》等。先秦上层典籍《左传》中也有不少民间文艺史料。此次共搜集到先秦民间文艺学史书籍267种,其中,总论式研究著述265种,民间诗歌研究书籍188种,故事研究(主要是先秦寓言)书籍13种,神话研究书籍61种,谚语研究书籍2种。后世仍有研究先秦民间文艺的著作,比较有名的有汉毛亨的《毛诗正义》、宋朱熹集注的《诗集传》、明杨慎编《古今风谣》和清沈德潜编《古诗源》等。五四时期,钟敬文也研究并撰写了《楚辞中的神话和传说》的专著。此次搜集到的汉魏时期民间文艺的重要书籍,有毛亨的《毛诗正义》、干宝的《搜神记》、郭璞的《山海经校注》和张华的《博物志校正》。在新中国时期,这些书籍被重新整理出版。另搜集到研究汉代民间文艺的著述43种,其中33种以汉代民歌和乐府为主要研究对象,5部研究汉代成书的神话,3部研究故事,2部研究谚语,1部研究方言。(参见附录三之附图1)

2. 唐宋明清民间文艺

本次所搜集到的唐代民间文艺作品主要有牛僧孺《玄怪录》、李复言《续玄怪录》、张读《宣室志》、李冗《独异志》、薛用弱《集异记》、谷神子《博异志》、段成式《酉阳杂俎》、南卓等《羯鼓录》、《乐府杂录》、玄奘《大唐西域记》等。对唐代民间文艺的研究，主要集中在敦煌文献上，我们从中能看到，学界对于唐代民间文艺与民间讲唱、佛教宣卷等关系密切的共识。敦煌文献研究于20世纪初被刘复、王国维和陈寅恪等所关注，并发表了多种著述；20世纪40年代停滞，60至90年代回潮，1995至2000年达到高峰。在敦煌文献研究中，民间文艺和民俗信仰和中印佛教文献是不可或缺的部分。与这项研究相关的是国际汉学研究。新时期以来，莫高窟进入世界文化遗产名录，敦煌文献遗产价值日隆，这批文献与内地多元文化文献的关系研究也有了新的开拓。

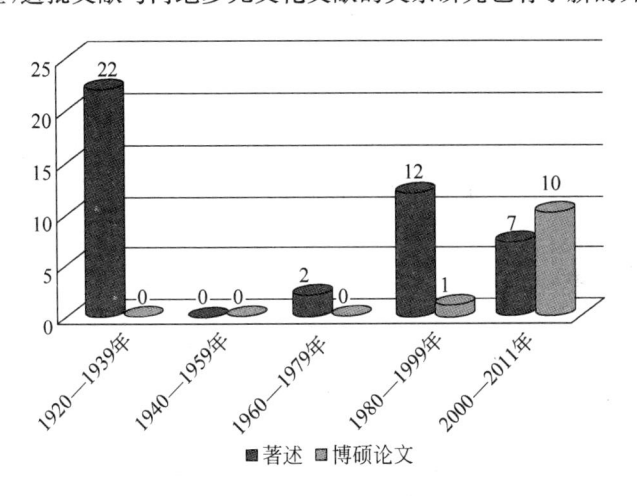

图 3-9 唐代敦煌俗文学研究书目示意图

在唐代民间文艺研究著作方面，共搜集到48种书目，其中有38种研究民间说唱，2种研究故事，1种研究神话。还有2种研究敦煌造像绘画，5种研究民间歌谣，包括对敦煌文献中的"花儿"的研究,如杨公骥从歌谣角度研究唐代的民歌与变文的著作《唐代民歌考释及变文考论》。此次搜集到宋元时期成书的民间文艺书籍25部,包括当时上层文人学士整理和研究书籍,如朱熹集注《诗经》与《楚辞》、洪迈《夷坚志》和李昉《太平广记》等。另成书到明清时期的民间文艺书目83种,涵盖神话故事、歌谣谚语、谜语对联、传统工艺、农书、明清小说等领域,能够反映我国明清民间文艺和民俗文献的出版情况。(参见附录三之附图2)

根据梳理国家新文化传统的历史基础的需要,将宋元文艺与明清文艺思潮加以综合观察,就能发现,以往对该阶段民间文艺的文化价值的认识不足。之所以提出这一点,是因为宋元明清民间文艺与五四新文化运动联系密切,在某种意义上说,没有宋元明清民间文艺运动的基础,五四运动就不可能发展得那样迅速而全面,就不会在新文学运动中伴生民间文艺运动。重新评价宋元明清民间文艺对五四的影响,可概括为以下四点。

第一,正统与非正统思想的合法共存。自宋代起,上层文人在著书立说上,分化为两批力量,一批创新撰写正统的《宋史》、《宋会要》和《资治通鉴》等典籍;一批自由地撰写非正统的白话笔记小说和佛道诗话,将《太平广记》、《夷坚志》和《沧浪诗话》引入大雅之堂。这两批学者都获得了很高的科举地位和社会位置,都有传统学问,也都有新思想。他们写作的正统和非正统著作可以合法共存。在五四时期,守卫国学和推崇民间文艺的学者,不是来自贵族和平民的对立两派,而是学院派的学术精英。他们有思想观念的分歧,但这种分歧不是彻底否认民间文艺,而是对封建儒家礼学思想的维护或革新选择。

第二,文化多样性的历史孕育。在元代和清代,少数民族杰出人才两度成为中国的皇帝。于是,从统治者到平民、从中央到地方、从政治、军事、商贸到外交,从农耕到科技,都出现了汉族与少数民族增进交流的新局面。有了这两个朝代,中国人就有了六七百年的时间去培育文化多样性,包括首都文化的多样性、宗教信仰的多样性和民族政策的多样性,这个历史孕育过程是十分重要的。它表现为在清室灭亡后,经过短暂的五四时期,我国就迅速进入了现代国家民族多元统一的建设进程。五四时期的外来影响固然是重要的,但外因要靠内因起作用,宋元明清史就是内因。

第三,戏曲表演中的历史。宋元明清戏曲发达,宋元南戏、元代杂剧和明清传奇繁荣鼎盛,创造了上下层文化平行对话的另类历史。戏曲是皇帝与百姓的学校,戏曲也是学者的书库。五四宿将顾颉刚就是受到戏曲的启发,才走近了孟姜女传说,建立了古史辨派的新史学和历史地理研究法。今天,中国戏曲中的昆曲和京剧都已成为世界级的非遗项目,还有大量古老剧种和剧目成了国家级的非遗,它们能获得这种地位不是偶然的。

第四,故事与歌谣的双璧编著。前面提到,在五四时期,歌谣与故事的研究都格外受到重视,其实这个传统来自明清民间文艺传统。冯梦龙是明代民间文艺作家第一人,他就是既编写白话小说,也编辑歌谣书刊的。更早的时候,从宋元话本起,就用歌谣带故事,故事插歌谣,形成了中国式的叙事程式。宋元明清小说相接续,使这种故事与歌谣镶嵌互动的方式巩固下来,将我国故事资源利用到极致,形成了我国说话文化的一种传统。

3. 五四时期的民间文艺

五四学者使用研究民间文艺,除了延续国学传统,也使用了当时先进的西方现代人文科学方法,其中受惠最大的体裁,还是故事和歌谣。(参见附录三之附图 3)

(二) 民间文艺专题研究的走势

20世纪我国民间文艺书籍的出版,从内容上说,主要有以下三个特点。

第一,利用民间文艺建设童年文化。我国20世纪民间文艺建设的重要收获是积累了童年文化遗产。本次搜集到这方面书籍510种,其中中文原著459种、外文译著51种。周作人受英国人类学和日本民俗学的影响,最早开启了我国现代意义上的童年文化研究领域。顾颉刚、朱自清、钟敬文、董作宾、郑振铎和刘大白等都参与了这方面的研究。被开发利用的民间文艺资源,以故事为主;此外,还有中国儿歌、谜语、谚语和外国童话译介著作等。从国家文化新传统建设的角度说,这种童年文化建设的性质,是从儿童教育入手,开辟了我国新社会思想蓝图描绘、吸收历代遗产文化与介绍外来先进文化的综合步骤。

第二,利用民间文艺创建大学教育的新课程。在我国文化新传统的建设中,有一个根本性的变化,就是民间文艺教育对大学教育的改革。在20世纪的各阶段,陆续出版了北京大学国学门《歌谣》周刊和民间文艺丛书,中山大学《民俗》周刊和语言历史研究所民俗系列丛书、浙江大学和中国民俗学会《民间文艺》、《民俗》周刊和民俗学小丛书,钟敬文先生在北京师范大学主持编写并出版的中国大学首部《民间文学概论》、《民俗学概论》教材和民俗学系列著作等。历时一个世纪,这些书籍已成为我国民俗学高等教育的理论构成和思想来源所在。

第三,利用民间文艺建设社会主义群众文化与过渡到现代生活文化。在抗战时期和新中国时期,民间文艺被大量用作普及读物,被广泛应用于社会动员、城乡识字教育、中小学语文教育和各条战线的思想政治教育。有以下具体教育形式:1)哲学教育,如1958年出版的《故事里面有哲学》、1981年出版的《故事新讲——和中学生谈哲学》等;2)基础汉语文化教育,如1983年出版的《基础汉语课本》,使用民间文艺资料编写了阅读材料;3)新时期党政建设与历史教育,如1983年出版的《中国历代荐贤纳贤故事》、1982年出版的《通鉴故事一百篇》等;4)科普教育,如1984年出版的《科学谜语集》、《趣味科学谜语》、《中国传统智力歌谣选》等;5)伦理道德教育,如"小学生文库"中有《德育谚语》,1983年出版的《中国古代修养寓言选》等。它们以人民大众喜闻乐见的形式和内容,参与新国家理想框架下的文化改革和社会改革,塑造新中国人民的精神新面貌。

改革开放以后,我国各地人民开始越来越多地转向城市化生活方式,民俗艺术元素被开发出来,用于社区特色景观设计、家居装饰、通俗歌曲、流行街舞表演和公益雕塑造型等各个方面。与20世纪80年代前相比,通俗影视艺术和流行音乐类出版物大量增加。

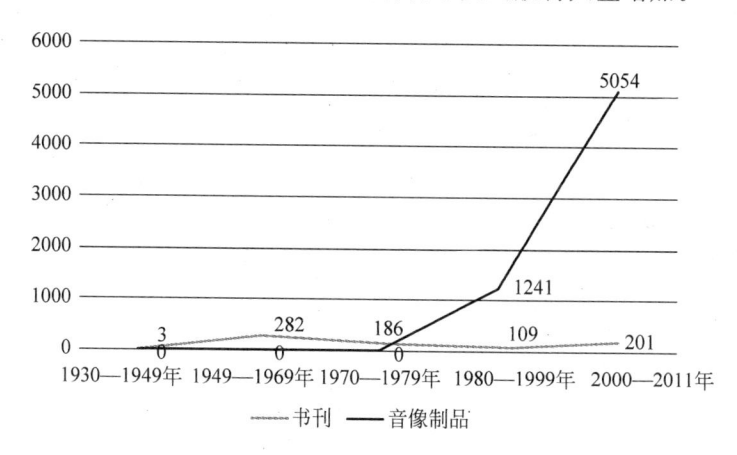

图3-10 1980年前后民间文艺介入城市化生活书刊与音像制品比较示意图

1980年以后,以港台音乐和西方音乐的引入为标志的流行音乐浪潮汹涌袭来,流行艺术书刊和影碟陡起猛涨。在国家图书馆藏书存目中,在 1980 年以前,几乎查不到这类书目。自 1980 年到 2010 年的 30 年间,通俗歌曲和流行音乐作品达 4041 种,引进西方流行音乐专辑与结集作品达 2012 种。纸介书籍出版一直比较稳定,新媒体出版加速度上升。

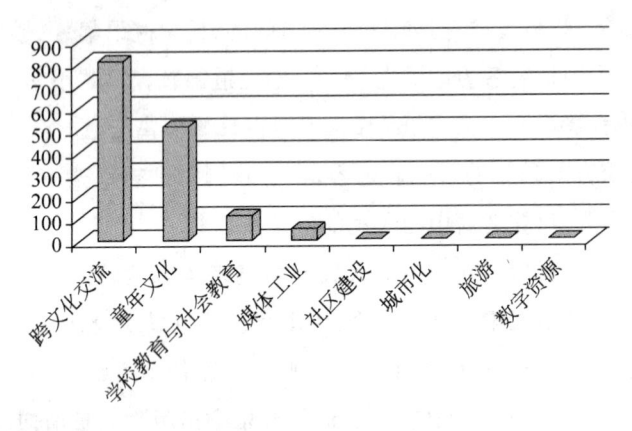

图 3-11　20 世纪民间文艺著述部分专题走势示意图

三、民间文艺非遗书刊的出版与交流

在我国非遗保护工作开始后,优秀民间文艺代表作进入非遗项目,直接以音视频产品和网络载体传播,爆发了巨大的传播能量。2005 年出版的介绍世界非物质文化遗产的 VCD,陆续出版的国家历史地理、古村落、地方民俗特产、手工艺民俗介绍的影视媒体作品等,成为市场营销的抢手对象。

在全球化背景下,民间文艺资源和研究成果还进入了跨文化交流的渠道,产生了前所未有的国际影响。中外民俗学者加强了对话,出版了新书,内容涉及中外神话研究、中外故事研究、中外歌谣研究和中国民俗比较研究等。中外民间文艺作品增加了相互翻译与介绍的活动。我国多民族、多样化民俗非遗节目还增加了出国演出的机会,走上了世界舞台,云南、贵州、四川、新疆、西藏和内蒙古的民间文艺非遗传承人纷纷出国交流,对外展演,提高了世界其他国家对我国民间文艺的了解。外国民间文艺表演艺术家和传承人也来到中国演出,近年兴起的广西南宁国际民歌节、潍坊国际风筝节、哈尔滨国际冰雕节等都是这方面的成功范例。跨文化民间文艺交流活动大量使用网络平台免费发布,提升了民间文艺及其传承人的影响力,其传播速度之快,媒体争载之火爆,大众参与之主动,达到了空前未有的程度。

本次出版统计与描述都是初步的,数据统计的过程比较匆促,范围也较为保守,如未把网络图书馆统计在内。但是,即便如此,本报告仍然对这份资料加以修改利用,因为它是在总项目框架下进行的一种结构性的工作,非有不可。它对本项目研究的必要性,大体有三。

第一,在我国这个发明造纸的国家和书籍出版大国中,纸媒出版书籍量极大,即便在五四以前轻视民间文艺和通俗文艺的时期,也有可观的藏书。五四以后至21世纪,在国家文化建设中,民间文艺和通俗文艺地位提高,书籍出版量增加。截至21世纪初,纸介书籍仍是我们了解、利用和建设国家民俗文化软实力的主要历史资源。

第二,在全球化、现代化和信息化时代,旧媒体和新媒体都在发展,上升势头超过纸介书籍。但是,与纸介书籍的巨大历史积累相比,民间文艺和通俗文化出版的媒体存量数量还小,不足以与纸介书籍抗衡,不过已出现将纸介著作数字化的新现象。国内大多图书馆已在与计算机专业合作,利用网络系统推行纸介著作的电子书,扩大纸介图书的社会传播渠道,所以,应尽快补充网络图书馆存藏情况的调研报告。

第三,现代社会媒体利用群体以年轻人为主,在高校是80后和

90后当家,他们接触纸介书籍的兴趣降低,亲近媒体阅读的事实正在形成。他们是中国民俗文化软实力建设的最大数量人口受益者,同时是中国民俗文化对外交流的最活跃生力军,因此我们要放长眼光,开拓媒体空间。从民间文艺和通俗文艺自身的性质说,也因为它们是文本、表演与口头传统的综合体,故在中国文化分类中,最适合采用媒体保存。不过这里所说的媒体保存,不是指单纯用新旧媒体,而是将纸介书籍遗产纳入(包括制作电子书),实现三者共存共荣的跨媒体建设。

四、中国民族民间文艺十套集成志书

20世纪以来,在国家文化新传统建设中,一个根本性的转向,是发动全国范围内的学术力量和社会力量,搜集、整理、出版和保护民间文艺口头资源。1979年至2009年完成的中国民族民间文艺十套集成志书正是这样一套大型成果,目前已出版省卷本298卷,400册,约4.5亿字,收录各类民间文艺共773081种,收录艺人(含讲述人)18749人,民间文艺种类的覆盖量为艺人数量的41倍。还有藏量巨富的县卷本故事油印本、铅印本和手抄本,传承人的讲述或表演录音、电台广播、改编影视片、戏曲唱片和民歌舞蹈录像等。在国家文化部的主持下,这些音视频资料均被同步保存。

表3-1 中国民族民间文艺十套集成志书资源总量统计一览表

序号	分类集成(志书)名称	分类收录资源总量(种)	分类收录艺人(含讲述人)
1	中国民间故事集成	23887	345
2	中国歌谣集成	68699	1047
3	中国谚语集成	594546	298
4	中国民间歌曲集成	35563	599

续表

序号	分类集成(志书)名称	分类收录资源总量(种)	分类收录艺人(含讲述人)
5	中国民族民间舞蹈集成	26995	2432
6	中国戏曲志	539	4223
7	中国戏曲音乐集成	420	4194
8	中国曲艺志	1143	2778
9	中国曲艺音乐集成	591	1991
10	中国民族民间器乐曲集成	20698	842
	总　计	773081	18749

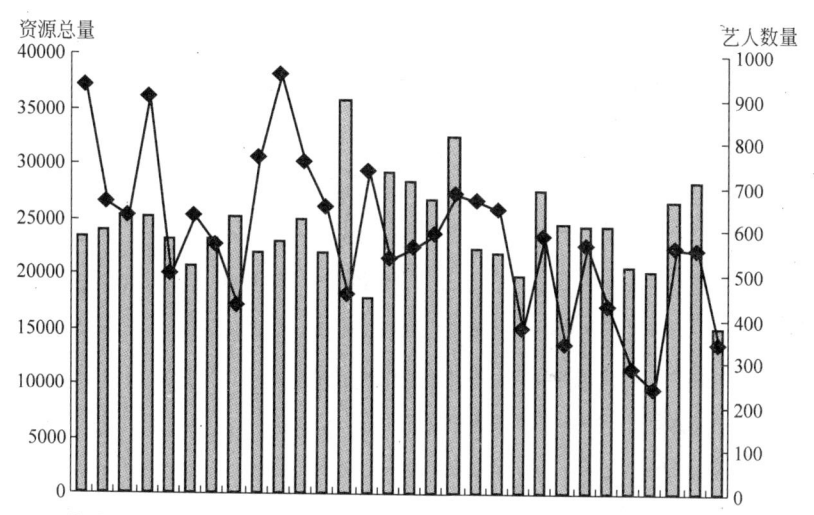

图 3-12　中国民族民间文艺十套集成志书资源总量与传承艺人数量比较示意图[①]

---

① 中国民族民间文艺十套集成志书搜集信息，由文化部民族民间文艺发展中心提供，文化部民族民间文艺发展中心与本项研究实验室合作项目共享。图 3-7 至图 3-22 绘制：网络工程师赖彦斌。

该统计数据所反映的是国家所控制的中国民间文艺资源总量，已包括传统民间文艺种类与传承艺人数量。一般认为，民间文艺种类存量应该与艺人的存量成正比，但实际上不是这样。由以上数据分析可知，仅在我国政府管理的民间文艺总资源中，民间文艺种类及其传承艺人的比例并不是完全对等的，大体分三种情况：一是一些地区世界级和国家级民间文艺遗产分布集中，政府长期对优秀传承人、艺术家及其表演团体进行制度健全的行政管理，同时实现市场机制改革，这些团体精品节目众多，国内外演出活动丰富，艺人比例高于民间文艺种类数量，民间文艺生命力极强，如北京、江苏、浙江和内蒙古；二是在我国传统民间文艺分布发达地区，包括华北地区、长江中下游地区和华南沿海省份，地方文化空间一直相对保存完整，传统艺人仍有内生功能，艺人与民间文艺种类比例是匹配的，如河北、河南、山西、上海、四川、湖南、湖北、江西、福建、广东和广西，地方民间文艺的发展也一直十分活跃；三是拥有英雄史诗和民间叙事诗等复合型民间文艺体裁的省份，如西藏、新疆和云南，其艺人比例低于民间文艺种类，但艺人表演民间文艺种类的综合性强，如一个大型史诗和叙事诗的演唱包含了故事、民歌、戏曲、曲艺等十套集成的多个分类，民间文艺种类及其艺人的功能仍然十分强大，政府的重任是保护艺人。在这三类地区中，只要政府管理对路、政策得当，当地民间文艺都在各自的生存空间内保持着较旺盛的生命力。中国民族民间文艺十套集成志书较为全面、准确地记录了这种情况，这是我国全面进入现代化和全球化到来之前清仓式搜集的民俗文化资源。在以上讲的民俗四类型中，它属于农村内生型资源，已不可再生。它与我国图书馆系统堪称双璧。

在政府保护利用民间文艺资源的实际工作中，在政府操作层面上，掌握中国民族民间文艺集成志书的分省分布数据是十分重要的，它们是政府后来组织申报非物质文化遗产的原生矿产,是政府发挥省域力量因地制宜地管理地方民间文艺资源的分权手段,也是将国家宏观调控与内生型民间文艺发展相协调的正确途径。

(一)中国民间故事集成

《中国民间故事集成》,共收录故事 23887 个,其中神话 1152 个,传说 2665 个,故事 3137 个;共记录故事家 345 人,参与学者 515 人。

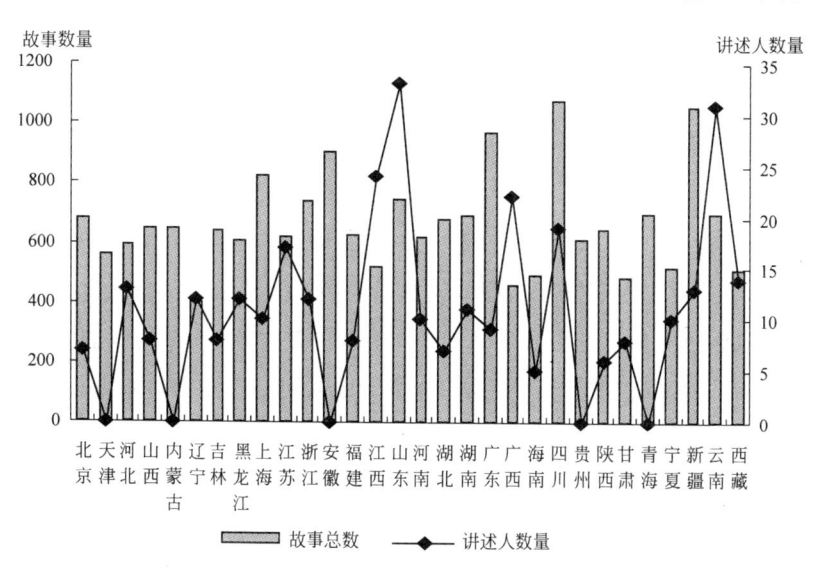

图 3-13 《中国民间故事集成》分省区收录故事与讲述人数量比较示意图

在《中国民间故事集成》分省数据图表中,在大多数省份中,由于各省在编纂省卷本过程中对故事讲述人条目的掌握标准不一,所收录的故事讲述人数量不一定是各省实际拥有故事讲述人的数量,这点需要说明。但是,即便如此,就民俗学者近年的调查研究看,上述图表数据分布仍能大体反映两个规律:一是在发现故事讲述人较多的省份,故事存量相应较多,如云南、山东、广西、江西、江苏和浙江;二是省内有知名的故事篓子,如湖北的刘德培和辽宁的金德顺、谭振山,省内故事讲述人的数量不一定有其他省多,但故事存量仍然很大。

一般认为,传统故事的保存和传承,依赖故事、讲述人和听众三个条件,但从这个统计数据看,在内生型民间文艺环境中,故事和讲述人的两个条件关联更为紧密。如果省内出现讲故事的公认天才,即故事篓子,那么这种讲述人对传统故事的传承还有决定性的意义,因为故事和听众两个条件都会被他调动。

(二)中国歌谣集成

《中国歌谣集成》,共收录歌谣 68699 首,共记录传承人 1047 人,参与学者 979 人。

分析《中国歌谣集成》的省域数据分布,可以看到一个与《中国民间故事集成》相似的现象,即歌谣数量与传承人数量大体成正比。此外,歌谣也有自己的分布特点,那些歌谣密集之地,大都是戏曲发达之乡,如河南、江苏和湖南三省,地方大戏和民间小戏常演不歇,相映

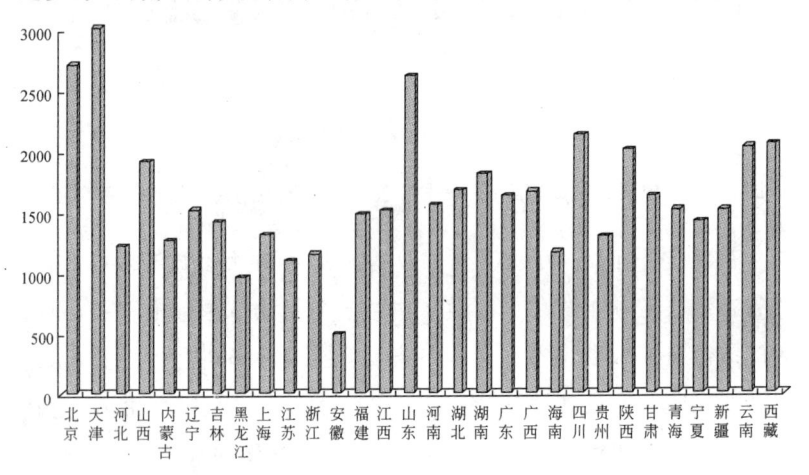

图 3-14 《中国歌谣集成》分省区收录歌谣数量示意图

生辉,歌谣也多。还有,西藏歌谣盛行,则与西藏与印度口头文学交流密切和藏族史诗的流传有关。

(三) 中国谚语集成

《中国谚语集成》,共收录谚语594546条,共记录讲述人298人,参与学者509人。

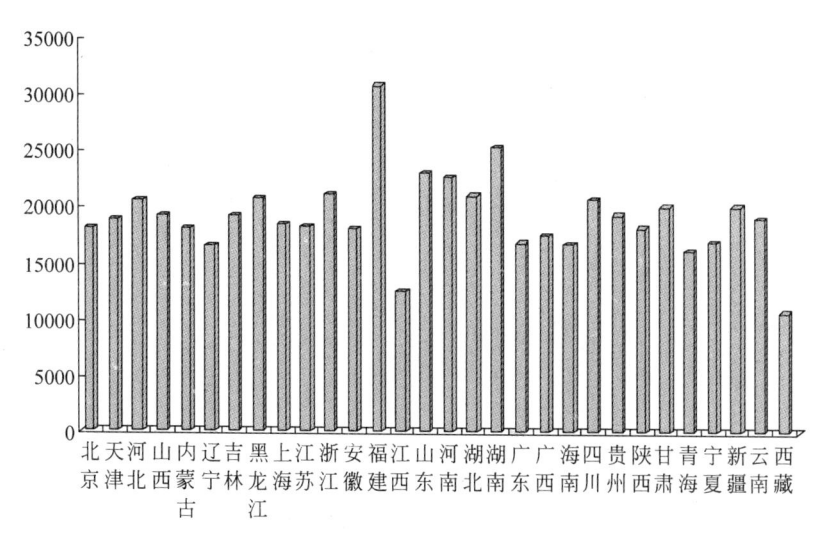

图 3-15 《中国谚语集成》分省区收录谚语数量示意图

我国历史上曾出现许多谚语名著,如[明]杨慎编《古今谚》,[清]杜文澜编《古谣谚》,史襄哉编《中华谚海》,朱雨尊编《民间谚语全集》,费洁心编《中国农谚》,钱毅编《庄稼话》和朱炳海《天气谚语》。[①] 晚清时期,两个英国人斯卡勃鲁斯(William Scarborough)和亚瑟·

---

① [明]杨慎编:《古今谚》,明清刻本;[清]杜文澜编:《古谣谚》,清刻本;史襄哉编:《中华谚海》,中华书局1935年版;朱雨尊编:《民间谚语全集》,世界书局1935年版;费洁心编:《中国农谚》,中华书局1937年版;钱毅编:《庄稼话》,黄河出版社1947年版;朱炳海:《天气谚语》,开明书店1952年版。

史密斯(Arthur H. Smith)还最早把中国谚语介绍到欧洲,成为至今在西方销量最大的两本中国谚语书。① 与它们相比,《中国谚语集成》不仅有对中国历代流传至今的谚语有海量搜集,而且弥补了以往中外出版的所有谚语书籍没有传承人的缺陷,收录了近 300 位讲述人,这就向前迈进了一大步。这份谚语讲述人的名单还不全,不过仍需要肯定。

(四) 中国民间歌曲集成

《中国民间歌曲集成》,共收录民歌 35563 首,记录歌手 599 人,参与学者 2070 人。

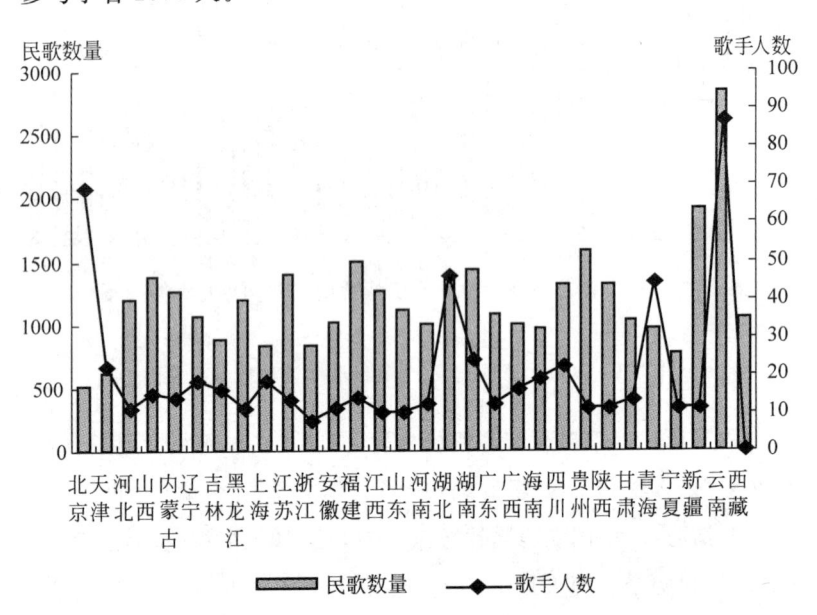

图 3-16 《中国民间歌曲集成》分省区收录民歌与歌手数量比较示意图

---

① Scarborough, William, *A Collection of Chinese Proverbs*. Shanghai, American Presbyterian Mission Press, 1875. Smith, Arthur H., *Proverbs and Common Sayings from the Chinese*. Shanghai, American Presbyterian Mission Press, 1902.

分析《中国民间歌曲集成》分省数据,参考民歌研究者和民俗学者的调查研究成果,可以看出,民歌存量与几个因素直接相关:一是有传统歌节的省份民歌存量多,如云南、青海、宁夏、广西和贵州;二是少数民族聚居省份富产民歌,如内蒙古自治区;三是民间小戏发达的地方民歌多,如湖北。在国家管理歌舞表演团体的集散地北京,歌手数量超过任何省份。

(五)中国民族民间舞蹈集成

《中国民族民间舞蹈集成》,共普查舞蹈节目26995个,收录舞蹈节目2003个,编绘舞蹈释例图5484个;共记录艺人2432人,参与学者461人。

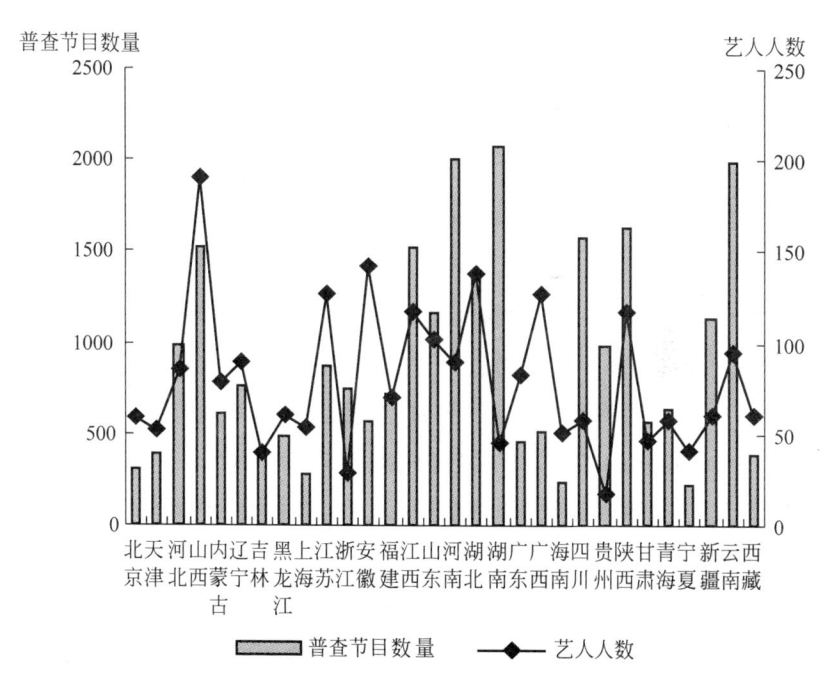

图 3-17 《中国民族民间舞蹈集成》分省区收录普查节目与艺人数量比较示意图

在十集成中，《中国民族民间舞蹈集成》是提供数据最为完整的类别之一，共含 5 种数据。仅舞蹈一项，就提供了"普查舞蹈节目"、"收录舞蹈节目"和"编绘舞蹈释例图"三种具体数据，这是政府掌握和管理民间舞蹈资源的扎实基础。在三类具体数据中，该卷还根据保存民间舞蹈的需要增加了"编绘舞蹈释例图"一项，使搜集与传承的目标有机结合。该卷还有一个优点，就是记录了两千余位民间舞人的信息，其中多民族聚居而以载歌载舞闻名的云南省有 437 人，以汉族为主而以"陕北秧歌"闻名的陕西省有 221 人，号称"戏曲窝"的湖南和河南省分别有 316 人和 262 人，这类数据能说明，我国的民间舞蹈有多民族、多地区分布的样态；同时，民间舞蹈与民间戏曲的形成与发展相纠结，有共生共荣之处。政府管理民间舞蹈资源要注意这些特点。

（六）中国戏曲志

《中国戏曲志》，共收录剧种 539 个，收录剧目 5585 个，收录演出场所 1984 个，收录戏曲文物古迹 682 个；共记录戏曲人物 4223 人，参与学者 9824 人。

十集成搜集数据最完整的类别，除了《中国民间舞蹈集成》，还有《中国戏曲志》。《中国戏曲志》所提供的数据，在富有专业性上，绝不亚于《中国民间舞蹈集成》。例如，它提供了我国现存"剧种"数据 539 个，所有省卷本"收录剧目"数据 5585 个，共"记录戏曲人物" 4223 人，这些数据都是十分重要的。更可贵的是，它提供了中国戏曲表演的文化空间信息，包括"演出场所"1984 个和现存"戏曲文物古迹"682 个，这对于保护戏曲非遗是至关重要的贡献。这份数据还传达了一个近年政府保护戏曲政策的社会效益的信息，就是在拥有"中国京剧院"和"北方昆曲研究院"等国家级和省部级中国戏曲非遗表演团体的北京，以及在江浙戏曲非遗保护大省，戏曲人物云集，名

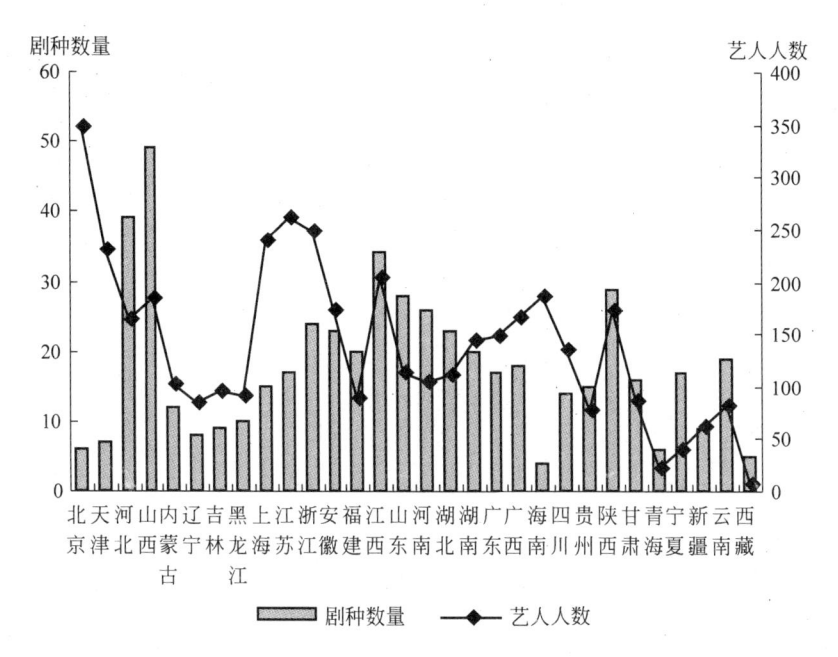

图 3-18 《中国戏曲志》分省区收录剧种与戏曲人物数量比较示意图

家辈出,是戏曲人才荟萃之地。此外,在传统戏曲大省河北、山西和河南,通过普查看,在保留剧种、剧目、演出场所和戏曲文物古迹等方面,数据均高居榜首,这些都是好消息。

(七) 中国戏曲音乐集成

《中国戏曲音乐集成》,共收录剧种 420 个,收录器乐曲牌与锣鼓谱 8413 个,收录折子戏音乐 196 种;共记录艺人 4194 人,参与学者 2326 人。

《中国戏曲音乐集成》与《中国戏曲志》是配套卷本,将两者对照可见,戏曲音乐的伴奏剧种与《中国戏曲志》提供的剧种数目大体相当。《中国戏曲音乐集成》能为《中国戏曲志》补充一条重要信息是,戏曲伴奏乐队要掌握"器乐曲牌与锣鼓谱 8413 个",这个数据几乎等

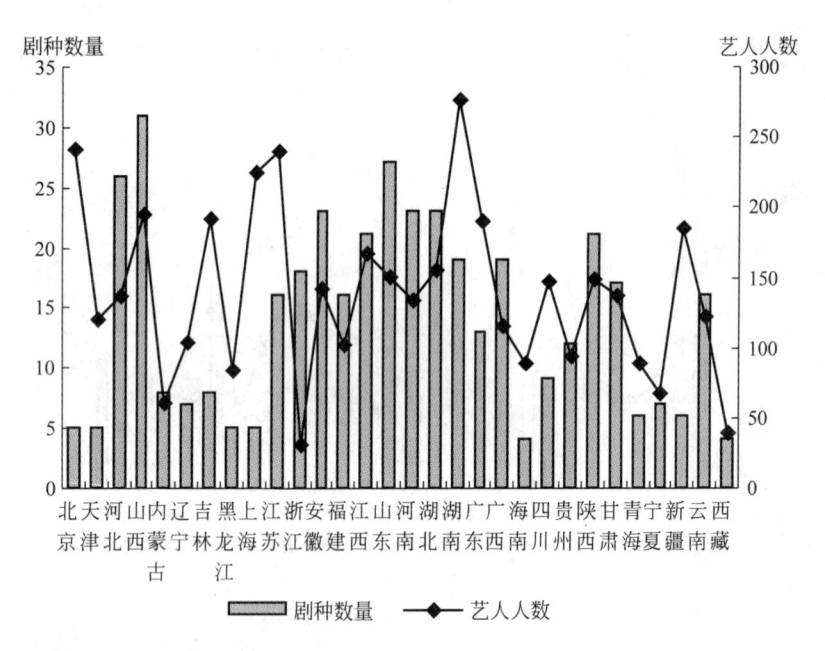

图 3-19 《中国戏曲音乐集成》分省区收录剧种与艺人数量比较示意图

于剧种数量的 20 倍。例如,河北省有剧种 26 个,有器乐曲牌与锣鼓谱 408 个,器乐曲牌与锣鼓谱是剧种数量的 15 倍;山西省有剧种 31 个,有器乐曲牌与锣鼓谱 449 个,器乐曲牌与锣鼓谱是剧种数量的 14 倍;福建省有剧种 16 个,有器乐曲牌与锣鼓谱 502 个,器乐曲牌与锣鼓谱是剧种数量的 31 倍;广东省有剧种 13 个,有器乐曲牌与锣鼓谱 640 个,器乐曲牌与锣鼓谱是剧种数量的 49 倍;陕西省有剧种 21 个,有器乐曲牌与锣鼓谱 575 个,器乐曲牌与锣鼓谱是剧种数量的 27 倍;甘肃省有剧种 17 个,有器乐曲牌与锣鼓谱 466 个,器乐曲牌与锣鼓谱是剧种数量的 27 倍。这类现象说明,在戏曲表演时,剧种数据与折子戏数据是有差别的,这种差别是在舞台演出和伴奏环节上产生的,它也促生戏曲流派的丰富多样性。政府管理戏曲资源时,既要管理戏曲表演人才,也要管理戏曲伴奏人才。

(八) 中国曲艺志

《中国曲艺志》,共收录曲种 1143 个,收录曲艺书目 25455 个,收录演出场所 4174 个;共记录艺人 2778 人,参与学者 3905 人。

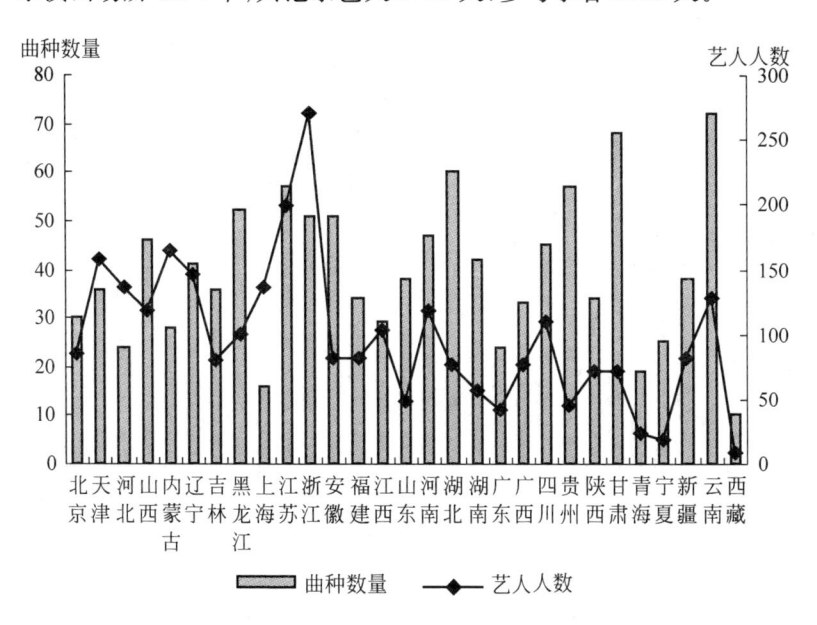

图 3-20 《中国曲艺志》收录曲种与艺人数量比较示意图

《中国曲艺志》是我国政府文化职能部门首次组织搜集的这类数据。在这套数据中,我们能看到戏曲与曲艺的密切联系,如戏曲大省也是曲艺大省。但是,两者也有不同,即表现为演出场所的数据差别较大。据《中国戏曲志》统计,戏曲有演出场所 1984 个。据《中国曲艺志》统计,曲艺有"演出场所 4174 个",曲艺比戏曲的演出场所多 2.1 倍。曲艺一向比戏曲演出更灵活,演出空间小而数量多,不过这也给政府管理增加了难度。

（九）中国曲艺音乐集成

《中国曲艺音乐集成》，共收录曲种 591 个，收录基本唱腔 11108 个，收录音乐曲牌 1103 个，收录曲艺选段 3434 个；共记录艺人 1991 人，参与学者 1544 人。

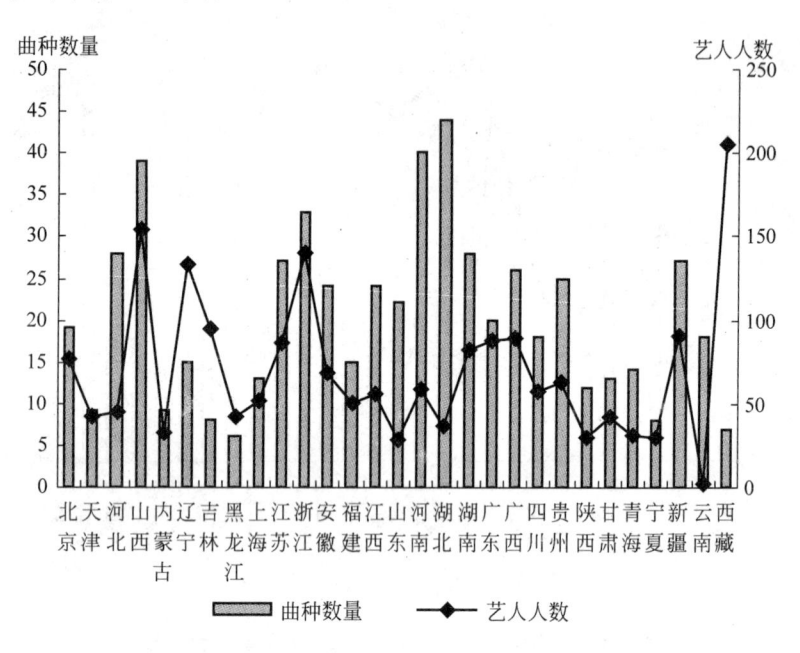

图 3-21 《中国曲艺音乐集成》分省区收录曲种与艺人数量比较示意图

《中国曲艺音乐集成》是《中国曲艺志》的配套卷本。与《中国曲艺志》相比，它从伴奏的角度充分提供数据，能说明曲艺实际演出活动的有用信息。例如，《中国曲艺志》收录曲种 1143 个，《中国曲艺音乐集成》从伴奏的角度仅收录曲种 591 个，这说明艺人常年演出曲种只有 51％左右。再如，《中国曲艺志》收录曲艺书目 25455 个，《中国曲艺音乐集成》仅从伴奏的角度收录曲艺选段 3434 个，这说明艺人常年演出曲种选段只占曲艺节目的 13％。从我们的调查看，曲艺艺人的表演魅力在其唱腔的复杂多变,《中国曲艺音乐集成》提供的数据证明了这一点,在该卷中,唱腔的数量是唱段的3倍,多达11108个。不过这些唱腔又收缩在1103种曲牌中,曲牌数量是唱腔数量的十分之一,是唱段数量的约三分之一,这又说明,曲牌对唱段和唱腔有统治作用。如果我们只看《中国曲艺志》,不看《中国曲艺音乐集成》,是看不出这些特点的。

(十) 中国民族民间器乐曲集成

《中国民族民间器乐曲集成》,共收录乐曲20698个,介绍乐社283个;共记录艺人842人,参与学者2371人。

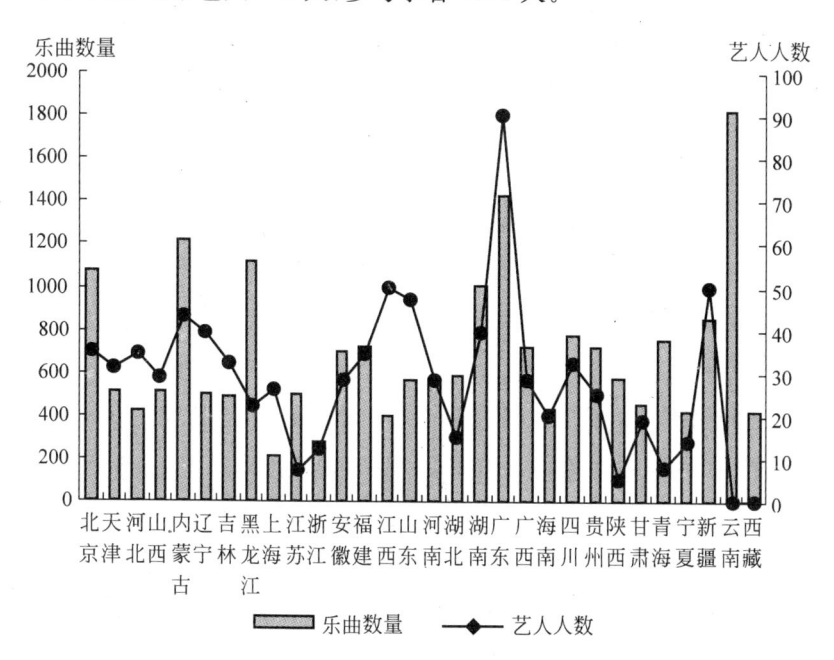

图 3-22 《中国民族民间器乐曲集成》分省区收录乐曲与艺人数量比较示意图

中国保留了世界上最多的古老民间器乐种类,《中国民族民间器乐曲集成》记录了中国古老民间器乐的演奏音乐,给器乐赋予了生命。《中国民族民间器乐曲集成》还从乐器的角度,对中国民歌、民间舞蹈、戏曲和曲艺使用的所有伴奏音乐进行了总汇,这对进一步研究中国音乐的多元基因是十分必要的。分析该卷的分省数据可见,各民间器乐曲大省,如北京、内蒙古、湖南、广东、云南,都是民歌、民舞、戏曲和曲艺大省,也是存有具体文化空间的大省。音乐是器乐的精神性内核,器乐是音乐的物质文化,文化空间是器乐的自然资源产地兼社会组织,为器乐提供全面的物质形式和传承人,而有物质形式和传承人的民间文艺种类符合非遗保护的全部条件,是理想的非遗保护对象,对这类民间文艺要抓紧保护。对这个问题,我们在后面阐述非遗保护规划时还会谈到。

中国民族民间文艺十套集成志书与纸介成果的最大区别是以口头传承为主,而纸介成果以书面传承为主。我国历史悠久、地域广袤、人口众多,民间文艺的口头蕴藏极为丰富,民间艺人如恒河沙数。但是,对于这种资源的发掘和利用,政府不能仅从图书馆获得,而是要大量通过田野调查直接从民间获得。它的搜集,由政府财政投入启动,政府文化职能部门人员、国内院校专业学者、基层社会力量与民俗文化传承人互相配合,才能共同完成。它的包罗范围广泛,工作专业性强,参与者分布于各文化分层和社会阶层,从学术权威到不识字的艺人差别极大,但在十集成工程中,在举国体制下,各方做到了通力合作,共襄盛事。其中,故事、民歌、民间舞蹈和戏曲的搜集基础好,专业力量强,工程成果完整。有的卷本缺乏搜集基础,如中国民族民间器乐曲,是首次进行的搜集工作,调查工作量大,专业人手不足,但经各方艰苦努力,也能如期完成。这是老一辈文化界领导和全国专家学者不计代价为国奉献的结果,是广大基层文化工作者和亿万民俗文化承担者共同承担历史使命的成果。

中国民族民间文艺十套集成志书的文化价值体现在三方面:一

是从弘扬中华民族民俗文化优秀传统、建设社会主义精神文明、服务于中国现代化社会转型、参与世界先进文明交流与竞争的长远效益出发,进行规模宏大的民族民间文化资源的清查和搜集工作。这是一个文化大国崛起时必须进行的基础工作;二是充分考虑国情,从五四、延安传统、抗战和建国后各时期中,发挥过巨大历史作用的民族民间文艺种类出发,确定了搜集对象,激发了亿万人的参与热情;三是将政府主导文化政策、高校民俗民间文艺学科建设和开展多民族、多地区文化建设相结合,激发了空前规模的国内搜集热潮,也让国际社会看到中国政府对民间文艺事业的重视,有利于提升国家文化形象。

从社会效益看,中国民族民间文艺十套集成志书的成功,体现了国家重大文化建设项目的凝聚力,昭示了国家对于民族文化主体性和优秀传统进行清理、阐释、继承和发展的决心。各地区、各民族的搜集成果充分尊重各地区、各民族自身的意见,体现其原有文化特色,得到了原地原民族文化拥有者的认可,保证了成果的有效性和可靠性。它的重大社会效益是为此后我国政府开展的非遗保护工作奠定了前期工作基础。它还带动了高校的学科建设,推动了民俗学、人类学、社会学、语言学、历史学、音乐学、戏曲学和舞蹈学等多学科的发展。它产生了广泛的国际影响,海外汉学家都相当重视这套集成志书。

从国家文化软实力规划建设看,中国民族民间文艺十套集成志书项目是我国非遗原创资源的记录本。大批文化艺术学科国内外知名专家学者担任了集成各卷的学术指导,使集成质量达到了当时国内所能达到的领先水平。著名民俗学家和民间文艺学家钟敬文教授在集成工作期间提出了建立中国民俗学派的重要学说,民族语言学家马学良、民族音乐学家樊祖荫、戏曲理论学家余从等撰写了学术新著,使集成工程成为同步推动中国民俗学、人类学、音乐学、戏曲学、舞蹈学等中国人文社会科学学科建设的新型教育工程和人才培养工程。亿万基层文化工作者和民间艺人参与了集成运动,与政府和学者配合工作,体现了中华民族文化遗产的主体性特色,这是只有在社会主义举国体制下才能产生的旷世壮举。

在1998年国家体制改革深化的过程中,中国民族民间文艺十套集成志书领导部门——全国艺术规划办公室,转为部属民族民间文艺发展中心。该部门率先利用计算机手段,与清华同方合作,置换民族民间文艺纸介资源,建成十套集成基础资源数据基础资源库;与北师大民俗学国家重点项目合作,置换民间文艺海量数据的低层次资料性质,建成国际AT故事类型库和数字故事博物馆;同时与贵州省等地方政府合作,尝试建设传统民族民俗文化连续传承与高端科研统一管理的基层试点。这些工作都带有方向性,具有极高的创新价值,也具有长远的社会效益。现在全部10类民族民间文艺集成均已数字化。其中,中国民间故事集成的数字化由文化部民族民间文艺发展中心与本项研究实验室合作完成。本项研究实验室现存有中国民间故事集成的全部省、县卷本数据,已完成县卷本数字化的数据存量,覆盖我国各地1088个县,共1594册,含故事244101个,总计2.28亿字。

第三节 国家手工技艺与手艺保护

手工技术与物质文化是一种民俗学的研究视角,它将被现代高新技术发展所忽略的传统手工行业及其知识传承的社会史作为研究对象,考察其行业内部充满个性化的、非商品的技术追求所带给人类的巨大创造激情和无限艺术魅力。这项研究还能观察到一个十分具体的事实,即在某些获得政府管理资源的传统手工行业中,其独特的技术、专门的工艺管理方式、卓越的艺术精品和合理的就业观等,在现代社会条件下,是可以直接转型为人类文化遗产及其多元生产文化组织的保护对象的。

技术背后是商业、是知识、是文化、还是社会制度,这是不同的概念。现代商业技术活动,造成了环境的破坏和资源的枯竭,已使人类受到惩罚。技术的知识化,夸大现代学校教育的作用,及其标准专业化知识的适用性,忽略了传统技术活动在有限原料、环境和社会关系的条件下,激发个体感悟和发明创造的能力,及其在不同地区、不同历史条件下所传承的技术日用知识,造成多元技术模式的断层。技术的文化观,抑制过度技术,但也有限制技术发展的弱点。技术的社会管理制度,强调技术在人与环境、文化和社会关系的协调与整合中发展,鼓励创造独特工艺,能够产生具有人类遗产价值的物质艺术文化产品,也能在一定程度上限定技术对恶性商业竞争的渗透和对社会安全的侵犯,使其具有作为社会管理的物质对象和社会组织的可能性。本节以清宫造办处档案所记载传统手工行业现代传承企业、主要是北京老字号企业为个案,讨论这个问题。

北京有一批清宫造办处传统行业的老字号知名企业。20世纪初至今,它们承担了对明清皇室宫殿、皇家园林和皇家寺庙的维修保护工程,使这方面的手工行业被保存下来,也使这批皇室遗产能够按照原有的社会空间内涵和历史完整性被延续利用。1949年以后,它们接受企业改制,成为特种工艺行业,大部分行业转为国家指定出口产品生产行业,也有的转为集体化生产。1979年改革开放后,它们中的部分产品被投入旅游化和商品化销售渠道,演变为大众消费产品。近年北京政府开展非物质文化遗产保护工作,在以往出台的老字号手工行业保护政策的基础上,加强保护其中的高端精品的手工技艺精髓和行业生产的社会组织模式,以促进其多元文化传承。本节讨论三个问题:一是清宫造办处档案记载的手工行业的资料系统、使用原则和研究方法;二是清宫造办处传统行业技术遗产的内涵,三是手工行业技术的社会制度属性、特征和现代启示。

一、手工记忆与历史作坊保护

以清宫造办处为例,这是有一个有连续工程历史档案的清代内务府工程管理机构,[①]也可成为封建皇权时代的国家作坊。在清宫造办处历史档案中,含有自清雍正元年(1723 年)至清乾隆六十年(1795 年)行业档案五千余册,历时 72 年。它们按行业作别逐年逐月地进行记录,是一套完整的政府管理传统行业施工项目的历史文献,可以帮助我们获得对传统历史作坊和行业组合工程的整体认识。这种档案在民间是无法找到的。但是,由于这批档案所涉及的手工行业核心技术和施工过程又是通过口述方式完成呈现的,是在师徒结合的历史作坊系统内完成的,而这方面的实际内容要通过田野调查获得,主要有四:一是清宫造办处官员与工匠说话的行业内容,二是手工行业工程的技术民俗,三是历史名匠及其行业组织的社会网络,四是手工行业的原料配方和施工方法的文化价值。这些内容都是不被造办处的历史档案所记录的,即便有个别、零星的记录,也不是只依靠档案文字就能读懂其中的实际含义的,所以要开展文献与田野的互补研究。

---

① 中国第一历史档案馆、香港中文大学文物馆编:《清宫内务府造办处档案总汇》(全 55 册),影印本,人民出版社 2005 年版。

清宫造办处传统手工行业的工程技术施工材料及其利用有延续性,是北京政府长期保护皇室宫殿、皇家园林和皇家寺庙建筑的依据。梁思成和林徽因曾参与调查清宫造办处建筑遗产,后来撰写了《清式营造则例》,他们指出:

> 在京师以外许多的"敕建"建筑,都崇奉则例,不敢稍异。现在北平的故宫及无数庙宇,可供清代营造制度及方法之研究。优劣姑不论,其为我国几千年建筑的嫡嗣,则绝无可疑。不研究中国建筑则已,如果认真研究,则非对清代则例相当熟识不可。在年代上既不太远,术书遗物又最完全,先着手研究清代,是势所必然。①

梁与林在此书中用现代科学方法研究和阐述了清代皇家建筑工程的木、瓦、石、棚和油漆彩绘各作的行业技术,也提到了民间谚语。他们没有讲清宫造办处管理机构本身,但所阐述的北京故宫和北京大量庙宇建筑,都是清宫造办处所辖维修或扩建工程项目。他们提到的"清代营造制度",就是清宫造办处的管理制度。他们还认为,清代这方面的"制度及方法"都值得研究,因为清代据今"在年代上既不太远,术书遗物又最完全",我们能从两位建筑学家的观点得到很多启发和信心。当然,他们所强调的对清代施工"方法"的研究,也正是我们认为非向施工工匠做田野调查不可的行业内部传承知识。

清宫造办处的工匠系统和行业社会组织仍是一个"活着"的系统,部分历史名匠的徒弟或后代仍能找到,并在社会主义管理体制或改革开放后的非遗管理体制下得到保护。

---

① 梁思成:《清式营造则例》,中国营造学社1934年版,林徽因执笔:"第一章 绪论"。

二、手工技术与工匠传承保护

手工行业技术的传承文化是中国农业社会文明的瑰宝。早在汉代,已有对工匠技术和工匠组织的丰富解释。许慎的《说文解字》从不同角度描述了工匠的性质,我们可归纳为四点:①能巧之人,《说文解字》五上工部云:"工,巧饰也。""巧,技也",指工匠是有传世技术的能工巧匠;②能巫之力,《说文解字》五上工部指出,工匠"与巫同意",这是指工匠能通巫,通神,有运作自然物和人工物的神秘力量,如鲁班的鬼斧神工;世界其他一些国家也有类似的说法,也有与鲁班同类的神秘巧智故事;③能使之器,《说文解字》五上工部:"像人有规矩",[①]指工匠能发明和利用工具,并借助工具完成各种精巧的制作;④能作之坊,《说文解字》七下宀部:"百工",监督管理"宰",这是指工匠是在作坊中劳作的,作坊一级已有行政管理者,有官职,负责组织工匠施工。这是一套传统行业技术观,由汉及清,一直传承下来。

清宫造办处档案所记载的工匠技术和工作组织具备以上特征,在它们的现代传承行业老字号中,这些观念和运作方式依然得到保存。需要说明的是,20世纪以来,北京虽然历经战争和巨大社会变迁,但清宫造办处行业技术的施工对象并未受到破坏。即便经过新中国初期的公私合营改造和后来的"文革"冲击,由于它们早已被列为国家重点文化保护对象,变成了博物馆、历史文化公园和政府机构的办公地点,所以一直得到保存,其行业技术内涵,也作为皇家御用

---

① [汉]许慎:《说文解字》。关于工匠的工巧、能巫、规矩和百工的解释,参考了王宁教授的说法,参见王宁、谢栋元、刘方:《〈说文解字〉与中国古代文化》,复印本,第15—16页。作者在此书中指出工匠的三个特点:①工匠是有神秘性的职业,工的性质等于巫。"巫"从"工"。这种人有与神鬼通话的能巧。②工的技能有"技法"、"精巧"之意。"式,法也","巧,技也"。工的技能能达到极其巧致,引申为"齐整"。工是在汉字有形位、有特殊文化造意的文字符号。③工的操作需要工具。"像人有规矩也","巨,规巨也"。

历史整体结构的组成部分,得到合理的保护理由,最终保留下来。

(一) 手工工匠的归属制度

清宫造办处有政府与地方统一的工匠人才归属制度。此指造办处有自己启动工程征用历史作坊的公认名匠,并采用减免税收和技术购买相一致的方法推进工程,这使技术的政府归属制度与行业的地方组织制度统一起来。在这种社会制度下,广大工匠产生了严密的行业组织性,对政府和师傅有双重归属感。在民国时期,手工工匠曾成立过同业公会,但工匠技术的政府归属制度及其师徒传承制的统一性没有改变,工匠技术仍属于"行",而不是"会"。同业"公会"也不等于现在的"工会"。

拥有熟练和精美技能的历史名匠是行业技术归属的社会制度的承担角色。北京清宫造办处的行业名匠都是拥有这种双重身份的。他们既是同行称服的名匠,又有政府所授高级职衔的技工,结果顺利地从行业分层进入社会分层,以卓越的技术能力获得较高的社会地位。在上面提到的花作名匠金玉林的经历中,可以看到这种分层的变迁路线。金玉林家族,五代从事绢花手工制作行业,其祖上已出入清宫造办处,号称"花儿金"。汤用彤等在《旧都文物略》曾记载该行业:"光绪间,有金姓者,制纸质盆花及瓶花,精巧无匹,人呼为'花儿金',至今此业尚无出金姓右者。"[1]金玉林是"花儿金"的第四代传人,曾任清宫侍卫。他的技艺优异、制品传奇。1949 年后,他用绸绢创制的花卉和用传统方法制成的仿真蜡果多次入选国家礼品,后成为全国人大代表和全国劳动模范,具有技术能手与社会声望人物两个身份。小器作的名匠张玉宽,曾是出入故宫的一代名匠,又是北京市劳动模范。这些历史名匠都曾有清宫颁发的特许通行证"腰牌",

---

[1] 汤用彬、彭一卣、陈声聪编:《旧都文物略》,书目文献出版社 1986 年版,第 255 页。

又在 1949 年后分别获得很高的政治荣誉,金玉林就曾登上天安门城楼,受到过毛泽东等国家领导人的接见。还有其他一些北京名匠也都是在政府和行业中受到双重尊重的榜样。从清代的"腰牌"化,到新中国的"劳模"化,他们在两者之间顺利地过渡,成为行业技术归属政府制度的符号。

(二) 手工工匠的师徒组织谱系

在行业工匠的社会组织性质方面,考察清宫造办处传统行业的现代传承老字号企业,我们发现,我们得到的认识,也与以往西方学者对中国工匠行会的考察结论有所不同。在这类研究中,我们除了研究清宫造办处档案,也查阅了北京政府工商档案和企业档案记载,同时大量使用了田野调查资料,我们认为,传统手工行业传承技术知识传承主要"作"与"行"的组织中进行,这不同于一般西方著述或使用西方概念研究中国行会的中国学者著作中的"会"。

在清宫造办处手工行业的现代传承老字号企业中,在老工匠群体中,至今仍能查到行业组织的五代谱系。由这些谱系可见,在工匠社会里,分为"作"与"行"的三层结构。

第一层,师徒之"作"。它由师徒结拜的途径形成,小规模,单一行业,少量加工,慢工细活。

第二层,同业之"行"。因大型行业工程的需要,产生"作"与"作"的联合,如以上梁思成和林徽因著作中提到的清代营造建筑,就由木作、瓦作、石作、棚作和灰作等联合,结成土木同业之"行",诸行合作,共同完成建筑营造的工程。

第三层,诸业之"公会"。此指"作"和"行"组合,集体出力,施展各自的智慧和才艺,执行和完成特定工程项目。北京几乎所有的皇家殿宇、皇家苑廊和皇家寺庙建筑的修建工程都需要土木业和油彩业的配合。在土木业之下,又有木、瓦、石、棚诸行,在油彩业之下,又有"油漆作"和"彩绘作"的区分。但这些行业已形成内部高度认同的"五行八作",长期共同承担了皇家建筑修缮工程。

"作"与"行"的特征有五。第一,它是行业技术传承谱系,能促进行业技术的保存和发展,却不涉及产品交易和定价。清宫造办处传承企业所承担的工程皆由政府买单,工匠和企业方并没有讨价还价和对外交易的空间。这与行会或商会的"会"不同,"会"是定价交易和保障福利的联盟。第二,它有公认的技术标准,不为家族势力所左右。特别是对皇家工程,工匠恪守技术的纪律性很强,林徽因曾评价其为"极忠实"。[①] 虽然"作"与"行"也都保留了家族作坊空间,但这种家族作坊是生产单位,不是行业技术组织,更不是技术标准管理单位。它甚至排斥家族权威,如在木作、小器作和油漆彩绘作中,曾有不招"京三门"的严格规定,指行业组织进人时,不许招姑爷、舅爷和少爷,避免其干扰行业技术的政府归属。而在"会"中,则以家族权威掌权居多。第三,形成专业生产链、生活服务和宗教信仰相融合的行业社会空间。清宫造办处传承行业内部有铺保社区化的习俗,在北京崇文门的东便门一带,曾有花作千余家,有绢花工匠作坊、铺保、寺庙和税关共同组成历史空间,统称"花市大街"。在北京东城区东晓市大街,自清代至今,都是有名的木作社区,过去曾有木器和小器作作坊几百家,同行云集,毗邻寺庙。在这些行业的社会空间内,工匠就近解决原料、技术学习和工具制作的生产需求,在生活上互相照顾,在寺庙宗教活动中共同出力,同行之间高度团结。第四,行业技术的日用化。木作后来接纳鞋行和缝行加入,解决工匠耗费衣服鞋袜等日用品的需求,也解决绱鞋和制衣行业需要更新木作用品的需求,但这些行业之间没有商品交易,只实行原始的物物交易。在大型

---

① 梁思成:《清式营造则例》,中国营造学社1934年版,林徽因执笔:"第一章 绪论"。

工程中,在"作"与"行"无法承担原料等成本时,会由银行出面贷款,待工程完成后以产品偿还。第五,以"行"为工匠技术组织社会化的平台。"行"与"作"之间互拜师者较多,也有家庭联姻现象,油漆作名匠闽于柳娶彩绘作名匠解史长的女儿为妻,[①]闽与解曾同时带队承修故宫某建筑,并肩奋战一年多,一个担任油漆技术总管,一个担任壁画彩绘技术总管。

(三) 手工工匠的传承工程

清宫造办处传承行业的工程分三类,即皇室故宫、皇家园林和皇家寺庙。这些皇家工程后来被政府法定"文物化",其修缮行业技术和建筑都被要求还原传统技术和历史风格。这些工程不允许改变的内容,还包括传统行业组合的工艺知识、原料配方和操作方式。那些著名老工匠大都是通才,在三类工程中,他们往往被到处调用。另外,老工匠还要像徒弟们传承历史上的皇家生活知识,以帮助后人理解传统手工技术的社会历史背景和民俗文化内涵。这些技术和知识都是通过口传和背诵进行传递和实施的,并不对外。如果是对外工程,就要有安全保护措施。综合使用清宫造办处档案和田野调查资料可见,老工匠所传承的行业技术和专业知识,应引起现代学者关注的,概括地说,至少有以下两点。

第一种,行业技术分类。以油漆彩绘业为例,他们将施工技术分七类,分别是:"地仗、油饰、金活、烫蜡、扫绿、牌匾刻字和大漆。"[②]梁思成在《清式营造则例》中的分类是:"大木、瓦石、装修、彩色。"[③]将

---

① 遵循田野作业的学术伦理原则,根据被调查工匠本人的意见,这里暂隐去部分行业著名工匠的原姓名,使用了化名。

② 赵立德、赵梦文:《清代古建油漆作工艺》,中国建筑工业出版社1999年版,"目录"第7—9页。

③ 梁思成:《清式营造则例》,中国营造学社1934年版,"目录"。

工匠的实际施工记录与学者的研究著作对比，可知工匠的施工技术分类是描述性的，包括结构、原料、技法、程序、内部术语和要达到的工程效果。建筑学者分类是理论形态的，适用于教学科研，它们之间是有区别的。清宫造办处档案则根本没有这方面的记录。我们通过向工匠调查，还可以进一步了解到他们的实际施工知识和生产民俗。他们的有些行业术语至今延续清宫造办处的说法不变。

查清宫造办处档案，有时会对同类工程项目有少量记载，但都是产品记载，而不是技术划分。现在通过田野调查，得知工匠传承人的解释，才能明白这些产品其实都在工匠内部的知识分类的范围内。此外，清宫造办处档案所不具备的，还有工匠的材料配方、工具谱系、工艺方法与技术分类的关联，这些也要在田野调查中解决。而当我们掌握了工匠的内部知识分类，再来看清宫造办处档案，就变得很容易，有恍然大悟之感。现在学者和政府的文化遗产保护分类，与清宫造办处档案的产品分类和工匠传承人的技术分类都有所不同，[①]这是学者和政府管理者应做出调整的。

第二种，皇家礼仪和宫廷生活的社会历史知识。工匠执行皇家建筑工程的修缮工程，不仅在内部传承技术知识，也传承皇家礼仪和宫廷生活的社会历史知识，在这方面，所谓技术传承，是通过文化的方式进行的。工匠的民俗文化课本之一是歌谣口诀。举个例子说，皇家殿宇用瓦的口诀是："皇上住的太和殿是黄琉璃瓦，御园北海是黄琉璃瓦绿卷边，天坛祈年殿是黑琉璃蓝卷边。"彩绘作使用"金线苏

---

① 关于花作技术的分类，一般作者和非遗保护工作者用现在的意识形态和使用功能划分。我认为，这不利于花作传统手工技术的传承。参见丁铁军、张亚伟：《绒绢纸花业》，该书分类有：喜庆花、丧花、供花、瓶花、佩戴花、戏剧花等。收入北京市政协文史资料研究委员会北京市崇文区政协文史资料委员会编：《花市一条街》，北京出版社1990年版，第31页。

画"、"官式彩画"和"金龙合玺"是另一套口诀。五行八作组合的大型施工也有口诀,叫"石木瓦砸扎、油漆彩画抓"。行业工匠的这些技术和知识,在内部传承上,至今用于政府分类,也用于工程技术分类。我们通过综合使用档案和田野资料,可以认识它们的民间传承的生命力,也能了解社会制度保障对于技术传承的重要作用。

三、手工知识与文化属性保护

(一) 手工知识传承的文化视角

清宫造办处传统行业现代传承的个案研究,最值得我们关注的,是其行业技术是在何种文化观念下传承?我们应该承认,这是一个特殊的社会组织,他们拥有最优厚的社会资源,即政府掌握和分配的优良生态资源与物质调动权力,他们的手工产品也曾在历史上全部被皇室所吸纳,不存在个体定价和商品交易的问题。他们在农业产品与商品社会之间,没有过渡到商品社会阶段,而始终停留在产品社会中。他们主要创造非商品性的生产制作文化,在政府管理下的"作"和"行"中进行,顶多到达"业"的联合结构,因而形成了一种带有道德、忠诚品质和技术产品制度归属合一的公有性。尽管清宫工匠成员是从农业社会分化出来的小资本占有阶层,但由于与商品世界的隔离,这个小资本阶层的资本意识并不发达,而是全身心地投入到工艺制作中,追求技术的艺术性。所以,在北京,这批工匠也自称为"艺人",著名的工匠师傅被尊称为"老艺人",他们的出色弟子又被称为"小艺人"。清宫造办处传统手工行业作坊的产品正是在这种技术社会结构中被打造成绝世精品,同时也培养出一批技艺绝伦的能工巧匠。技术的艺术化还使技术组织具有某种独立性,可以成为政府管理的基本社会组织。当这种社会组织得到稳定延续后,又能起到巩固手工行业的生命力的作用。这种行业模式的存在,对我们今天思考政府保护手工技术的途径也多少有些启发。

(二) 手工技术教育的文化内涵

手工行业技术在何种知识结构下传承？从个案研究看，在工匠行业内部，其实存在着传统的师徒教育与现代学校教育的差别。传统师徒教育是感悟教育，它要求在限定资源和时间内把头脑悟性和手工创造力发挥到极限，创造出独一无二的精品。它的评价标准是绘图能力，要求通过绘图和修改绘图，调整手和工具对于原料的处理方式和艺术想象，最后制成手工产品。20世纪60年代以后，北京实行现代学校培养工匠的制度，这使传统的师徒教育一度断档。现代学校教育的好处是扩大了行业工匠人才的培养规模，但对手工技术传承又是一种损失。用老工匠的说话，"师傅带出来的徒弟，跟校门里出来的学生，根本就不一样"。"学校培养的人才都会设计，不会绘图；他们设计出来的图纸，工人不会做"。过去师傅培养的徒弟却是通才，他们能绘图，能在某种工序制作上掌握绝活，还能做其他工序的工作，他们的绘图是对整个施工过程的理解和整体构思。小器作名匠章师傅有两个徒弟，一个能绘图，一个能设计，章师傅坚定地认为，能设计的徒弟可以去写书，能绘图的徒弟才能成为下一代的真正"艺人"。

(三) 手工制作追求的自然文化状态

手工行业技术在何种文化体系中可以传承？这是我们最后要讨论的问题。虽然本个案所讨论的行业技术传承现象肯定不是普遍的历史现象，但它却告诉我们一个十分具体的事实，即在某些获得政府管理资源的传统行业中，其所创造的独特技术，专门工艺管理方式和卓越艺术精品等，是可以直接转型为现代社会条件下的人类文化遗产保护和社会组织的保护对象的。

步济时(John Stewart Burgess)曾于20世纪二三十年代部分地

调查过本文所讨论的北京传统木作和小器作。他认为,行业是控制价格、争取福利和地方垄断组织体系,[1]但从本个案的调查研究看,他的观点是出自西方行业社团或宗教社团的概念的,并不能用来概括中国行业工匠组织的实际情况。他将"行"与"会"混谈,乃至将"行"与"行会"、"同业公会"和"商会"等同研究,也未免冒险。而从本个案看,从中国实际资料出发,考察工匠组织自身的知识系统,这对于正确理解中国的手工技艺文明是十分必要的。

近年的全球化崇尚高科技和工业速度,使手工技艺和工匠群体处于弱势,但这种倾向是需要警惕的,因为它忽视了充满个性化的、非商品的行业技术追求所带给人类的巨大创造激情和无限艺术魅力,也忽视了在生态资源、生产速度与就业人口之间取得平衡的手工生产留给我们的思考。近年的市场商品化和城市化也给手工行业带来新的冲击,政府权威下降,老字号企业的工匠也出现了由以往"会"来承担的福利要求。他们在对清宫造办处行业历史自豪感、手工技术的艺术化阐释与就业态度之间,首次出现了矛盾,甚至不愿意自己的子女从事手工行业,这是不利于传统手工行业知识的未来传承的。

现在到了我们重新阅读清宫造办处档案并引发思考的时刻。

近年中国通过文化遗产保护,特别是"非遗"保护工作,关注到许多以往比较忽略的历史文化研究课题,形成了一些具有自己特点的遗产文化建设形态。清宫造办处传统手工行业技术传承已进入这个建设形态中。它的个案告诉我们,在中国富有的手工技术人才和行

---

[1] 〔美〕步济时:《北京的行会》,赵晓阳译,清华大学出版社 2011 年版,第 22 页。此后的一批学者也将"行"与"会"统作"行会"研究,参见池泽汇、娄学熙、陈问咸编纂:《北平市工商业概况》,北平市社会局 1932 年版;〔日〕仁井田陞:《北京工商キルド资料集》,岩波书店 1975 年版,第 1 卷,1 页;Madeleine Yue Dong(董玥), *Republican Beijing——The City and Its Histories*, Berkeley: University of California Press, Berkeley—Los Angeles—London, 2003.

业社会组织中，其技术传承是通过文化传承完成的。至今手工技术行业保持的优异点，包括师徒结拜的通才教育，忠诚于技术伦理的思想境界，提倡行业合作的历史规矩，追求环境原料、生产节奏与就业人口相制衡的运行方式，以及讲究在自然环境中保持审美欣赏与历史价值相和谐的口头传统等，这些都是文化。研究这种文化，要将有具体地点的文化空间，具体产品的技术知识传承结合起来。

运用历史档案和田野资料研究手工技术知识传承，要找到能解决具体手工产品的文献和田野的共同知识的资料，并得到肯定答案，其实是一种两难的期待。因为这样做的结果，可以验证产品的个案知识的准确性，但同时也为大量无法对接的非个案知识留下了争论。因此，在这类研究中，考察工匠知识系统比考察物化产品本身更重要。成为最终的结果信息的是工匠产品的社会史，以及附着在社会史中的部分技术史，而不会是纯技术史。

手工技艺与手工工匠保护是一个巨大差异性系统，而非现代工业生产的标准化系统。同一种社会环境、同一种行业，会因为工匠日常生活的不同而大为不同，工匠及其社会组织会把人生经历的差异、社会体制、生活方式、技术改造和行业与政府的关系等的看法，摆脱受教育程度和书面文献影响形成的意识偏差，而压缩在民俗叙事中，这使我们可以获得文献记载与一般非遗调查都不能获得的资料。

第四节　国家传统节日与节日保护

近年我国政府加入联合国教科文组织非物质文化遗产保护工作系统，提升了对我国传统节日的关注度，但现代社会的节日保护工作还有很多现实问题，远比节日活动本身要深刻得多和复杂得多，包括自觉地维护祖先的历史，保护环境，保持社会关系与自然环境的平衡，动员每个相关的人在各自生存的条件下积极参与生存空间的建设，保障一个国家在世界上的可持续的文化存在等，它们都是需要认真研究解决的新课题。下面以春节为例，讨论这类问题的症结、分析研究结果与需要重点保护的部分。

一、传统节日的两种文化模式

我国已进入全球化、现代化社会，在国家管理上，传统节日已被分成两类：一类是被政府列入非遗名录的传统节日，一类是未被政府列入非遗名录的传统节日。已被政府列入非遗名录的传统节日，政府重视、社会关注、成绩突出，当然出现了不少争议，其争议背后的问题，大体有三：一是近几十年我国高速进入现代化转型期，这使传统节日遭遇了文化分层与社会分层分离的窘境，其节日保护对社会结构的依赖性加大，要求政府建立相应的节日文化保护和社会建设新模式；二是在国际非遗保护工作框架内，传统节日成为一种国家知识，这就对非遗节日的国家样本的阐释能力提高了要求；三是在我国扩大对外开放的环境中，非遗节日的中外对话能力增强，就对描述节日生活样式与输出策略提出了新挑战。对这类问题，以往我们所习惯的运动，近年我们所操练的项目，都不能给予直接解决，它们是一种很特殊的"结"。本节重点讨论列入非遗名录的节日，以此为例，对我国传统节日保护遇到的问题给出较为全面深入的分析。

（一）两种文化模式的区别与转化

近年国家传统节日的运行已由单一文化模式向多元文化模式转化，这是学者应该特别注意的问题。学者需要关注这种变化，建立适应新模式的节日保护研究框架，包括提出新的理论问题，并正确解决非遗理论研究与社会应用的关系，包括建立多元文化模式中的非遗节日保护研究与社会评价原则，关注非遗节日的国家知识与节点传承的历史链接,注意节日生活方式与文化输出策略的关系。

1. 单一文化模式节日研究的问题与社会评价原则

迄今为止,对非遗节日保护,从一般研究倾向看,以传统农业社会的节日为主,包括农事、经济、娱乐、宗教、组织、家庭、地方知识和庆典仪式等内容,属于单一文化模式研究。它在封闭社会内形成,依赖生态环境条件。地理形态复杂,工业区位差,产业结构单一,原住民淳朴,贫困人口多,交通基础设施落后,本地社会与外界的人流、资金和物流相对阻断。在单一文化模式的研究中,对非遗节日的保护,强调特定的社会文化心理和特色仪式,解释系统内的人口、物质、信息和能量的超稳定结构,在思路和方法上,主要做定性文化研究。

在我国的现代学术史上,不乏单一文化模式的节日研究成果。它们大都是在传统节日原有农业生态系统的基础上,对传统节日的社会、历史、经济和民俗做社会史研究。至今常被引用的学者观点,如顾颉刚的节日历史文化研究、江绍原的节日宗教文化研究、钟敬文的节日农业组织文化研究、周作人的节日娱乐文化研究和杨堃的节日家庭文化研究等,都是此类经典。它们是以概括我国传统节日的文化分类和社会价值取向为总体导向的。

我国进入现代化转型后,农村高速城镇化,社会流动加剧,社会分层加快,这对非遗节日的单一文化模式研究形成了强大冲击。原单一文化模式内部的节日凝聚力,出现紊乱和变异。一旦外界强力影响与内部的容忍度发生了冲突或偏差,就会引发一系列社会问题,包括现代保护的非遗节日与原有单一文化模式的不协调,节日传承与保护项目的矛盾,非遗节日所暴露的民俗不适应性,某些非遗节日活动的负面作用,如追逐市场吸引力,趋附新媒体的强势传播等。

根据这种变化,现代人文社科研究也要转向,要在以往单一文化模式下的非遗节日保护研究中,纳入社会变迁的意识;要将"文化分层"与"社会分层"综合思考;还要建立非遗节日文化分层与社会分层有"距离"的概念等。在这方面设定的理论问题可包括:单一文化模式中农业产品与手工产品及其制作者,在分享非遗节日的文化利益与经济利益上,有何应得到的权益?社会流动人口在发生业缘变化、角色变化和社会地位的变化后,在对原地非遗节日的历史传统和现实认同上,有怎样的解释趋势?在非遗节日传承的生态条件方面,不同代际、不同年龄和不同性别的内部成员,会产生怎样的影响?外来商户和农民工对当地社会交换水平和弱势人群的影响。

民俗学者研究,要进一步明确民俗文化的本质。非遗节日文化,不是以经济利益为主的文化,而是以地方利益、民族利益和民众文化利益为中心的文化。民俗学者还要避免将非遗节日的历史文化做成博物馆资料,而应与社会学相结合,关注原地非遗节日保护与社会文化建设的主流方面。民俗学研究的新课题可包括:节日吸引力的资源组合研究,节日凝聚力的社会结构研究,节日价值取向的过程性研究,节日观念的主体无形深嵌研究和节日历史传承的社会认同研究。

2. 节日的多元文化模式研究与社会评价原则

节日多元文化模式研究,是指在现代化、全球化和信息化时期,面对世界经济环境的变迁、文化输出战略的转型、各国社会结构的重组和对外交流趋势的变化等,建立国家级非遗节日保护的新模式,并预测这种模式对当代国家社会建设和未来文化发展的影响。

自开展非遗节日保护以来,我国各级政府、不同商业集团和各界社会力量,都从不同角度,开展了对节日资源的开发,加速了对节日认知的社会分层与社会转型,但这引起了局部地区对节日活动的历史误读和社会失范,如在节日资源开发中,有时一部分社会阶层的节日利益诉求得到了满足,另一部分社会阶层的利益却未能在节日资源开发中得到妥善安排,由此引发了社会风险,酿成了社会安全隐患。

对一般人文社科研究而言，对非遗节日保护的多元文化模式的变化，应设定新的理论问题，例如：全球化文化输出变迁中的节日分类，非遗节日的文化软实力建设，非遗节日的社会消费结构与输出效益的比较等。

(二) 节日的被遗产化及其现代建构

节日被遗产化，指在全球化的背景下挑选自我文化中的节日代表作，在大量遗产品种中挑选节日的优异点，在多元文化传统中对单一节日做出遗产标准的评价，这样就有一个重新建构节日的问题，以使节日传统对国家现代社会生活具有独特意义。为达此目标，就要对民族特色化工具加以利用，还要对表达优秀节日传统的历史、地点、知识、风格、技能、情感和价值观等关键词做统一解释，并对这些概念做连续性的使用。因而，节日是传统的，但节日的被遗产化运作是现代的。

从我国目前的情况看，节日的被遗产化，在节日的建构上，大体有以下几种类型。

确定法定节日。在我国，颁布法定节日的做法，古已有之，以春节居首。现代政府颁布法定节日的做法是从政治学的角度出发的，主要是强调国家民族的凝聚力意识，明确节日的文化地位和对社会发展的价值。2004年，全国人大代表提议，将清明节、端午节和中秋节三个传统节日定为法定节日。[①] 一年后，文化部颁发非物质文化遗产代表作《申报指南》中，对国家级非物质文化遗产体现中华民族整体文化意识的要求，做了更系统的阐释。

---

① 史梅、廖卫华："'智囊团'为'两会'献计献策：增加传统节日为法定节日"，《新京报》2004年2月28日第A19版。

申报项目的确定,应参照以下具体标准:

1) 具有展现中华民族文化创造力的杰出价值,能够体现中华民族的人文精神。

3) 具有促进中华民族文化认同、增强社会凝聚力、增进民族团结和社会和谐稳定、促进文化交流的作用。

5) 具有见证中华民族文化传统生命力的独特价值,能够在某些方面反映中华文明的历史延续性。[1]

这份文件在解释我国非物质文化遗产的"定义"、"分类"和"范围"时,多处提到节日,以"范围"的解释为例,它说明,此"指广大民众世代传承的民俗生活、人生礼仪、岁时活动、节日庆典、传统仪式和礼俗、民间体育和竞技,以及有关生产、生活的其他习俗"。[2] 政府法令具有政府权威性,这是其他社会角色所不能代替的。政府文件还附有操作规章、操作标准、操作流程和操作样表等系列文件,重视政策指导和实际运作,这也成为节日被遗产化的巨大推手。

建构历史性。此指从史实史鉴的角度介入,钩稽某种遗产的历史形态,描述现存遗产的独有价值。在这种重构中,节日既是历史要素,也是社会要素,被用来证明遗产与当地社会的长期密切关系。我国的世界遗产或多或少都包括非物质文化遗产的内容,涉及节日历史。在1987年首批申报成功的世界文化与自然双遗产的泰山资料中,在介绍泰山体现中国民族精神的特征时,就提到农历四月朝圣泰山的节日:

---

[1] 文化部:《国家级非物质文化遗产代表作申报指南》,2005 年 5 月,第 5—6 页。
[2] 文化部:《国家级非物质文化遗产代表作申报指南》,2005 年 5 月,第 2—3 页。

泰山的文化遗产,反映了人文与自然景观相协调、相融合的思想因素。文化遗产主要包括建筑物、构筑物、石刻及道路等,大部分是根据地形特点和封禅、游览、宗教活动的需要设计的。其布局重点是从祭地的神社首山至告天的玉皇顶。在约10千米的登山盘道两侧,对完整的自然空间进行了整体构思。在这条景观带上形成了完全不同的空间:一是以泰安城为中心的人间闹市,一是以岱宗坊为起点,沿长达5800多级的天梯盘道直至岱顶的天庭仙界。①

在这种情况下,节日的被遗产化,是一种重新整合空间要素的过程。泰山的地理空间与文化空间被同构,泰山的自然风光、历史地理景观、神话传说、帝王封禅史迹、历代文人杰作和民俗活动等,都被纳入节日历史空间的绵延中去解释,然后解释泰山的"双遗产"怎样体现了中国古代哲学观、山水观、自然景观观念、建筑观和宗教观,成为包罗万象的杰作。

我国东北部的蒙古族长调民歌、西北部的新疆维吾尔族十二木卡姆,都是世界非物质文化遗产,在它们的《申报书》中,节日是民族历史要素与表演要素相融合的概念。以"长调"为例:

长调民歌所包含的题材可以同蒙古社会的全部生活内容相联系。一方面它是蒙古族全部节日庆典,婚礼宴会,亲朋相聚,那达慕等活动中必唱的歌曲。正如蒙古谚语所说:"以朝政颂长调歌起始,以山野牧歌告终",也就是说,庆典

---

① 中华人民共和国联合国教科文组织全国委员会:《世界遗产与我们》,北京师范大学出版社2004年版,第24页。

宴会，均以长调颂歌起始，而只有当贵宾和长者退席后才能唱山野牧歌。

这些长调，全面体现了蒙古人民的心灵境界，个性素质以及文化品味。它对蒙古人民世世代代塑造、传承民族个性和心灵世界都起着非常重要的作用。①

长调的节日庆典，指蒙古族的大年和小年，其时与春节大体重合，故蒙古族群众也过春节。在日常生活和其他岁时活动中，如婚礼宴会、亲朋相聚、那达慕赛马和摔跤大会上，也演唱长调，从古代流传到今天。申报文件使用了从宫廷到民间的连续历史资料，也使用了传承长调民歌的地理区位资料，提出它涵盖"亚洲内陆蒙古高原的蒙古人聚居区。其中包括：中华人民共和国内蒙古自治区、青海省、新疆维吾尔自治区、甘肃省、辽宁省、黑龙江省、吉林省部分地区；蒙古国"。② 在这样绵长的民族历史连续性和广大的民歌表演区域范围内阐述的节日演唱活动，不能不说是很有代表性的遗产。

民众认知。这是民俗学的观点，主要从民众文化主体的角度，阐述节日被遗产化，会产生保护多元宗教和民间信仰的功能。1992年申报成功的我国世界级自然遗产九寨沟，就有对当地藏民的"藏历年"、"郎扎热甲"和"罗让扎花"三个节日的节日要素中"佛教信仰"功能的阐述：

---

① 蒙古族长调民歌人类口头和非物质文化遗产代表作申报组：《申报联合国教科文组织人类口头与非物质文化遗产代表作推荐项目——蒙古族长调民歌申报书》，2004年，第5页。

② 蒙古族长调民歌人类口头和非物质文化遗产代表作申报组：《申报联合国教科文组织人类口头与非物质文化遗产代表作推荐项目——蒙古族长调民歌申报书》，2004年，第1页。

九寨沟被当地的藏民奉为神山圣水,得到了极好地保护。海拔高达 4000 多米的尖峭雪山的雄奇之美和多姿多彩的秀水的绚丽之美并存。九寨沟的精灵是水,这里的水清澈透底,纯净碧澄,没有污染。由于水中沉积物和湖底水藻对阳光的反射,使水色五彩缤纷,加之蓝天、雪山、层林、红叶倒映水中,色彩斑斓,形成层次丰富的组画,美不胜收。……它集水形、水色、水姿、水声于一体,收尽天下水景,构成了一幅多层次、多方位的天然画卷。其水景规模之巨,景型之多,数量之众,形态之美,布局之精和环境之佳,位居中国风景名胜区水景之冠。[1]

上文中介绍九寨沟神奇风光得以保存的原因,是因为它们"被当地的藏民奉为神山圣水",这种描述,是对当地藏传佛教的尊重,也是对地方社会的独立认知传统的肯定。这段文字还对九寨沟藏民的"迎圣水"和"背圣水"节日民俗与亲近高山动植物的精神民俗加以整合,把藏民的主体文化与森林生态学、野生动物学、喀斯特地貌学和第四纪冰川地理学的知识相对接,这样节日的含义就有了山体宗教学的意义,现代人了解这些意义,可以走进九寨沟人的心灵,跟藏民一起欣赏当地的自然奇观,跟他们一起过节。这对世界认识九寨沟和承认九寨沟是有说服力的。

世界级非物质文化遗产古琴和昆曲,过去曾是节庆仪式中的上品,有美化节日礼俗之妙用。在它们的发祥地之一苏州,在现代申遗中,也采用民俗、传统工艺和历史城市整合阐述的方法,重构节日的

---

[1] 中华人民共和国联合国教科文组织全国委员会:《世界遗产与我们》,北京师范大学出版社 2004 年版,第 6—7 页。

遗产内涵。

第28届世遗会在苏州成功举行,它对于苏州的文化遗产保护工作具有里程碑式的意义,6月28日这个世遗会开幕日期已被确定为苏州"文化遗产保护日"。……物质文化遗产与非物质文化遗产是苏州历史文化的双璧。苏州的非物质文化遗产,积淀丰厚,种类繁多,特色鲜明。发轫于苏州的中国昆曲、中国古琴先后被联合国教科文组织列为"人类口头与非物质文化遗产代表作",苏州评弹被台胞誉为"中国最美的声音",苏州的工艺美术被中外人士视为中国一绝,苏州众多的民风民俗体现了尚文尚教的优良传统。丰富的文化遗产赋予了苏州独特的城市特色和个性,同时也为苏州保护和弘扬优秀传统文化提出了更高要求。①

古琴、昆曲已成阳春白雪,这是不能倒序的事实。现在要吸引世人的眼球,调动现代人的思维兴奋点,"文化遗产日"的节假日就成了操作平台。当地政府和文化艺术单位借助被公认的现代节日要素,把它们做成"苏州的非物质文化遗产"、"苏州的中国昆曲"、"苏州的工艺美术"和"苏州的民风民俗",于是乎古琴和昆曲绝品生辉,这时节日的被遗产化就成了化学试剂,只要是真货,就能使之发生化学反应,进入主流话语系统。

特色化工具。此指以"特色化"的工具概念,以历史知名度、地方社会影响力和现实濒危程度等,建构申报对象的唯一性,使之成为保

---

① 王荣:"保护优秀文明成果、铸造苏州城市精神",原载《苏州日报》,2005年7月5日第1版。

护对象。浙江省曾列出省内非物质文化遗产代表作首批名录,含民间表演艺术类36个,民间造型艺术类23个,民俗风情类5个,共64种。这批都被命名为民俗类,下面是一组与节日有关的申报说明。

> "淳安竹马"的产生又有一说与北宋宣和二年及(公元1120年)方腊农民起义军传说有关,故而当地在每年正月十五元宵节彩灯中均增添了纸马灯,以超度神马与英雄,后来又吸收了睦剧(地方戏,俗称"三脚戏")的某些艺术特点,使竹马由最初的神马独舞,后逐渐发展成群舞这一更加丰富的表现形式。
> "跳蚤会",主要流传在我省舟山本岛与镇海一带,尤以定海、普陀为盛。……农历年前家家户户要"祭灶",在灶前跳此舞,故也叫"跳蚤舞",后来又穿插了"济公戏大神"当地民间传说的情节,一舞两用,流传至今。①

另有一些申报项目,是历史上的节日构成部分,申报者强调其现实濒危状况。如"四明南词":

> "四明南词",曾称"宁波文书",系宋代的陶真,明代的弹词衍变而成的浙江曲种,流传至宁波城区和郊县,清末至民国初期为鼎盛期,二十世纪四十年代开始衰落。1958年原宁波曲艺团曾建立四明南词演出队,后因"文革"而夭折。八十年代有著名老艺人做展览性演出。2000年曾由宁波

---

① 浙江省人民政府:《浙江省人民政府关于公布第一批浙江省非物质文化遗产代表作名录的通知》,2005年5月20日,第8—10页。

市群众艺术馆组织经改革的开篇形式演出。……传统长篇曲目有《雨雪亭》等10余部,已失传。现仅存一两位老艺人,曲种濒临消亡。[①]

很多民间表演全靠传统节日给了它们盛装登场的机会,如果它们单独存在,都不会留传到今天。在现代社会,人们如此切分"特色",能让外人关注内部遗产。例如,对"四明南词"珍稀曲种一息尚存的报道令人扼腕。但单一项目的特色化,好比把切碎了的西瓜再端上来,好也不好。在多元文化优秀代表作的比较中,特色化一旦单薄,特色就变成了水,文化底蕴就变成了"油",水浮在油上面,会失去久存的理由。这时节日的被遗产化还多少有弥补作用。

假日经济。此指从经济增长的视角介入,阐述节日的商机和消费动力。据说有学者提议,将假日经济与节日管理相结合,如把春节改为立春日,加长休息时间,拉动GDP消费额。对此颇有争议,有的反对意见还相当激烈。但利用五一、十一做消费经济人们就能接受,认为它们不是传统节日。在对待节日的被遗产化上,一旦移入经济观点,便有"此节"与"彼节"的差别,这是不比较看不出来的现象。

在现代人中,在过节和思考节日传统之间,已确有一条界线。我们应在切实保护优秀节日文化传统上再加把劲。

二、传统节日的历史样本与运行节点

非遗节日的申报资料保留了国家传统节日代表作的历史样本,但非遗节日在现代社会的实际运行却是按照节点进行的,这是因为

[①] 浙江省人民政府:《浙江省人民政府关于公布第一批浙江省非物质文化遗产代表作名录的通知》,2005年5月20日,第4页。

现代社会的文化环境和社会结构已发生了变化，现代人与非遗节日保护的关系也发生了变化。非遗节日的国家样本的传承，不会再向单一文化模式时代那样，面对面、手把手、世世代代、上下五千年、千篇一律地传承，而是被现代人、现代社会节奏和现代中外节日交流环境所挑选，选择其中最有中国元素的成分加以传承，这个成分就是"节点"。有了节点，非遗节日会在现代社会被放大传承、理性传承和比较传承。观察、了解和熟悉非遗节日的国家样本与运行节点，对管理者和公民双方来说，都是一种现代意识，也是保护节日文化的必备知识。

（一）节点是传统节日历史样本的可控管理部分

在我国文化传统中已有对于节日和节点两种称谓。在历代地方志中，已有对两种名称的记录。两者都不是后人的发明。但历史文献作者在处理它们的方式上是有区别的，主要有两种：一种是月令系统，以月序为纲，把节日和节点放在一起，按月内发生的前后顺序记录；一种是年节系统，把节日名称辑录出来，按年内岁时的先后顺序记录。月令系统要比年节系统更能反映传统节日的属性差异和差异的细节，年节系统要比月令系统更能反映传统节日的社会变迁和文化属性的共性，两者各有各的用途。

关于节点，宏观地说，可以分为原点节点、核心节点和非核心节点。原点节点，带有社会整合的功能，中外节日都有，在这方面，我国的春节有"除夕"，西方的圣诞节有"平安夜"。它们往往都被拿到国家级层面上使用，如中、西国家传统节日的前夜，都是要格外庆祝的，其盛况几可超过正式节日，乃至国家元首要发表讲话，国家主流媒体要发出声音，国家凝聚力传统要被重新强调。核心节点，带有生态条件整合的功能，被地方社会长期使用。如在我国上述单一农业文化模式中，被整合的生态条件是土地、水利和气象，各地人民利用节日的核心节点,感谢土地、敬祀水源和观测天象,各有仪式,各有说法,非如此不算过节。节日还有一些非核心节点,它们带有不同历史时期、不同社会阶段的节日文化要素,在适应当时社会结构时被使用,一旦这种适应性结构解体,这类非核心节点就会消失,或者被省略。在上述节日节点中,唯有一种不会那么简单地来去,即宗教信仰。

从国家管理的角度看,对非遗节日的节日名称和原点节点名称都要熟悉,对两者的时间分布也应该了解,对两者记录方式也应该掌握。至于解释非遗节日的文化属性,不是越细越好,也不是越粗越好,而要区分社会结构和社会变迁。在全球化下多元文化的比较与展示中,需要把非遗节日的文化属性讲清楚,这样采用年节系统来叙事就比较合适;在全球多元文化的撞击下保护非遗节日的过程中,需要把非遗节日的社会结构讲清楚,这时采用月令系统就很合适。此外,在现代社会,还要对非遗节日研究和保护规划做区别对待,进行非遗节日的可规划研究和不可规划研究,要根据以下社会结构变迁做区分:历史结构与社会结构的变迁,民族地区社会关系的变迁,性别资源分配格局的变迁,节日文化所在历史区域的共有资源产权的变迁。在这项工作中,从节点切入,无论对项目调查或学术研究来说,都是可行的。放弃节点,只谈非遗节日保护,就没有说服力,就会将节日问题表面化,就无法把握节日遗产保护的主动性。更谈不上减少节日社会风险,巩固节日社会安全。

(二) 节点是传统节日现代运行的可观察部分

我国现在传承的传统节日,包括非遗节日,大都是原点节点和核心节点运行的,非遗节日尤其如此,如春节的原点节点有除夕、初一和正月十五等,中国人在这三个节点上过春节都是不省略的,而且要大张旗鼓地庆祝。春节还有其他核心节点,如小年祭灶、初三社火、初五破五、初七人日等,中国人在选择的普遍性和庆典的程度上,就有地方的、群体的和城乡的种种差别。

现代社会的非遗节日传承,不是单一的、地方性的、自发自然的传承,也不仅仅是一方水土养一方节日的国家文化内部解释,而是从人类、生态自然与和谐社会共同发展的整体观念出发,反思传统节日对于守护人类精神遗产、生态环境和社会规范的价值,解读传统节日将祖先文化与未来可持续文化链接的历史模式。传承节日的原点节点和核心节点,有利于将现代人置于全球化下的开放文化、比较文化和交流文化的大视野下,做有利于非遗节日遗产保护的学理解释。在现代社会文化变迁中,了解节点知识,还能促进对非遗节日优秀文明的创新利用。

三、传统节日的地方知识与文化符号

在国家传统节日文化保护、非遗节日保护、节日的原点节点和核心节点保护上,"春节"都是一个焦点。在上述不同层次的三个方面,要都解决节日文化的深层保护问题,还不能不谈到节日的地方知识系统与提取节日文化符号的问题,在这个环节上,"春节"也是合适的讨论对象。下面以春节为例继续讨论。

春节是我国的主体节日,近年我国政府加强保护传统节日,增加法定假日,进一步提升了已有资深"国假"地位的春节的关注度,研究文章已有不少,但又感到很难把春节说透,原因大概有二。一是它是一种文化责任遗产建设的新开端,而这种情况过去没有。春节是中国人的大文化,大文化是自然、社会关系与日常文化浑然一体的庞然大物,笼罩人们而不为人们所知。在现代文明飞速发展的世界里,大文化已所剩无多,西方节日大文化已被政治解体、民族矛盾、宗教派别和企业利益所切分。中国的春节大文化却一直保留下来,不仅有悠久的历史,也有现实功能。对它的评估不能用西方经验去衡量,它是另一种十分不同的多元文化体系。保护春节大文化是国家与社会个体成员共同责任的交汇点,而能以这种责任为遗产者,唯有春节。

(一) 春节地方知识文库

春节是从我国农业文明中发展起来的一套崇尚自然和约束自我的社会活动模式。它渗透到不同社会阶段、不同历史时期中,对我国哲学、社会、经济、法律、文艺和传统技术各领域都产生了深刻影响。春节的文化分量之重,是其他法定传统节日所不能比拟的。

春节是岁首庆典节日,与我国二十四节气中的冬至、小寒、大寒和立春四个节气相关,但我国人民欢度春节的时间却将近一个月。这是因为我国的立春通常是在冬至后的第46天,或者是在大寒后的第15天,所以各地过春节基本都在这一段时间内。一般都是从农历腊月二十三至正月十五,共22天。中间的正月初五正好处在大寒与立春交替的时间点上,故各地还要庆祝一番,叫"破五"。春节的原意是庆祝去年的收获和祈祷来年的丰收,但它也不是单纯的历法节日,还有国家农政管理和民间节庆文化传统的双重含义。

春节在我国各地的历代地方志中都有连续记载。千百年来,已积累了极为丰富的春节节日史料,建构了一个巨大的春节地方知识文库,这是我国其他任何传统节日都无法比拟的优势。仅从民国以前的方志看,举几个例子说,北京古都的春节记载,自辽代(907年)至1941年,共1034年;侨乡福建的春节记载,自宋淳熙九年(1182年)至1949年,共767年;我国五大少数民族自治区之一的广西壮族自治区的春节记载,自宋淳祐十年(1250年)至1949年,共699年。春节记载因此成为一个绵绵不绝的史料库。它们虽然不是现代学术资料,但它仍以接近我们讨论的方式,历时千百年地记录了中国这一重大节日,弥足珍贵,从这些记载中可以看出,一部春节史,是国家礼俗制度史,也是地方社会生活史,主要有四个特点:一是各地春节活动分布在 8 个节点上,包括小年、除夕、初一、初二、初三、初五、初七和十五;二是对小年、除夕、初一、初二和十五 5 个节点记载较多;三是对初三、初五和初七的文字记载少,但却在口头传统中保存了它们的信息;四是少数民族春节记载不多,但仍有线索,并能从中多少看出本民族节日的特点。

(二) 春节节日文化符号

春节节日遗产有一批文化符号。它们都是中国人最常用的文化符号,在不同社会和不同历史时期,构建了节日、人与自然的多元关系模式,有了这些文化符号,就能把握和传承春节的精、气、神。

1. 生肖

这是一套纪年生肖动物符号。它们以 12 种动物与 12 地支相配以冠年,分别是子鼠、丑牛、寅虎、卯兔、辰龙、巳蛇、午马、未羊、申猴、酉鸡、戌狗和亥猪。每种生肖动物从岁首贯穿岁尾,标志一年,以春节关联人生。各种生肖动物轮换一圈,标志十二年,把天象历法、农业岁时与人的生年结合在一起,叙述天人合一的宇宙观。

2. 红包

"红包"是新词,旧称"压岁钱"。每年春节除夕的子时交年时刻,中国人祭列祖、发压岁钱,晚辈给尊长拜年。这是中国人的钱的民俗,有伦理文化的内涵。

3. 对联

春节把象形文字和造纸文明集中到一起的一项年俗活动是贴对联,从前自小年开始,现在也推迟至除夕进行。与这种诗词纸墨相关的其他春节活动还有写"年"字和贴"福"字等。这类文字书写活动在中国的甲骨文、金文、大小篆书和后来的其他书写文字中都有,一直流传到今天,现在也在政治、经济、外交、文化、教育和商业活动中广泛使用。

4. 年画

"年画"是新概念，20世纪初首见于北京《京话日报》主笔彭翼仲的一篇文章，文章中提倡"绘进步年画"。[①] 但春节年画的形式早就有了。它保存了中国人敬奉祖先、灶神、门神、土地、财神、钟馗和其他神祇等民间宗教信息，也体现了中国传统审美观。中国年画对延安版画、革命油画、抗战漫画、红色军事浮雕和广场纪念建筑等都有深刻影响。

5. 龙与狮

从春节的初三起，中国人要耍龙和舞狮子，迎神赛社，王者与民同乐。在世界各地华人社区中，舞龙与舞狮已成为中国春节文化的代表性文符号。

6. 灯笼

正月十五是春节的最后一个节点，称"元宵节"，它的标志性符号之一是挂灯笼。魏晋以后，佛教传入，有"燃灯表佛"的含义。道教在此日讲究吃元宵、看灯会和放焰火，称"上元节"。

7. 鞭炮

中国古老的四大发明有三种用在春节中，如造纸、印刷术和火药。火药的玩具是鞭炮。但火药有火力和杀伤力，需要管理使用。

8. 饺子与汤圆

包饺子和吃汤圆是春节饮食文化符号，平时也吃，但春节必吃。

9. 春节故事

春节故事资源丰富，是春节口头传统的重要符号。北京大学顾颉刚教授于1920年代搜集正月十五孟姜女的歌谣，把春节与长城联

[①] 王树村：《年画史》，上海文艺出版社1997年版，第7页。

系起来。现在我国华北、中南和华南地区乡村还有春节期间演孟姜女戏的习俗。

中国人认同的文化符号肯定不止这几种，但从历史文献和现代社会海内外传承的春节文化活动看，以上符号使用是较为广泛的，它们对中国文化的渗透力也是较为突出的。

(三) 春节与社会建设

春节建设的目标之一是促进我国现代社会建设。现在过春节，不只是复习历史和重温传统，还涉及政府政策改革的重大现实问题，例如政府法定节假日管理与改善民生的关系，现代城市化和新媒体对春节运行的影响等。这些都关系到正确使用和保护春节遗产的问题。

春节告诉我们一个道理，就是在社会各阶层共享节日传统文化的领域里是没有社会公共利益对立面的。现代世界受到商品经济的制约，过分重视国民生产总值的增长，重视人流的增加、物流的积累。可是，在这个计算当中，并没有把人类的情感和文化价值观这类不能用数字计算的东西的价值计算在内。如果说人类社会是建立在这样一个可计量的概念之上，任何东西都能变成一种商品交换价值，那就错了。一个国家的传统节日正好说明了这一点。春节富有不可用GDP 计算的价值。它是一种神圣性的存在，没有任何人有权利去破坏它。相反，春节在世界各地华人所居住的不同社会文化、不同肤色、语言中存在千百年，还使我们任何人都有义务去尊重它和传承它。我们在全球化和现代化条件下欢度春节，可以发现，在人的价值观、社会关系和自然环境保护上，我们必须重新界定什么是价值，什么是市场，什么是私有，在哪些方面我们可以进行市场意义上的商品交换，在哪些方面我们必须走出市场，用其他的价值标准进行判断，才能使我们生活得更幸福。在这方面，政府与民众的价值取向趋同共进，正是春节社会建设的重要内容。

我国政府春节社会建设的重要内容是亲民政策建设。现在春节的领导致辞、机关团拜等，都是这类活动。在新闻导向上，它们反映中国蓬勃发展的新形势，也更为贴近春节文化符号，这表明政府重视国家 GDP 的发展与国情民意的直接关系。

政府在春节期间加大公共消费投入，包括交通、医疗、商业、城乡公共服务设施的建设，而春节需求也可以使政府更广泛地关注公共利益，考虑社会公平、公正问题，促进政府公共机构运作系统的改革。我国政府改革交通运输系统成绩显著，春节期间的春运改革正是这类活动。现在四通八达的飞机、高速公路和国道，也成为春节与现代社会共建的纽带。人们说，城市的自驾游和农村的村村通公路成了探亲访友的感情路，一些普通的县路和乡路，成了致富路，节日繁荣，也惠及日常。

春节期间的社保管理、食品安全管理、物价管理和对孤老空巢的关怀等，传达了社会公平的信息，远比平时管理更有强大的社会影响力。对于春节民俗在现代社会环境中转变为灾害因素的控制，如鞭炮造成的火灾，城市垃圾等，政府加强管理，还体现了政府在春节社会建设中的主导性。但政府不负担民俗消费。春节的民俗消费是春节经济的主要内容。它的特点是由个人、家庭和私人企业自己承担，虽然如此，它却是不论在经济发展还是在金融危机时期，都是由私人提供消费的最有活力的部分。由此要考虑到政府提供与民间提供的活力差异。

春节社会建设的关键是继承和发扬多民族多地区节日遗产。我国有 56 个民族，过春节的有大约 32 个民族，分布在多区域内，创造了民族和地区认同程度最高的传统节日文化。各地各民族过春节有自己的特色，有的民族有本民族的传统历法，但他们的历法的岁首与春节的岁首时间发生重合,便也在春节期间共庆节日,如藏族、纳西族、白族、拉祜族、蒙古族等,但他们在本民族的历法时间内还要隆重地庆祝本民族的重大传统节日,如藏族的"藏历年"和"雪顿节"、彝族的"火把节"和傣族的"泼水节"等。有的民族因地区差异,过春节的时间稍有不同,如蒙古族过春节要比汉族晚十几天。还有的跨境民族,如朝鲜族,自唐代以后,受到了中国文化的影响,也过春节。春节是民族关系政策和地方多元文化建设的平台。

(四)春节与文化建设

新时期的春节运行进入现代化和全球化进程,春节与国家文化形象的关系已提上议事日程,春节文化符号成为文化软实力建设的组成成分。但在现代变迁环境中,春节文化转型的方式十分复杂,同时海外华侨的春节凝聚力也有回归深层文化解释的新要求,春节文化建设已成为有广泛期待和未来传承影响的课题。

春节文化建设,应根据中国春节的独自文化特点,弘扬自然文化一体观的世界认知系统,加强公共文化服务体系建设。此外,要注意新媒体介质带来的文化影响。现在彩电、影碟机、数码相机、家庭电脑和手机替换了旧的通讯民俗符号,手机和摄像机成为节日馈赠上品。城市人看贺岁电影的人数激增,手机联络为务工就业人员提供了信息市场。央视春晚已是政府对现代媒体与文艺表演软管理的品牌,而各地政府管辖下的社会公益活动也层出不穷,自发举办的山寨版春晚、博物馆开放、公园开放和灯会游园等,也让百姓开心一乐,从中可见人民欢迎的春节文化建设种类。

春节文化建设要尊重宗教传统。我国春节中有获得广泛社会历史认同的信仰活动,如崇拜祖先神、水神、土地神、灶神、门神、财神、行业神,以及佛教和道教的影响等,春节文化传承始终包容各种信仰差异。同时,对世界宗教节日在我国的世俗化趋势也予以兼容。各级政府在春节慰问活动中,对非本土信仰的其他世界三大宗教信仰者,一律信仰平等,节假日休假待遇平等,三大宗教的信仰者也长期融入我国春节的喜庆气氛中,并保留了信仰自由。

春节社会文化建设的效益不是由数字指标显示的,比方说原料增加了多少,产品数量增长了多少,就业人口增加了多少等,但它有一个特殊社会效益不能忽视,就是促使政府和人民共同关注春节遗产价值观中的一个重要概念,即"功能性责任"。功能性责任是由传统文化衍生而从家庭结构中生成的一种责任意识,并由社会关系扩大为文化成员个体的社会责任。其实这是一个非常古老的问题,但也是一个永恒的问题,比我们后来所说的可持续发展的概念要古老得多,但在今天它还有新的生命力。春节社会文化建设的过程告诉我们,政府责任和个人责任在哪里进行有价值的交叉?其中哪些交叉会演变为春节遗产要素?这些交叉对政府建设和个人发展都有哪些意义?以及怎样建立共同的责任关系,并选择国家社会发展的方向和个人发展的方向,等等。

四、传统节日的政府管理与新闻报道

改革开放三十余年来,政府主流媒体的春节报道成为政府管理节日文化的重要内容。我们对改革开放三十余年来《人民日报》、《人民日报(海外版)》、《中国教育报》和《中国民族报》四份主流报纸的春节新闻数据进行搜集,重点搜集面向高校报道的春节新闻,[1]从分析

---

[1] 本次共收集使用《人民日报》、《人民日报(海外版)》、《中国教育报》和《中国民族报》等四种主流报纸 1979—2009 年春节期间除夕至初一的新闻报道数据 1804 条,共编制了 4 个数据库,分别收入《人民日报》春节新闻数据库 808 条,《人民日报(海外版)》春节新闻数据库 656 条,《中国教育报》春节新闻数据库 212 条和《中国民族报》春节新闻数据库 128 条。指导教师:董晓萍教授,搜集录入:北京师范大学教育系 2004 级本科生马迎春。

这些数据看,国家主流媒体通过春节新闻,全面反映了政府管理传统节日文化工作的连续性,也反映了政府节日管理的主要功能,主要有三:一是体现政府的亲民功能,如党和国家领导人对高校师生或留学人员的春节献词;二是政府相关职能部门的内外感情联络功能,如通过春节新闻向海内外同胞传情达意,在中国和不同国家间互传友谊;三是中国民俗文化的传播功能,春节新闻报道了多民族大学生、留学生对我国民俗文化的理性传播,展现了我国民俗文化的现代风貌。

表 3-2 《人民日报》、《人民日报(海外版)》、《中国教育报》和《中国民族报》对高等教育各要素报道数量统计表[①]

报刊名称	海外留学人员	在华外国留学生	归国留学人员	高校教师与学者	各级领导与高校师生	高校大学生
中国教育报	5	0	2	12	8	26
中国民族报	0	0	0	0	0	5
人民日报	2	0	0	1	1	3
人民日报(海外版)	19	1	7	2	0	2
总计	26	1	9	15	9	36
百分比	27.08%	1.04%	9.38%	15.63%	9.37%	37.50%

在这些春节新闻中,各大主流媒体对少数民族大学生予以重点关注,强调政府和校方对少数民族的关心和重视。改革开放前10年,我国处于经济复苏和缓慢发展期,少数民族地区经济不够发达,高等教育发展相对滞后。但民族教育的发展关系到少数民族的繁荣和共同发展,关系到民族地区的和谐和社会的稳定与团结,至2004年,全国已有民族院校29所,民族地区普通高校123所,有100多所高等

---

① 本部分制表与绘图:赖彦斌、马迎春,北京师范大学数字民俗学实验室"改革开放30年高等教育春节新闻报道数据库"提供数据。

学校举办了民族班。① 截至 2006 年年底,全国各级各类学校中少数民族在校学生总数达 2197.57 万人,比 2002 年增长 12.45%,普通高校的少数民族在校生达 112.69 万人,比 2002 年增长 58.59%。②《中国教育报》2002 年 2 月 9 日的春节新闻《山东大学汉藏师生欢度佳节》和《中国民族报》2008 年 2 月 5 日的春节新闻《中央民大留校学生寒假生活丰富多彩》,集中体现了国家政府通过春节活动,加强落实民族政策,维护民族团结。

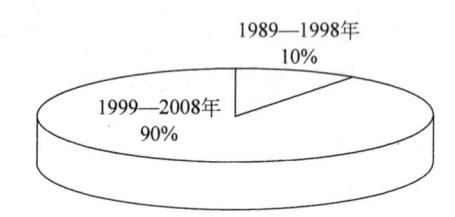

图 3-23 《人民日报》、《人民日报(海外版)》、《中国教育报》和《中国民族报》对少数民族大学生春节新闻增加状况示意图

春节新闻报道对大学生的地方文化认同予以关注。高校在春节期间滞留了很多来自地方的大学生,这类特殊群体受到了主流媒体的重点关注。春节新闻中对大学生选择奔赴各地进行"社会实践"加强了报道,鼓励具有一定专业能力的大学生做地方义工和到地方支教,既锻炼社会实践能力,又参与社会公益服务,又能通过勤工俭学的途径获得需要额外补贴的学习费用。春节新闻对大学生到地方基层"下乡"活动增加了报道,提倡高校教育与地方社会发展需要相结合,《中国教育报》2008 年 2 月 5 日的新闻《寒假大学生志愿者"三下

---

① 金莲:《我国民族高等教育发展存在问题与改进对策》,硕士学位论文,内蒙古大学,2008 年。
② 李年鑫,马维振,石世锐:"改革开放 30 年少数民族教育发展的经验及思考",《中共贵州省委党校学报》2009 年第 1 期。

乡"》反映了这种倾向。

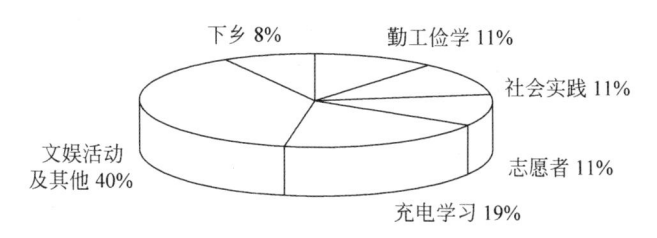

图 3-24 《人民日报》、《人民日报(海外版)》、《中国教育报》和《中国民族报》对高校留校大学生春节行为报道

国家主流报刊的春节新闻对国家社会文化建设和对外交流起到"航母"作用,对春节民俗文化知识系统建设有推动作用,对高校教育发展有促进作用。

在现代社会,个人也好,国家民族也好,没有了自己的传统节日,也就没有了文化归属。

在现代化和全球化的进程中,保护节日遗产和进行社会文化建设,正在于关注它对现代国家社会和个人发展的作用。它还能促进建立一种思路,使整个社会都认同历史与现实、社会关系与自然环境良性互动的选择,积极建设人文文化。这项工作坚持下去,节日遗产就有了它的自立状态,国家政府就能给予更多的重视,同时它也能够更多地对政府的社会管理、经济风险和文化建设予以重要补偿。

五、节日文化的对外宣传与输出策略

非遗节日文化是全球化下国家文化现代输出战略的一部分。这里所谓的输出策略,是指以非遗节日为依托,以非遗国家知识为内涵,展现非遗节日生活样式,选择其中的节点仪式、家庭情调和魅力故事,进入世界跨文化节日交流,传达本国的国家节日的独有特征与文化吸引力。

近年急速发展的旅游业是非遗节日输出的一大败笔，旅游化向传统节日要"年味"，造成了在重构年味中造假，在商业利益驱动下搞单一市场追求，在猎奇中将少数民族村寨列为旅游点，将女性变成节日旅游的工具等。旅游保护成了旅游毁灭。某些脱贫项目也成为开发节日资源的杀手，让人们在一时一地的经济诱惑中，丢掉了祖宗节日的民俗意识和民俗权利；用先人留下的家底换钱，使节日传统有市有价而最终无存，或者因模仿他人而使自身节日失去特色。

人文社科研究者对这种输出，应加强开展调研、构建合理的非遗节日保护与输出策略。

民俗学研究应发挥自己的专业特长，关注以下问题：从非遗节日的国家定制到非遗节日管理国家战略的变化，非遗节日的文化优势与社会发展的协调互补，非遗节日保护与确保不同利益群体的利益。在有条件的情况下，民俗学者还应该开拓相关新课题的研究，例如，非遗节日输出在城市景观区、城乡结合部、地方人文景观区和农村生态人文景观区的不同策略和趋势预测，为建立正确的节日输出框架提供学术咨询。

第五节　国家综合防灾减灾与民俗文化软实力建设

党的十八大将"生态文明建设"作为中央全会的议题，对于民俗学者来说，落实党中央精神的一个不可忽略的方面，是参与国家防灾减灾文化建设。它的迫切性有三：一是在全球气候变迁环境中，我国作为灾害大国兼文化大国的特征突显，防灾减灾的问题已被提到议事日程上来；二是世界各国防灾减灾技术有模式，而防灾减灾文化无统一模式，需要根据各国的文化传统和社会体制加以重构；三是我国在经济崛起的同时,也出现文化失衡和破坏环境等新问题,构成隐性灾害风险,防灾减灾领域正在扩大,抵御自然灾害与解决社会文化问题的任务同样紧迫。开展防灾减灾文化研究,已成为将文化建设纳入国家发展总体规划中的一个不可回避的现实问题,人文社会科学和自然科学学者应该共同承担责任。本文尝试讨论这方面的一些基本问题。

一、国家综合防灾减灾与民俗文化软实力建设的关系

在全球气候变迁的环境中,我国已同时成为灾害频发国家和世界救援行动国家。近年联合国一再呼吁加强全球性的灾害防御,提倡国家间和区域间的合作,我国政府已进入这一世界链条中。开展防灾减灾民俗文化建设,是拓展我国文化软实力总体建设的新领域,是对20世纪发达国家社会发展与生命财产损失相割裂阶段的世纪超越,也是在世界多元治灾模式中提供中国模式的一种国家形象新建设,其学术价值和现实意义已不容置疑。

(一) 防灾减灾民俗文化软实力建设的迫切性

将防灾减灾民俗文化建设与文化软实力建设相提并论,从本质上说,是开展新世纪的国家政治文化建设。在全球气候变迁能让一个国家的城市乡村、人口财富瞬间葬身灾害、经济社会建设成果与灾害损失几相抵消的今天,防灾减灾就是政治,减大灾就是大政治。从文化上说,考量现代国家发展的标准,也已不是单纯的 GDP,而已转为 GDP 与国家防灾减灾效益的综合统计。在对政府防灾减灾绩效的评估上,社会管理的效益也要远远大于物质保障的效益。大量个案证明,越是面对大灾、巨灾的威胁,政府的文化建设和良性治理就越重要。世界有灾害,而精神有家园,有些灾害无法直接消除,但是文化创新和社会良治却能产生社会群体利益的新认同和新的人际关系合作,促进社会稳定、民族团结,激发人类文化自律的自觉性,降低

和消除人类破坏自然的潜在风险。现代世界防灾减灾强国都是政治与文化并举的国家,而凡追逐经济攀升、忽略防灾减灾文化建设的国家,必成灾害风险之地。自然灾害迄今为止并未造成人类的灭顶之灾,然而自然灾害与社会文化灾害并存,却能导致人类精神家园的崩溃,导致无法想象的后果。因此,呼吁防灾减灾文化和社会管理建设,是一种现代政治文化自觉。在我国下一步将要开展的文化建设中,它是当务之急之一;在世界前沿文化建设中,它是紧迫课题。在人类共享文化建设中,它是最大的共享文化。

  从社会发展的角度说,建设防灾减灾文化和加强社会管理的本质,是对自然与社会史互构性的整体反思。自然灾害是自然现象,人类社会对自然灾害的解释却是文化现象。一位法国哲学家曾说过,宇宙创造了日月大地,也造成了天崩地裂、山呼海啸,却浑然不知自己都干了什么,因为宇宙没有死的概念。人类在浩渺的宇宙中就像飘摇的树叶那么渺小,随时都有被摧毁的危险,但人类却因为知道会死而与大自然抗争,发明了各种文化和仪式延缓或减少死亡,并在这一点上使自己强大起来。人类甚至在有限的生命活动中,热情地探寻宇宙的奥秘,改造和利用大自然,书写了人类社会史,创造了灿烂的物质文明,人类也因此而变得很伟大。人类也在与自然共处中创造了积极的社会观和幸福感,这正是文化给予人类的整体回馈。总之,人类与自然的较量是永恒的,手中的文化是不可或缺之物。至于仪式,比利时的诺贝尔奖得主普利高津曾指出,也许动物的仪式比人类还要多,如蚂蚁的集合与逃生仪式就十分复杂,但科学的首要任务是认识人类社会与自然界的关系,而不是动物与自然界的关系,他强调要建立人类社会的自然科学。[①] 民俗学的研究也证明,人与动物

---

 ① 〔比〕尼科里斯(G. Nicolis)、〔比〕普利高津(I. Prigogine):《探索复杂性》,罗久里、陈奎宁译,四川教育出版社1986年版,第260—262、267—270页。

都有生死意识,但动物没有葬礼,唯人类有葬礼,并以各种陪葬形式表示对死后世界的想象,所以仪式是人类的社会性的表征。在自然与社会史的关系中,防灾减灾文化与社会管理的建设,具有现实与永恒的统一性。它是人类社会运行的最深层的部分。它的优秀文化可以让人类在自然灾害面前从容不迫。

在中国民俗文化软实力建设中增加防灾减灾民俗文化建设,是在21世纪中,在认识防灾减灾自然规律的前提下,将我国优秀的民俗文化价值观和最具现代防灾减灾适应性的防灾减灾技术相结合,提供符合中国实际的综合防灾减灾社会管理文化系统。它将现代社会的公共管理文化、防灾减灾民俗知识结构体系与政府防灾减灾战略融为一体,建成国家综合防灾减灾战略的民俗文化研究与政府防灾减灾社会效益高度匹配的社会运行系统。它以文化回归的方式,重建自然环境与人类生命共存的文化价值观,创新维护中国人崇尚"天人合一"境界的古老文化传统,使之上升到扩大地球支撑生命能力的现代社会最高境界,促进绿色地球与文化地球时代的共同到来。

防灾减灾民俗文化研究的对象与目标,是以现代人文社会科学理论成果为主,吸收自然科学观点,适应国家防灾减灾战略需求进行建设。它的研究对象,相对于降低自然灾害风险而言,指政府文化建设和社会管理的决策与实践,包括从文化角度开展的预防风险管理、社会安全管理、政府投资方向管理、对中低收入社会阶层的风险补偿和民俗习惯,以及民间组织等相关社会力量的参与机制等。它是民俗学、社会学、人类学、历史学、人类遗产学、人口学和心理学的综合研究,也吸收地理地质学和水文气象学等自然科学成果,为我国综合防灾减灾文化建设提供新对策。

(二) 防灾减灾民俗文化软实力建设的必要性

关于防灾减灾民俗文化的概念和内涵,可参考的同行研究不多。不过,这不等于没有可资借鉴的研究成果。到目前为止,从其他角度研究灾害的自然科学和人文社会科学著述已有不少,只是由于学术背景、研究目标和项目类型的不同,所关注的理论焦点和所采用的研究方法不尽相同,但我们仍能从中获得很多启发。马克思主义社会史观曾吸收早期文化人类学的观点论及灾害,恩格斯就曾提出灾难以历史进步做补偿的观点。这种人类社会与历史革命相协调的观点在现代社会仍具一定的支配性,并得到了补充发展。但是,就灾害而言,特别是在近年全球气候变迁致灾的严峻挑战面前,仅仅用社会史的观点来解释还是不够的。实际上,当今已有许多国家面临着现代社会发展与灾害加剧的尖锐冲突。据联合国 2010 年的统计,"在亚太地区,由于各国政府的努力,水灾和飓风导致的国民生命损失,相对于区域人口总数,已降低到 20 世纪 80 年代的 1/3,但在过去的十年中,这些国家也为经济财产的损失付出了高昂的代价",[1]这些发展中国家的 GDP 指标低,急于脱贫,在经济发展过程中,对文化教育、土地资源、中低收入家庭与社区,城市化与工业化和农业化等,缺乏有预见性的综合治理,导致这些方面"成为灾情和灾害打击的新类型"。[2] 在防灾减灾文化建设方面,在国外理论对我国影响较大的学说中,安全文化说(safety culture)颇受关注,Sharon G. Clarke 曾提出较为系统的观点。从他的角度看,防灾减灾文化是一个应用型概

---

[1] United Nations, *Revealing Risk, Redefining Development: Global Assessment Report on Disaster Risk Reduction*, Oxford: Information Press, Oxford, UK, 2011, p. 22.

[2] United Nations, *Revealing Risk, Redefining Development: Global Assessment Report on Disaster Risk Reduction*, Oxford: Information Press, Oxford, UK, 2011, p. 48, 另参见 p. 18, 34 和 54。

念,指针对防御灾害所建立的现代人文安全理念、社会安全组织、安全应急物质、防灾减灾技术措施和安全市场机制。以往的文、史、哲、地、化、生学术研究和历史文献都可以被看成是防灾减灾文化的传统资料,可以对它们加以重构,再派上新用场。① 我国政府曾根据我国实际,出台《国家 21 世纪安全文化建设纲要》,徐德蜀等描述了这方面的基本思想和政策内涵,但倾向于提高防灾减灾技术的硬件建设,指出,1949 年以后,我国政府的防灾减灾投入"至少可获得 5 倍以上的直接经济效益和显著的社会效益"。② 但作者使用了"社会效益"的术语却涉及文化。作者还提到"企业安全文化",所指为安全生产和企业管理者的安检责任,这也与本文讨论的防灾减灾文化和社会管理概念有较大的距离。其实我国历来有关注灾害与社会史关系的传统,但以往多从农民运动史、移民史、农村社会史或前城市史的角度,对其进行"整体社会现象"的研究,并由这个思路进入社会管理传统研究。郑成功使用陈高佣《中国历代天灾人祸年表》、邓云特《中国救荒史》和李文海《近代中国灾荒与社会稳定》等整理先秦至民国时期历史文献提供的数据,指出,灾中和灾后爆发的饥馑、疫病、死亡和移民是"自然灾害造成的最直接的社会后果","在中国历史上不计其数"。③ 郝治清提出灾害的"自然和社会双重属性","灾害对思想文

---

① Clarke, Sharon G., "Safety Culture: under-Specified and Overated?", in *International Journal of Management Reviews*, Vol 2, Issue 2, March, 2000, pp. 65—66.

② 徐德蜀、金磊、罗云、陈昌明、邱成、周善华、甘心孟:"关于制定《二十一世纪国家安全文化纲要》的建议"(摘要),《国家安全科学学报》1997 年第 7 卷第 4 期,第 60 页。

③ 郑功成等:《多难兴邦——新中国 60 周年抗灾史诗》,湖南人民出版社 2009 年版,第 3 页。关于郑功成等使用著作的出处,分别是:陈高佣:《中国历代天灾人祸年表》,上海国立暨南大学 1939 年版;邓云特:《中国救荒史》,上海书店 1984 年版;李文海:《近代中国灾荒与社会稳定》,中央党校出版社 1998 年版。

化的影响是十分深刻的",[1]他的研究对象是历代政府的荒政管理、社会组织赈灾措施和坚忍不拔的中国人的抗灾精神。他们的研究取向与我国富于灾害社会史的历史文献传统有关。

自然科学界研究强调自然界的宏观运动,同时指出人类社会史和无限制的物欲索取造成的灾害隐患。陈颙、史培军提出三要素整体研究的观点:"从时间尺度看,地球上发生的过程大致有两种,一种是快速过程,一种是缓慢的过程。有些过程在几分钟、最多几天就完成了,而这些过程能给人类造成巨大的灾害,如地震、火山喷发、风暴潮等。对于这些快速过程的发生和发展,人们往往是无能为力的,或者是能力不够,或者是根本来不及做出反应。我们把这类快速过程叫做自然灾害。另一类的地球过程进行得很慢,例如非洲的撒哈拉的干旱可以延续十几年,还有更慢的地球过程,如温室效应、酸雨、地下水水质变化、臭氧层的破坏和全球变暖等。这类缓慢的过程大多与全球化有密切的关系。……地球的生态系统是很脆弱的。地球给予我们水、能源和资源,但是我们还给它的却是污水和污物。通过我们的社会和工农业活动,我们正在改变大气圈的成分,从而对气候、陆地生态系统和海洋生态系统构成了潜在的严重影响。然而,人类还在不断地、贪婪地向外扩张,企图占据世界上每个角度——包括那些原先不大适合我们居住的地方,这增加了人类遭受自然灾害袭击的可能性,并加重了维持生命的生物和地质系统的负担。"他们从宏观、中观和微观三种距离上,分析现代社会的自然灾害现象,"形成一个关于多种灾害的整体观",[2]是比较全面的灾害致因论述。

---

[1] 郝治清:《中国古代灾害史研究》,中国社会科学出版社2007年版,第28、29、198、373页。

[2] 陈颙、史培军:《自然灾害》,北京师范大学出版社2007年版,第42—43页,"前言"第1页。

法国年鉴学派历史学者布罗代尔吸收马克思主义和地理学等思想，提出有名的综合历史观，即采用长时段、中时段和短时段三种尺度界定人类活动，[1]我们通常也称之为长历史、中历史和短历史。以布罗代尔观点去理解这类自然科学成果，与我国文化科学研究做综合思考，有利于我们在认识自然规律的前提下，去讨论防灾减灾文化和社会管理问题。从这个角度说，他的所谓长历史，帮助我们从无生命接触的地理时间上解释地球的运动，了解自然界的结构史；所谓中历史，即社会史，能帮助我们认识自然与社会史的关系；所谓短历史，指具体事件史，能帮助我们认识在具体灾害事件中，将安全文化落实到位的重要性。在 21 世纪，布罗代尔此学说已非新说，但它对于防灾减灾文化和社会管理建设却仍然极有新意。这是一种带有根本性的批评理论。在推进学科建设方面，我们可以借鉴欧达伟的观点，他认为，法国年鉴学派"以借鉴地理学、社会学、心理学、经济学、语言学和人类学等各门社会科学和人文科学成果的跨学科研究取代传统史学与其他学科不相往来的闭塞状态"。[2] 以往我国人文社科界研究灾害的著作都有不同程度的开拓价值，但主要集中于社会史部分，即中历史。我国自然科学领域的灾害著作和政策建议多是将长、短历史观点结合，疏于对中历史的观照。但现代防灾减灾文化建设是必须将三种历史尺度结合的，这无论对自然科学和文化科学来说都是一场革命。它不是一个简单的应用型概念，而是一个改善人类文化传承机制和社会良性治理的理论系统。它惕厉人类自我，同时也是国家防灾减灾战略和全民防灾减灾社会行动的组成部分。

---

[1] 〔法〕布罗代尔(Fernand Braudel):《菲力普二世时代的地中海和地中海世界》，吴信模、唐家龙、曾培耿译，商务印书馆 1996 年版。
[2] 〔美〕欧达伟:《西方史学界的下层文化研究》，董晓萍译，钟敬文主编:《民间文化讲演集》，广西民族出版社 1998 年版，第 63 页。

二、防灾减灾民俗文化建设与政府管理

从近期我国民政部对防灾减灾社会管理与全民防灾减灾意识的调查数据看,[①]我国防灾减灾民俗文化力量薄弱,反映在政府管理效益和民众思想意识等各方面,需要从自上而下和自下而上两方面抓紧建设。

(一) 互联网与防灾减灾民俗文化建设的公共平台

利用网络渠道讨论防灾减灾文化和社会管理具有广泛的社会认同,但政府信息公开网络与人民群众共同讨论灾害问题,也会遇到网络技术与文化价值观的碰撞。我国地理环境复杂,自然灾害分布不均衡。现代社会巨灾频发,社会影响巨大,但这类灾害在我国有区域限定性,很多是局部灾害,不会造成全国性大灾。这点与日本不同,日本是单一灾种国家,往往一省一市的地震灾害便是全国性的灾害。在我国,地震灾种只是众多灾种之一,这次网络来稿涉及灾种达18种,是日本的18倍。灾区灾民与非灾区的公民对防灾减灾紧迫性的认识也有较大落差,这除了地理原因,也有文化原因。我国传统文化和民俗文化都有趋吉祛灾的观念,而且根深蒂固。中国人在谈论灾害的开放性上,在主动分享救灾知识的社会化程度上,都没有轻易提速。有些网民描述个人的灾害记忆很痛苦,但没有提供防灾自救的理性反思,这种情况占18%。他们上网的踊跃程度与对个人灾害经历的趋避成为一对矛盾。这点与美国不同。美国人的开放性格与美国防灾减灾信息的社会化程度都很高,中国人则性格内敛,防灾

[①] 在使用这批资料方面,感谢左贵州先生和杨佩国先生的支持。本项研究首席专家指导的博士研究生毕传龙、硕士研究生谢开来和王文超协助进行数据采集工作,一并说明并致谢。

减灾信息按文化分层含蓄传递,避免大喜大悲。中美文化反差极大。

有些网民来稿涉及日本和美国的防灾减灾经验,但总体叙述个人经历的仅占 0.7%。当然数字数据不能说明全部问题,参与网络投稿者以基层社会人群为主,包括在校生,他们直接接触外国防灾减灾活动的机会有限,这恐怕是他们缺乏个人经历叙述的原因。不过他们也是网民中的主力,网络信息对他们的视野开放也有补偿性,他们所获得外国防灾减灾经验的主渠道也是网络。他们谈外国先进防灾减灾措施者达 76%,这也说明网络塑造了他们的文化态度:一是愿意分享外来防灾减灾经验,二是对吸收外来先进防灾减灾措施有较大需求。

(二) 正确解读民俗文化中的防灾减灾经验

政府政策要正确解读我国历史传统和民俗文化的潜规则。网民来稿有历史化叙述的性质,有丰富的区域民俗描述,还有的引用史鉴语录和民俗规仪,进行整体文化反思。这是与我国传统文化和民俗文化的现代转型牵连最深的一部分话题,政府需要给予充分重视。但几乎所有来稿又都将自然灾害与人为事故混谈,这从防灾减灾技术讲,是需要进行科普教育的。从社会管理来看,它的必要性是明显的,因为它会涉及政府防灾减灾的侧重面、灾民的社保投入方向等。但从传统文化和民俗文化上讲,将自然灾害与人为事故混谈又是一个文化价值观的问题。很多历史文献和社会管理档案都能说明,在我国,社会成员将灾难纳入历史传统和民俗文化记忆是我国上、中、下三层文化的整体特点。中国人面对巨灾大灾从不怨天尤地,而是在天人合一的理念支配下,调整自我,做新的社会整合。在现代社会,如对传统文化和民俗文化转型不力,就会造成技术与文化打架的现象,比方说,国家防灾减灾技术先进,却被文化拖了后腿。有时政府防灾减灾投入越大,人民好像越不知足。有的地方政府走科技路,群众走神仙路。有时人民的文化满意度没有提升,还会"端起碗吃肉,撂下碗骂娘"。

一个最值得注意的现象是,网民提供"人为灾害"的数据居高不下,将之与全球化下的大灾种水灾相比,只少1个百分点;将之与我国其他大灾种相比,如旱灾、霜雪冻和气象灾害,还要高出1个百分点。这是什么样的人为灾害呢?主要是火灾。它们的致灾因子则与社会问题和民俗文化有关:有祭先烧纸民俗引发的烧山大火,有使用不当引发的电器致火,有违反族规引发的连天柴火,也有老人空巢造成的封闭性火灾。诸如此类的灾难均被群众冠以"人为"。这里当然有不懂技术或法盲问题,但最深刻的教训还是文化问题,而老人空巢致灾则是现代社会病。以往对这类现象做简单化的行政处置,结果禁而不止。不少提供防灾减灾"行政条例"的来稿显示,我国行政干部和专职从业人员处理"人为火灾"的付出,除小于地震外,与处理其他大灾种的付出相差无几,有时甚至比处理旱灾、霜雪冻和气象灾害的付出还要高出1个百分点。所以,我国的防灾减灾文化建设应有自己的特点,这是由我国的文化传统和社会基础所决定的。应该承认,有些传统文化和民俗文化成分已成为防灾减灾的软肋,但从整体上说,它们却都是我国现代防灾减灾文化必须创新利用的巨大财富,因为外国经验可以给中国带来启示,却不能给中国政府和人民以文化魂魄。而传统文化和民俗文化如何与现代防灾减灾文化接轨,并不是其自身的问题,而是学术研究和国家文化能力建设的问题。

(三) 政府干预与社会期待

对政府干预防灾减灾管理有较高的社会期待。通过分析这批资料能看到一个值得鼓舞的现象,就是我国政府和官方媒体的防灾减灾宣传对提升国民防灾减灾意识起到关键作用。例如,政府对汶川大地震和日本福岛大地震的发生与防御的宣传教育力度增强,国民的防御灾害意识随之提高,在网络稿件中也乐于表达。我国的一些传统农业灾种,如水灾、旱灾和气象灾害等,政府宣传教育常规化,国民防灾减灾意识也很稳定。有些现代灾种,在全球气候变暖中发生,或由地方过度经济开发所致,如沙尘暴和泥石流滑坡等,过去政府宣传不多,国民谈论这种灾害的社会适应性就偏低。也有些灾害古已有之,在现代气候环境变迁中频发,如近年在我国南方肆虐为害的霜雪冻灾等,政府加强了宣传力度,官方媒体也给予了有力的报道,虽然是城乡局部受灾,或者是民族聚居区小范围受灾,但国民表现了很强的整体社会适应性。政府防灾减灾工作服务于人民的根本利益,为此进行各种体制改革和公共交通、卫生、文化教育设施的改革,还会受到极大的欢迎。在这方面,我国历来神话传说中的文化英雄形象被反复传颂,像管理土地、气象和种子的黄帝、治水的大禹和治旱的后羿等。政府不能把它们只当故事听,因为它们是控制中国式思维方式和防灾减灾文化习惯的一把老钥匙。人民自己就在使用这把钥匙,政府对此善用,便有善治,便符合人民的社会期待。

三、我国现阶段防灾减灾民俗文化建设的根本问题

我国现阶段防灾减灾民俗文化需要解决一些根本问题,主要有以下几点。

(一)防灾减灾民俗文化的性质

防灾减灾文化与社会管理共同建设的性质在与它的核心价值观和社会行动结构是统一体。各国各民族的文化价值观并不相同,防灾减灾目标也各有差异,中国的优秀文化价值观与世界其他国家防灾减灾文化的价值观是不能彼此替换的。我国是社会主义国家,防灾减灾文化的行动结构是我国政府领导力、科技支撑力、经济实力、

军力警力、社会动员力和国际救援等,这也是在符合我国文化价值观的社会管理平台上形成的综合治理结构。它可以促进中国的治灾兴国,同时对世界多元防灾减灾文化模式的建设起到补充作用。

(二) 防灾减灾民俗文化的分类

防灾减灾民俗文化的分类,一是已有文化分类,一是在已有文化基础上建立的防灾减灾文化分类,两者结合互补。

已有文化分类,指我国的文化四结构,包括传统文化、民俗文化、民族文化和地方文化。我国传统文化中的灾害学思想被历史文献化,对中央文化与地方文化互补,推进社会稳定延续,起到关键作用。民俗文化是一套有关宇宙观、人生文化和周围世界和谐运行的人文知识系统与行为惯制。民俗文化中的非工程类历史建筑的防灾减灾功能、风水意识和空间配置思想,是需要创新继承的现代防灾减灾文化元素。民族文化和地方文化,通过对各民族、各地区的灾害观比较,反映我国灾害的普遍性与文化多样性。我国的防灾减灾文化建设,以国家社会主义意识形态文化为主导文化,但决不等于以之取代传统文化、民俗文化、民族文化和地方文化。这些辅助文化都各有自己面对的社会群体和特有文化内涵。它们的国民认同程度高,人文社科研究的使用频率高,有创新提升价值,适合开展非政府的民间对外交流,是政府主导文化的坚实基础和支撑内容。它们在特定范围内号召力强、开放能力大、人民对之习惯成自然,利用成本低而社会效益高,容易被国际社会所接受。它们的受保护程度和发展水平还成为国际舆论评价我国改革开放质量的一种标尺。它们的生态环境良好与否,也与国内人民群众对幸福指标的描述直接相关。政府主管行政部门要充分考虑到我国各层面文化的各自特点,这样在规划布局和实际利用时才更为妥当。

在已有文化基础上建立的防灾减灾文化分类有三种,即积极性文化、凝聚力文化和表演性文化。[①] 积极性文化,指带有积极向上意义的防灾减灾文化,它有多民族多区域的多元模式。凝聚力文化,指带有社会认同和社会整合性质的文化,可以在社会管理上充分应用。表演性文化,适合在情感修复和信念重建中使用,从前在封闭场合中进行,现在则可以针对关系到社会整体利益的关键问题,创造健康乐观的表演文化。自然灾害的精神性影响有直接传播性,能制造人类恐慌,衍生社会谣言,造成社会心理的忧郁、恐怖和毁灭感。传统表演性文化在宗教仪式中使用,有正面作用,也有负面作用。但在现代社会防灾减灾文化理念上建立表演性文化,选择正确方向,开展文化引导,便能返本开新。

(三) 防灾减灾民俗文化特点

这里所说的防灾减灾民俗文化特点,有两层意思,一是人类自走出神话传说的时代,经过长期的社会发展,已摆脱了群居生活,但在全球一体化信息社会中,人们共居网络信息化的社会关系中,又在新的网络层面上结成群居生活。这个变化赋予防灾减灾文化以现代传承性格。二是单一型思维转向复杂性思维。单一性思维片面强调 GDP 指标,结果生成简单思维。实际上,文化的价值和功能是不能简单地用 GDP 衡量和计算的。文化让不同历史、不同社会、不同肤色和不同语言的人们都能自律,并感到安全、幸福和稳定,而不会让人们违反文化原则,为了其他利益去滥用资源、破坏环境和毁灭人性。中国优秀文化的本质是重自律的文明,其内核是仁,要推己而及

[①] 在减灾文化分类上,作者参考了 Sharon G. Clark 的分类,但他强调宗教仪式和信仰行为在安全文化中的地位,本文根据中国资料和减灾文化建设的目标,强调历史传统、民俗文化和政府社会管理的共同作用。参见 Clarke, Sharon G. , "Safety Culture: under-Specified and Overated?", in *International Journal of Management Reviews*, Vol 2, Issue 2, March, 2000, p. 69.

人,达己而达人。复杂性思维是一种网络型思维。[①] 信息社会的特点是在传统与现代、民间与政府、地方与国家、社会制度与风俗习惯之间均形成网络关系。现在是网络决定世界,不是霸权决定世界。到处都是异质的网络空间。传统文化、民俗文化、民族文化和地方文化都在编织无形的网络。网络的关系在变,各个点的关系就在变,所编织的信息图景就在变。忽视网络思维,便不能解释某种社会事件如何从无到有,又从有归于无。不利用网络思维,政府就很难把握处理突发事件的时机,不了解怎样切入,怎样控制。但从根本上说,中国传统文化和民俗文化中已有网络思维的成分,网络能生和,和而不同,和能生万物,它主张人与自然界和社会关系的和谐。[②] 防灾减灾文化体系建设,应使用中国独有文明中的网络思维,建立信息时代的新网络思维,去观察自然灾害影响的限度与人类共荣的规则。

(四)防灾减灾民俗文化建设的目标

防灾减灾民俗文化建设的近期目标,是增强我国防灾减灾工作的社会效益,使政府巨大的防灾减灾投入获得文化回报效应的最大化,促进多难兴邦的理想愿景变为成功实践。

防灾减灾民俗文化建设的长期目标,是建立防灾减灾兴国的中国经验,并与世界各国共建文化地球的治理方略。可以肯定地说,我国目前还不是防灾减灾强国,但这不妨碍我们建设具有中国特色的防灾减灾文化与社会管理模式,而中国的防灾减灾做得好,就是对世界的贡献。

[①] 普利高津在 20 世纪 90 年代已提出复杂性的概念,并用来研究自然界与人类社会的运行系统。参见〔比〕尼科里斯、〔比〕普利高津:《探索复杂性》,罗久里、陈奎宁译,四川教育出版社 1986 年版,"序:转变年代的科学"第 vi—vii 页。近年欧洲学者在经济全球化背景下再次提出复杂性思维的问题,用以抵制单纯强调 GDP 的政府管理倾向。

[②] 关于和谐概念的阐发,参见乐黛云:"和谐社会的追求",乐黛云:《当代名家学术思想文库·乐黛云卷》,北方联合出版传媒(集团)股份有限公司 2010 年版,第 498—504 页。

第四章　中国故事跨媒体建设专项规划

在全球化时期，在我国扩大对外开放的方针路线指引下，国家民俗文化软实力的建设，应将记录祖国优秀文化财富的纸媒、旧媒体和新媒体加以综合利用，在世界文化交流的宏观背景下，在人类多元文化优秀遗产代表作共享共存的高层平台上，建立保护利用的正确对策，使我国民俗文化发挥其独有功能，起到民族文化底盘、社会认同基础和非官方民间交流的特殊作用。对于政府管理来说，这种与别国民俗文化进行开放的"跨文化"交流的要求，与农业社会封闭的运作方式相比，是一种管理观念的革命。这种对纸媒、旧媒体和新媒体的"跨媒体"共建，与已是老生常谈的民间文化口头资源管理和数字化管理相比，是一次管理范围的拓展。在这个问题上，政府有关职能部门的角色是，既不能当纸媒和旧媒体的保守派，也不能当全盘新媒体化的潮流派；既要在跨媒体工程中实现数字化的蓝图，也要防止数字化造成历史碎片化和不同介质资源的无条件融合；这些都对中国民俗文化保护利用不利。我们实施走符合中国历史传统和适应现代跨文化交流线路的跨媒体建设工程，要在相对成熟和比较国际化的中国故事资源领域进行重点建设，并在此前提下考虑文化产业规划。

第一节　中国故事的跨媒体建设工程

中国故事是中国民俗文化对外交流的文化符号部分,在对内文化建设中也是精神力的象征。在党中央提出的我国六大建设方针中,开发中国故事跨媒体工程,与六大建设都有关系,是其中的社会建设和文化建设的内容兼形式。

一、中国故事的民生建设工程

提倡我国教育界和文化艺术界讲正能量故事,包括讲代表优秀中华文明文化符号的故事,正是一种社会主义精神文明的"民生工程"建设。中国故事中所富有的伦理、和谐、积极、乐观、善良、宽容、责任、昂扬和豪迈的精神,所凝结的中国特色的天人合一、和而不同与自由幸福的观念和行为规范,是永远不可丢失的珍宝。现在中国实现了网络信息化,千年的老故事正在变成时尚的手机和互联网信息,但老故事在走俏的同时又受到损伤,在商品化的过程中被消解文化个性,这也必须引起我们的高度注意。要学会以网络思维管理故事文化,担负其保卫故事遗产的社会使命。

二、中国故事的文化创新工程

现在中国经济富裕了,但中国人也面临变成精神乞丐的危险,因为中国人只会花钱,不会讲故事,所以中国故事跨媒体工程要逐步上马,用现代化的方法播种优质精神食粮。

在全球文化变化的环境中,直接输出一个国家的传统故事是不行的。现在各国文化输出的结构都已很不相同,对此我们的媒体需要花较长时间去探索。据我们所知,在欧美国家,故事的输出和研究成果发布在印欧文化圈中进行，横跨欧、美、亚、非、澳五洲，既有历史传统，又有现实认同，故事的传播能量巨大，远远超过中国故事的对外输出能量。在世界民俗学中心芬兰，推出了欧美圈内流行的方法，即将故事输出与欧洲移民的社会认同结合，构筑彼此尊重的精神文本。① 当代俄罗斯学者已将本国故事类型放到美国人研制的 google 地图上，使之不仅为一国现代文化服务，也为世界现代跨文化对话服务。② 在欧洲其他国家，如爱尔兰、德国、西班牙、葡萄牙、荷兰、丹麦和冰岛等国，在故事输出上，有两个平行的关注焦点，一是世界数字化环境中的故事网络传播趋势，二是故事与本土宗教信仰的关系。③

但是，一个不必花时间去追寻的现实是，我国故事的纸媒、旧媒体和新媒体搜集资源丰富，但却十分缺乏研究成果，在世界同行中处于落后水平，无法带动民歌、戏曲、史诗等非物质文化遗产的创新利用，这种状况亦可堪忧。我国在全球化背景下开展故事的跨媒体工程建设，还要调查研究先行。

在推介现代故事的全球策略转型上，各国都在经历大体相同的阶段，即将数字化作为文化揭秘的公开手段。在不同国家的文化实力的竞争中，数字化的故事技术产品，是保护自我和争取双赢的文化武器。我国现在讲故事还是土法上马，弹琴唱曲和说瞎话，这是与我国当前的国力优势、技术优势和人才优势极不匹配的。因此，开发以故事资源为中心，进行跨文化的跨媒体工程建设，是我国民俗文化软实力战略建设亟待开拓的重要领域。

---

① Honko, Lauri, *Textualizing the Siri Epic*, *En-trans Belief in Spirits in Ingria*, Finland, 1998. Hakamiesm, Pekka & Honko, Anneli ed. *Theoretical Milestones: Selected Writings of Lauri Honko*, Academia Scientiarum Fennica, 2013.

② 俄罗斯国立人文大学故事类型研究网页：http://starling.rinet.ru/kozmin/tales/。

③ 唐超："当代世界的民间叙事：统一性和多样性——第 16 届国际民间叙事学会专题学术讨论会综述"，《西北民族研究》2013 年第 3 期，封内第 1—2 页。

第二节　中国故事跨媒体建设的信息资源

美国是实施跨媒体工程计划的先行者。在美国这个全球化的大本营中，在 20 世纪 60 年代以后，就已经推行新旧媒体融合战略，推行流行文化，结果让美国的流行文化覆盖了本国，影响了世界。不管世界其他国家的人们喜不喜欢，美国的流行文化都通过歌星演唱、电声乐器、光盘、影碟和好莱坞大片猛劲扩张，获利巨大，这种塑造跨媒体优势的战略，兼容了别人，推广了自己，美国也为此花费了高额成本。美国在明确流行文化和流行产品的理念的前提下推行跨媒体计划，这个做法值得我们注意。

我国不是美国。我国拥有多阶层、多民族和多地区民间音乐文化传统，在民间音乐领域推行统一的跨媒体工程肯定不合适，但这个计划适合于故事。因为故事天生具有跨时空、跨民族和跨国界的类型，易于进行跨媒体开发。故事本身也在现代信息社会发生了变化。它们有老故事的故事类型的血肉，又穿上了信息化的时装；它们有老故事的口头传统的骨架，但搭上了网络的快车。它们适应现代社会需求，将老故事的类型、主题和叙事套式用现代信息材料加工，通过网络信息渠道加以传播。它们还添加了对现代社会问题的反思和现代生活知识传播等新内容，成为现代社会文化和跨文化对话的组成部分。

一、现代信息故事的基本特征

一个国家的故事是该国家主体文化的核心叙事部分，这一特点早已引起西方发达国家的重视。自 20 世纪 60 年代起，在美国、欧洲、非洲和提前动荡的东欧社会主义国家，都有会讲故事的文学作品获诺贝尔奖的例子。他们将故事作为本土统一文化向世界现代文化输出模式转变的构架工具,大张旗鼓地对此予以发展,出书、出光碟和拍电影并行,增强其文化软实力。在我国日益强大的趋势中,反观国内故事叙事受西方文化侵入和网络信息化的影响并变化,但这方面的调查资源提升理论考察的高度,同时着眼实践上的可操作性,予以再评估,然后加强基础研究和策略调整,是必须抓紧进行的工作。就故事而言,仅从我们对中国现代社会环境中的老故事和信息化的新故事的基础研究看,就能发现新故事具有跨媒体传播的优势,新老故事的差异如下。

信息化新故事与传统老故事的差异。以往故事的搜集利用偏重口头传统,我们也叫"老故事"。在现代学术史上,我国学者顾颉刚、钟敬文与西方学者艾伯华(Wolfram Eberhard)、丁乃通等,都在中国老故事的研究上有国际公认的学术成果,研究基础深厚。进入信息社会之后,老故事的传承方式发生了很大变化。信息社会的生活,将人类走出神话传说时代以后摆脱的群居生活,又送到了人类社会面前。在全球信息一体化的时代,人们共居网络信息的社会关系中,又在新的网络层面上,结成了群居生活,网络语言叫"群发"。这个变化赋予故事的现代传承有"蝴蝶群"的性格,我们也称之为"新故事"。

故事资源的民间管理与社会管理的差异。老故事是口语介质叙事,属于口头传统资源。新故事是一种网络信息资源,它也在民间传播,但属于国家政府管理的新媒体资源。还有其中一些新故事,进入了商品市场,如成为手机软件产品和网络图书馆销售的电子书等,它们也成为现代社会政府管理的对象。

幻想思维与网络思维的差异。老故事是幻想思维,故事有同质性、同质性的文化有仪式性和表演性。老故事《羲和浴日》中的"羲和"是太阳的神话母亲,也是从黄帝到夏代掌管气象的官衔的名称。这个官职到了清代,称"钦天监",负责观测天象和祈神祭天的各种仪式。仪式是同质文化表演的学校。新故事是网络思想,故事有异质性、情境性和移动性。网络的关系在变,各个图景的关系就在变,网络的关注点就在移动。传统文化、民俗文化、民族文化、地方文化、外来文化和现代文化都在网络上编织各种情境。

现代信息材料整合老故事制作新故事,在整合过程中,将口头传统资源和文字文化资源整合为信息资源,实现了"无纸化"的传播。在这种趋势中,带有人类祖先文明记忆符号的中国故事的身份也在发生变化。这种变化不是断裂式的核变,而是让老故事变成时尚的遗产文化。在这一过程中,新故事由封闭内向的自我教育工具,转变为对外开放的社会信息通道。

二、信息故事的跨媒体形态

现代信息故事分四类,即因特网故事、EMAIL 故事、PPS 故事和手机软件等电子产品故事。新故事的网络传承与口头传播并行不悖论,为不同社会阶层的广大人群所喜闻乐见。它们是保守而好听的老故事与具有现代适应性的数字化生活图景相互融合的新事物。

现代社会最宝贵的是资源,包括社会资源和文化资源。前面谈到,现代社会资源决定社会秩序和社会分配,影响到民俗文化资源的原地社会秩序和分配传统的变化。新故事与现代社会资源观挂上了钩,产生了新的生命力。举个突出的例子,即封闭社会的复仇母题转为尊重多元文化价值的和平母题,例如,蛇郎型老故事讲家庭内部小妹遇害复仇的母题,现代社会也有这种故事流传,印度在 1981 年还搜集到蛇郎型故事,现代网络故事也有蛇郎,但现在这个类型已变成了拥护和平、化解争端的 PPS 新故事。再如,现代社会将猫鼠对手类型转化为动物宠物类型。老鼠故事类型是来自印度《五卷书》的动物故事,在中国、中亚和欧洲广为流传,在千百年的社会中,这个故事类型与不同国家的内部民俗文化相结合,形成了各国各民族自己的故事类型遗产。现代社会强调动物保护,批评人类不能善待动物的残酷行为,于是我们发现,在新故事中,这类人类眼中的对手类型变成了人爱动物的宠物类型。它提醒我们,现在很多国家的动物故事,都在为辅助政府的良性治理服务,将老故事中的人间智慧加以创新解释,使现代人能获得新的政治经验,同时获得现代生活知识。中国人从前厌猫爱狗,养猫防鼠,已习以为常,在中国长期流传的老故事《老鼠嫁女》中所讲的人与动物的关系,是农业社会的自然界、动物和人类的秩序关系,其秩序是不可改变的。但在现代社会,西方人的爱猫文化和米老鼠形象流行,中国人受到西方的影响,现在对各种小动物都能接受。在新故事中,小动物还进入社会资源分配活动中,成为喻示现代社会管理问题的文化符号,如 PPS 故事《猪吃饼干》,就将《小老鼠上灯台偷油》的老故事,改造成批评少数独生子霸占家庭资源的不良社会现象的新故事,很有意思。现代版的《灰姑娘》,讲贫穷的女主人公打工妹经过奋斗,在社会流动中,取得了成绩,也可以得到水晶鞋,创造人生新价值,改变社会地位。

中国地域大、民族多、故事资源进入民俗文艺各种类后的作用不平衡,这种返老还童的跨媒体新故事最为繁荣。它们可以直接补充现代社会管理中的现实需求,包括在公共服务体系管理中讲故事,在社会保障体系管理中讲故事,在社区建设与管理中讲故事,在社会组织、社团组织的建设与管理中讲故事,在灾后重建家园等社会安全体系建设中讲故事,等等,[1]产生服务社会文化建设的新功能。

---

[1] 李强、黄旭宏:"新形势下如何加强和创新社会管理",《前线》2011 年第 4 期,第 36 页。

现代信息故事的类型,通过获取宏观社会资源,再重新定义文化资源,成为新故事。以往老故事的类型,都是继承微观空间的文化资源,再通过讲述活动,扩大为地方小社会的集体资源。两相比较,老故事是传统封闭社会人群享用的文化对象,新故事是现代人悦纳的社会沟通对象,故事提倡社会和谐、协调社会关系、歌颂社会公正、重视社会稳定,能发挥正能量,起到社会管理软件的作用。

三、故事资源的国际化历程

在民俗学史上,故事资源有两次国际化经历。第一次国际化,也称故事类型研究模式的国际化。它产生于20世纪初,在芬兰、俄国和美国诞生,又统称"芬兰学派"的方法。这是运用编制故事类型(早期也称"母题")的方法对世界各国故事进行大体统一标准的研究的学术活动,后成为民俗学研究的核心理论与方法。这是学术圈里的国际化。故事资源的第二次国际化,发生于20世纪末,也可称为故事的数字化输出与数字国际交流时期。它发生于20世纪末美国提出数字地球计划之后,虽时间不长,但进展速度极快,很快延伸到跨文化对话领域。大量老故事转成现代信息故事后,进入网络平台流传系统,叙事的视域相当开阔,成为传达世界各国政府管理文化管理资源的一个广受欢迎的窗口。这些故事的发布具有广大网民参与的社会能动性,为各国人民选择是否参与或怎样参与现代文化建设提供了不同的样本。在诸多这类故事中,有以下个案值得我们在政府文化建设中思考。

批评现代大国政治文化霸权。2001年美国"9·11"事件的发生,极大地冲击了美国在世界政治和金元霸主大国中的地位,网络上很快流行全球化下的反恐故事,它们暗示了现代世界人民要求的社会管理新倾向。

批评地球自然环境恶化的问题。现代世界社会管理的一个焦点是改变政府不善于社会管理的问题，包括单纯追求经济社会发展，造成了自然环境破坏、资源流失、文化失衡，形成显性和隐性的灾害风险，最后灾害来临时，政府又付出高昂的救灾代价，结果财政投入几与经济建设成就相抵消。PPS故事《一百个遗产地的危机》是诸多批评故事中的样本。

批评现代社会病。全球化和现代化下出现很多政府管理新问题，成为新故事网络交流的热点，包括交通、教育和食品安全问题等。其中最大的问题是城市人口密度超载、交通拥堵和世界灾害一体化危机，PPS故事《印度交通》和《泰国水运》都是这类极富教训寓意的新故事。

近15年来，一批来自美国、法国、英国、俄罗斯、德国、意大利、瑞典、土耳其、挪威、加拿大、新西兰、巴西、日本等的欧美澳亚学者与中国学者合作，就世界环境变迁中的跨文化研究走势、故事叙事和数字化等问题进行了深入的理论探讨，所涉及问题包括"世界汉学中国文化专题"、"多声道"、"圆桌会议"、"文化透视"、"持续性发展模式——中国经验"、"跨文化与比较文学研究"、"科学与人文"、"中外对话栏目"、"前沿问题热点问题研究"。[①] 这种高端理论研究对政府管理故事资源的国际化输出和输入有全面深刻的借鉴意义。

从民俗文化软实力建设的角度说，这类研究值得关注的有五点：①建立跨文化研究与比较文学研究结合的理论框架；②获取得天独厚的哲学支持，提供了中国文化传统和海外汉学研究两个支撑点；③提倡综合研究方法论，提供丰富的个案，从整体上提升了方法论意

---

① 乐黛云、〔法〕李比雄（Alain Le Pichon）主编：《跨文化对话》，1998年至2013年由上海文化出版社、江苏人民出版社和北京三联书店分别出版，已出版30期。

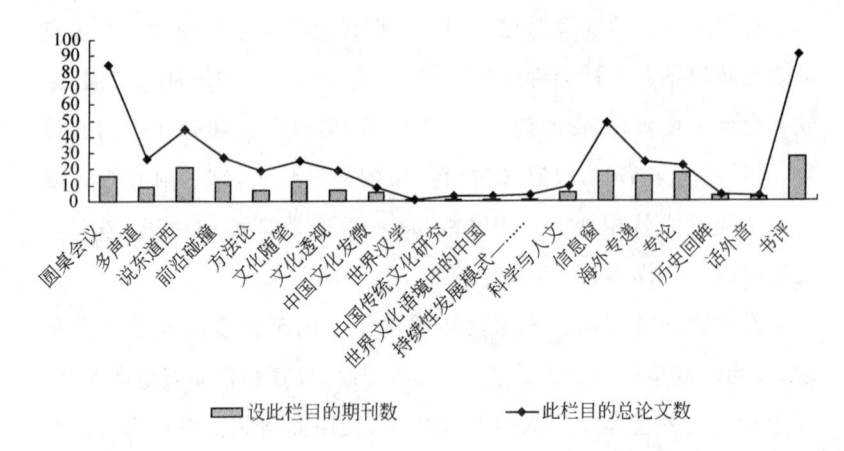

图 4-1 《跨文化对话》常设栏目所发表国际化论文数据分布示意图
(1998—2013 年)

识和综合研究的自觉性;④注重经验性实践和不同社会空间的实践,引进一系列国际前沿问题和热点问题,如协同治理、外间对中国的期待、复杂性思维的变革等;⑤由国际一流高校知名学者组成理论阵容,使全球化背景下的我国政府文化建设与学者文化建设共同推向深入。①

四、故事文本与国家遗产清单

中国故事是现实文化中容纳传统优秀文化和生命力文化的基因成分。前面提到的中国故事集成对我国故事资源和传承人资源做了完整的记录。

中国故事在口头讲述与民俗文艺表演中传承,图 3-12 是对中国故事集成与民歌、民间舞蹈、戏曲、曲艺等其他九套集成资源做整体

---

① 〔法〕金丝燕、董晓萍:"《跨文化对话》十五年数据分析报告(1998—2013 年)",打印本,2014 年。

统计的情况。

我国民俗文艺中的民歌、民间舞蹈、戏曲和曲艺资源大都跨行政区划传承。它们在地方地理历史环境中形成的文化空间中生成,在地方自然资源和民族走廊中滋长繁荣,与地方物质生产和生活方式融合,渗透到地方节日中,成为地方物质民俗和社会组织民俗的标志物。它们的这些特征,使它们很容易进入非遗项目。一个明显的例子是,我国政府近年申报成功的世界级和国家级文化遗产,包括自然遗产、文化遗产、自然与文化双遗产和非物质文化遗产,都与故事有关。凡有遗产处都有故事,故事成为与国家遗产清单共存的精神遗产。以下仅举两个众所周知的例子。

(一) 故事进入中国的世界级自然遗产

我国西部有几处世界级自然遗产,它们历经亿万年的自然地理变迁至今存世,离不开故事的无形保护作用。

四川九寨沟,1992年成为我国的世界自然遗产。当地藏族居民信奉苯教,视山川为神山圣水,讲述苯教神话,对当地居民、对生物圈的消费起到制衡作用,九寨沟因此成为世界级生物活化石公园。1997年,联合国教科文组织将其列入"人与生物圈计划",对九寨沟遗产地居民的自然观和无形有益的生活传统加以肯定。

(二) 故事与中国的世界级非物质文化遗产项目

故事是中国的世界级非物质文化遗产中不可或缺的组成部分,在艺术类世界级非物质文化遗产的形成和发展阶段,故事还是其文化原型部分,有的就是艺术内容本身。没有故事,非物质文化遗产就没有内核。

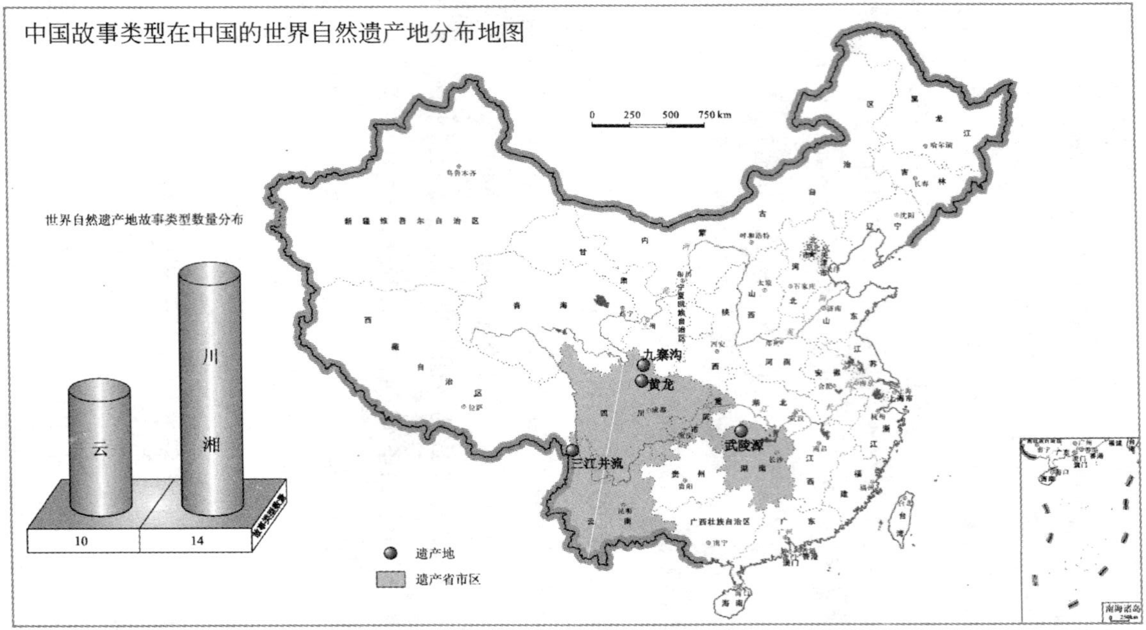

图 4-2 中国故事类型在中国的世界自然遗产地分布地图

我国的古老剧种昆曲，2001年被联合国教科文组织批准为世界非物质文化遗产。昆曲自14世纪中叶兴盛的苏州昆山一带，明万历末年由扬州进入北京。它的代表作，如汤显祖创作的《牡丹亭》，还有《长生殿》、《邯郸梦》等，都吸收了大量的传统故事。昆曲对我国京剧、越剧等大多数剧种都产生了很大影响，被誉为"百戏之祖"。白先勇改编的青春版《牡丹亭》大受现代青年欢迎。这类成功的例子还说明，用表演艺术展现故事，可以打破古今中外时空观的界限，建立对中国优秀民间文化的欣赏圣境。做得好，能推出惊艳之作，获得长期而广泛的社会影响。对上层正统文化和中下层文化都震动很大。

（三）故事与国家级非物质文化遗产

在文化部公布的三批国家级非物质文化遗产中，有些故事和史诗、说部等说唱故事被直接列为非物质文化遗产，表4-1是数据统计结果。

表4-1　国家级非物质文化遗产中民间文学非物质文化遗产主要统计数据一览表

日期	批次	总数（项）	民间文学非遗（项）	比例	代表作（神话传说）
2006.5.20	第一批	147	31	21%	四大传说、三大史诗、满族说部、阿诗玛
2008.6.14	第二批	510	53	10%	盘古、鲁班、杨家将、王昭君、徐文长、巴拉根仓、西施、济公、北京八达岭的传说
2009.6.02	第三批	190	40	21%	尧、舜、禹、庄子、老子、槃瓠、李时珍、蔡伦
合计		847	124	15%	其中神话传说占12%以上

数据来源：中国文化部网站，网址：http://www.mcprc.gov.cn，下载时间：2011年10月7日。另见百度百科，网址：http://baike.baidu.com，下载时间：2012年3月16日。下载人：董晓萍。

我国政府将故事列入国家级非物质文化遗产保护清单,这本身就是一种保护途径。

第三节　中国故事跨媒体建设的校园基础

中国故事资源开发利用的重点建设目标是高校大学生。自2007年至2013年,历时7年,我们对中国故事与相关民俗文化传播现状做了7次连续调查。共回收问卷9117份。[①]其中,2007年在美国做了中国民俗文化对外传播的专题调查,对这次调查的分析结果我放到本节的第四部分去讲。2008年至今,在国内高校做了中国故事与相关民俗传承现状的调查。对国内问卷分析的数据编号为原则生成编号,以北京师范大学的大学生学号为基础,以其学号后四位数增加英文字母和数位号码表示该生搜集到的其他在京和外地高校同学填写的问卷编号,将此本校生及其搜集的所有外校生问卷编为一组录入,根据问卷的问题分类,再使用 EXCELL 和 SPSS 数据统计软件做分析。分析时以民俗学基础研究为指导,将定量分析与定性分析相结合。参加问卷的大学生的自然情况,在年龄分布上,80后和90后占82.1%,出生年份在1990到1994年之间,年龄多为19岁

[①] 中国故事传播现状调查与相关民间文化传承现状调查同步进行。由本项研究首席专家设计问卷,先后在美国孔子学院工作和在给本科生讲授《民间文学概论》必修课和《民间文化专题》选修课期间发放问卷。调查时间和回收问卷数量分别是:2007年4012份,2008年147份,2009年10份(在首席专家指导的博硕研究生小范围内),2010年2180份,2011年352份,2012年2093份,2013年323份,合计9117份。本项研究首席专家指导的博硕研究生和本科生科研课题组的部分同学先后参加了故事问卷搜集和数据录入工作,他们是:谢开来、毕传龙、唐超、王文超、苑晓慧、任雅萱、陈心哲、李丹、周毅恒、方莉和马千惠。毕传龙撰写了2008年数据分析初稿,毕传龙、谢开来、王文超、苑晓慧和任雅萱合作撰写了2009至2011年的数据分析报告初稿,谢开来承担了2012至2013年的数据分析,并撰写了2012年数据分析报告的初稿,特此说明并致谢。

至 22 岁。民族分布较广,除汉族占 89.1%之外,还有来自满族、达斡尔族、回族、蒙古族、藏族、门巴族、壮族、侗族、黎族、仡佬族、水族、瑶族、傈僳族、畲族、京族、傣族、白族、纳西族、黎族、彝族、羌族、土家族、维吾尔族、柯尔克孜族、哈萨克族和朝鲜族等 26 个少数民族的大学生。答卷人所在高校的大区行政区划,按回收问卷人数比例由高到低排列,依次为华北、华东、华南、华中、西北、西南和东北,覆盖全国,并有多民族来源,符合民俗文化资源调查的专业要求。

表 4-2 中国故事与相关民俗传承现状调查高校地区分布一览表

地区	抽取学校及样本份数
华北地区 (3508 样本)	北京师范大学(2287)、清华大学(116)、北京大学(103)、中国人民大学(74)、北京航空航天大学(37)、中央财经大学(36)、北京邮电大学(33)、南开大学(30)、北京科技大学(29)、中国政法大学(28)、中国民航飞行学院、中国信息大学、中国信息科技大学、中国艺术研究院、山西省忻州师范学院、中国建筑科学研究院、中国科学院、华东政法大学、南开大学等校。
东北地区 (229 样本)	吉林大学(31)、大连理工大学(17)、东北师范大学(12)、东北财经大学(11)、东北林业大学(11)、吉林财经大学(11)、大连外国语学院(10)、哈尔滨工业大学(10)、延边大学(9)、黑龙江大学(8)等校。
华东地区 (847 样本)	山东大学(98)、中国石油大学(华东)(46)、厦门大学(42)、无锡太湖学院(34)、浙江大学(31)、苏州大学(27)、福建师范大学(23)、南京大学(22)、福建农林大学(19)、山东师范大学(18)、复旦大学、中国矿业大学、福州大学、福建医科大学、山东财经大学、华东师范大学、上海大学、上海交通大学、浙江工业大学、上海财经大学、青岛大学、山东建筑大学、杭州师范大学等校。
华南地区 (128 样本)	中山大学(37)、暨南大学(17)、广西师范大学(9)、北京师范大学珠海分校(7)、北海艺术设计职业学院(6)、广东外语外贸大学(5)、海南大学(5)、华南师范大学(5)、南方医科大学(5)、广西大学(5)、深圳大学、广西民族大学、广西师范学院、南洋理工大学等校。

续表

地区	抽取学校及样本份数
华中地区 (317样本)	南昌大学(29)、武汉大学(27)、华中师范大学(27)、江西财经大学(18)、华中科技大学(16)、河南大学(13)、华中农业大学(11)、江西师范大学(10)、武汉理工大学(8)、郑州大学(8)、河南师范大学、湖南大学、长江大学、湖北大学、赣南师范学院、河南理工大学、九江学院、中南大学、河南财经政法大学、河南工程学院、湖南师范大学、江西科技师范学院等校。
西南地区 (465样本)	四川大学(52)、西南财经大学(43)、西南政法大学(39)、重庆大学(35)、四川外语学院(27)、云南大学(23)、电子科技大学(21)、西南交通大学(18)、西南大学(17)、内江师范学院(16)、重庆工商大学、重庆师范大学、重庆医科大学、成都理工大学、中南财经政法大学等校。
西北地区 (92样本)	西安交通大学(9)、陕西师范大学(8)、兰州大学(7)、西北农林科技大学(5)、西安体育学院(4)、西北大学(4)、西北民族大学(4)、陕西科技大学(3)、西安电子科技大学(3)、西安邮电大学(3)、西安建筑科技大学、西安理工大学、西安外国语大学、西北工业大学、西北政法大学、新疆大学、甘肃政法学院、合作民族师范高等专科学校、兰州交通大学、兰州教育学院、兰州商学院等校。

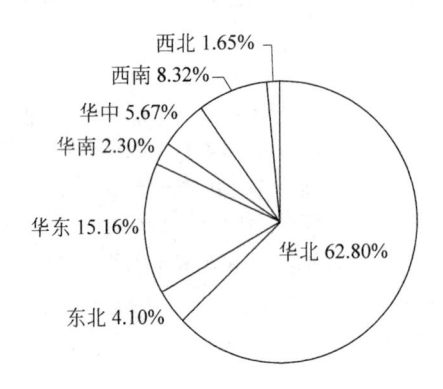

图4-3 中国故事与相关民俗传承现状调查高校地区分布示意图

西北 1.65%
西南 8.32%
华中 5.67%
华南 2.30%
华东 15.16%
东北 4.10%
华北 62.80%

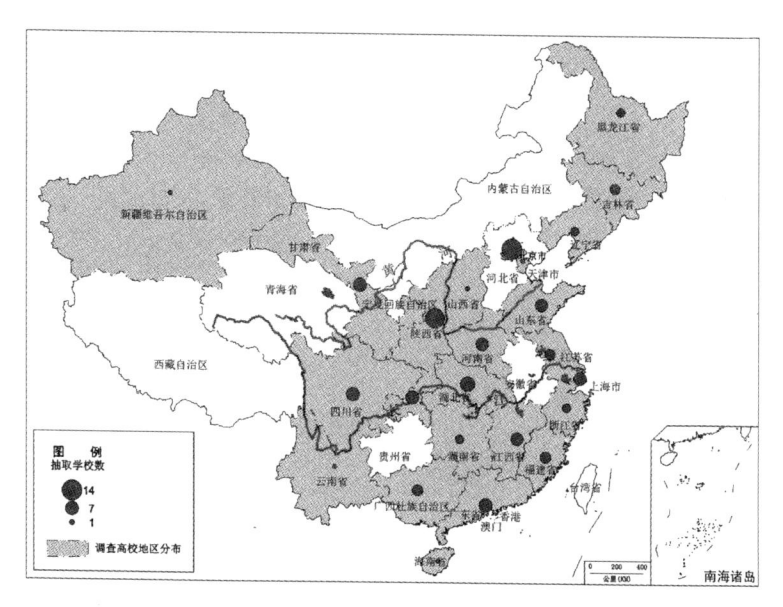

第四章　中国故事跨媒体建设专项规划　　273

图 4-4　中国故事与相关民俗传承现状调查高校地区分布示意图①

表 4-3　中国故事与相关民俗传承现状调查高校排位分布一览表

排位	抽取学校及样本份数
教育部 985 高校(3299)	北京师范大学(2294)、清华大学(116)、北京大学(103)、山东大学(98)、中国人民大学(73)、四川大学(52)、北京航空航天大学(40)、中山大学(37)、厦门大学(35)、重庆大学(35)、南开大学、吉林大学、浙江大学、中央民族大学、武汉大学、北京理工大学、电子科技大学、南京大学、大连理工大学、复旦大学、华中科技大学、同济大学、天津大学、华东师范大学等校。

---

①　图 4-4《中国故事与相关民俗传承现状调查高校地区分布示意图》，底图来源：国家基础地理信息系统《2000 年中国行政区划数字地图(1∶400 万)》，北京师范大学地理与遥感科学学院提供，本项研究实验室 2012 年修订，国家测绘局审图号：GS(2012)342。数据搜集协助：谢开来。地图编绘：赖彦斌。地图数据整理协助：赵娜。

续表

排位	抽取学校及样本份数
教育部211高校(862)	中国石油大学(70)、西南财经大学(44)、中国矿业大学(36)、中央财经大学(36)、对外经贸大学(35)、北京邮电大学(34)、北京科技大学(33)、中国传媒大学(32)、南昌大学(29)、中国政法大学(28)、苏州大学(27)、云南大学、北京工业大学、北京外国语大学、福州大学、西南交通大学、暨南大学、西南大学、中国地质大学、北京林业大学等校。
非教育部211高校(1575)	西南政法大学(35)、无锡太湖学院(34)、首都师范大学(27)、中国青年政治学院(25)、福建师范大学(21)、四川外语学院(19)、江西财经大学(18)、山东师范大学(18)、北京工商大学(17)、福建农林大学(17)、河北农业大学、北京联合大学、中国人民公安大学、北京语言大学等校。 美国宾夕法尼亚大学、波士顿大学、布朗大学、德国诺丁汉大学、日本关东工业大学、日本国士馆大学、瑞典中部大学、新加坡大学、新加坡管理大学、新加坡南洋理工大学、新南威尔士大学、Uniwersité Henri Poincaré, university of Toronto, University of Pittsburgh, University of Melbourne, University of Detroit Mercy, University of British Columbia, University of Alberta, University of California Santa Cruz, University of California Los Angeles, UCLA, State University of New York at Buffalo, Purdue University, northumbria university, Murdoch University, Michigan State University, Michigan State University, Le CLA (Centre de linguistique appliquée) de Besancon, Cass Business School London, BCIT, Anglia Ruskin University.

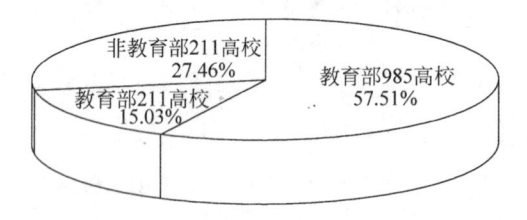

图 4-5 中国故事与相关民俗传承现状调查高校排位分布示意图

表 4-4　中国故事与相关民俗传承现状调查问卷民族分布一览表

民族	抽取学校及样本份数
汉族(5087)	北京师范大学(1929)、清华大学(103)、北京大学(98)、山东大学(86)、中国石油大学(68)、中国人民大学(61)、四川大学(48)、西南财经大学(40)、西南政法大学(37)、中山大学(36)、中国矿业大学、北京航空航天大学、无锡太湖学院、厦门大学、中国传媒大学等校。
满族(80)	北京师范大学(28)、北京大学(3)、河北农业大学(3)、北京联合大学(2)、大连外国语学院(2)、广东外语外贸大学(2)、吉林大学(2)、兰州大学(2)、清华大学(2)、四川大学(2)、中国人民大学、北京工商大学、北京工业大学、北京化工大学、北京林业大学、大连东软信息学院等校。
蒙古族(60)	北京师范大学(60)、内蒙古师范大学(24)、对外经济贸易大学(3)、四川大学(2)、中国人民大学(2)、中央财经大学(2)、北京理工大学(1)、北京联合大学(1)、北京信息科技大学(1)、大连理工大学(1)、东北财经大学(1)、河北联合大学(1)、河南职业技术学院、吉林大学等校。
土家族(55)	北京师范大学(24)、中央民族大学(3)、同济大学(2)、武汉大学(2)、中国地质大学(2)、中国人民大学(2)、中央财经大学(2)、北京大学(1)、北京工商大学(1)、北京航空航天大学(1)等校。
回族(52)	北京师范大学(27)、北京联合大学(2)、西北民族大学(2)、中国人民大学(2)、中国政法大学(2)、中央民族大学(2)、北京工商大学(1)、北京化工大学(1)、武汉大学(1)、西南民族大学(1)等校。
苗族(28)	北京师范大学(20)、对外经济贸易大学(1)、福建师范大学(1)、江西财经大学(1)、清华大学(1)、西南财经大学(1)、西南大学(1)、西南政法大学(1)等校。
壮族(23)	北京师范大学(14)、中央民族大学(2)、北京信息科技大学(1)、北京邮电大学(1)等校。
彝族(18)	北京师范大学(5)、云南大学(2)、北京大学(1)、北京工业大学(1)、成都理工大学(1)、华东师范大学(1)、首都师大(1)、四川师范大学(1)、四川文化产业学院(1)、西南大学(1)等校。

续表

民族	抽取学校及样本份数
维吾尔族(15)	北京师范大学(8)、北京外国语大学(1)、东北大学(1)、广州大学(1)、上海中医药大学(1)、西南民族大学(1)、新疆大学(1)、重庆大学(1)等校。
白族(13)	北京师范大学(4)、云南大学(4)、北京科技大学(1)、广西大学(1)、吉林大学(1)等校。
瑶族(12)	北京师范大学(8)、广西民族大学(1)、华北电力大学(1)、中央财经大学(1)等校。
藏族(11)	北京师范大学(7)、中国政法大学(1)、中央民族大学(1)、合作民族师范高等专科学校(1)等校。
朝鲜族(8)	北京师范大学(4)、中国政法大学(1)、大连海事大学(1)、西南大学(1)、长春工业大学(1)等校。

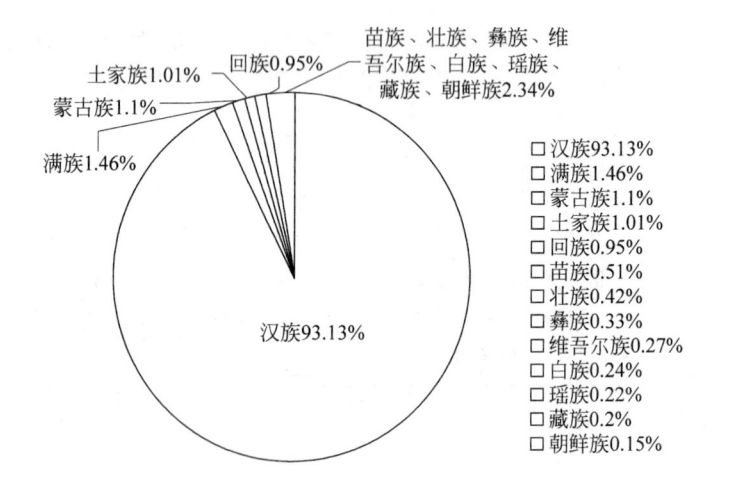

苗族、壮族、彝族、维吾尔族、白族、瑶族、藏族、朝鲜族2.34%
回族0.95%
土家族1.01%
蒙古族1.1%
满族1.46%
汉族93.13%

□汉族93.13%
□满族1.46%
□蒙古族1.1%
□土家族1.01%
□回族0.95%
□苗族0.51%
□壮族0.42%
□彝族0.33%
□维吾尔族0.27%
□白族0.24%
□瑶族0.22%
□藏族0.2%
□朝鲜族0.15%

图 4-6 中国故事与相关民俗传承现状调查问卷民族分布示意图

表 4-5　中国故事与相关民俗传承现状调查问卷专业分布一览表

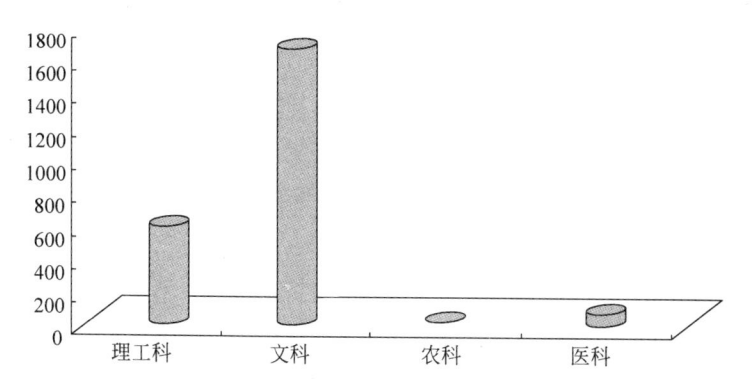

专业	抽取学校及样本份数
理工科(541)	北京师范大学(154)、中国石油大学(51)、北京科技大学(17)、中国矿业大学(20)、无锡太湖学院(16)、清华大学(15)、重庆大学(14)、山东大学(21)、福建农林大学(10)、华北电力大学(9)、上海理工大学、北京大学、大连理工大学、北京工业大学、华中科技大学等校。
文科(1631)	北京师范大学(801)、山东大学(36)、北京大学(35)、中国人民大学(33)、对外经济贸易大学(20)、无锡太湖学院(18)、南开大学(15)、西南财经大学(16)、西南政法大学(15)、厦门大学(15)、清华大学、中国传媒大学、武汉大学、中央民族大学、四川大学、江西财经大学等校。
农科(6)	北京林业大学(1)、福建农林大学(1)、华中农业大学(1)、山东农业大学(1)、浙江大学(1)等校。
医科(41)	重庆医科大学(8)、重庆三峡医药高等专科学校(8)、南昌大学(6)、北京大学(4)、福建医科大学(3)、中山大学(3)、贵阳医学院(1)、河北医科大学(1)、华中农业大学(1)、吉林大学(1)等校。

图 4-7　中国故事与相关民俗传承现状调查问卷专业分布示意图

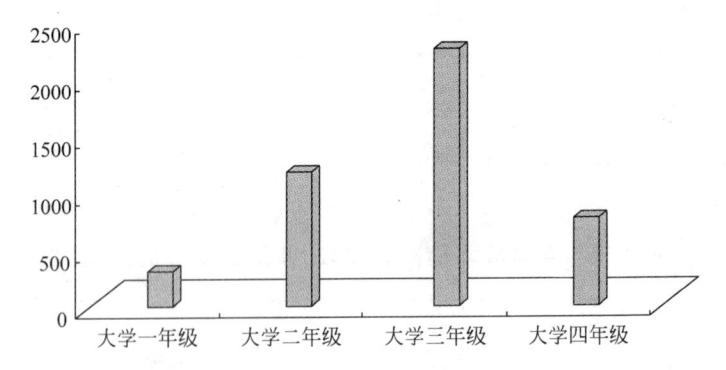

表 4-6　中国故事与相关民俗传承现状调查问卷年级分布一览表

年级	抽取学校及样本份数
大学一年级 (309)	北京师范大学(216)、山东大学(14)、西南交通大学(7)、成都理工大学(6)、清华大学(4)、首都师范大学(4)、苏州大学(4)、中国人民大学(3)、中国石油大学(3)、北京大学(2)、重庆能源职业学院、日本关东工业大学、瑞典中部大学、University of California Santa Cruz.
大学二年级 (1178)	北京师范大学(767)、中国矿业大学(23)、河北农业大学(15)、山东大学(15)、重庆大学(13)、清华大学(13)、暨南大学(9)、内江师范学院(8)、中央财经大学(8)、浙江农林大学(8)、北京大学、北海艺术设计职业学院、长江大学、重庆三峡医药高等专科、山西大学、同济大学等校。
大学三年级 (2239)	北京师范大学(836)、清华大学(57)、山东大学(52)、中国人民大学(37)、北京大学(28)、中央财经大学(24)、四川大学(22)、西南财经大学(21)、中国青年政治学院(21)、西南政法大学(20)等校。
大学四年级 (788)	北京师范大学(475)、清华大学(20)、山东大学(16)、中国人民大学(13)、北京大学(11)、西南交通大学(10)、四川外语学院(10)、中国人民公安大学(9)、北京工业大学(9)、福建医科大学(7)等校。

图 4-8　中国故事与相关民俗传承现状调查问卷年级分布示意图

表 4-7　中国故事与相关民俗传承现状调查问卷年龄分布一览表

年龄段	抽取学校及样本份数
70后(4)	北京师范大学(3)、南开大学(1)、郑州大学(1)
80后(582)	北京师范大学(237)、苏州大学(18)、清华大学(14)、北京大学(11)、四川大学(9)、北京邮电大学(8)、广西师范大学(8)、暨南大学(8)、中国人民大学(8)、福建医科大学(6)等校。
90后(4784)	北京师范大学(1832)、清华大学(94)、山东大学(92)、北京大学(91)、中国人民大学(66)、中国石油大学(63)、四川大学(42)、西南财经大学(37)、中国矿业大学(36)、无锡太湖学院(34)、厦门大学、中央财经大学、北京航空航天大学、对外经济贸易大学、中山大学、复旦大学、河北农业大学、同济大学、中国地质大学、西南政法大学、南昌大学等校。

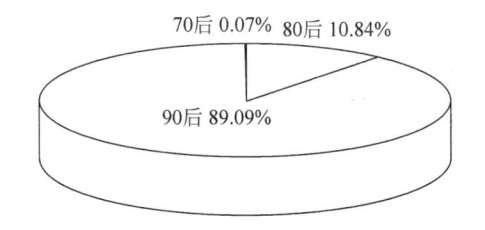

70后 0.07%　80后 10.84%

90后 89.09%

图 4-9　中国故事与相关民俗传承现状调查问卷年龄分布示意图

从对这批国内高校调查资料的分析结果看，我国研究型故事成果在高校传播状况堪忧，而媒体故事传播火热。当代大学生们对手机和网络传播的故事津津乐道，很多人触媒听故事的时间可追溯至童年家庭教育阶段。从国家文化软实力建设的目标出发，将研究型故事成果信息与媒体故事信息相比较，差距是明显的：两者之间，一个以科学态度传播中国优秀历史文明中的故事，一个从商业盈利角度传播世俗故事搞笑爆料，两者高下分明。高校大学生是我国故事文化遗产传播的主力军，此点毋庸置疑。但是，近年来，特别是手机和网络向全社会普及以来，大学生亲近媒体的趋势日隆，推动他们疏远前者而追捧后者,这一矛盾现象是值得我们反思的,而这也成为我们提出建设中国故事跨媒体建设工程的依据。

在统计和分析数据的方法上,对这种全国范围内的民俗学问卷调查,虽然数量近万,但它们来自不同地区和不同民族,在理解故事和民俗上,被调查对象存在着城乡差异、地区差异、民族差异、宗教信仰差异、年龄组差异、宏观空间与微观空间的差异等,此外还有民俗在媒体环境中的变迁问题,因此,对这些问卷不适合做统一合并处理。我们首先对7年的问卷分年度、分批作统计分析,其次根据问卷项目的差同点,兼顾被调查对象的差异性,撰写数据分析报告。对一些较为宏观的,带有理论性的抽象问题的问卷项目,如怎样看待民俗文化软实力等,以及带有民族信仰差异性的问题,如民族节日和史诗传承等,不做数据定量分析,只做定性分析。民俗学的研究一般以定性为主,以定量为辅;本次虽然做了大量问卷,但会将定量与定性的研究方法相结合,既发挥定量调查方法的作用,又将定量解释控制在一定的范围内,尽量避免使民俗学的问卷调查流于简单化。

一、全球化环境中大学生对故事民俗的认知

2008年,本项研究首席专家开设全校选修课"全球化与民俗化",随堂做了问卷调查,共回收有效问卷147份。问卷项目是对11种在全球化下中国民俗文化影响力做排序,它们是:中国历史、中国古代遗产建筑、中国饮食、中国服饰、中国戏曲、中国民歌、中国手工艺、中医中药、中国功夫、中国风光和汉语。在历时7年的调查中,这次调查的范围不大,但我当年从美国孔子学院工作返回,可以利用这次调查数据,与在美的同类调查数据做比较,故在问卷设计上,与在美调查相同,都是从内外双视角出发,在内外媒体宣传和外国人理解的"中国民俗文化"概念内,列举被谈论较多的事象。当年,按民俗学

专业人士的习惯性认识,这些事象不一定都是民俗,但在全球化背景下讨论中国民俗文化软实力问题,在概念设定上宜宽不宜窄。此外,我选择本次问卷,还因为听课者是中外大学生混合群体,其中,中国大学生113人,来华留学生34人。北京是国际大都市,北师大是对外开放的国家重点高校,在全球化时期,不同国籍的大学生一起在中国高校选修民俗学的课程。在这种背景下,我们重点分析中国大学生的答卷,可以观察他们对民俗文化的认知及其对认知的氛围的认识。

(一) 中国大学生问卷统计

中国大学生113人参加了答卷。他们给11种对汉语与中国民俗文化事象的排序,他们对中国民俗文化影响力的排序及各排位段的人数分布情况,详见下表。表中设定的排序序号,对应着相应的分数,第1位得11分,第2位得10分,以此类推,最后一位得1分,然后得出各项的总分,下同。

表4-8 中国大学生对全球化环境下中国民俗文化事象影响力排序一览表

项 目	1	2	3	4	5	6	7	8	9	10	11
中国历史	24	28	7	10	5	9	8	4	6	6	6
中国古代遗产建筑	8	8	31	28	13	4	7	9	2	2	1
中国饮食	8	15	13	10	22	8	18	6	6	6	1
中国服饰	0	0	3	7	8	18	11	18	17	18	13
中国戏曲	0	2	3	1	11	12	14	11	24	15	11
中国民歌	0	0	1	4	4	5	4	5	11	24	55
中国手工艺	3	5	6	7	12	15	8	20	17	15	5
中医中药	1	4	2	11	17	9	15	17	15	9	8
中国功夫	18	17	16	10	7	13	9	8	6	4	3
中国风光	2	3	7	13	10	11	17	13	11	9	11
汉语	49	27	13	6	3	3	4	0	0	3	1

数据来源:作者于2008年在北京师范大学主讲全校公共选修课"全球化与民俗化"期间所做的问卷调查,共回收中外大学生填写的问卷147份。问卷时间:2008年11月。

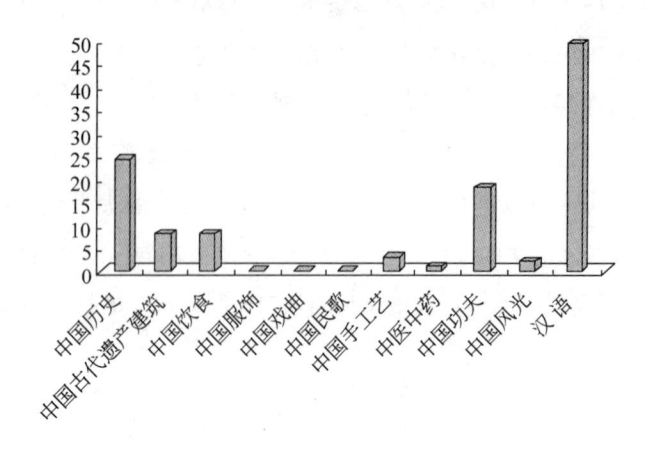

图 4-10　中国大学生对全球化环境下中国民俗文化事象影响力
（按表 4-8"排序 1"）排序示意图

中国大学生排序靠前的是汉语、中国历史、中国功夫、中国古代遗产建筑、中国饮食和中国手工艺。他们将汉语作为中国民俗文化输出的第一载体，与高校在改革开放后设置对外汉语的新课程和国家推行对外汉语政策不无关系。他们在排序中对中国历史、中国古代遗产建筑、中国饮食和中国手工艺加强了关注，是受到媒体报道中外旅游选择的影响。他们选择中国功夫，而且表现了很高的热情，则完全是现代影视媒体的作用。他们还通过中国功夫的影视片在中国内地与台港澳地区，以及在海外的广泛欢迎程度，反观中国民间体育对中国民俗的代表性。

(二) 来华留学生问卷统计

来华留学生 34 人参加答卷，分别来自美国、新加坡、印度尼西亚、韩国和日本。他们对中国民俗文化影响力的排序及各排位段的人数分布情况如下。

表 4-9　来华留学生对全球化环境下中国民俗文化事象影响力排序一览表

项　目	1	2	3	4	5	6	7	8	9	10	11
中国历史	2	16	4	3	3	4	0	1	0	1	0
中国古代遗产建筑	1	1	8	5	6	7	0	0	3	3	0
中国饮食	2	9	7	7	2	1	3	1	2	0	0
中国服饰	0	1	0	3	3	2	5	7	5	2	6
中国戏曲	0	1	0	2	4	3	3	5	4	6	6
中国民歌	0	0	2	2	0	2	3	3	3	14	5
中国手工艺	0	1	0	4	2	1	6	3	11	3	3
中医中药	1	3	6	1	6	3	3	6	1	1	3
中国功夫	0	0	3	1	1	9	5	6	3	1	5
中国风光	1	1	4	3	7	2	5	2	2	2	5
汉语	27	1	0	3	0	0	1	0	0	1	1

数据来源：作者于 2008 年在北京师范大学主讲全校公共选修课"全球化与民俗化"期间所做的问卷调查，共回收中外大学生填写的问卷 147 份。问卷时间：2008 年 11 月。

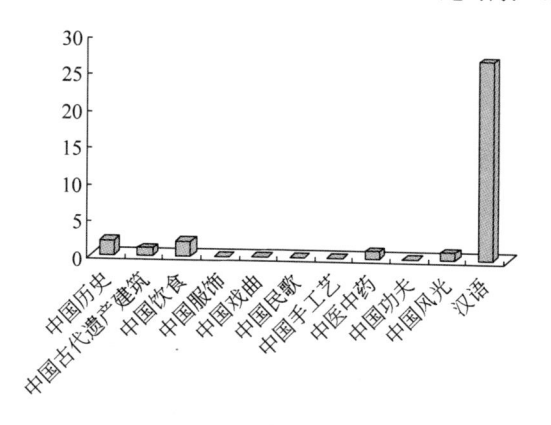

图 4-11　来华留学生对全球化环境下中国民俗文化事象影响力
（按表 4-9"排序 1"）排序示意图

来华留学生给中国民俗文化事象排序是从个人的学习目的出发的，因此他们也比较看重汉语排序。他们还选择了中国历史、中国饮食、中医中药和中国风光，这反映了他们对目标国的文化象征物上，倾向于选择与自我文明的参照物，其中，美国留学生选择与自我文明差异大的中国饮食和中国古建筑,日、韩等亚洲国家留学生选择与自我文明有联系、也有一些差异的参照物,如既选中国历史和中国古建,也选中医中药。

(三) 中外大学生问卷对比分析

表 4-10　中国大学生与来华留学生对全球化环境下
中国民俗文化事象影响力排序一览表

项　目	中国大学生 排序	中国大学生 总分	来华留学生 排序	来华留学生 总分
中国历史	2	868	2	283
中国古代遗产建筑	2	868	4	269
中国饮食	5	782	3	224
中国服饰	10	474	9	209
中国戏曲	9	503	10	187
中国民歌	11	275	11	157
中国手工艺	8	573	8	144
中医中药	7	589	5	140
中国功夫	4	835	7	131
中国风光	6	635	6	106
汉语	1	1 056	1	328

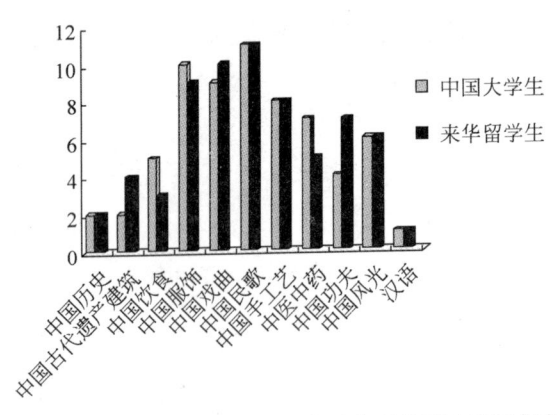

图 4-12　中国大学生与来华留学生对全球化环境下中国民俗文化事象
影响力排序示意图

首先，对汉语影响力的认识趋同。出人意料的是，中国大学生和来华留学生都认为汉语影响力最强。其中的原因与被问卷群体的专业有关。中国大学生来自汉语言文学专业，强调对汉语的重视。没有旅居国外背景的中国大学生还更多地仅将汉语当作沟通工具，所以普通话说得流利与否是大家关注的问题。来华留学生学习汉语，则是其学习内容中不可缺少的一部分，他们重视汉语也就不言而喻了。

其次，中国大学生对中国功夫的评价高于来华留学生，这与国内近期功夫片的热映与宣传有关。来华留学生则对中国饮食评价较高。

二、新媒体生活方式中故事民俗传播的现状

2010年和2011年，我在北师大文学院讲授"民间文学概论"必修课和"民间文化专题"选修课，同时进行问卷调查，共回收问卷2432份。问卷设计与此前问卷问题保持连续性，所采用的排序兼写论文的方法也基本相同，不同的是根据本课的新内容，增加了对媒体环境中的故事与民间文化传播现状调查，问卷项目是：手机短信、中国民歌、戏曲曲艺、民俗影视片、经济民俗、建筑民俗、服饰民俗、饮食民俗、民俗旅游、传统手工艺和非物质文化遗产。当年国内讨论春节的话题活跃，大学生热心关注，故还在问卷中增加了对春节民俗的专题调查项目。参加调查的大学生年龄段，主要分布在21岁的年龄层中。80后占31%，90后占68%，在民族分布上，有汉族、维吾尔族、蒙古族、藏族和回族等20个民族。在地区分布上，被调查大学生来自全国的31个省(市)、自治区，另有美、日、韩共3名留学生参加了问卷填写。很多学生所填写地区信息详细到行政县区，尤以广西桂林与陕西商洛旅游区的生源填写为最。

(一)手机与故事民俗影响力的关系

当代大学生全部是手机用户,可达到人手一部手机,手机成为学生个体与社会群体联系的主渠道,大学的学生管理工作逐步与手机绑定。本次对数字校园环境的设定,便从手机切入。其他民俗文化事象,要求参加问卷的大学生按影响力排序。在2011年参加问卷的北师大大学生全部是免费师范生,主要来自民俗文化基础深厚的西部地区,当地世界级自然遗产和非物质文化遗产多,还有大量国家级和省级非遗。他们既使用手机,又有丰厚的家乡民俗文化资源背景,有些同学随口可唱本地山歌和讲方言故事。以下主要分析对他们提交的352份问卷的数据统计结果。

表4-11 手机短信与民间文化事象影响力排序频数统计一览表

单位:%

文化事象	排序1	排序2	排序3	排序4	排序5	排序6	排序7	排序8	排序9	排序10	排序11	总计
中国民歌	29	29	28	32	29	38	40	51	29	24	15	344
戏曲曲艺	16	20	28	21	33	39	43	36	36	36	37	345
民俗影视片	21	17	17	22	29	14	33	43	65	55	31	347
手机短信	72	25	24	14	13	9	16	18	21	49	86	347
经济民俗	24	26	24	21	22	24	25	25	36	60	55	342
建筑民俗	15	22	47	55	33	31	38	33	29	20	22	345
服饰民俗	15	46	46	52	42	42	21	23	24	18	15	344
饮食民俗	76	71	52	36	30	26	21	17	7	5	4	345
民俗旅游	18	41	41	31	38	43	44	29	30	12	13	340
传统工艺	5	27	26	42	48	44	37	44	36	15	20	344
非物质文化遗产	57	23	14	18	30	33	29	26	34	45	34	343
未填写	1	2	1	2	0	3	3	4	4	13	20	53
总计	349	349	348	346	347	346	350	349	351	352	352	3839

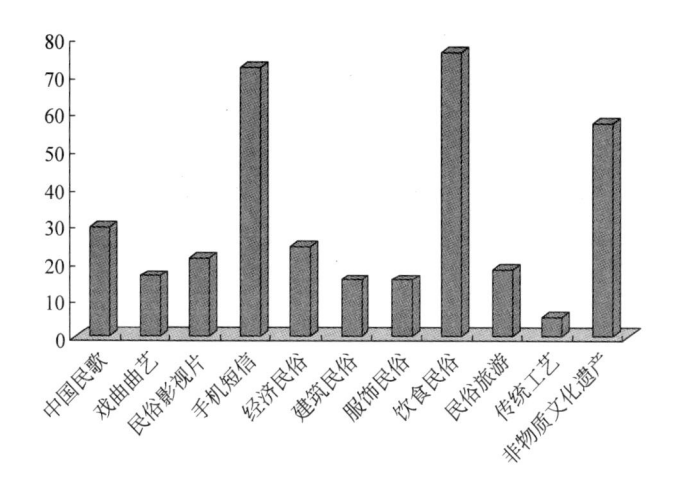

图 4-13　手机短信与民间文化事象影响力（按表 4-11"排序 1"）排序频数统计示意图

从表 4-11 中的"总计"中可以看出，实际所填选项总计为 3839，除 33 个奇异值因重复填写，或者未填，因而没有在 SPSS 输出时显示以外，排序分值最高的是手机短信和民俗影视片，均为 347 分，这让我们获知，在这批大学生的观念中，媒体占统治地位。我国西部地区富有世界和国家文化遗产，大学生们所耳熟能详，川滇黔一带的民间花灯戏曲、侗族大歌、苗瑶吊脚楼建筑、民族手工艺和地方名特小吃等进入了这些遗产清单，已名扬国内外，它们也都被大学生排列到靠前的位置，按得分高低排列，分别是戏曲曲艺、建筑民俗、饮食民俗、传统工艺、中国民歌和非物质文化遗产。排序稍微靠后的是经济民俗和民俗旅游。其实民俗旅游与手机短信同为新生事物，但民俗旅游就没有手机短信那样深受大学生欢迎。这大概与在校大学生对旅游经济的隔离有关，也可能与旅游要由传统民俗文化输血才能产生循环经济有关，不像手机短信可以瞬间成为大学生的精神快餐。

表 4-12　手机短信与民间文化事象影响力排序频数总体统计一览表

单位:%

文化事象	排序1	排序2	排序3	排序4	排序5	排序6	排序7	排序8	排序9	排序10	排序11
中国民歌	8.2	8.2	8.0	9.1	8.2	10.8	11.4	14.5	8.2	6.8	4.3
戏曲曲艺	4.5	5.7	8.0	6.0	9.4	11.1	12.2	10.2	10.2	10.2	10.5
民俗影视片	6.0	4.8	4.8	6.3	8.2	4.0	9.4	12.2	18.5	15.6	8.8
手机短信	20.5	7.1	6.8	4.0	3.7	2.6	4.5	5.1	6.0	13.9	24.4
经济民俗	6.8	7.4	6.8	6.0	6.3	6.8	7.1	7.1	10.2	17.0	15.6
建筑民俗	4.3	6.3	13.4	15.6	9.4	8.8	10.8	9.4	8.2	5.7	6.3
服饰民俗	4.3	13.1	13.1	14.8	11.9	11.9	6.0	6.5	6.8	5.1	4.3
饮食民俗	21.6	20.2	14.8	10.2	8.5	7.4	6.0	4.8	2.0	1.4	1.1
民俗旅游	5.1	11.6	11.6	8.8	10.8	12.2	12.5	8.2	8.5	3.4	3.7
传统工艺	1.4	7.7	7.4	11.9	13.6	12.5	10.5	12.5	10.2	4.3	5.7
非物质文化遗产	16.2	6.5	4.0	5.1	8.5	9.4	8.2	7.4	9.7	12.8	9.7
未填写	0.3	0.6	0.3	0.6	0	0.9	0.9	1.1	1.1	3.7	5.7

根据表 4-12 的数据,可将手机短信和相关民俗文化事象的答卷的频数总体分布表示如下。

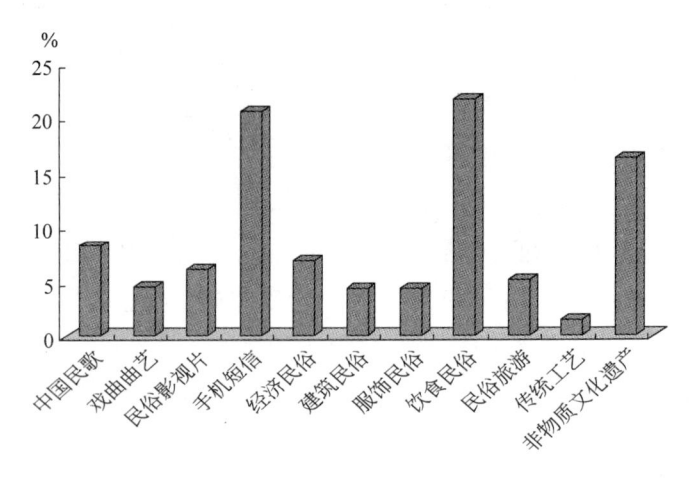

图 4-14　手机短信与民间文化事象影响力(按表 4-12"排序 1")排序频数统计示意图

我们从表 4-12 中还可以看到,排序 1、排序 2 和排序 11 的数据分布集中,其他各列的数据分布分散。集中程度最高的选项是排序 11 中的"手机短信",频率高达 24.4%,属于频率统计表中的最高值。其次是排序 1 和排序 2 中的"饮食民俗",频率为 21.6% 和 20.2%。从这个结果来看,我们得知,大学生对手机短信和饮食民俗的认同程度比较高。问卷中的民俗文化事象都有较好的排序位置。

(二) 媒体时代的故事传播

在本次问卷中,对故事传播信息的填写是开放的,要求大学生按个人理解填写所熟悉的故事篇名。这部分答案不能直接进入统计软件做分析,只能做定性分析。

被大学生列为最熟悉的故事,按编写频次高低排列依次为:《八仙过海》、《白蛇传》、《宝莲灯》、《草原英雄小姐妹》、《过桥米线》、《牛郎织女》、《梁祝》、《孟姜女》、《刘三姐》、《天狗吃月亮》、《武松打虎》、《小白菜》、《西游记》、《节日的传说》。

被大学生列为次级熟悉的故事,按填写频次排列依次为:《嫦娥奔月》、《大禹治水》、《圣母三姐妹》、《精卫填海》、《后羿射日》、《盘古开天》、《哪吒闹海》、《女娲补天》和《夸父逐日》。

大学生填写频率较低的故事依次是:《阿凡提》、《海的女儿》、《田螺女》、《螺蛳姑娘》、《窦娥冤》、《孔融让梨》、《狼来了》、《老虎外婆》、《老鼠嫁女》、《乐不思蜀》、《卖油翁》、《孟母三迁》、《巧女故事》、《岳母刻字》、《熊外婆》和《望夫石》。

大学生填写频率最低的故事,与传统少数民族英雄史诗和民间叙事长诗有关,如《阿诗玛》、《格萨尔王传》、《玛纳斯》、《乌古斯汗》、《白鹿母亲》、《兰花花》和《鹿回头》。它们在大学课堂上被重点介绍,但它们不会在各民族中广泛流传,特别是史诗,是其所属民族的"圣经",如西藏英雄史诗《格萨尔王传》的故事,但只在本民族中虔敬地传承，所以对这种故事流传现象的统计是不能以定量多少论重要性的。

在现代故事传承中，传统经典、地方性和民族性的因素都是存在的。在大学生的答卷中，我国经典故事——《牛郎织女》《孟姜女》、《梁祝》和《白蛇传》四大传说，仍占主要地位。不同地区来源的大学生会指出自己熟悉的故事的来源地域，比如来自福建的同学对福建当地流传的故事比较熟悉。少数民族同学在填写故事时，一般都提到本民族的故事多，还会提到本民族节日，如古尔邦节和开斋节。

另一个传播途径是现代学校教育，成语故事在答卷中占有一定比例，与中小学课本讲成语有关。许多大学生填写故事受到古典文学和现代作家文学的影响，所写故事篇名有《三国演义》《红楼梦》、《水浒传》、《孔雀东南飞》、《杜十娘怒沉百宝箱》和《闰土》；少数同学将外国故事混淆为中国故事，填写了《白雪公主》、《七个小矮人》、《阿拉丁的神灯》、《豌豆公主》、《卖火柴的小女孩》。这种情况说明，以课本为代表的书籍仍是现代故事传承的正式渠道，学校使用的书籍的纸媒地位不会被电子媒体全部取代。

在现代媒体工业发达的时代，电子媒体对大学生的思维活动和判断力产生了相当大的影响，很多大学生在答卷中坦率地写道，中国故事的范围，应该包括当下的电影、电视剧和动画片，他们所填写的故事都是在电视或电影上出现过的情节，如《画皮》、《宝莲灯》、《白蛇传说》和《倩女幽魂》的内容。还有的同学提交的故事题目是现在流行的电影《画皮》、《宝莲灯》、《白蛇传说》、《倩女幽魂》等。有的大学生将流行儿童动画片当作传统故事，如《喜羊羊和灰太狼》、《黑猫警长》等故事。这种情况说明，电子媒体从儿童时期起渗透到孩子的记忆中，已影响到他们上大学后对故事的理解，其理解的问题在于误解，谁来承担这个责任？当然不是儿童自己，而是他们的家长、商家和中小学教育，这是需要我们认真反思的。还有不少大学生填写了近年国家公布的公休性传统节日的故事，如年的故事、端午节的故事和灶王爷的故事，这些故事都在国家媒体宣传中频频被介绍，被新媒体广泛征用。我们在下面的春节民俗文化符号分析中，还会提到年的故事。不过新媒体的故事宣传缺乏地方性和民族性，没有历史感，所讲的年节故事要么千篇一律，要么随意改造，投现代人口味之所好，这种故事媒体化是对故事资源的伤害。被改造的故事本身也是短命的，因为它经不起民俗文化规约的推敲，所以会自生自灭。这些都是需要改进之处。

三、数字校园建设中故事民俗的教育活动

我们对国内高校故事与相关文艺载体的传承现状做了连续2年的跟踪调查，共回收问卷3223份。本次问卷与以往的问卷保持一定的连续性，同时也有少量转变，即将课上讲授的故事概念与大学生接触较多的现代文艺时尚元素都考虑在内。在问卷设计中，对故事的概念，采取广义的划分，即指神话、传说和故事的统称；对相关现代文艺时尚元素的载体范围，界定为现代社会中的民俗文艺和作家文艺两种载体传播。要求大学生对10个选项做影响力排序，即故事、原生态民歌、通俗歌曲、谚语谜语、民间曲艺、民间戏曲、史诗、影视、话剧和小品，然后进行数据分析。其中，2012年参加调查的大学生，所在高校以211大学为主，占63%；其余大学占37%。被调查人以211重点高校大学生为主，智商高，成绩好，以独生子女为主，经济来源充足，家庭期望值高，处于大学生中、上层，其所在院校重视数字校园建设，媒体环境优越，除课堂教学外，媒体成为求知的第二渠道。其他非211大学的本科生占三成，他们的校园媒体环境有差异，但也是校园与社会媒体资讯的宠儿。调查结果可以代表当代大学生中的故事传播现状，下面首先做分析。

(一) 故事及其融入相关民俗文艺和作家文艺创作的影响力分布

对 2012 年大学生填写的 10 项分布数据做统计分析,所得一般结果如表 4-13。

表 4-13 故事与相关文艺载体传承关系排序一览表　　单位:%

分类＼排序	排序1	排序2	排序3	排序4	排序5	排序6	排序7	排序8	排序9	排序10
故事	26.95	11.19	12.63	11.91	10.66	7.86	7.07	5.35	4.38	2.05
原生态民歌	1.65	3.62	6.28	7.75	10.55	12.70	13.71	13.35	15.68	14.42
通俗歌曲	13.10	28.67	14.82	10.01	8.00	7.36	5.53	4.27	4.05	4.38
谚语谜语	4.84	10.62	12.38	15.79	14.64	12.74	9.04	6.93	6.78	6.42
民间曲艺	1.69	5.02	7.50	10.87	12.52	14.68	15.11	15.39	11.77	5.27
民间戏曲	1.79	5.06	6.69	9.22	12.34	13.35	13.85	15.97	13.74	7.68
史诗	5.02	4.38	4.23	4.99	5.53	6.67	8.72	10.15	15.07	35.34
影视	42.23	19.30	9.36	7.14	4.59	4.02	4.27	4.34	2.91	2.08
话剧	0.86	2.22	5.88	8.93	9.87	10.73	14.50	15.72	15.86	15.54
小品	1.83	9.90	20.02	13.38	11.30	9.90	8.22	8.54	9.76	6.82

数据来源:作者于 2011 年至 2012 年在北京师范大学文学院讲授选修课"民间文化专题"和必修课"民间文学概论"期间对本校听讲大学生和其他国内高校的大学生所做的问卷调查,问卷时间:2011 年 5 月,2011 年 11 月,2012 年 11 月。共回收问卷 3223 份。

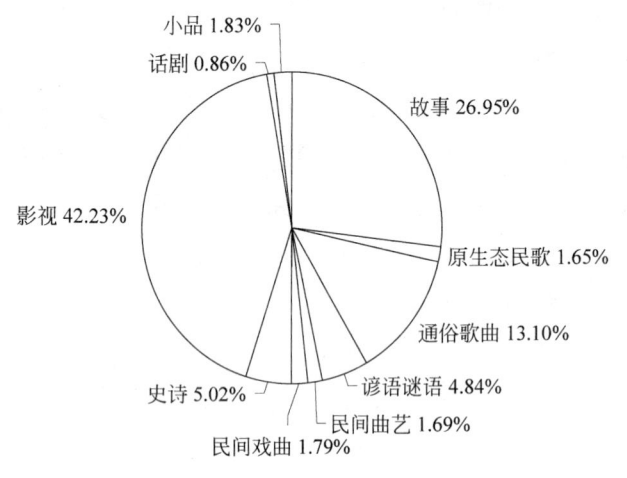

图 4-15　故事与相关文艺载体传承关系(按表 4-13"排序 1")排序示意图

从表 4-13 的数据看,在故事和相关文艺载体的关系方面,在大学生填写的答案中,排序 1 中排名比较靠前的,是影视、故事和通俗歌曲,三者所占比例加起来超过 50%,由此可获知,对这三者的关联性及其高显示度,大学生的认识趋同。排序 10 中排名后三位的是史诗、话剧和原生态民歌,在三者中,认为故事与史诗关联的意见相对集中,而对故事与话剧和原生态民歌的关联反应平平。

民俗文艺体裁研究的一个关键问题是民族性差异,我国少数民族的聚居大多有区域稳定性,故这方面研究的民族差异往往等于地区差异。在以上答卷人的民族来源中,汉族大学生是主体成分。现在我们还要需了解少数民族同学的认知情况。我们选择了拥有世界级非遗的《江格尔》史诗和长调民歌的蒙古族问卷 22 个,重新做统计分析,结果如下表。

表 4-14 蒙古族大学生关于故事与相关文艺载体传承关系的排序一览表

单位:%

分类\排序	排序1	排序2	排序3	排序4	排序5	排序6	排序7	排序8	排序9	排序10
故事	27.27	13.64	4.55	4.55	18.18	13.64	0.00	0.00	9.09	9.09
原生态民歌	4.55	4.55	4.55	18.18	13.64	9.09	13.64	4.55	18.18	9.09
通俗歌曲	4.55	27.27	13.64	13.64	4.55	9.09	9.09	4.55	4.55	9.09
谚语谜语	4.55	13.64	22.73	9.09	4.55	4.55	18.18	9.09	9.09	4.55
民间曲艺	0.00	0.00	13.64	18.18	18.18	0.00	4.55	18.18	18.18	9.09
民间戏曲	0.00	0.00	4.55	9.09	9.09	27.27	9.09	9.09	13.64	18.18
史诗	9.09	4.55	0.00	4.55	9.09	4.55	13.64	18.18	9.09	27.27
影视	40.91	0.00	18.18	18.18	4.55	4.55	9.09	4.55	0.00	0.00
话剧	9.09	4.55	9.09	4.55	4.55	13.64	9.09	31.82	0.00	13.64
小品	0.00	31.82	9.09	0.00	13.64	13.64	13.64	0.00	18.18	0.00

数据来源:作者于 2011 年至 2012 年在北京师范大学文学院讲授选修课"民间文化专题"和必修课"民间文学概论"期间对本校听讲大学生和其他国内高校的大学生所做的问卷调查,问卷时间:2011 年 5 月,2011 年 11 月,2012 年 11 月。共回收问卷 3223 份。

饼图数据：
- 小品 0.00%
- 话剧 9.09%
- 故事 27.27%
- 原生态民歌 4.55%
- 通俗歌曲 4.55%
- 谚语谜语 4.55%
- 民间曲艺 0.00%
- 民间戏曲 0.00%
- 史诗 9.09%
- 影视 40.91%

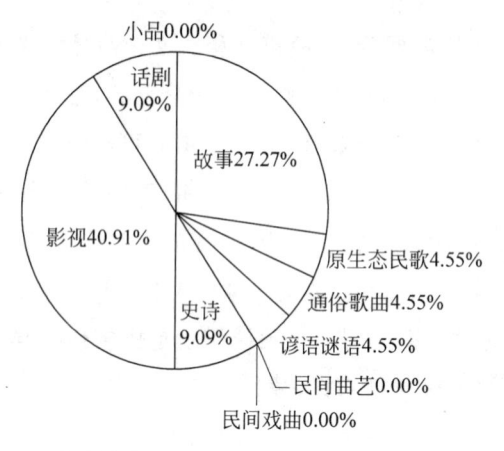

图 4-16　蒙古族大学生关于故事与相关文艺载体传承关系
（按表 4-14 "排序 1"）排序示意图

在表 4-14 中,看排序,影视与故事的排名最高,我们能看到新媒体在蒙古族聚居区有不小的影响力。但是,表层文艺不一定与深层文化直接对应,即便表层可能是深层的"冰山一角",其表现也是复杂的。这种复杂是由传统民俗文艺自身的性质造成的,有时也与传统民俗文艺在现代媒体环境中传承的难度有关。越传统适应性和有传统权威的民俗文化体裁,如蒙古族史诗和长调民歌,在进入现代媒体传承时代后,脚步越沉重,不容易为当代大学生所接受。在表 4-14 中的排序 1,作为世界级非遗拥有者的蒙古族大学生,对史诗的态度是冷淡的,填写比例为 9.09％,远不如他们对影视更为热情洋溢。再看排序 1 的第 8 项"话剧",我们还能看到另一个现象,即蒙古族大学生将本应熟悉的史诗与他们并不熟悉的现代剧场中的"话剧"平视,对"话剧"的填写比例同样为 9.09％,令人奇怪。但足以颠覆我们的看法的是,纵观蒙古族大学生从排序 1 至排序 10 中对"史诗"的选择,却可以发现完全不同的景象:在排序 2 中,"史诗"的选择量等于"原生态民歌"和"话剧";在排序 4 中,"史诗"的选择量等于"故事"

和"话剧";在排序5、排序7和排序9中,"史诗"的选择量等于"民间戏曲"、"民间曲艺"和"谚语谜语",超过了"影视"和"话剧";在排序10中,"史诗"的选择量跃居第一,超过了所有相关文艺选项,包括超过"话剧"选择量的一倍,此时选择"影视"的蒙古族大学生为零。这种排列的变化告诉我们什么呢?我们知道,史诗今天之所以被列为非遗,是因为已经濒危,但史诗的强大传统,正在于它的演唱是"故事"、"原生态民歌"、"民间戏曲"、"民间曲艺"和"谚语谜语"等各种民俗文化体裁的综合体,史诗的精神和史诗的形式渗透在当地其他各种民俗文艺体裁中,现在还在养育它们,连当地的现代媒体内容也受到它的滋养。恐龙遇上了古代地球气候的变化,突然消失了;就好像史诗遇上了现代媒体热浪的袭击,突然濒危了;但是,凡有古老史诗的地方,当地的现代民俗文艺和作家文艺也就会有它的灵魂和基因。由此我们来推测大学生看史诗的轨迹,虽然不在他们最初的兴奋点上,但我们利用民俗学的基础研究理论,仍能找出他们之间的文化基因关系。

对于蒙古族大学生填写话剧和影视的动机,大概不仅仅是因为作家文艺和媒体文艺的强大,而可能是因为话剧和影视的演出时间是有限的,适合媒体播放;史诗演唱的时间过长,一部完整的史诗演唱需要三个月或半年,不适合媒体播放,更不符合快节奏和计算商业盈利的媒体人要求。这样大学生看不见史诗,自然就会对史诗生分。如何更有效地保存史诗遗产?还有待于做大量的具体研究。总之,在这些地方,定量研究是不管用的,要做定性研究。

(二) 对中国故事代表作研究型成果的了解程度

我在本部分的开头谈到,在这批问卷之前和之中,我是给参加答卷的本科生讲授"民间文学概论"课程的,其中包括介绍故事研究型成果。钟敬文先生主编的高校文科教材《民间文学概论》引用了10个富有研究成果的经典故事,此书在全国通用33年,应该对我国高校文科大学生有相当的影响。我将这10个故事列出,请现在的大学生就其熟悉程度排序。其中,本项研究首席专家所在大学的大学生经过上课的教育,会对这些经典故事的内容和价值增加认识;其他在京和外地高校的大学生多少接触过这部教材,他们的答卷应该能大体反映我国经典故事社会流传的一般现状,以及大学生们对故事研究型成果的实际了解程度。这次共收获有效问卷2707个。以下是数据频率分布如表。

表4-15 我国大学生故事熟悉程度排序频率分布一览表 单位:%

篇名	排序1	排序2	排序3	排序4	排序5	排序6	排序7	排序8	排序9	排序10
牛郎织女	34.95	21.17	15.55	8.72	5.62	4.17	4.40	2.18	1.96	1.33
梁祝	17.62	27.71	16.77	11.05	6.32	6.35	5.21	4.40	3.36	1.18
孟姜女	1.70	5.06	9.01	10.38	13.37	14.48	13.56	15.63	12.74	4.36
白蛇传	15.11	10.97	18.62	16.85	8.09	7.72	7.54	6.43	6.43	1.96
盘古	6.83	4.54	6.10	9.01	12.78	12.71	16.48	17.07	11.71	2.88
女娲	3.47	9.09	7.87	12.49	18.84	19.43	14.33	10.20	3.47	0.78
黄帝	2.55	2.36	4.88	4.10	5.36	8.09	13.82	18.80	36.94	3.58
羲和浴日	1.00	0.55	1.11	1.18	1.22	1.55	2.73	5.25	7.94	77.02
嫦娥	12.15	13.41	12.97	17.07	14.22	9.83	8.09	5.76	4.84	1.51
大禹治水	4.62	5.13	7.13	9.16	14.19	15.66	13.85	14.30	10.60	5.39

在表4-15的排序1中,有对中国四大经典故事的牛郎织女、孟姜女、梁山伯与祝英台和白蛇传的全部调查数据。这些经典故事的研究者都是我国知名学者,如顾颉刚、钟敬文和钱南扬,大学生给它们的总体排名也较高。但我们将研究成果与传播现状对照看,两者的数据又是很不匹配的。在四大经典故事中,孟姜女研究的首席专家是顾颉刚,顾先生创立的孟姜女研究的历史地理方法影响了五四以来的跨世纪学术走向。可是,从大学生填写的问卷看,他们对孟姜

饕餮治水 4.62%
嫦娥 12.15%
羲和浴日 1.00%
黄帝 2.55%
女娲 3.47%
盘古 6.83%
白蛇传 15.11%
孟姜女 1.70%
梁祝 17.62%
牛郎织女 34.95%

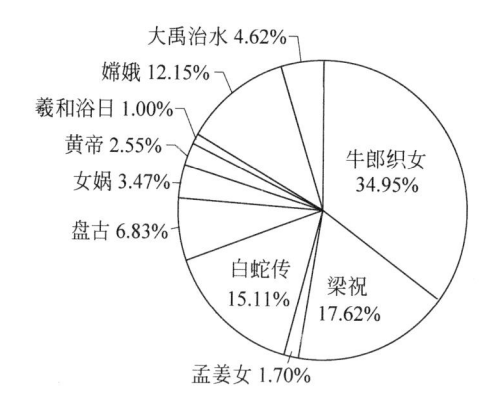

图 4-17 我国大学生故事熟悉程度（按表 4-15"排序 1"）排序频率分布示意图

女故事的熟悉程度是较低的，在答卷总数中，只占 1.7%。大学生对其他三个经典故事的熟悉程度排序，包括牛郎织女、梁祝和白蛇传，三个故事的排名扶摇攀升，一个比一个高。牛郎织女故事的排名最高，梁祝和白蛇传紧随其后，与这三个故事都是大量触媒户有关，它们的同名电影和电视剧也不少，还不乏明星演绎的名作，如根据牛郎织女故事改编的黄梅戏电影《天仙配》，根据梁祝故事改编的越剧电影《梁山伯与祝英台》，根据白蛇传故事改编的港台电视片《新白娘子传奇》。其实孟姜女故事也上过电影，但编剧和放映的时间较早，加上后来很少翻拍和改编，故在现代大学生中不够普及。

排序 1 中的嫦娥故事并非名篇，其触媒程度更无法与牛织故事等望其项背，也没有专门的嫦娥电影或电视节目，但由于近年嫦娥的名字被用于国家航天登月工程，于是"嫦娥"二字在大学生中名声大震，答卷人填写较多。其他如黄帝和大禹治水的故事，在大学生中排名都不高，但黄帝和大禹的答卷数据又是两种不能直接做定量分析的数据，例如，在孔子和司马迁的时代，黄帝故事曾被他们分别记载，并从不同角度谈论。在整个 20 世纪中，黄帝都是国家政府宣传力度最大的故事,用来维护国家统一和凝聚华侨文化,因此,对黄帝故事的答卷要做定性分析。

分析四大经典故事的填写数据可见,在新媒体受到青睐的经典故事,也是地区分布最广的故事。以下分别讨论四大故事的数据分析结果。

表 4-16 我国大学生对牛郎织女故事熟悉程度排序频率分布一览表

单位:%

地区\排序	排序1	排序2	排序3	排序4	排序5	排序6	排序7	排序8	排序9	排序10
华东	37.74	22.35	12.54	7.87	4.56	4.45	4.22	2.05	1.82	2.39
华北	31.96	17.32	18.76	12.58	7.01	3.09	4.12	3.09	1.44	0.62
华中	39.72	19.86	18.82	8.36	4.18	3.83	2.79	1.39	1.05	0.00
华南	39.72	19.86	18.82	8.36	4.18	3.83	2.79	1.39	1.05	0.00
东北	31.38	22.87	13.83	5.85	6.91	3.19	9.04	2.13	3.72	1.60
西北	39.67	19.01	14.05	10.74	3.31	5.79	2.48	1.65	2.48	0.83
西南	30.70	22.12	18.74	6.55	7.00	5.42	3.61	2.48	2.48	0.68

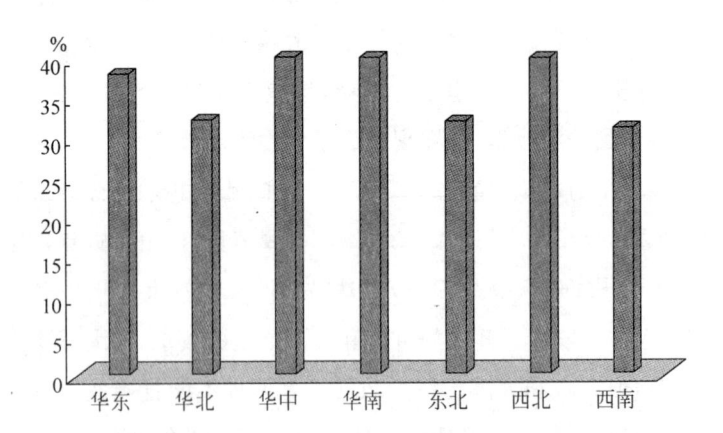

图 4-18 我国大学生对牛郎织女故事熟悉程度(按表 4-16"排序 1")
排序频率分布示意图

表 4-17 我国大学生对梁祝故事熟悉程度排序频率分布一览表

单位:%

地区	排序1	排序2	排序3	排序4	排序5	排序6	排序7	排序8	排序9	排序10
华东	16.88	28.28	17.67	9.92	7.53	5.82	5.25	4.22	2.85	1.48
华北	19.79	26.80	17.11	10.31	6.80	6.80	3.71	3.51	4.12	1.24
华中	16.03	30.60	17.07	11.50	4.18	6.27	4.88	4.18	4.88	0.35
华南	18.48	25.00	21.74	6.52	9.78	5.43	4.35	4.35	3.26	1.09
东北	23.40	19.68	13.30	11.70	5.85	8.51	8.51	4.79	3.19	0.53
西北	9.92	33.88	12.40	13.22	7.44	5.79	5.79	9.09	1.65	0.83
西南	16.25	30.70	17.83	12.64	4.97	5.64	6.32	2.26	2.26	1.13

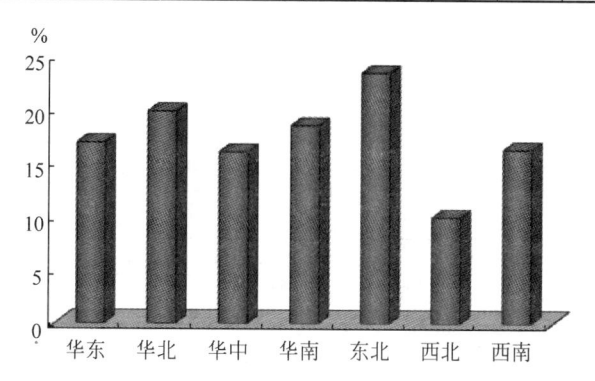

图 4-19 我国大学生对梁祝故事熟悉程度(按表 4-17"排序 1")排序频率分布示意图

表 4-18 我国大学生对白蛇故事熟悉程度排序频率分布一览表

单位:%

地区\排序	排序1	排序2	排序3	排序4	排序5	排序6	排序7	排序8	排序9	排序10
华东	13.11	11.29	20.98	17.33	8.55	7.18	7.07	6.73	5.82	1.48
华北	11.96	10.93	9.69	20.21	10.31	9.07	9.28	5.36	8.87	3.51
华中	14.63	11.85	19.86	18.47	5.23	9.76	8.36	6.27	4.53	1.39
华南	9.78	9.78	25.00	10.87	7.61	9.78	5.43	7.61	11.96	1.09
东北	8.51	7.98	21.28	13.83	6.38	13.30	6.38	10.64	8.51	3.19
西北	16.53	6.61	24.79	18.18	5.79	6.61	5.79	6.61	8.26	0.83
西南	27.54	11.29	19.64	13.77	7.00	4.29	6.55	4.97	3.39	1.58

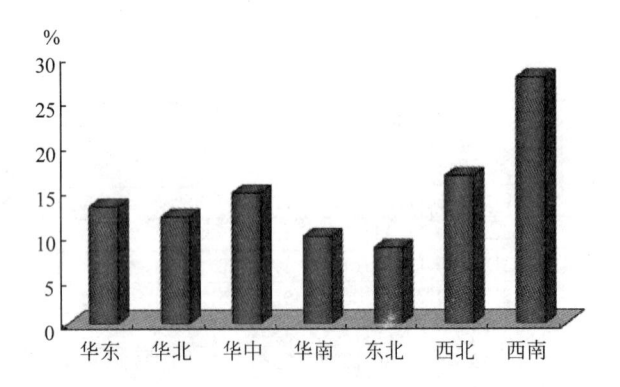

图 4-20　我国大学生对白蛇故事熟悉程度(按表 4-18"排序 1")排序频率分布示意图

表 4-19　我国大学生对孟姜女故事熟悉程度排序频率分布一览表

单位:%

地区\排序	排序1	排序2	排序3	排序4	排序5	排序6	排序7	排序8	排序9	排序10
华东	1.14	4.45	8.67	9.92	11.63	15.96	14.14	16.76	13.80	4.22
华北	2.89	4.74	9.90	10.52	13.81	13.20	13.20	15.67	11.96	4.54
华中	1.74	7.32	9.06	10.45	13.59	11.15	14.29	15.33	10.80	5.92
华南	1.09	6.52	6.52	10.87	18.48	16.30	11.96	9.78	11.96	7.61
东北	2.13	5.85	8.51	12.77	13.83	9.04	13.30	18.09	11.70	4.79
西北	2.48	3.31	8.26	10.74	15.70	18.18	14.05	14.88	9.92	2.48
西南	1.13	4.51	8.58	9.93	14.45	17.16	13.32	14.67	13.32	3.16

从分别统计大学生填写孟姜女故事的数据看,该故事熟悉程度的地区分布,按排名频率的高低排列依次为:华东地区 877 个,华北地区 485 个,西南地区 443 个,华中地区 287 个,东北地区 188 个,西北地区 121 个,华南地区 92 个。

出人意料的是,该故事类型的文化关联区域,与当地对该故事的熟悉程度,两者并不一定存在对应关系。例如,在孟姜女故事里面讲到我国农历十月为故人送寒衣的民俗,这个民俗至今传承,现在我国

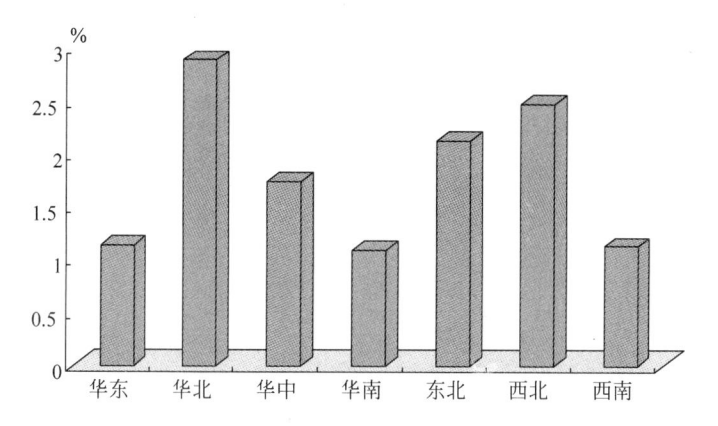

图 4-21 我国大学生对孟姜女故事熟悉程度(按表 4-19"排序 1")排序频率分布示意图

华北地区民间还过寒衣节,但来自华北地区的大学生并没有表现出对孟姜女传说的热衷与熟悉。但有宗教关联的地区不同,胡适曾在五四时期的研究中提到,白蛇传与印度故事和印度佛教文化传播有联系,在我国深受印度故事与佛教文化影响的西南诸省,从大学生的填写结果看,西南地区的大学生对白蛇传了解程度最高,达到 26.98%,超过华东地区大学生的熟悉程度一倍还多。

但是,可以肯定地说,传统节日对经典故事有保护作用,如七夕节对于牛织故事,清明节对于梁祝故事,端午节对于白蛇故事,都有保护性。在我国民俗文化软实力建设中,在故事资源的保护利用方面,政府应该考虑节日功能。

(三) 对节日故事的熟悉程度

我国节日运行已进入现代化和全球化进程,节日与国家文化形象的关系已提到议事日程,节日文化符号成为文化软实力建设的组成成分。但在现代变迁环境中,节日文化转型的方式十分复杂,同时海外华侨的节日凝聚力也有回归深层文化解释的新要求,节日文化建设已成为有广泛期待和未来传承影响的课题。政府应根据中国节日的文化特点,弘扬自然文化一体观的世界认知系统。

节日文化认知系统的象征物是节日文化符号,它们在不同社会和不同历史时期,构建了人与自然多元关系模式,春节的文化符号包括:纪年动物、发红包、贴对联、贴年画、放鞭炮、耍狮子、舞龙灯、挂灯笼与吃元宵、看灯会和放焰火、吃饺子与汤圆、耍社火、看百戏等。中国人认同的节日文化符号肯定不止这几种,但从历史文献和现代社会海内外传承的节日文化活动看,这些文化符号的使用是广泛的,它们对中国文化的渗透力也是较为突出的。

了解节日文化符号,同时要尊重其宗教传统。我国节日中有获得广泛社会历史认同的民间宗教仪式,如崇拜祖先神、水神、土地神、灶神、门神、财神、行业神,以及佛教和道教活动等,节日文化符号系统是一个自然、人生与社会知识兼容的系统。对世界宗教节日在我国的世俗化趋势也予以兼容。各级政府在节日慰问活动中,对非本土信仰的其他世界三大宗教信仰者,一律信仰平等,节假日休假待遇平等,三大宗教的信仰者也长期融入我国节日的喜庆气氛中,并保留了信仰自由。

2010年,我们曾对国内大学生做了一次春节文化符号调查,回收问卷2180份。在问卷设计上,以民俗学重点研究的10种春节文化符号对象,如年的故事、动物纪年、祭灶、送红包、贴春联、贴年画、挂灯笼、放鞭炮、吃饺子和舞龙舞狮等,要求大学生进行影响力排序。我们希望通过春节,了解我国高校教育与节日教育的衔接情况。以下是数据分析。

1. 年的故事与春节文化符号排序的差异

在表4-20中,排序1、排序2、排序8、排序9和排序10的数据分布比较集中,集中程度最高的选项"贴春联",其频率高达35.5%;其他填写频率较高的分别是"舞龙舞狮"和"祭灶",频率为26.4%和

25.0%。从这个结果看,我们大体能知道,在大学生中,"贴春联"被认为是最为重要的春节民俗文化符号,近年媒体的宣传力度也大,有时还成为春晚中的"送春联"和"说唱春联"的节目。"舞龙舞狮"距大学生的校园生活较远,被认为重要性次之,"祭灶"的重要性再次之。其他5列数据分布相对分散,包括"年的故事"。我们由此可以获知,在民俗文化规约中,特别是在传统节日的演化中,故事是与其他民俗混合在一起传承的。如果不在调查其他节日民俗中调查故事,而是单独地把年的故事抽取出来调查,这时节日故事的数量并不多。

表 4-20　春节民俗文化符号频率总体统计一览表　　单位:%

文化符号	排序1	排序2	排序3	排序4	排序5	排序6	排序7	排序8	排序9	排序10
祭灶	6.0	2.3	6.0	6.8	7.4	8.5	13.1	12.2	11.6	25.0
送红包	12.2	7.7	11.1	14.5	18.2	10.8	8.8	4.5	4.5	6.8
贴春联	35.5	23.0	16.5	10.8	5.1	4.3	2.8	0.3	0.3	0.3
贴年画	1.4	17.0	14.2	14.8	14.5	11.4	10.8	7.1	7.4	0.6
挂灯笼	1.7	4.3	12.5	9.4	14.2	20.2	15.9	10.5	6.3	3.4
放鞭炮	15.1	21.6	19.9	20.7	8.5	6.0	2.6	1.7	2.0	0.9
吃饺子	9.9	10.8	8.0	9.7	13.9	12.5	13.4	9.4	8.2	3.7
舞龙舞狮	1.7	1.7	3.7	3.4	7.1	9.1	13.9	26.4	17.9	13.4
年的故事	4.5	3.7	3.1	2.3	3.7	9.4	9.9	17.6	22.4	22.4
动物纪年	11.6	7.4	4.5	6.8	6.3	7.1	7.7	9.9	17.9	19.9
未填写	0.3	0.6	0.3	0.6	0.6	0.6	0.6	0.3	0.9	3.7

根据表4-20的数据,使用Excel软件输出柱形示意图,我们可以直观地看到年的故事在春节文化符号整体序列中的位置。

在附图6中,横轴表示排序,纵轴表示频数。从图中看来,各选项的峰度并不相同,其中峰度最大、分布最集中的是贴春联;峰度最小、分布最散的是吃饺子。峰度的大小,传达了答卷人的意见统一程度。峰度大,表示填写人对于符号的意见比较一致;峰度小,表示填写人对于符号的看法多元化。从峰度排列看,"贴春联"排序1,"贴年画"排序2至5,"放鞭炮"排序2至4,"送红包"排序4至5,"吃饺子"排序5至7,"挂灯笼"排序6,"年的故事"在排序9至10,"舞龙舞狮"排序8,"动物纪年"在排序1中有较高的数值,但主要数据为排序9至10。"祭灶"排序10。总体说,直观地看,"年的故事"在第9和第10的两个排序中出现,大体能说明"年的故事"与其他民俗相混合传承的情况。

2. 春节文化的民族差异性分析

春节是我国传统节日中的国家级节日,但不是唯一的传统节日。我国的传统节日分布有明显的民族性差异,但春节是共享民族数量最多的,共有38个民族过春节。汉族是传承春节文化的主体民族,其余还有37个少数民族过春节。从少数民族传统节日的传承看,分三种情况,一是本民族传统节日与春节的某段时间重合,这是少数民族群体与汉族在重合时间内共度春节,如藏族、蒙古族和纳西族等;二是有少数民族欢庆自己的传统节日,不过春节,如维吾尔族过古尔邦节,回族过开斋节等,但不过春节;三是有的跨境民族由于历史原因,既过春节,也过本民族传统节日,如吉林延边朝鲜族。但总体说,仅从对大学生的春节文化符号问卷看,其民族差异还是很大的。以下将从问卷数据中抽取A和B两个组试做对比分析。A组全部是汉族数据,B组选择有自己传统节日的回族、维吾尔族和柯尔克孜族大学生填写的数据,再使用SPSS软件将两组数据的频率统计输出,可以看到不同的结果。

以上述汉族春节要素与春节民俗文化符号频率统计和少数民族春节要素与春节民俗文化符号的频率统计数据为基础,使用SPSS软件,对汉族与少数民族的春节要素排序组和民俗文化符号组的统计频率进行匹配样本检验,求得对比结果。在进行两组匹配样本检验之前,为了保证其差值不发生正负相抵,要求做到每对匹配数值的差值符号一致,才能得到结果,然后用"差异的显示度"的数据表示出来,若该值大于0.05,则表示差异度不显著,若小于或等于0.05,则表示差异度显著。匹配样本T检验输出结果如下(见表4-23与表4-24)。

表4-21　A组汉族春节民俗文化符号频率统计一览表(汉族)

单位:%

文化符号	排序A1	排序A2	排序A3	排序A4	排序A5	排序A6	排序A7	排序A8	排序A9	排序A10
祭灶A	7.1	2.2	5.2	6.7	9	7.8	13.1	12.3	13.4	22.8
送红包A	10.8	9	11.6	14.2	17.9	10.8	9	5.2	4.1	6.7
贴春联A	36.2	23.5	19	9	4.1	3.7	2.6	0.4	1.1	0
贴年画A	1.1	17.5	14.6	14.9	12.7	10.8	12.3	8.2	7.1	0.7
挂灯笼A	1.5	3.7	11.9	9	13.8	21.6	16.4	11.2	6.7	2.6
放鞭炮A	13.4	22	20.1	21.3	8.2	6.3	3	1.9	2.2	0.7
吃饺子A	10.1	9	6.7	10.8	13.8	13.4	13.4	10.4	7.8	4.5
舞龙舞狮A	1.9	2.2	3.4	3.4	8.2	7.8	13.1	25.4	19.4	14.2
年的故事A	4.5	3.7	2.6	1.9	4.9	9	9	16.4	21.6	25.4
动物纪年A	13.4	6.7	4.5	8.2	6.7	8.2	7.5	8.6	15.7	19.8
未填写A	0	0.4	0	0.4	0	0	0.4	0	0.7	2.6

表4-22　B组少数民族春节民俗文化符号频率统计表
(回族、维吾尔族和柯尔克孜族)

单位:%

文化符号	排序B1	排序B2	排序B3	排序B4	排序B5	排序B6	排序B7	排序B8	排序B9	排序B10
祭灶B	4.2	4.2	4.2	8.3	0	4.2	12.5	8.3	4.2	41.7
送红包B	16.7	4.2	12.5	16.7	12.5	0	0	4.2	20.8	8.3
贴春联B	33.3	20.8	8.3	12.5	4.2	12.5	4.2	0	0	0
贴年画B	4.2	16.7	8.3	4.2	25	8.3	0	8.3	16.7	0
挂灯笼B	4.2	4.2	12.5	12.5	8.3	20.8	16.7	8.3	4.2	4.2
放鞭炮B	12.5	16.7	20.8	20.8	16.7	0	0	4.2	0	4.2
吃饺子B	8.3	16.7	16.7	12.5	16.7	8.3	4.2	4.2	8.3	0
舞龙舞狮B	0	0	4.2	8.3	4.2	8.3	33.3	20.8	4.2	8.3
年的故事B	4.2	4.2	8.3	0	0	20.8	16.7	25	8.3	8.3
动物纪年B	8.3	8.3	0	0	8.3	8.3	8.3	12.5	29.2	12.5
未填写B	4.2	4.2	4.2	0	4.2	4.2	4.2	4.2	4.2	12.5

表 4-23　汉族与少数民族春节要素排序频率匹配样本 T 检验结果一览表

匹配样本分组		匹配样本输出值					t 值	自由度	差异的显著度
		均值	标准差	均值标准误差	差分的95%置信区间				
					下限	上限			
匹配 1	排序 A1—排序 B1	−5.25000	6.58976	2.08387	−9.96403	−0.53597	−2.519	9	0.033
匹配 2	排序 A2—排序 B2	−2.90000	2.28429	0.68874	−4.43461	−1.36539	−4.211	10	0.002
匹配 3	排序 A3—排序 B3	−4.12000	3.95075	1.24934	−6.94620	−1.29380	−3.298	9	0.009
匹配 4	排序 A4—排序 B4	−3.50909	3.32429	1.00231	−5.74238	−1.27580	−3.501	10	0.006
匹配 5	排序 A5—排序 B5	−6.03636	4.07830	1.22965	−8.77620	−3.29652	−4.909	10	0.001
匹配 6	排序 A6—排序 B6	−5.03000	4.29626	1.35860	−8.10336	−1.95664	−3.702	9	0.005
匹配 7	排序 A7—排序 B7	−6.22727	6.20308	1.87030	−10.39456	−2.05999	−3.330	10	0.008
匹配 8	排序 A8—排序 B8	−3.40000	2.66750	0.84354	−5.30821	−1.49179	−4.031	9	0.003
匹配 9	排序 A9—排序 B9	−7.93636	6.14675	1.85332	−12.06581	−3.08692	−4.282	10	0.002
匹配 10	排序 A10—排序 B10	−6.45455	6.44645	1.94368	−10.78533	−2.12376	−3.321	10	0.008

表 4-24　汉族与少数民族春节文化符号排序频率匹配样本 T 检验结果一览表

匹配样本分组		匹配样本输出值					t 值	自由度	差异的显著度
		均值	标准差	均值标准误差	差分的95%置信区间				
					下限	上限			
匹配 1	祭灶 A—祭灶 B	−6.12000	5.89610	1.86451	−10.33782	−1.90218	−3.282	9	0.009
匹配 2	送红包 A—送红包 B	−5.86000	5.06364	1.60126	−9.48231	−2.23769	−3.660	9	0.005
匹配 3	贴春联 A—贴春联 B	−3.18000	3.69227	1.16760	−5.82129	−0.53871	−2.724	9	0.023

续表

匹配样本分组		匹配样本输出值					t 值	自由度	差异的显著度
		均值	标准差	均值标准误差	差分的95%置信区间				
					下限	上限			
匹配4	贴年画A—贴年画B	−5.84000	4.99849	1.58066	−9.41570	−2.26430	−3.695	9	0.005
匹配5	挂灯笼A—挂灯笼B	−2.09000	1.65560	0.52355	−3.27434	−0.90566	−3.992	9	0.003
匹配6	放鞭炮A—放鞭炮B	−3.32000	2.64020	0.83491	−5.20869	−1.43131	−3.976	9	0.003
匹配7	吃饺子A—吃饺子B	−4.96000	3.28978	1.04032	−7.31337	−2.60663	−4.768	9	0.001
匹配8	舞龙舞狮A—舞龙舞狮B	−6.86000	6.67235	2.13844	−11.69749	−2.02251	−3.208	9	0.011
匹配9	年的故事A—年的故事B	−7.18000	5.64423	1.78486	−11.21764	−3.14236	−4.023	9	0.003
匹配10	动物纪年A—动物纪年B	−6.32000	6.79441	2.14858	−11.18043	−1.45957	−2.941	9	0.016

在表4-23和表4-24中,在"差异的显示度"列,所有的输出值都小于0.05,可以获知,在共享春节的汉族与少数民族大学生中,还存在着内部的多样化差异,这些差异主要表现在对"祭灶"、"送红包"、"贴春联"、"贴年画"、"放鞭炮"和"舞龙舞狮"五种春节民俗文化符号上,汉族大学生与少数民族大学生的关注程度差异较大。在汉族大学生组看来,这五项都是重要的春节民俗事象;在少数民族大学生中,却未见那么热烈的反应。个别少数民族大学生也对个别汉族大学生所关心的春节文化符号感兴趣,如"挂灯笼"和"年的故事",但主要是受到电影《大红灯笼高高挂》和中央电视台春节联欢晚会等新媒体的影响,尚未演变为群体趋势。

对于少数民族大学生对春节的了解和参与程度,还需要指出的一个背景是,在我国的春节期间,正值高校放寒假期间,在这个时间段内,政府的春节慰问工作,包括文化下乡和送温暖的民生工程,也会在高校开展。留校的少数民族大学生会与汉族大学生一样享受到在大学过春节的优惠待遇。当然,大多数汉族和少数民族大学生都会回家过春节或本民族其他节日,他们在举国欢度春节的时刻,会在家乡共享政府春运期间的公共交通改革成果,也会共享政府加大春节商品投放的福利政策。春节是中国最重要的大型传统节日,春节传承年复一年,这对少数民族大学生的人生模式和世界观是有很大影响的,即便对不过春节的少数民族大学生也有潜移默化的影响。

3. 春节文化的地区差异性

以下将从上述原始数据中抽取出 C 组和 D 组来分别讨论。其中,C 代表华北和华中地区,含北京、天津、河北、河南和山西大学生填写的 32 组数据。D 代表华中和华南地区,含广东、广西、湖南、海南和江西 5 省大学生填写的 57 组数据。我们使用 SPSS 软件将两组数据的频率统计出来,进行配对样本 T 检验。调整符号之后,记录如表 4-25 和 4-26。

表 4-25　C 组春节民俗文化符号频率统计表(华北地区)　单位:%

文化符号	排序C1	排序C2	排序C3	排序C4	排序C5	排序C6	排序C7	排序C8	排序C9	排序C10
祭灶 C	3.1	6.3	6.3	6.3	0	12.5	12.5	15.6	12.5	28.1
送红包 C	12.5	6.3	12.5	12.5	18.8	9.4	9.4	0	9.4	15.6
贴春联 C	28.1	21.9	12.5	12.5	9.4	3.1	0	0	3.1	0
贴年画 C	3.1	9.4	25	25	18.8	3.1	15.6	6.3	6.3	0
挂灯笼 C	0	0	9.4	9.4	3.1	28.1	12.5	25	6.3	3.1
放鞭炮 C	3.1	18.8	21.9	21.9	9.4	6.3	3.1	3.1	3.1	3.1
吃饺子 C	18.8	21.9	9.4	9.4	18.8	9.4	9.4	3.1	3.1	0

续表

文化符号	排序C1	排序C2	排序C3	排序C4	排序C5	排序C6	排序C7	排序C8	排序C9	排序C10
舞龙舞狮C	0	0	0	0	12.5	9.4	15.6	31.3	15.6	12.5
年的故事C	3.1	6.3	3.1	3.1	3.1	9.4	9.4	15.6	25	18.8
动物纪年C	28.1	9.4	0	0	6.3	9.4	9.4	0	15.6	15.6
未填写C	0	0	0	0	0	0	0	0	0	3.1

表 4-26　D组春节民俗文化符号频率统计一览表(华中地区)

单位:%

文化符号	排序D1	排序D2	排序D3	排序D4	排序D5	排序D6	排序D7	排序D8	排序D9	排序D10
祭灶D	9.4	0	6.3	0	3.1	6.3	21.9	12.5	6.3	31.3
送红包D	21.9	21.9	12.5	12.5	18.8	6.3	0	0	6.3	0
贴春联D	15.6	31.3	31.3	9.4	0	9.4	0	0	0	0
贴年画D	0	6.3	9.4	15.6	12.5	6.3	21.9	6.3	21.9	0
挂灯笼D	0	0	6.3	9.4	34.4	9.4	9.4	6.3	15.6	6.3
放鞭炮D	21.9	18.8	21.9	15.6	6.3	0	3.1	6.3	0	3.1
吃饺子D	9.4	3.1	3.1	12.5	9.4	15.6	15.6	9.4	12.5	9.4
舞龙舞狮D	3.1	6.3	0	12.5	3.1	25	15.6	25	0	9.4
年的故事D	0	3.1	0	0	9.4	15.6	3.1	28.1	5	21.9
动物纪年D	18.8	9.4	6.3	9.4	3.1	6.3	6.3	6.3	7	12.5
未填写D	0	0	0	3.1	0	0	0	0	0	0

从华北和华中两个地区组的数据对比看,除了"祭灶"差异不显著外,对其他符号的认同程度都有差异,主要是春节民俗传承存在地域差异;另外,大学生对"年的故事"的填写频率偏低。

综合观察春节文化符号问卷的结果,我们感到,以春节为例,近年国家推行传统节日保护政策,在促进高校教育、维护民族团结和促进地方社会建设方面都起到一定作用。但与近年频繁增加的节假日拉动经济的劲头相比,传统节日知识教育的力度是明显不够的。政府应该在节日社会建设的同时大力加强文化建设。政府还应该特别关注高校的节日文化教育,而今天的大学生群体就是明天传统节日文化保护的主力军。

4. 对故事与国家遗产清单的关系的熟悉程度

如果故事情节类型本身与地方传播联系不大,那么故事与国家遗产清单是否有直接联系呢?对此,我们也设置了问卷项目。我们希望了解大学生对这个问题是否关注,或者至少能把他们的注意力引导到这方面来,吸引他们参与故事资源与国家遗产清单的双重保护工作,这也应该是问卷的一个切实目标。本次共获问卷2803份,大学生回答的问题分两部分,一是判断题,根据我们提供的中国的10个世界遗产地的地名,判断该遗产地是否有故事;二是在认为有故事的遗产地中,选择三个例子,简述故事内容。

下面是对第一个问题的数据统计分析。

据表4-27的数据填写统计,大学生了解长城故事的人数最多,达到86.05%。其次是知道泰山、武当山和峨眉山的故事,了解程度都超过60%。大学生表示知道青城山、九寨沟、黄山和庐山有故事的人超过40%,这也是个喜人的数据。但大学生对四川黄龙和安徽皖南古村故事的了解较少,表示知道皖南古村故事的人仅占27.15%。在大学生的答卷中,将长城遗产地与长城故事相连的人数高居榜首,而明确地将长城与孟姜女故事联系在一起的答卷有2237个,占数据总量的79.80%,这个现象值得我们深思。我们在上面刚刚说到,孟姜

表4-27 大学生对中国的10个世界遗产地故事了解程度一览表

单位:%

遗产地	长城	泰山	黄山	庐山	九寨沟	皖南古村	黄龙	武当山	峨眉山	青城山
了解	86.05	62.47	45.77	42.03	46.52	27.15	38.35	61.61	62.00	47.02
不了解	6.81	26.61	39.60	42.78	39.35	54.87	43.77	27.54	26.33	37.78
未填写	7.14	10.92	14.63	15.20	14.13	17.98	17.87	10.85	11.67	15.20

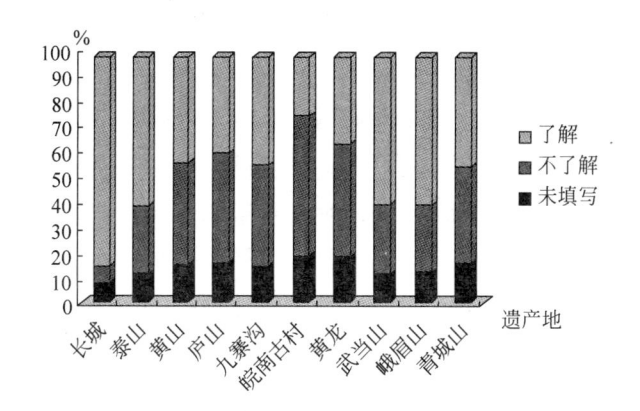

图 4-22　大学生对中国的 10 个世界遗产地故事了解程度示意图

女研究的名气大,但孟姜女故事的触媒率很低,我们要求大学生单独填写对孟姜女故事的熟悉程度,回收的答案并不理想,仅占 1.7%。但是,再换个角度测试,结果竟然相反:我们要求大学生从长城世界文化遗产地的角度寻找相关故事,这时大学生们像换了一个群体一样,给出了几乎完全相反的结果,他们会自动地从记忆中搜索到孟姜女,并很快认定它是一个长城故事。在前面的数据分析中,我们曾归纳,大学生熟悉牛郎织女故事的程度比较普遍,但现在与大学生搜索孟姜女故事的快速程度相比,牛郎织女故事的熟悉程度是 86.05%,孟姜女故事的熟悉程度是 79.80%,这样一看,大学生了解孟姜女故事的数据与了解牛郎织女故事的数据几乎追平,并不像从前给出的熟悉孟姜女故事只有 1.7%那样相差千里。此例告诉我们,对民俗文化现象进行定量分析是一定要小心的,片面地强调定量甚至会得出不可靠的结果。再以孟姜女故事为例,将它的现代传播作为单个故事进行变量分析,或者将它的情节单元单独放到自然地理地点中去做覆盖率分析,或者将它的民俗信仰因素放到年节文化中分析,所得大学生了解其程度的数据量都很低。但是,绝不能以为孟姜女故事真的死了,当我们将它与长城遗产地共同调查时,它却一下子从数据中"站"了起来,回到人们的视野中,就好像离魂的"倩女"又回阳转世一样。这说明,有一类故事资源的保护,一旦有遗产地的物质化形式,会收效更大。另一种情形是,故事资源与物质化形式结合,却未必与遗产地结合。例如,白蛇传的故事有雷峰塔、雄黄酒和划龙船等物质化的形式,变得很长命。然而,将它放到峨眉山和青城山的遗产地去,白蛇传故事又活不了,还会死。在我们的调查数据中,将峨眉山和白蛇传故事做相关回答的答卷只占2.32%,有65位大学生;而将青城山与白蛇传故事做相关回答的答案只占2.39%,有67位大学生。比起逾2000人参加孟姜女与长城关系的答卷的规模,这两个数据是微乎其微的。那么,谁有选择权?应该说,这个选择权不在学者手中,而在民俗文化传统中。从政府角度说,对故事资源的保护方式,要注意民俗文化多样性。

下面是对第二个问题的数据统计分析。

我们在请大学生判断世界遗产地与故事的关系之后,还布置了一个作业:请大学生自由选择三个故事,简述其内容梗概,大学生们做了踊跃回答。从选择倾向看,大学生以选择简述长城、泰山和峨眉山故事的人为最多。从数据统计看,长城和泰山在大学生心目中有稳固的地位,这应该是现代学校教育和书本教育的共同结果。

2013年春季,我们再次就上述问题做了跟踪问卷调查,调查对象是北京师范大学励耘实验班的大学生,共收回问卷323份,结果与2012年回收的问卷多有相似之处。两批大学生提供数据的差异有二:第一,励耘实验班的大学生对研究型故事和相关民俗文艺载体的关注度大为提高,他们对"通俗歌曲"、"民间曲艺"和"民间戏曲"的认同率分别为15.9%、2.1%和1.4%。与2012年回收问卷中的"通俗歌曲"认同率4.55%、"民间曲艺"认同率0,以及"民间戏曲"认同率0相比,励耘实验班的认同率呈明显提升趋势。这说明励耘实验班的大学生对民间文学理论课程有较高的理解能力,此外,也与这批大学生有主动接受民间文学遗产的心理倾向有关。在他们中间,有的同学是传统相声迷,对其他学生有带动作用。第二,励耘实验班的大学生对媒体文艺和作家文艺的兴趣也很高。在2012年回收的问卷中,填写"影视"认同率为40.91%,"小品"认同率为0%;但是,在2013年励耘实验班的回收问卷中,填写"影视"认同率提高了7个百分点,为47.91%;"小品"认同率提高了近3个百分点,为2.8%。

励耘实验班的大学生全部为90后,多数出生于1993年和1994年。他们进入高校读书的年代本身已使他们容易产生两极分化,一是国家加强社会文化建设,增强了他们接受民俗文化遗产的理性趋向性;一是现代媒体工业向个体消费加速渗透,加快了他们的生活方式的媒体化,新媒体对大学生的强势影响已超过2012年。实施跨媒体建设工程的对象主要是他们。

第四节 中国故事跨媒体建设的产业趋势

现在中国以新媒体轻松娱乐占领市场,但也面临着乏善可陈和低级媚俗的风险,因为它降低媒体国家化的主流地位,而不会借助讲故事达到建设高水平国家级大众文化的崇高目标。

走数字化故事动漫产业的发展道路。在现代故事推介的全球环境中,直接输出一个国家的古老故事是不行的,现在各国文化软实力的输出结构也已很不相同,对此我们需要花较长时间去探索。但是,一个不必花时间去认识的情况是,在推介现代故事的全球策略转型上,各国都在经历大体相同的阶段,即将数字化作为文化揭秘的公开手段。在不同国家的文化软实力的竞争中,数字化的故事技术产品,还成为保护自我和争取双赢的文化武器。我国现在讲故事还是土法上马,只凭弹琴唱曲和说瞎话,这是与我国当前的国力优势、技术优势和人才优势极不匹配的。

一、中国故事跨媒体建设的前期基础

在前面提到的中国民族民间文艺十套集成志书进行的后期,21世纪初,该工程的负责部门全国艺术规划办,与文化部民族民间文艺发展中心,科研人员和行政人员团结合作,钻研业务,吸收了一批重点大学和科研院所的博、硕研究生加盟,对集成工作所涉及的广泛文艺门类能够把握,并能根据集成资料保管和保护的需要,开拓数字化建设领域,创新发展。对所管理集成书籍和资料进行数字化处理,创建了中国民族民间文艺基础资源数据库,创制了"中国记忆"软件,使集成后利用和开发问题得到了超前探索,也为非物质文化遗产保护开辟了新路,成功地避免了边编纂、边损失的问题。

自2003年起,本项研究实验室与文化部民族民间文艺发展中心合作,对中国民族民间文艺十套集成志书进行纸介保存和数字化保护,迄今10年。我们从实践中体会到,无论研究还是应用,纸张书籍与新媒体,两种一样都不能少。不论媒体将来发展到什么程度,总会有看书的人;无论纸介书籍怎样方便,世界都要媒体化,这是已为人类所接受的两种方式,不会倒退,也不能以一个取代另一个。我们已完成的前期基础工作有以下几种,可供开发故事产业时参考。

(一)编绘中国民族民间文艺集成志书数字地图

这项工作的内容,是指以数字地图的形式,保存和利用中国民族民间文艺十套集成志书省卷本成果,开发数字产品。这套丛书共298卷,400册,约4.5亿字,其中故事19879个。可就这些成果已采集的纸介数据，制成数字数据，编绘集成志书搜集资源数字地图，包括中国民歌、中国民间舞蹈、中国传统戏曲、中国民间曲艺、中国传统器乐、中国传统戏曲音乐、中国传统器乐音乐、中国民间故事、中国民间歌谣和中国民间谚语搜集作品省域分布总图，部分集成个案数据分析描述地图和重要品种数据整理状况地图；附设集成志书搜集作品统计总量数字辞典和分类卷目数字辞典，以及根据各类省卷本集成资源数据和相关空间人文信息分数据制作的分析图表等。它们对政府与学者、地方文化工作者和民间传承人多年奋战所取得的史无前例的文化成就予以直观地呈现，为中国民族民间文艺资源存量和分布状况建立数据分析描述系统，也为各级相关部门进一步建设民族民间文艺保护利用政策提供评估依据。

（二）编制中国故事类型数字地图

此指探索编制中国故事类型数字地图，可设立故事类型的地理区域分布、故事类型的文化结构、故事类型的生态环境、故事类型的世界遗产地分布、故事类型的文化资源旅游和自然资源旅游等专题，附设故事类型数字辞典与百种故事类型数据分析饼图、故事类型地图符号、故事类型剪纸和故事朗读文本，整体展示中国故事类型数字化学术研究成果，体现中国故事集成搜集整理的学术价值、历史意义和社会现实应用潜力。

（三）研发数字集成公共产品

此指开发数字中国民族民间文艺集成志书分省总目、数字民歌器乐影院、数字戏曲影院、数字曲艺影院、数字谚语影院、数字中国故事影院、数字北京故事影院和数字春节故事影院等产品，从不同体裁数字民艺产品的角度，展现在全球化背景下各国文化成果输出策略的现代转型中，在国内文化技术产品的社会效益提升探索中，创造中国民族民间文艺数字交流公共产品的部分样本。

二、创新维护中国故事的民俗文化底蕴

开展中国故事媒体工程的产业化建设,要处理好以下几个关系。

(一) 历史遗产与现代时尚

农业社会的民俗文化与现代工业化社会的民俗文化,两者之间的联系与区别是什么?就联系而言,要强调两个文明的连续性。我们不是否定农业文明,也不是排斥现代工业文明,而是在文明连续性的层面上,讨论现代化文化的构成。从我国现代化文明建设的需求看,发掘和继承农业文明中的民俗文化瑰宝仍然是必要的。我们承认文明的连续性,就要承认传统与现代的连续性,这样才能正确对待历史遗产,同时合理引导现代时尚。

(二) 封闭社会与开放信息

过去的民间文学在封闭环境中讲唱,在交通不发达、缺乏沟通的社会变异和传承中,缓慢演变。现代民间文学在开放的信息社会中传播,其性质和特征都发生了重大变迁。

20 世纪 60 至 70 年代,中国民间文学成为少数国际汉学家的研究资料。进入 21 世纪,民间文学成为民间社会的一种信息。现在很难说清楚谁是纯正的传承人,谁是故事大王。现在的变化是,有多少手机,就有多少民间文学信息;有多少网民,就有多少民间文学传承人。民间文学信息的覆盖面极广,变化速率极快,这是拦也拦不住的。但有一样不变,就是它要能在民间的新闻中间"联播"。它的变化是将民间故事母题变成现代网络信息产品。

(三) 符号与观念的两级化

中国民俗文化传承,符号是传统的,观念是现代的,两者是复调

关系。现代人在这种强烈的反差中产生兴趣,乐于传颂。

(四)变异与谣言

民间故事是变异的,有时变异也生成谣言。但谣言不是民间文学,而是谎言。谣言与故事的根本区别是,故事是用传统的材料和固定的套式制成的,并符合民俗文化变异的规约。谣言不是用传统材料和固定套式制成的,也不符合民俗变异原则,所以不能长久流传。在自然灾害中产生谣言,要用正确的讲故事行为去创造积极性文化,予以坚决抵制,保障社会稳定,避免次生灾害。

三、其他辅助的故事媒体文化产业

故事的跨媒体工程可以带动多种文化产业。目前我国较为普遍的是用故事带动深度文化旅游,形成故事与文学体验互动的文化产业。

故事可带动国家文化地理寻访与探险的地理文化产业。

四、中国故事跨媒体产品的对外输出

很多国际同行认为,20世纪不同文化接触的国家战略,是出书造势;21世纪不同文化接触的国家战略,是把文化多样性变成文化权力。现在认识这两者的差异并进行传播战略转型,已成为区分现代故事传播与传统故事传播方式的界限。在世界上的一些发达国家中,早已把采用现代故事传播方式作为划时代的战略标志,例如美国、法国、英国和一些东欧、北欧国家。他们还基于这个理念,营造基于多元文化来源的地方文化、流行文化和遗产文化,并在这一过程中,把现代故事传播变成跨文化的文化霸权。中国不能照搬他们的理论和方法,但我国在全球化和现代社会条件下进行故事传播,也要在这方面动脑子和下功夫,保证在全球化和现代化中保持自己的多元文化特色和国家精神遗产,这是应该慎重思考的。

(一) 国外受众的关注度与跨媒体建设方向分析

在当今世界多元文化的跨文化交流中,衡量一个国家的文化传统,往往是以该国长期流传的神话、传说和故事等为中心的。2007年我在美国孔子学院工作,一位美国大学教授跟我说,在各国文化交流中,最能打动人心的是故事。欧美发达国家对于跨文化交流的这个特点早已开始重视。在英国,我看到了另一种景象。他们大力提倡神话故事的传播。有一本英文故事书叫《鹅妈妈》(*Mother Goose*),每年重印,每年推销。这本书的印刷地点在巴斯,距莎士比亚的家乡不远。每年圣诞节还降价热卖,扩大英国人或世界各国游客对英国神话传说的了解。大家不要以为这是资本主义大本营的商业行为,其实这是欧美国家现代文化传播模式的一种转型。他们把本国本民族拥有的故事当作标志性的国家知识和舆论领导力。并且还大张旗鼓地对此加以发展和增强。在法国、在意大利、在德国,我都看到他们把古老的故事当作一种现代国家知识和民族身份文化在保护和传授,对世界先进国家重视故事传播和输出的做法,我们应该学习。

但是,中国毕竟对外开放不太久,中国民俗文化对外翻译和介绍还很有限,外国人还不了解。外国人还会将已经输送到他们国家的中国民俗与在中国本土传承的民俗共同看待。那些已经来中国旅游或工作的外国人,也会在他们接触的中国历史文明的同时形成中国印象,包括民俗印象,于是他们接受什么,不接受什么,是从他们的文化教育、知识背景和个人感受出发的,有时对某种中国民俗,中外看法的差距较大,他们的意见可能我们想不到,会感到惊讶。然而,今天的中国已日益强大,观察这种跨文化交流的世界潮流,我们需要提升理论考察的高度,才有可能增强个人的文化交流能力。我们是能够做到的。

近年我有机会赴美国孔子学院任职,就民俗文化交流工作做了一些调查。调查对象有四类：一是政府公务员。有的在岗,有的已退休。有的到过越南、中国的台湾和香港地区,但没到过中国内地；也有少数人本人近些年到过中国内地,或亲友、同学曾来中国内地访问或旅游。他们的年龄在 40 至 70 岁之间；主要是通过官方和媒体得知中国消息,但实际上对中国了解不多；态度中立,处事现实,关心中国的强大,但也保持一定的距离。二是美国著名学者,他们毕业于哈佛和麻省等常春藤名校,目前在美国高校、基金会或慈善机构工作,掌握汉语,对华友好并寄予希望,对民俗文化交流工作和中国文化对外交流工作的背景能理解,也能做出解释,肯说真话,还能提出善言良策,但他们是美国人中的少数精英。三是美国普通公民,单纯友好,但大多数不了解中国,很多人只是出于当今全球经济的变化、就业和扩大社交的需要,有兴趣学汉语；也有的因为领养中国孤儿而靠近中国文化,送孩子学汉语。四是华裔移民,他们在美国使用双语生存和发展,并将双语作为子女教育的内容。这四类被调查者,对于我国的民俗文化交流工作,在反应和期待值上不一,有的与我们的良好愿望基本相符,有的持不同的异文化思路,也有的持完全不同政见；但无论从哪个角度说,调查都比不调查好,通过调查,可以认识和思考国际语言文化传播的现代思维和现代方式,可以冲淡我们的盲目热情,能增强我方工作的针对性,对我们的工作是有启发的。本次调查共获问卷 4012 份,使用参考资料有两类：一是实地调查搜集资料,如调查问卷和在实地访谈和参观活动中搜集的资料；二是网络资料,包括美国州政府的地方资源网站、美国个案点的公立中小学网站、世界图书馆联网 OCLC 网站和欧美国家的孔子学院网站等。通过调查,探索在已知领域内,如何肯定和巩固它的既有成果,在将来的工作中,如何拓展它的发展领域,以及如何将两者结合推进。

(二) 当代民俗文化交流工作的"跨文化"特征与转型

在美国这个全球化大本营中,反观我国的民俗文化交流工作,需要思考的一个问题是:在当今世界的多元文化竞争中,在因特网使英语强势全球传播的时代,在各国对外交流的诸多现代文化方式中,民俗文化交流工作在保持中国文化特色的基本原则下,是否建立了"跨文化"的优势?这对于外方接受民俗文化交流工作是前提,也是我们参与世界较量的起点。

在美国,所谓全球化,所谓英语强势,除去政治和经济因素不谈,美国用它们笼络本国多元文化,推行流行文化,结果让流行文化覆盖了本国,影响了世界。不管人们喜不喜欢,美国的流行文化都扩张极快,获利巨大,这种塑造"跨文化"优势的战略,兼容了别人,推广了自己,这种特征是值得我们注意的,美国也为此花费了高额成本。相比之下,我国的民俗文化交流工作在"跨文化"上,还缺乏明确的理念和产品,当然,前提是缺乏基础研究。但是,不如此考虑,民俗文化交流工作仅仅与政治、经济、外交和教育等因素直接结合在一起,有时有些问题就会很难处理。民俗文化交流工作的"跨文化"优势的基础研究,应包括设计理论问题、确定基本概念和进行方法创新。举例说,在设计理论问题上,应包括:民俗文化交流工作的历史本质和当代内涵是什么?民俗文化交流工作在全球多元文化传播中的战略定位是什么?等等。在基本概念上,应包括:民俗文化交流工作对当代世界多元文化交流理论中的"跨文化"起点、"接触点"(contact zone)和"边际理论"(boundary theory)等概念如何认识?如何发挥自己的特长?如何创造自己的新工具概念?等等。在方法创新上,应包括:建立民俗文化交流工作的跨文化传播国家策略数据分析系统;建设民俗文化交流工作软实力建设战略个案的比较研究项目;以尊重目标国的语言文化为前提,研制中国的概念产品和应用产品,创建国际交流氛围中的人文友好型交互传播系统,等等。开展这些工作,可以帮助我国的民俗文化交流工作不断改进,争取更多的成效。

美国自 2000 年出现"汉语热",从大学到中小学,汉语和中国文化课程都在升温,仅美国学生生源就成倍增长,这是事实。从调查分析看,与美国上一代汉学家学汉语相比,现在美国人"汉语热"的背景和目标已产生了很多变化。

1. 从研究型汉语转向需求型汉语

20 世纪以来,西方世界由于政治、军事、外交和经济等国家需要,培养了一批精通汉语的学者。他们对汉语和中国文化的了解都是为高层研究服务的。而现在大量美国人学习中国的语言文化,主要是为了增加个人竞争的机会,从目标到人群都是下移的。汉语在这种变化中,被需求量增大。

2. 从母语型汉语转向双语型汉语

从前对外汉语教学人员是母语师资,现在则以美国教师和旅美华裔人士为主,他们在双语中教汉语,对选择中国文化资源课程更为敏感和上心。

3. 从课堂型汉语转向接触型汉语

现在美国人学汉语已不限于课堂教学,他们可以直接到中国来,与中国人直接接触,在接触中学汉语。他们眼中的中国文化面貌,除了历史古迹,民间文化就是亮点。

4. 从传承型汉语转向反观型汉语

美国老华侨家庭基本都有督促子女学汉语的倾向,重视中国文化传承。现在美国的华裔青少年学汉语,是在已融入美国文化之后,再回过头来反思自己的文化出身。还有大量被领养到美国的中国儿童,已成了半个美国人,又在美国家长的带领下,上中文学校,进行文化反观。实际上,现在美国这种反观型的汉语学习者已占绝大多数。

传承型和反观型的汉语学习者融合在一起,都主动选择汉语兼中国文化课程。

5. 从知识型汉语转向项目型汉语

美国学生学习非母语语言文化是一门必修课,但自 2000 年起,受全球经济变化的影响,美国在中文教学方面,设立了中文项目,现在从东部的常春藤大学到其他州的公立或私立大学,各校排名虽不同,但大都把中国汉语文化教学叫"中文项目"。项目的亲和力强,选课的学生多,学校的收入就多,项目就能生存和发展。在这种情况下,中国多地区多民族文化以其非政治、军事和外交的中介特点,容易被列入项目课程的首选。

(二)研究与推广项目的策略调整

一个国家民族的语言是该国家民族文化的核心,这一特点早已在西方国家引起重视。以美国为例,他们提倡美式英语流行文化,就是当作美国本土统一文化向世界现代文化传播模式转变的构架工具,他们还大张旗鼓地对此予以发展,增强其实力。这种历程也已为欧洲一些国家所汲取。从上世纪末的 1995 年起,在提前动荡的东欧社会主义国家,在打破种族封闭大门的北欧国家,在建立欧共体的西欧国家,由于反文化霸权和反种族歧视,他们一方面掀起反对美国流行文化的潮流;一方面都不再小看语言推介和文化交流的作用,开始在世界其他目标国推介自己的语言文化,如北京的法语联盟,我们也可简称"法推"。在中国研究的趋势中,反观民俗文化交流工作,提升理论考察的高度,同时着眼实践上的可操作性,予以再评估,然后加强基础研究和策略调整,是可以成为民俗文化交流工作实现转型的一种法宝。仅从基础研究方面看,我们可以建立的研究项目内容如下。

1. 研究型与社会推广型跨文化优势战略数据分析与研究

以美国为例，对美国高校和中小学开展的汉语教学项目，可针对其汉语热中的需求型、非母语型和接触型对象进行。经实地调查和查阅世界图书馆联网 OCLC 网站的资料发现，排名前列的哈佛大学等，研究型中文项目很强，社会推广型项目缺乏；而在排名靠后的某些大学没有研究型中文项目，但社会推广型项目增强。两类高校的水平，一类是一流，一类百名开外，但两者对中国文化资源和中国文化研究的要求兴趣同等。对这种数据指标是应认真分析的。

关于这种现象，欧美学界从 20 世纪 80 年代起，已有基础研究，并有成套著作出现。一些西方学者认为，当一种新出现的语言与文化潮流兴起的时候，普通社会人群就会去追求，去说和去写，但那种追求都是有经济、政治和文化目的的。这种新语言文化的强势流行，与所属国家本身的强大有关。也正是这种强大，会迫使其语言文化输入国的人民通过学习和使用这种语言文化来刷新自己的社会价值，让自己获得周围世界的新认同。他们在这方面的研究，比我们早 30 年。我们还习惯于自己看自己，还没有开始对中国强大后的民俗文化交流工作和对外文化传播做理论研究。

另一个问题，是我在上面谈到的现代语言文化推介方式。为什么在了解中国文化上，无论是美国的一流高校，还是非一流高校，都产生了同等需求呢？这与他们多次经历了反殖民、反文化霸权和反种族歧视的现代民主运动有关。在美国，在学者和决策者眼中，多元文化研究，是半政治又半无所不包的日常对策和生活现象，它既能象征国家民族的内部民主和平等，还能标志西方文明未强加于东方文明的现代姿态，这对于塑造西方国家形象也是一着棋。民俗文化交流工作的理论研究要顾及这个背景，要善于借势，才能比较顺利地争取美方舆论，打造我国自己的民俗文化交流工作渠道。

2. 传承型与反观型跨文化优势战略数据分析与研究

以美国为例,汉语教学项目的开展,我们可针对其汉语热中的母语型和反观型对象进行。欧美学者还有一种理论,即语言有人体性。他们把语言看成是国家社会的一个生命区,是掩藏在本国社会动态运行中的传统储备,是国家民族整合的凝聚力所在。语言文化的位置,则是国家社会的人民身体中的身体,肌肉中的肌肉,它从不保守,始终都在不断变化。语言文化的性质本身,就是一种有机环境、一种活力氛围和一种被呼吸的空气。语言文化就像一日三餐一样,给本国人民提供口头食粮,里面充满了文化意义。本国人民再把它说出来,就等于把个体成员和社会组合为一体。在当今世界,华裔移民文化是全球化文化的一部分。对华裔移民文化研究,无论从传承的角度,还是从反观的角度,都有一种共性,即通过汉语和中国文化传播,对生理身体和文化身份产生认同。我在美国加州圣迭戈市了解到,近年美国人领养中国儿童接近 6 万,大多儿童都被美国家长送到中文学校去学习。越是美国高层家庭,越让领养孩子记住中国根。他们为此成立了全国性的非官方组织"领养家庭协会",交流对在美国长大的领养青少年开展汉语和中国文化教育的经验。现在在美国,"夫妇领养中国孤儿的故事已经不再新鲜,金发碧眼的洋爸洋妈怀抱黑眼睛黑头发的中国女娃享受天伦之乐的画面更是到处可见;与一般故事不一般的是,洋妈妈琳莉为了不让米亚与她的中国根脱节,在拉菲耶办起了'小小世界'中文学习班"。俄亥俄州领养中国儿童的美国家庭较多,我在俄亥俄州社区的中文学校做了调查,当地一个社区的学中文学生可达四五百人,其中大多是被领养的中国儿童。正是在美国人慈善捐助的思维方式和社会动力中,民俗文化交流工作和中国文化传播都被看好。总之,传承型与反观型群体的特点,都是华人后裔学汉语和中国文化。我们观察美国人接近和思考中国文化的特点和历程，可以观察我国文化软实力发展对策的一种个案。在这个层面上做民俗文化交流工作，在美方需要的关口上"雪中送炭"，通过华裔青少年影响美国人，一举两得，成本低而效果好，可惜目前这方面的研究工作尚未开始。

3. 知识型与表演型跨文化优势战略数据分析与研究

在美国，汉语教学项目的展开，适合于接触型和边际型的对象。在全球化时代，接触型和边际型的人群范围迅速扩大，这是不能忽略的事实。发展接触型的语言文化传播，在边际地区保留互相了解的时间和余地，此趋势已势不可挡。在全球多元文化的"接触点"和"边际区"的研究上，中西学者的思路也有所不同。

欧美学者认为，20世纪不同文化接触的国家战略是出书造势，21世纪不同文化接触的国家战略是把文化多样性变成权力。现在，两者的差异，已成为区分现代语言文化传播与传统语言文化传播方式的界限。以美国为首的西方国家，早已把采用现代语言文化传播方式作为划时代的战略标志。他们基于这个理念，营造基于美国多元文化来源的流行文化，并在这一过程中，把流行文化变成跨文化的文化霸权。中国不能照搬他们的理论和方法，但我国的民俗文化交流工作要在文化"接触区"上动脑子，要下功夫在"跨文化"中保持自己的多元文化遗产，这是需要思考的，至少有两个接触点是可以在民俗文化交流工作中运用的。

中国早期家庭教育。中国早期家庭教育是东方教育的代表，在民俗文化交流工作利用上，至少有3个要点：①将中国早期家庭教育精粹部分，做成展示中国历史文化内涵的窗口；②将中国早期家庭教育做成"面对面"的中美成人家长交流，创造一个"接受前"的文化空间，引起政府与民间、中国与美国、学校与社会、学者和民众的边际互动；③通过中国早期家庭教育交流，例如亲亲文化、共享文化、赡养文化等,缩小中西文化的距离,激活国家间、民族间和代际的人文对话,让中国优秀家庭教育传统与解决美国现代社会问题互补。

其次,是保护和推介中国的多元文化。在民俗文化交流工作利用上,大体有4个要点:①体现中国多民族多地区文化正是中国主体文化包容与整合的突出特色;②中国多元民俗文化在跨文化交流中,是低成本、高效益的介质之一;③通过表演活动,打破中西文化时空观的界限,建立对中国文化的欣赏圣境;④建立国际学术研究项目,在现代语言文化传播方式的背景下,发展比较审美学、比较心理学、比较教育学和比较民俗学,找出最能展示中国文化软实力的相关类推要素,创造民俗文化交流工作文化的新分类,由此推动人类共享文化的理论建设。

4. 技术型与双赢型跨文化优势战略数据分析与研究

美国教育界和公众对中国民俗文化的数字化项目极感兴趣,这是与美国作为数字化大国的实力相当的,也与其信息化认知的广泛社会基础有关。美国和中国,分别作为世界上最年轻国家和最古老国家的代表,彼此交手已久,知己知彼的地方很多。现在我们向美国人去传播中国的水利、交通、古建、工艺、饮食、服饰和寺庙等知识,是有相当吸引力的,但他们很快就够了,烦了,但通过数字化项目,开展技术型与双赢型跨文化交流,却容易获得对方的理解和支持,这是我们需要思考的。

(三) 美国民俗文化交流工作的调研与分析

我在美国对全球化下汉语和中国民俗文化在美国的影响力做了调查,后来也对国内高校学生和来华留学生做了调查,结果几乎相反。这种反差说明,在对民俗文化推广工作的理解上,国内外有较大的差异。

1. 关于美国人对中国民俗文化输出效应的认识

在美调查,让我感触最深的是,虽答卷不同,但调查对象的回答是真诚的。几个美国大学生对我说:"刚到中国的时候,感到中国菜真香,但没过几天,就开始想美国菜了。"这只是一个例子,其中所涉及的问题,是文化习惯问题。而"跨文化"的优势所在,就是能对别人的文化习惯加以适度控制,使之既能保持别国文化,又能欣赏其他多元文化。

在表 4-28 的调查对象中,90%以上是美国人,10%左右是华裔美籍移民,问卷的结果出乎我的意料,但它可以基本真实地反映被调查者对民俗文化交流工作(包括中国民俗文化)传播的看法。

表 4-28　美国人对汉语和中国民俗文化兴趣一览表

序号	分　类	人数	百分比	排序
1	汉语(了解或学习汉语)	114	2	7
2	中国饮食	399	7	5
3	中国服饰	285	5	6
4	中国手工艺	627	11	3
5	中国艺术表演	457	8	4
6	中国历史文明	1426	25	2
7	中国制造	2452	42	1

2. 美国人对中国民俗文化的认识与我们在国内的想象有较大差距

在表 4-28 中,"分类"的"序号"是我做问卷的顺序;它与实际结果的"排序"差距较大。从所获数据结合问卷后的访谈可以看出,目前美国人对中国文化兴趣最高的是"中国历史文明",对中国了解的最广泛途径是中国出口美国商品上印制的"中国制造"。

美国人对汉语的认同率低,但这个比例是表层的,不能简单拿来证明它与美国的"汉语热"有矛盾。美国学汉语的人数是在增加,但肯填写对汉语有兴趣的人不会很多,毕竟学习汉字和汉语的困难是

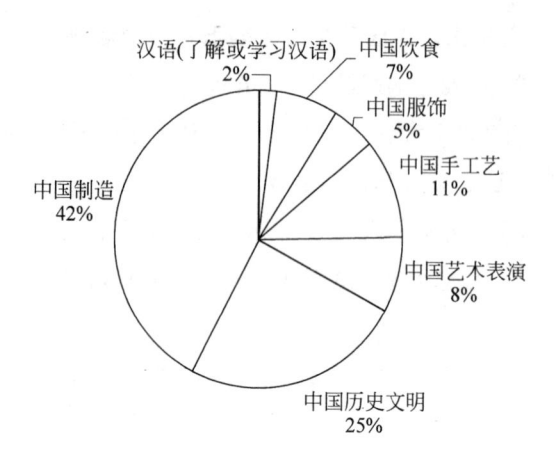

图 4-23 美国人对汉语和中国民俗文化兴趣示意图

- 汉语(了解或学习汉语) 2%
- 中国饮食 7%
- 中国服饰 5%
- 中国手工艺 11%
- 中国艺术表演 8%
- 中国历史文明 25%
- 中国制造 42%

事实。这个数据的特殊性在于它有深层意义:在美国这种提倡思想自由和制度民主的国家,只有对汉语和中国文化真正有感情的人,才能如此据实填写,而只有有了感情的东西才是不容易改变的。所以,这个数据的百分比小,却质量高,给我们的启示也多。

被中国人认为外国人喜欢的中国民俗类别遇冷,如中餐和民歌。从数据分析看,我们在把握"跨文化"上不够准确,主要是阐释我国的历史文明元素力度不够。美国人更倾向了解中国的历史文明,他们只有懂得了中国事物深刻的历史文化内涵,才能从感情上倾向中国。

(四)重建"跨文化"交流的概念

从 20 世纪八九十年代以来,美国人利用"跨文化"的理念,实施边际战略,从统一流行饮食、流行光盘音乐和世界性的儿童领养等途径入手,让自己的语言和文化推广战略扩大,又变得温情而友好。一旦这种文化推广发挥效应,在本地国家形成无孔不入的文化渗透,本地国家人民就会发现,对方文化正挤进自己的文化主流中,造成了自己的文化变迁。对此,至少目前我们可以做换位思考。就民俗文化交流工作而言,我们应从国际和国内的双视角看问题,把民俗文化交流工作放到国家文化软实力建设的战略高度来研究,提到国际文化语言交流的现代文化构架中来认识,这样民俗文化交流工作才是有特殊意义的事业。它应该成为促进中国优秀历史文化与世界人民共享和增进世界了解中国的友好平台,应该成为对付西方强国向我国进行文化渗透的软武器,它的位置和作用应该不能为其他国内传统学科所代替。但是,目前我国民俗文化交流工作的主要问题是没有自己的理念和产品,因此还不能在外方"深入人心",当然对它们的探索需要时间,以下是对这方面现状的初步调查分析。

1. 突出跨文化交流的理念

从在美调查看,我国的民俗文化交流项目,在当今全球化的背景下,要突出跨文化交流的理念。美方在这方面的看法是有两种趋势:一是面向美国人,但据他们反映,在他们看来,民俗文化交流工作教材对象不明确,难以进入美方教材系统;一是面向次生美国人,即在美华裔移民,后者对民俗文化交流工作的认同率要相对高得多,但又认为民俗文化交流工作教材分级粗糙,考点缺乏权威性,不利于考级,不能展示华裔双语人群的优势。我个人的看法是,对这两种趋势都要研究。这是两块教育市场,把两者混同起来发掘事倍功半。

2. 编纂适合跨文化交流的教材

目前国内输出美国的汉语文化教材,以汉语教材为主,数量最大,占半数以上。它们来自5个系统。

一是北京大学系统,特点是内容新、程度高、有学术底蕴,里面还有北大著名学者季羡林、游国恩、许渊冲等教授的著作,受到美方精英的欢迎。二是北京语言大学系统,特点是从事对外汉语教学历史长,教材种类齐全,含课本、学生综合练习册和教师用书,有不同时期的各种版本,面向初、中、高等各级别对象,非假以时日不可尽得。但图书的重复量大,思想浅。三是人民教育出版社系统,都是课标类,如《标准汉语课本》,另配图和 CD,教学手段丰富。四是国家汉语国际推广领导小组办公室(汉办)科研项目系列,包括北京师范大学汉语文化学院陈绂等编的《跟我学汉语》。北京师范大学对外汉语教学在北美地区的美国和加拿大都有长期教学点,编写者都有在这些教学点执教的经历,比较注重建立对外汉语教学体系和教学规范,还有华语教学出版社出的一些书也属此类,但其效果还要由实践检验。五是我国对外文化交流系统(包括五洲传播出版社、外文出版社、商务印书馆、中华书局和北京外国语大学出版社等)出版的适合对外发行的著作。这些出版社,有的是对外传播的职业性出版社,如近年成立的五洲传播出版社;有的是中国传统文化典籍和研究专著的专业性出版社和百年名社,如中华书局;有的以翻译和出版外国名著饮誉中外,如商务印书馆和外文出版社等。其中杨宪益、戴乃迭夫妇的中国古典文学名著译书,知名度高,质量好,颇受好评。

从分类看,以上书籍大体有 5 类:语言,文学,历史,文化(含民族、民俗、文化史),地理。它们在美方图书馆的作用有三:一是能帮助了解中国民俗文化交流工作教学的历史、发展与总趋势;二是能帮助了解国家汉办对传播中国文化范围的看法;三是能帮助了解民俗文化交流工作和中国文化交流的切入点和基本问题。

上述书籍从美方使用看有以下问题。

一是缺乏自然科学、传统工艺、民俗文化、物质文化和非物质文化遗产方面的书籍。

二是缺乏图书介绍,无法纳入美方图书馆编码系统直接登记;美方要么按照西文书目登记方法,将以上教材拆散登记,再分散到不同类别的书架上去,最后失去民俗文化交流工作书籍的系统和整体性;

要么堆放一处，不做登记，仅供孔子学院使用，但这也限制了美国读者面，浪费资源。

美方实际使用的汉语文化教材。在K-12幼儿和中小学层面上，使用《快乐汉语》《标准中文》等汉办推荐教材，同时使用当地教师自己设计的教案教本。从调查看，当地的美国师资、中国台湾师资和中国留学生助教，都有自己设计的教案和教本。还有一些年资较老的美方中学师资使用加拿大编写的汉语教材，认为符合西方人的思维逻辑，对话举例精当。

在美国高校的中文教学项目中，很多人使用美国老一代汉学家编写的汉学教科书，适当参考国内新编的汉语教材，如北语、北大、北师大和人教社的教材。从调查看，不同层次的美方教学单位对汉语文化教材的欢迎程度有所不同。

我国各高校的民俗文化交流工作在美国的地区资源和关系网络资源不同，中、美方院校执行项目的人员素质和特长不同，汉语师资层次也不同（从教授到讲师都有），双方对民俗文化交流工作的期待值也不同，在这种情况下，要统一而论很难。

但是，在孔子学院已兴起的条件下，可以通过民俗文化交流工作和孔子学院双方项目切割的方式解决，谁有什么资源，谁擅长什么教学和研究，谁有什么人群需求，就申报什么项目。另一方面，应该抓美国大学生，他们一般4年毕业，可以4年为一个周期，易于收到成效。而中小学生太小，学了中文容易忘，要给他们编写大批的中国优美故事才行，要让他们在心灵上受到感动，然后把对中国的好感持续一生。

综上所述，通过对近年问卷调查的分析，可以看出中外大学生和研究生对我国文化软实力的总体看法如下。

中国大学生认为，文化软实力是各种文化要素综合起来形成的对外冲击力,他们提到的关键词有"凝聚力"、"吸引力"、"思想道德"、"民族性"和"经济实力";还有少数同学提到"韩流"、"日本动画"和"美国大片"也是一种可以参考的软实力。

来华留学生认为,文化软实力是针对全球化语境下反思本土文化价值的概念,所提到的关键词有"影响力"、"吸引力"和"精神力",韩国留学生提到了"长期的忍耐心"等词语。留学生在回答问题时,是有自我文化教育和外部文化观点做参照系的。

研究生对我国文化软实力的理解相对复杂,主要看法有:①指意识形态领域,包括文化、价值观、社会制度等对国内和国际有影响力的方面;②是一种活态的可以被传承的文化领导力,有具体的承载物;③是国家发展水平的评价指标,属于综合国力的一部分;④以优秀文化因素对现存文化体制实现有益的影响和改革,并具有广大民众能够接受的认可度;⑤与主体精神层面有关的东西,是一个国家的文化话语权,可以使别的国家关注、学习甚至模仿和崇拜本国文化。

我国民俗文化建设在改革开放的进程中获得发展,但在中国进入世界多元文化竞争潮流后,民俗文化建设已遇到两种划分,即政府工具和民间工具。从我方看,由政府推广民俗文化是极为有利的;从外方看,民俗文化交流是民间牌的有利工具。从"跨文化"和"跨媒体"工程的战略建设角度看,民俗文化交流工作在中外不同文化之间进行动态调适,为各国多元文化提供"接触点",让双方都有一定的时间去相互包容和理解对方,是十分必要的。现在欧美国家把人民共同选择和价值趋同的民俗文化做成国际项目,在与当地文化不冲突的前提下,开展不同国家间的文化沟通对话,但却不一定推行别人的民俗文化,对此种趋势,我们也应引起注意。

第五章　中国非物质文化遗产建设专项规划

可以肯定地说,我国政府开展非遗保护工作的目标是加强国家文化建设,同时向世界输出中国非遗精品,提升国家形象。对国民而言,非遗时代的到来,将那些未列入物质化的世界遗产而拥有极为优异的精神化品质的多元知识类产品纳入保护对象,是重建人类世界的福音,也是人类自我认识能力的进步。但非遗有两种,一种是精英非遗,一种是民俗非遗,政府管理精英非遗,以使用现代学校教育知识为主;而民俗非遗大量存藏于民间,保护它们需要使用现代学校教育以外的多元文化知识。政府、学者和民间力量都要认识到这两种知识的差异,实现两种知识的互补,制定专项规划,保护国家整体非遗。这是政府与民间共同进行的一场国家精神财富保卫战。

第一节　政府非遗与民间非遗的差异与建设规划

非遗保护涉及两种知识,从这个角度认识非遗保护工作,可以深化对我国国情的理解,细致分析我国非遗的特点,发挥民俗资源的作用,重点加强对国内申遗的各文化空间的保护,做好研究性的保护工作。要通过扎实有效的工作,构建非遗保护的中国知识和中国经验。

在我们所居住的地球上，迄今已有两种知识，第一种是现代学校教育知识，它的经典、标准、国家发布权威、社会制度准入、工业改造和商业支持，已形成了"普世"机制。第二种是未列入现代学校教育的知识，但它的非遗性能更强，是人类沟通自然与社会的群体生命本质所在，也是人类在自然过程中发展"天籁"级的个体创造力的源头。但它过于多元，绚烂而特异，很难直接被"普世"。然而，随着人类自我心智的成熟，随着人类创新能力的提升，它必然进入人类知识教育系统的视野中。相比之下，在两种知识中，第二种知识更与人类本真的自我相亲相爱，更体现各国各民族文化传统的特色部分，更承载各民族的情感和价值观。如果说，第一种知识是人类共性知识庞大的宝库，那么第二种知识就是人类文化异性相吸的部分。保护非遗，两种知识都要，但目前我们缺乏的是对第二种知识的研究与教育。而从某种意义上说，联合国教科文组织是发布非遗保护世界公约，并传递很多国家的非遗保护个案样本，正是对第二种知识的充分肯定与启动其"普世"传承的世界级权威发布。我国政府加入联合国教科文组织的这个公约，也要加强对两种知识的研究与利用，促进我国的社会文化建设工作迈上历史新台阶。

从第一种知识的角度说，这不算是一个命题，因为现代学校教育知识一直握有最大的话语权，是政府和学者从事非遗保护的智力依托，足以支撑非遗保护的指导工作。从第二种知识的角度说，由于各国的社会历史传统、文化传统和风俗习惯不同，各国政府在贯彻非遗理念和执行非遗保护计划时，也会遇到种种障碍。有些非遗保护，政府认为是好事，民间认识却未必。这其中有多元知识乏匮的原因，也有来自第二种知识的信任危机。从我国近年非遗保护的实践看，仅从非遗保护投入上说，就存在着政府与民间视角的分歧。来自于政府的视角认为，对存藏于民间的大量非遗予以政府财政投入，存在着行政决策和行政执行上的层层难题,社会效益难以预测,最终费力不讨好。来自于民间的视角认为,非遗保护应避免变成纯行政工作,避免流于形式。两种分歧的焦点是非遗利益的权属问题,换句话说,究竟是谁的非遗?是政府的非遗?还是民间的非遗?就此而言,本文拟使用"政府非遗"与"民间非遗"两个概念,来分析两种知识的差异面中的分歧点与趋同性,旨在促进两种知识的互补共进。需要说明的是,本文的讨论限制在两种知识的范围内,不再向另外两个方向延伸,即持局外观的一国内部政府与民间非遗保护利益的一致性,与持局内观的我国政府与民间的非遗文化交集点覆盖了传统与现实的诸多方面,不存在不能沟通的死角。本文将集中在两种知识的方向上进行讨论。

"政府非遗"与"民间非遗"的差异面中的分歧,是"政府非遗"中以政府和学者的观念为主导,使用第一种知识指导非遗保护;"民间非遗"以民俗观念为主导,使用第二种知识申遗和保护非遗。"政府非遗"与"民间非遗"的差异面中的趋同性是全球化背景下两种知识的融通趋势。当然,接受第二种知识是世界范围内的问题,不止我国有此需要,但本文之所以仍要讨论,是因为第二种知识对于突破我国非遗保护格局和体现中国非遗特色更为有利,也能促进发挥第一种知识的作用。拥有对两种知识的清醒认识,我们才能正确地学习别国的经验,提升政府的执政能力,增强文化自信,制定能包容我国非遗项目的社会分层与文化分层多样性的保护规划,变难题为机遇。所以,从这个角度看,该命题不仅存在,而且要认真讨论。

一、政府非遗:国有化观念与传承人定位

我国政府启动非遗保护工作,在全球化时期世界文化格局变迁的背景下进行,在深化经济社会改革和对外开放中开展,会遇到意识

形态上的和体制上的问题,这些都是正常的。但现在的问题是,政府和部分建言学者观念跟进不力,需要改进。对政府指导非遗保护工作来说,转变观念的前提是定位。到今年,我国政府开展非遗保护工作已经十年,比较政府原文化管理工作与当今非遗保护之间的难题,需要重新定位并转变观念的,大体有三。

(一) 思考所有制定位、解决非遗"公有财富化"与国别非遗"国有化"的矛盾

非遗保护是一项实践性很强的学问,政府工作的定位要扎根于我国的实际,而不是扎根于外来的条款。我国非遗的特质是农业文明的积存,它不仅具有巨大的无形形态的精神资产,如中国故事;还有巨大的物质化形态的精神资产,如传统手工技艺制品。而全球化下物质化的精神资产已迅速上升为人类文明异性相吸的对象。它不需要语言便能在世界各国的旅游沉浸、审美收藏和网络互通中交流;它拥有对物质的自然过程的美化奇迹,传达了多元文化的造型艺术、社会功能和民俗信息,更能激发人们长远的历史意识、亲近的自然观,塑造文化共鸣。2011 年,我国国务院公布了第三批国家级非遗名单,其中传统技艺类项目有 26 项,占这批非遗总项目的 14%,所申报省域为北京、上海、河北、河南、山东、山西、江苏、浙江、湖北、湖南、福建、云南、青海和新疆等 14 个,这些省区市全部都是故事资源极为丰富的地点,同时也是相关民俗文艺表演的繁盛地,还是物质化非遗传承的历史声望场所。它们从物质化的非遗角度说明,我国民间资源怎样成全了非遗项目,而非遗保护又能怎样促进民间资源的保护。这一点,是政府和建言学者在制定非遗保护规划时要注意的特点。

非遗保护工作的本质是一种政府治理工作,在这方面,西方国家动手要比我们早,也总结了不少解决政府难题的对策,如解决非遗保

护法与知识产权的矛盾,保护非遗与经济开发的矛盾,国家评估不计保护成本、以投入为主而收效甚微的矛盾,保护资金来源的矛盾,保护非遗成绩和国民教育跟进不力的矛盾等。政府定位是国家所有制的定位,但政府却不能出任国民保护非遗的替代者。政府在新时期指导非遗保护工作,要将所有制定位与转变观念的过程相联系,才能逐步实现工作转型。在这个问题上,西方非遗保护国家提出的一个治理观念可供我们参考,就是要建立非遗的"公共财富"观念。对我国政府来说,在指导非遗保护上,要突破所有制的框框束缚,将所有制定位与两种知识的观念共同思考,并加以合理拓展;要增强宣传国家优秀非遗全民共享和世界共享的观念,加强这方面的基础教育和社会公共教育。政府要在此前提下,发展非遗公益保护事业,使这项工作从根本上得到可持续发展。

(二)转变大行政定位、解决国家非遗"清单化"与非遗保护"传承人化"矛盾

这个问题与上个问题有相关性。我国是一个非遗资源极其丰富的文化大国,在申遗之前,非遗国有化与非遗私有化的矛盾似乎并不存在。在以往的社会主义国有化制度和计划经济体制下,属于非遗的所有文化资源、管理权与社会利益分配,都在国有化的体制下运行,国有化的概念是政府行政解释权的依据。但是,我国又是在实行社会主义市场经济体制改革后加入世界非遗保护工作体系的,非遗保护项目要求落实到具体文化空间、具体地点和具体传承人,这样矛盾就产生了。从我们搜集的资料看,目前国家还是采取大行政定位,即对进入国家级非遗清单的项目有两种处理方案,一是提供非遗项目展演中心,拨发固定编制,予以行政规范管理,建立国家化的非遗传承空间象征;二是为国家级非遗项目保护地点和传承人提供不同比例的财政投入,建立国家责任与国家供养一体制。但这两种方案

都面临着一个共同的风险,就是占用政府大量资金,增加政府财政负担,而无法回收明确的社会效益。这种政府投入俗称"无底洞"工程和"政府奶妈"工程。政府要将大行政定位转变为适应不同社会分层和文化分层结构的法制权利,下放部分行政管理权,鼓励社会公益慈善投入,建立适合我国体制的非遗保护法和传承人知识产权法,弥补政府政策的缺位问题,化解风险。

(三)转变一元化定位、解决非遗项目"名录化"与非遗文化权利多样化的矛盾

我国政府的国家级非遗采取省域申报机制,通过省域单位建立名录的方法,认定和实施非遗保护项目。但是,我国大部分非遗的文化空间共享性很强,很多著名非遗项目实际上是跨省域和跨县域联合共享资源,包括多地区文化走廊共享生态资源、多区域流动共享品种资源和多民族共享文化资源。它们具有政府管理与民间管理的密集交叉点,很难用国家非遗一元化标准去统一。对这个问题,我们在前面已多次提到,后面在涉及具体掣肘问题时还会做具体分析。这类非遗项目通过省域申遗资格后,在回到原地保护时,会有与原自然文化区划共享空间不吻合的矛盾,会出现国家一元化文化管理与申遗地方化和传承人保护个体化权利不协调的矛盾。政府在投入非遗保护资金时,还会发生不同社会利益群体划分资金的次生矛盾。在这种情况下,政府非要了解两种知识不可。政府还要重视第二种知识的强大地方功能和生态传承系统的能力,要将一元化名录定位与多元文化权利观念联系起来思考。要制定国家管理与各文化空间管理相协调的新政策。要在保护国家一元文化权利的同时,兼顾文化权利多样性的现实。抓住此点,并做得好,正是国家文化软实力建设创新所在。

二、民间非遗：文化空间保护与研究性保护

现在需要讨论第二种知识，它是"民间非遗"概念的支点。什么是第二种知识？联合国教科文组织界定的非遗五条都属于这类知识，包括："(a)口头传说和表述，包括作为非物质文化遗产媒介的语言；(b)表演艺术；(c)社会风俗、礼仪、节庆；(d)有关自然界和宇宙的知识和实践；(e)传统的手工艺技能。"[1]对我国政府和学者而言，怎样通过调查研究将这些定义中国化？怎样将这种向世界"普世"推行的框架与我国新时期社会文化建设挂钩？这些都需要时间。从我们已有的调查研究看，我国目前要抓紧进行的"民间非遗"建设工作，是要加强文化空间保护和研究性保护，并从这个角度与"政府非遗"工作汇合，争取突破，向建立具有中国特色的非遗保护知识系统进发。

(一) 文化空间保护

我国非遗保护规划还缺乏文化空间保护知识和相应工作规划。目前政府非遗工作的平台是发红头文件、审批项目、挂牌、开会、展演、办班和拨款，[2]此外办法不多。

在以上谈到政府应反思定位和转变观念时，我们已说明，要用适合我国社会文化建设的新思路去规划非遗保护工作，就要对以往工作积累的旧数据化旧为新。所谓"化旧"，就是要充分利用以往已进

---

[1] 联合国教科文组织："保护非物质文化遗产公约——联合国教育、科学及文化组织第三十二届会议正式通过"，中央民族大学民俗文化研究中心：《民俗与研究通讯》第24—25期，第7页，铅印本，2003年12月。

[2] 吴海敏等："传统技艺发展报告"，康保成主编：《中国非物质文化遗产保护发展报告(2012)》，社会科学文献出版社2012年版，第246—273页。重点参看"㈡展演展示情况"，作者认为："自从非物质文化遗产保护在全国范围内开展以来，展演展示成为向大众普及非物质文化遗产知识、开展传统文化教育的常用手段。"政府组织的非遗展演活动在国内外都已举行，还成为我国政府颁布的"文化遗产日"常设节目，第252—253页。

行的前期工作基础,而不是一概否定。所谓"为新",就是要从中发现,我国以往非遗保护规划的一个缺口是文化空间保护。出现这个缺口的原因是知识兼实践的问题。

2011年的一份《民间文学保护发展报告》已指出这个问题,报告称之为"联合申报问题",即本节所讲的"文化空间"保护问题,从报告中可以看出,在文化空间保护上,我国"政府非遗"的难题表现得最为集中。作者指出:

> 多地共存是一个非常普遍的现象,共同申报成功的案例比比皆是,如在第一批国家级名录中有"苗族古歌",是贵州省台平县、黄平县共同申报的。……但是,由于行政区划的分隔,地方政府、文化部门都与非遗项目发源地、属地问题存在地方主义,这使得一些优秀的民间文学项目未进入"非遗名录"。例如:在华南地区影响颇广的冼夫人传说,同属于广东省茂名市的高州和电白,两县在争夺冼夫人传说发源地的问题上偏执狭隘。其实,在地缘上两县毗邻,在历史上,两县的行政区划也是分分合合,若能联合申报就是最好的解决办法。再则,由上一级的茂名市文化部门来主持申报也可行。但是,在过去的几年时间里,两方僵持不下。有着1400年历史的冼夫人传说,被周恩来总理称赞为"中国巾帼英雄第一人的'冼夫人'",至今仍旧徘徊在"非遗名录"之外,纵观全国,此类案例不少,应当引起反省。①

---

① 刘晓春等:"民间文学保护发展报告",康保成主编:《中国非物质文化遗产保护发展报告(2011)》,社会科学文献出版社2011年版,第98页。

分析报告之所描述，我们可以看到，以往政府实施的老艺人保护，是适用于封闭社会的民俗文艺保护政策。现代社会是开放社会，要在开放条件下进行文化空间中的非遗保护，政府就要认识和接受必要的思维转型，此时了解第二种知识就显得尤为重要，因为整个社会都在由封闭转为开放，第二种知识源自封闭社会又进入开放社会，遇到了生存危机，反而特征更加突出。当开放社会与全球化条件相结合的时候，第二种知识表现了异性相吸和多元互补的特质，获得了新的生命力。现在第二种知识繁荣很快，而不是死去。政府要了解第二种知识，才能认识"民间非遗"所在文化空间的底气及其有怎样的国际话语空间。所以，保护文化空间，就是保护第二种知识的知识生态基地和民间社会组织。它是我国政府非遗工作争取国际话语权的重要资本。

保护文化空间，从过程上说，是一场将狭隘一元空间非遗转化为国家"公有财富"的观念的革命。从政府文化工作改革的方面说，加强文化空间保护，也是中央政府下放对非遗项目的包办权力，给中央行政工作减压和松绑的措施。以下是各省申报非遗保护时申请文化空间保护的数据。

阅读下面表 5-1 和图 5-1，可以得到一个直观的印象，即政府加强文化空间保护规划，实现非遗"公有财富"观念的转变，是有可能获得明显的社会效益的。所谓社会效益，指激发非遗原地点的非遗保护活力，打开政府与地方社会力量共同保护非遗项目的新局面。可以假设，从最初申遗到现在，多县和多省联合申请非遗一直是行政难题；但是，如果我们从自下而上的观点看，对于那些多地区、多民族长期共享的民俗文化非遗来说，这种非遗的生存和传承，正是在当地自然地理和历史环境中始终进行的。它们原本就是特定文化空间的公共产物。各级政府在申遗时，征得了特定文化空间中的非遗传承主体的同意,这正是政府尊重非遗传承者的文化权利的表现。只是事情不能就到此为止。

表 5-1 国家级非遗省级行政申请与同步申请文化空间保护趋势一览表[①]

单位:个

序 号	地 名	申请行政保护（项目）	其中申请空间保护（项目）
1	北 京	91	28
2	天 津	18	7
3	河 北	77	24
4	山 西	111	27
5	内蒙古	57	15
6	辽 宁	37	6
7	吉 林	36	6
8	黑龙江	20	1
9	上 海	50	12
10	江 苏	96	14
11	浙 江	161	24
12	安 徽	56	12
13	福 建	81	14
14	江 西	33	3
15	山 东	102	16
16	河 南	68	8
17	湖 北	77	9
18	湖 南	78	9
19	广 东	93	5
20	广 西	38	3
21	海 南	29	2
22	四 川	114	14
23	贵 州	77	16
24	陕 西	52	1

① 表 5-1《国家级非遗省级行政申请与同步申请文化空间保护趋势一览表》,由本文作者根据文化部公布的国家级非遗三批名录和世界非遗五批名录制作。

续表

序号	地名	申请行政保护（项目）	其中申请空间保护（项目）
25	甘肃	44	2
26	青海	59	1
27	宁夏	8	0
28	新疆	85	8
29	云南	89	8
30	西藏	52	13
合计		1989	308（申请跨县保护 277 县次，申请跨省保护 645 省次）

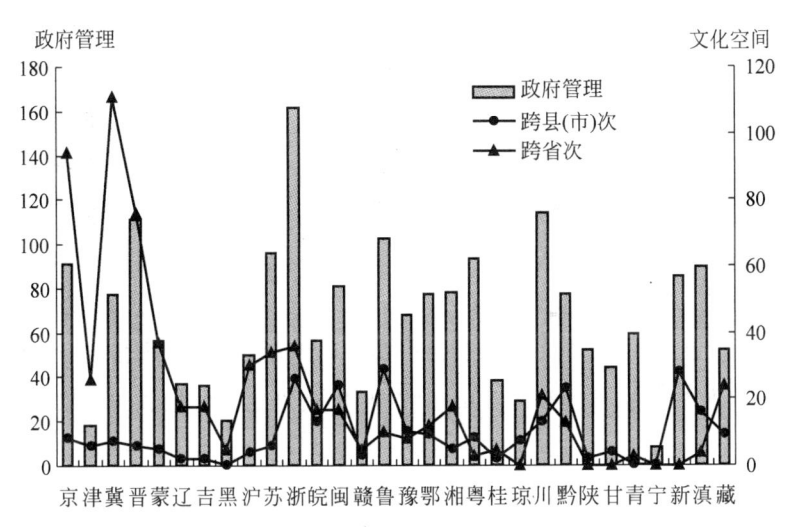

图 5-1　国家级非遗省级行政申请与同步申请文化空间保护趋势示意图[①]

政府在批准地方联合申遗的项目之后，不能将这类非遗悉数划入某单一行政单位的囊中，因为这种划分依据的是第一种知识，适合

[①] 图 5-1《国家级非遗省级行政申请与同步申请文化空间保护趋势示意图》，数据搜集整理与编制：董晓萍；示意图绘制：赖彦斌。

了行政管理的要求,却违反了这类非遗运行所必须遵守的第二种知识。用第一种知识的角度看,第二种知识是"潜规则",但用第一种知识代替"潜规则",就会把接下来的非遗保护工作拖进死胡同。

换个思路再思考,便能发现,在我国这个多地区多民族统一国家中,文化空间分布广泛,文化空间内的各省、县申遗活跃,这正好体现了我国非遗的生态系统的长期存在与现实活跃性。政府僵硬地使用第一种知识,就会按既定的行政手段去看待和批评下级联合申遗后发生的纠纷,结果是给自己挖坑。政府补充和使用第二种知识,就能正确发挥政府对"民间非遗"的引领作用。政府要在文化空间上借力发力,放手让民间社会资源自己行动起来。政府要将"民间非遗"保护的文化权利还之于民,而不是只在老艺人去世的损失上悲情万丈。

自2007年至2010年,我国政府建立了10个国家级文化生态保护实验区,它们是:(福建省)闽南文化生态保护实验区、(安徽省)徽州文化生态保护实验区、(青海省)热贡文化生态保护实验区、(四川省)羌族文化生态保护实验区、(山西省)晋中文化生态保护实验区、(广东省)客家文化(梅州)文化生态保护实验区、(湖南省)武陵山区(湘西)土家族、苗族文化生态保护实验区、(浙江省)海洋鱼文化(象山)文化生态保护实验区、(山东省)潍水文化生态保护实验区和(云南省)迪庆文化生态保护实验区,分布在我国华北、华中、华东、华南、中南、西南和西北七个大区中。这些实验区的保护范围共涵盖了10省41市(县)。应该说,如果可以将"保护区"的概念与"文化空间"的概念互换,那么,建立10个保护区,就是政府在非遗文化空间保护方面迈出了重要的一步。然而,可惜的是,这两个概念是不能互换的。我们以各"区"的空间为单位,将10个保护区的非遗项目按各自的空间单位分别提取出来,再将各自空间内已审批的国家级非遗项目中的申请文化空间保护的210省(次)和140县(次)的数据相比较,就知道保护区的问题何在了。

将两个数据相比,这10个实验区的市(县)覆盖范围仅占29%,其省域覆盖范围仅占0.95%,余下的70%以上的文化空间就都被排除在10个保护区之外了。再详见表5-2的数据与分析。

表5-2 国家级非遗文化空间分布与国家级文化生态保护实验区分布一览表

序号	省名	申遗文化空间(覆盖县次/省次)		国家级文化生态保护实验区名称	省市(县)范围		保护比(%)	
		县次	省次		县次	省次	县次	省次
1	福建	24	22	闽南文化生态保护实验区	3		13	0
2	安徽	13	14	徽州文化生态保护实验区	3		23	0
3	青海	0	3	热贡文化生态保护实验区	1		100	0
4	四川	13	21	羌族文化生态保护实验区	9	2	69	10
5	山西	6	80	晋中文化生态保护实验区	11		183	0
6	广东	8	3	客家文化(梅州)文化生态保护实验区	8		100	0
7	湖南	5	18	武陵山区(湘西)土家族、苗族文化生态保护实验区	3		60	0
8	浙江	26	36	海洋鱼文化(象山)文化生态保护实验区	1		4	0
9	山东	29	10	潍水文化生态保护实验区	1		3	0
10	云南	16	3	迪庆文化生态保护实验区	1		6	0
合计		140	210		41	2	29	0.95

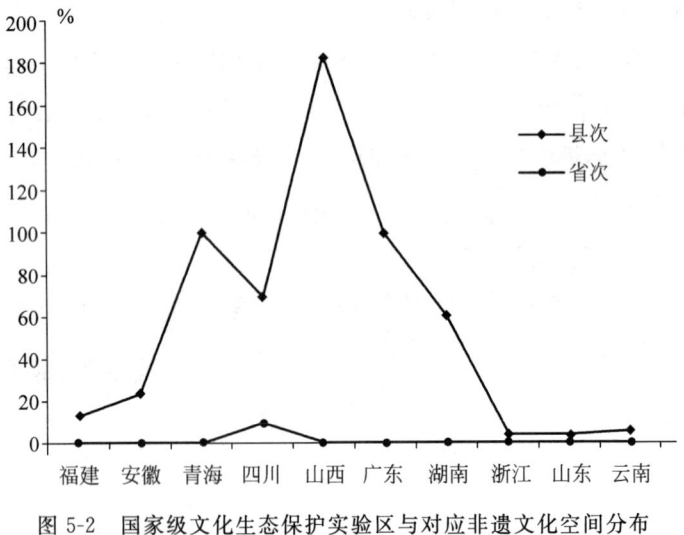

图 5-2　国家级文化生态保护实验区与对应非遗文化空间分布比例曲线图(2007—2012 年)①

余下的 70％以上的非遗文化空间谁来管呢？特别是那些极为活跃的跨县联合申报的非遗项目由谁负责呢？

从已获得非遗项目的文化空间保护资料看,这种文化空间的比例尽管只占 30％左右,但同样有对第二种知识的自觉利用需求。具体针对性的问题有以下两个。

1. 文化空间保护要兼顾保护多地区与多民族文化权利

政府对民族地区的非遗文化空间保护要加强使用第二种知识,从政策制定到财政投入上给予优惠,鼓励和推动民族地区多元化非遗项目的建设,2005 年至 2012 年,文化部拨发西藏专项资金 3258 万元,西藏自治区财政配套投入 3000 万元,共逾 6000 万元,用于保

---

① 图 5-2《国家级文化生态保护实验区与对应非遗文化空间分布比例曲线图(2007—2012 年)》,数据搜集整理与编制:董晓萍;示意图绘制:赖彦斌。

护西藏多种世界级和国家级非遗,①但这种政府投入是框架式的,不是地方权威性的,要具体落实就要依靠地方权威性起作用。同样重要的是,政府要促进多民族非遗保护的有序发展。新疆维吾尔自治区是我国维吾尔族群众的聚居区,维吾尔族传统节日是古尔邦节。这是具有极为强烈的民族色彩和民族信仰知识的节日,历史悠久、规模盛大,但它不是覆盖全国的节日。2012年,文化部下达了传统节日文化活动经费补贴的决定,规定补贴覆盖全国的节日,包括春节、清明节、端午节和中秋节,新疆维吾尔自治区政府就决定在中央政府补贴的四个节日之外,在新疆维吾尔自治区的范围内,继续增加对古尔邦节等四个民族节日的文化补贴,这样新疆维吾尔自治区政府补贴了八个节日,比中央政府补贴的节日增加了一倍。按照这份文件,在当地的文化空间内,民族节日与全国节日享有同等待遇。对本地本民族的四个节日,由自治区文化厅负责,给"节日的文艺活动给予每场补贴20万元",每年补贴100万元。② 由此可见,在少数民族地区,对非遗认知的文化知识和知识的价值观有历史传统和民族倾向,地方政府在制定非遗保护政策上,有主动补偿民族节日的情感和意愿,在这些地方,中央政府都应该加大力度给予支持,并提前规划。

2. 文化空间保护要解决知识产权问题

在多地区、多民族联合申遗的非遗项目管理中,政府要灵活使用两种知识,并在具体问题上实现两种知识互补,妥善处理非遗项目传承人与资源权利人之间的版权之争。《梁山伯与祝英台》获得了江浙

---

① 康保成主编:《中国非物质文化遗产保护发展报告(2012)》,社会科学文献出版社2012年版,第452页。
② 康保成主编:《中国非物质文化遗产保护发展报告(2012)》,社会科学文献出版社2012年版,第453页。

两省跨省申报国家级非遗的成功,但同名越剧剧目《梁山伯与祝英台》的成功演出却遭遇了版权纠纷,原告为越剧作家刘某的子女,他们状告演出单位浙江小百花越剧团没有写明父亲的编剧名字,也没有支付稿酬,侵犯了父亲的著作权。被告认为,《梁山伯与祝英台》是民间传说,在改写成越剧时,由袁雪芬唱词、刘某与另一位编剧合作写成,小百花越剧团购买了另一位编剧的版本,故不存在版权侵权问题。刘某子女的辩护律师认为,刘某子女没有争梁祝传说的民间文艺作品著作权,而是争剧本的改编权。这场官司终因民俗文艺知识产权法律不健全而搁浅。但这类问题还会有,政府要考虑如何解决。它比申遗工作的行政纠缠更为深刻,更能触及文化空间非遗"公共财富"化的观念革命的实质性问题。在梁祝这种我国经典传说故事上,其被改编进入上中下多层文艺代表作的例子是大量存在的,政府在管理申遗项目时,既要尊重民俗文化资源拥有者的知识产权,也要尊重学者、作家和艺术家对民间资源二度开发的知识产权。在非遗知识产权的问题上,如果政府不作为,下级就会困难重重。在这个问题上,我们同意调查者的批评和建议:"我国 1990 年颁布的《著作权法》第六条明确规定,民间文学艺术作品的著作权保护办法由国务院另行规定,但时至今日,相关的法律、法规仍未出台,关于越剧《梁山伯与祝英台》改编权的诉讼案,折射出对民间文学立法保护的缺位。"[1]

---

[1] 刘晓春等:"民间文学保护发展报告",康保成主编:《中国非物质文化遗产保护发展报告(2011)》,社会科学文献出版社 2011 年版,第 98—99 页。作者在第 99 页注①中,说明此条信息出处:许群、何徐麟:"《梁祝》版权纠纷折射民间文学法律保护缺失",新华网:http://news.xinhuanet.com/newscenter/2009-03/14/content-11009450.htm。

（二）加强研究性保护

我国还缺乏一支以政府为主导的，掌握两种知识的非遗鉴定与监理专业队伍。如何建立这支专业队伍？要以充分深入的实地调查和理论研究为基础。否则，按照第一种知识系统去复制所有非遗保护方案，无疑指挥越多，偏离越多，风险越大。

这里有一个十分实际的问题，我们已在前面多少讨论过。自从国家加快现代化和农村城镇化建设以来，在我国农村中青年人口流入城镇之后，广大农村基层社会的非遗文化传承群体已经分解，在社会资源与文化资源的分配之间，出现了分离现象。农村中的中青年人口在城乡流动过程中，开拓了眼界，刷新了世界观，重组了社会分层和文化分层结构的关系。很多人虽不是传统意义上的故事篓子和地方歌王，却凭借祖辈传承的民俗基础和年轻好学的年龄资本，出色地演绎第二种知识，打进了影视圈或网络圈，获得了传承非遗才能的社会资源。农村非遗传承人中的老年人，是掌握农村非遗财富的智库和镇山之宝，但子女外出务工，农村空心之后，他们的天才演唱和庄严仪式失去了最有接受力的听众，他们的民俗文化精神失去了最有生命力的血脉置换。他们手中的文化资源的辐射力，抵不上进城年轻农民工拥有的社会资源的发酵速度。在这种较量中，一个农村老年传承人的亡故，便成为本地民间非遗资源弱化的一盏警灯。过去说，一个老艺人故去便是某地某类一座民俗博物馆的关门，现在却已变成威胁整体民间非遗生存的"地震"。在这种社会变迁中，政府转变非遗管理的思路是必要的，而这里肯定需要一批专业知识人才，专业人才的核心是学者，学者则要提升研究水平。以下举例说明学者向政府建言的研究报告的成果和有待改进提升之处。

表 5-3 《中国非物质文化遗产保护发展报告(2011)》所提供的《苗族古歌》54 位传承人年龄结构构成表①

序 号	年龄段(岁)	人 数
1	30—39	2
2	40—49	3
3	50—59	3
4	60—69	19
5	70—79	20
6	80—89	6
7	90 以上	3

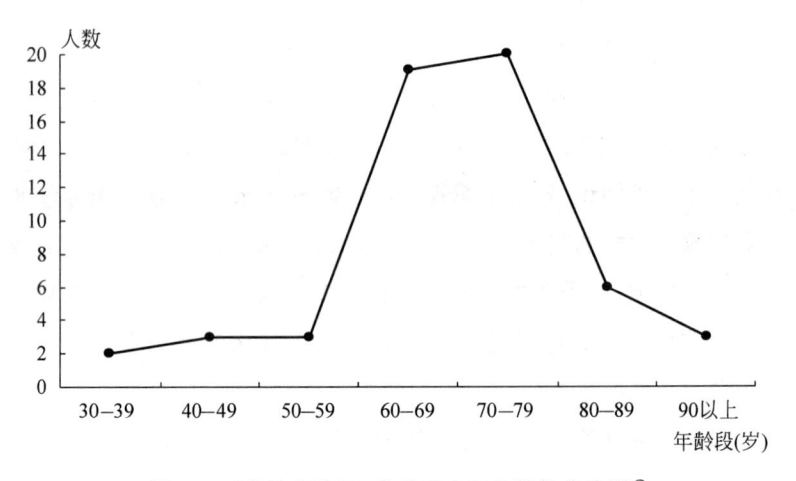

图 5-3 《苗族古歌》54 位传承人年龄结构曲线图②

这是近年发布的一份较有分量的报告,报告的撰写水平可以代表现在大多数学者提交政府咨询报告的情况。从这类报告看,学者仍在

---

① 刘晓春等:"民间文学保护发展报告",康保成主编:《中国非物质文化遗产保护发展报告(2011)》,社会科学文献出版社 2011 年版,第 96 页。
② 图 5-3《〈苗族古歌〉54 位传承人年龄结构曲线图》,数据搜集整理与编制:董晓萍;示意图绘制:赖彦斌。

沿用旧思路向政府提供咨询。现在的学者有与以往学者思维方式一致的抢救性焦虑,主要是为老艺人去世感到悲哀。

> 2009年4月国家级非物质文化遗产"走马镇民间故事"项目代表作传承人魏显德辞世,终年88岁。
>
> 2010年6月25日,国家级非物质文化遗产"苗族古歌"项目代表作传承人王安江辞世,终年70岁。……随着王安江的辞世,"苗族古歌"现状堪忧。贵州省台江县,全县13万苗族同胞,能唱完整古歌的已寥寥无几,只有200余人能唱一些不完整的古歌,而且都是中老年人,传承古歌较多的老人年事已高,王安江先生的辞世是"苗族古歌"保护工作的重大损失。
>
> ……
>
> 现在,国家级非物质文化遗产项目代表作传承人中最年长的是"维吾尔达斯坦"项目的夏赫·买买提,今年已经101岁高龄;最年轻的是"格萨尔"项目的达哇扎巴,今年31岁,传承人的平均年龄超过70岁,可见传承人老龄化问题严重。[1]

学者建言的核心是"传承人的老龄化问题严重,一旦老人'人亡艺息',民族文化瑰宝将消失,这将给非遗保护工作带来无法估量的损失"。这个建言让我们了解到,"探索行之有效的非遗传承之道是

---

[1] 刘晓春等:"民间文学保护发展报告",康保成主编:《中国非物质文化遗产保护发展报告(2011)》,社会科学文献出版社2011年版,第95—96页。

当下保护工作的重心"。[①] 另一份 2012 年发表的《传统技艺发展报告》中提出保护手工技艺非遗的三点措施,分别是保护老艺人、避免盲目市场化和谨慎执行文化产业政策。[②] 报告所述都是不用调研就能讲出来的常识,对于严重遭受现代工业化、媒体化和商业利益化打击的传统手工技艺来说,这些说法既不解渴,也不治病。正确的做法是,研究者要走进传统手工技艺行业知识的内部,通过调研,获得研究成果,再正确表述我国手工行业非遗保护知识。

我国人文社会科学领域的学者近年发表了为数可观的非遗研究报告,其中有一批报告来自民俗学者。民俗学有对民俗文化传承集体性的性质的界定,有 20 世纪 80 年代以来引进的传承人理论,这些都可以成为"民间非遗"概念的理论基础,能够帮助民俗学者在非遗保护项目中建言献策。但是,我们在前面已多次说过,目前我国民俗学者使用的研究理论,很多是在研究封闭社会的民俗文化传承中产生的理论成果,现在直接拿来研究当代开放社会中的非遗项目,还是有风险的。以上述两报告的观点为例,两者都以保护非遗项目中的老年传承人为重点,但人的生老病死是自然规律,迟早到来,维护一个非遗品种不能全部依靠对老人的生命维系。在现代社会的非遗研究中,民俗学者要在文化空间的民俗文化生态系统研究方向上拓展研究,[③]要特别关注"民间非遗"的生存所依赖的知识系统和文化空间并争取产生新的理论成果。政府工作的当务之急则是培养新型专

[①] 刘晓春等:"民间文学保护发展报告",康保成主编:《中国非物质文化遗产保护发展报告(2011)》,社会科学文献出版社 2011 年版,第 96 页。

[②] 吴海敏等:"传统技艺发展报告",康保成主编:《中国非物质文化遗产保护发展报告(2012)》,社会科学文献出版社 2012 年版,第 272—273 页。

[③] 〔芬兰〕劳瑞·航克(Lauri Honko)曾于 1980 年后提出了民俗传统的生态系统理论,可以借鉴,并结合我国实际使用。参见 Honko, Lauri and Voigt, Vilmos, *Adaptation, Change, and Decline in Oral Literature*, Suomalaisen Kirja Llisuuden Seura, 1981。

业人才队伍,建立适应现代开放社会要求的非遗政策研究框架,让政府非遗保护司令部的头脑变得更强大。

保护我国非遗是政府、学者和民间共建文化内容。政府要运用多元知识制定非遗保护决策,学者要掌握多元知识为政府建言,民间也要提升创新维护能力去传承非遗。三方协力,促进非遗保护工作的中国化,此前景令人期待。

第二节 民族音乐与民族文化主体性的建设

民族音乐是现代人和现代文化必然追捧的具有引领性的深刻概念,它是民族文化主体性的重要组成部分。在20世纪初至今的我国社会历史进程中,在一个较为宏观的理论框架下认识民族音乐,可以看到,民族音乐内涵的确立,与我国现代化进程和新文化建设的历史过程密切相关。在我国,民族音乐学还较早地进入了现代学科建设体系,并具有跨学科的属性。它在理论和方法上的贡献,不止于音乐学,也让民俗学、人类学、历史学等多学科受益。在新中国史上,以民族音乐学的建设推进社会主义民族形式的文化建设,为民族音乐学赢得了自己的历史地位、学术认同和社会关注,促进优秀民族音乐成分成为社会主义新文化构建的基本元素。当代民族音乐正在世界文化多样性保护的新格局中发挥作用,同时也遭遇了流行音乐和网络思维异化民族音乐的巨大风险,其中一个主要的风险源就是前教育传统的消失和市场经济的侵入。民族音乐学经过新一轮理论提升和拓展应用空间,可以使民族音乐成为当今文化多样性世界中既能保存差异,又能展开跨文化交流的内核文化部分。将民族音乐纳入非遗建设专项规划项目,有助于使民族音乐释放出其所蕴含的无可替代的文化价值观,促进实现不同文化之间的相互理解和尊重,推动人类"在思想中构建和平"。

一、民族音乐与民族文化主体性建设的关系

民族音乐是现代人和现代文化必然追捧的具有引领性的深刻概念，因为没有任何一个概念可以像它那样，把人类、自然界与社会中各种看似对立的东西，譬如感情与理智、天籁与人为、传统与现代、口头与文本、经验与抽象、教育与治理、陌生与熟悉等，美妙地联结起来，形成一种和而不同的表达体系。它发乎宇宙和人体，又能渗透到人类的精神世界和物质世界的各个部分，再在精髓的层面上传达出来，让社会个体和集体成员都乐于以积极的态度去接受它。它是民族文化主体性的重要组成部分。

民族音乐与民族文化主体性的联系体现在它的内涵上。民族音乐学的含义有两层，一层是狭义的概念，指少数民族传统音乐学；一层是广义的概念，指我国多民族音乐的整体研究，其中包括少数民族传统音乐学。本文取广义的概念，这样做的目标，是可以在一个较为宏观的理论框架下，认识百余年来，我国的民族音乐研究，包括少数民族传统音乐，很早就进入国家现代化进程和新文化建设的历史经验。与此同时，在高校学科建设中，民族音乐学也较早地进入现代学科建设体系，并凝练了跨学科研究的属性。它在理论和方法上的贡献，不止于音乐学，还让其他相邻学科多所受益，包括民俗学、人类学、历史学、文艺学、艺术学、语言学、哲学和考古学等。它的研究成果为多学科提供了理论水平提升的门坎，也在多学科拓展建设中获得了学术认同和社会关注。

以民族音乐推进文化主体性的建设，在我国新文化转向和学科化导向上产生了历史作用。在20世纪初的五四运动中，自北大歌谣学运动起，我国就有了广义的民族音乐学建设，并取得了理论和方法

上的成绩。比较突出的有：吴梅村对昆曲和戏曲音乐的研究与教学，胡适和董作宾对传统民歌《看见她》的研究，顾颉刚对方言传统民歌《吴歌》的搜集和研究，钟敬文对广东客家情歌和南亚马来情歌的研究，以及顾颉刚、钟敬文对两广一带苗、瑶、壮、侗多民族民歌集《粤风续九》的研究，等等。由于这场运动迅速地转为新文化运动，还引发了现代学科建设的导向，促进了民俗学、方言学、新史学等多学科的成立。到了抗战时期，特别是在延安《讲话》发表时期，我国又有多学科专家学者投身到争取民族独立和国家解放的伟大斗争中，推动民族音乐学的研究向着歌剧、话剧、舞蹈和戏曲等不同体裁延伸。

优秀民族音乐成分成为社会主义新文化构建的基本元素。在新中国初期，我国开展了社会主义民族形式的新文化建设，东北的蒙古族和西南的苗瑶壮族的少数民族民歌等都被遴选为调查研究的代表作。在新中国高校的学科建设中，民族音乐学也扮演了重要的角色。我的专业是民俗学，兹以民俗学为例说明。中国民俗学的开创者钟敬文先生，在新中国建立之初，已将少数民族民歌的搜集整理和教学科研列为不可或缺的部分。1951年3月，在中国民间文艺研究会成立一年之后，同时也是在钟敬文先生执教北师大近两年之际，钟先生转向创办《民间文艺集刊》，当年出版3期，其中有2期刊登了少数民族民间音乐的专辑，包括研究东北蒙古族民歌和西南苗瑶壮族民歌的文章，如安波的《谈蒙古民歌》，马可的《谈谈采录少数民族音乐（通信）》，钟华的《贵州苗族的民歌》，赵沨的《云南的山歌》，乔谷的《西康藏民的音乐生活》和波浪的《苗家的跳舞与音乐》。[1]《编后记》说：

---

[1] 安波：“谈蒙古民歌”，马可：“谈谈采录少数民族音乐（通信）”，《民间文艺集刊》第一册，1951年版，第25—50,66—69页；钟华：“贵州苗族的民歌”，赵沨：“云南的山歌”，《民间文艺集刊》第二册，1951年版，第39—45,46—48,83—99页；乔谷："西康藏民的音乐生活"和波浪："苗家的跳舞与音乐"，《民间文艺集刊》第三册，第23—32,33,34—35,113—114页。

"我们的伟大祖国,是多民族的国家。各少数民族的文学艺术,是丰饶而多彩的,值得很好地搜集和学习。"①新中国对多民族音乐文化的搜集和研究工作持续到 20 世纪 60 年代初。改革开放后,我国搜集出版的中国民族民间文艺十大集成志书成果,在更广泛的社会文化领域内,在更大范围的政府与高校合作上,形成了前所未有的多民族民间文艺合作搜集成果,其中包括少数民族传统音乐成果。多年来,很多探索民族传统音乐的文章,都涉及我国的领土统一、政治统一和多民族社会认同等关键性的历史文化问题。历史经验一再告诉我们,音乐的音符是无国界的,但音乐的文化是有国界的。

民族音乐学与民族文化主体性关系的理论阐述是促进学科新建设的关键。以民俗学为例,民族音乐学的理论贡献有五:①民间音乐的概念,可分为文学音乐、造型音乐和表演音乐;②②民间音乐与宗教、舞蹈、戏曲和绘画的关系密切;③③民间音乐与整体社会文化的关系密切,对我国多民族音乐文化互补共促的历史基础和音乐种类的发展特别重要;④④民族音乐与物质文化有关联,如建房等仪式歌;⑤⑤民族音乐的分类,这部分由钟先生请乔建中教授攻关,增加

---

① "编后记",《民间文艺集刊》第三册,1951 年版,第 139 页。
② 在民间音乐的概念上,钟敬文先生早期受到日本学者的影响,详见〔日〕江南二郎《原始民俗假面考》,东京地平社书房 1929 年版。
③ 钟敬文:"写给'中国的祭仪、音乐与戏剧及其社会环境学术研讨会'的贺信",钟敬文:《建立中国民俗学派》,黑龙江教育出版社 1999 年版,第 97—101 页。
④ 钟敬文关于音乐与社会文化整体关系的观点的思想来源,在五四新文化运动的文化社会学思想基础上,吸收了多种外来人类学、艺术学、社会学和心理学理论,包括法国社会人类学者迪尔凯姆(Emile Durkheim)、德国格罗塞(Ernst Grosse)、心理学者冯特(W. M. Wundt)的影响。参见董晓萍:"钟敬文的民间艺术学思想",《民俗典籍文字研究》2012 年第 9 辑,第 39—53 页。
⑤ 钟敬文:"中国民居漫话",《钟敬文文集·民俗学卷》,安徽教育出版社 1999 年版,第 271 页。

了民族音乐学研究的新观点,[①]产生了将民俗学与民族音乐学结合的分类结果,[②]如对民歌、民族舞蹈音乐、民间器乐音乐、说唱音乐和戏曲音乐的分类和民族民俗文化阐释等。[③] 应该说,在以上诸点上,民族音乐学推动了民俗学等多学科参与民族文化主体性建设的程度走向纵深。

二、民族音乐在民族文化主体性建设中遇到的新挑战

当代民族音乐面临着现代流行文化传承潮流和网络思维异化民族音乐的巨大风险。从文化内部说,这种风险源来自于民族音乐前教育传统的消失和市场经济的趁虚而入。什么是前教育传统?它指我国在从前相对封闭的农业社会中,依靠世代相传、血缘相传、师徒相传和口耳相传等自然过程民族音乐的历史状况。那时是在整个社会认同民族音乐的氛围中,传承民族乐音。至今还能偶尔看到的儿孙皆歌王、父母都能唱的场面正是这种遗存,还有少数有幸获得非遗保护的民歌、戏曲、节庆、故事和地老天荒一家亲的风土人情共处的微观文化空间,也还是这种情境的再现。还是说民歌,在这种社会中,人们不必用心听民歌也知道民歌的内容,因为相关社会文化教育在他们能听懂民歌之前就已经对他们耳濡目染,进入了他们的心脏、血液和灵魂。现在不是这样。自从我国进入了全球化市场经济社会,自从农村城镇化大举实施,这种环境的壳子还在,但是空心了,流动了,留守了。它所带来的一个实质性变化,就是民族音乐的生产者

[①] 乔建中:《第十二章 民间艺术》之《第一节 民间音乐》,收入钟敬文主编:《民俗学概论》(第二版),高等教育出版社 2010 年版,第 250 页。
[②] 乔建中:《第十二章 民间艺术》之《第一节 民间音乐》,钟敬文主编:《民俗学概论》(第二版),高等教育出版社 2010 年版,第 251 页。
[③] 乔建中:《第十二章 民间艺术》之《第一节 民间音乐》,钟敬文主编:《民俗学概论》(第二版),高等教育出版社 2010 年版,第 252—258 页。

与消费者的脱节。在前教育社会,它们曾是一个整体,现在活跃市场的流行音乐成为它们的替代者。流行音乐吸收了传统民族音乐的精华,加进了异质社会的新材料,适应市场口味进行再创作,还能成为超民俗的现代表演,让人感到更前卫,更现代,而不是成心恋旧。少数成功的流行音乐唱作人在离开家乡、离开前教育环境之后,非但没有消亡,还获得了非同小可的现实利益,包括政治利益、社会利益和经济利益,这在传统民族音乐社会是做不到的。刘欢等在2014年央视三套做的"中国好歌曲"节目,凤凰传奇组合在"星光大道"栏目对蒙古族与汉族民歌的混合演绎,以及很多网络翻唱的少数民族歌曲,都有这种特点。

在我国20世纪初以来的百余年巨变中,我国的民族音乐学学者和表演艺术家曾一次次地成功应对了很多挑战,让民族音乐学始终能在民族主体化文化的建设中发挥作用,他们也因此受到了亿万人民的热爱和尊重。但这次他们遇到的挑战是最严峻的。面对挑战,我们所能做的,就要找到自己的理论问题,走创新维护传统的道路,重新发掘民族音乐所蕴含的无可替代的文化多样性,再次证明民族音乐是当今的文化多样性世界中既能保存差异,又能展开跨文化交流的核心文化部分,正如联合国教科文组织驻华代表处毕斯塔所说:"每种文化都是独一无二的",是"文化认同推动了人类的解放"。①

三、民族音乐通向民族文化主体性新建设的渠道

从宏观角度说,当代民族音乐正在世界文化多样性保护的新格局中发挥作用,但具体到我国,民族音乐学要实行这种转型,还要经

---

① 〔尼泊尔〕毕斯塔:"'和平与文化多样性'与大学女校长论坛的战略角色——在第五届世界大学女校长论坛开幕式上的致辞",《现代传播》2011年第12期,第7页。

过新一轮的理论提升和拓展应用空间，以期使民族音乐成为当今文化多样性世界中既能保存差异，又能展开跨文化交流的内核文化部分。

第一，在研究方向上，加强体裁学的研究。体裁学是跨学科研究的钥匙，民族音乐学的研究要再度走向纵深也离不开它。我国民族音乐学者也进行了分类研究，下一步还要开展体裁学研究，因为分类研究走向学术分科，体裁研究走向文化整合。我到过芬兰，看到芬兰学者对民族传统音乐与荷马史诗体裁的大型综合研究。我到过印度，看见《沙恭达罗》的剧场音乐表演与外来文化交流的整合研究。这使我联想到一个问题，我们现在请传统艺人上台表演，不是只看他们的演唱方法，而主要是看他们穿越世俗与圣境，将音乐与社会文化天衣无缝地连接在一起的观念及其艺术表现行为，看他们处理即兴与传统、口头与文本、精神性文本与表演文本的唱思合一的实践，这种体裁学研究是对在多元文化背景下认识民族传统音乐的精华大有好处的。

第二，研究者和表演者本身要增强文化自信。民族传统音乐始终是文化多样性中的奇葩。它不一定时尚，但始终不会过时；它带有古老神话的印记，但不妨碍成为前卫的时尚。怎样实现这种转变？要在前教育传统断层的情况下，加强高校民族音乐优秀传统教育和人才培养，使研究者和表演者增强文化自信。他们还要能将文化自信与精美艺术境界结合，使这种自信转化为文化交流的优势心态。我看过德国和俄罗斯青年歌唱家的独唱音乐会，他们演绎本民族音乐的超级自信和超级精美，让听众不能不折服。你可以不懂他的语言，但你不能不感叹他的这种架势。现在我们的民族音乐在有些场合的表演，态度取悦、不自信，让人伤心。

第三，加强多学科理论学习。现代人接触民族音乐有四条途径：

一是家庭教育,二是学校教育,三是网络环境,四是国际影响,我们要在以民族音乐学为教学科研中心的前提下,加强多学科训练,开展多学科交叉研究。总之,不论社会环境怎样变化,我们都不能辜负祖先留下的这份财富。

第三节 保护文化多样性与多民族民俗教育

如何正确处理全球化下经济社会发展与各国各民族教育权利的关系,是当代非遗保护面临的重要问题。全球化下教育市场的国际化和信息网络化,使这一问题更加突出。从民俗学的角度看,在我国当代教育中,应坚持一国多民族教育的中国特色,并将非遗保护所强调的文化多样性问题纳入国家教育理念。而关于文化多样性的学科教育,有相当一部分内容,就是民族民俗教育。它能促进我国各民族增加相互理解和互相尊重,建立当代教育的完整知识体系,促进人类多元文化共同繁荣,实现教育价值的最大化。联合国教科文组织驻华代表处代表毕斯塔曾说的:"每种文化都是独一无二的,蕴含着无可替代的价值观,文化认同推动了人类的解放",我们的理念是与联合国教科文组织的提法相一致的。大家的目标都是要"在人民的思想中构建和平",[1]保障全人类的福祉安康。

一、教育、生态文化与经济结合的政策系统

在全球化大本营的西方强国,在对待民族民俗教育重要性的认识上,吸取了足够的血的教训。美国在本土印地安民族民俗教育上

---

[1] 〔尼泊尔〕毕斯塔:"'和平与文化多样性'与大学女校长论坛的战略角色——在第五届世界大学女校长论坛开幕式上的致辞",《现代传播》2011年第12期,第7页。

经历了血的思考和探索,才形成了缜密的教育、生态文化与经济结合的政策系统。英国有反思殖民地教训的学术积累,政府在较长的时间内掌握了民族民俗教育的话语信息和知识库。法、德等国几乎全社会都知道民族民俗教育的"敏感点",让宽容与原则同时成为国民文化素养。东欧国家社会主义阵营解体后,发生了大举移民的现象,但他们没有停留在一声叹息上,而是很快建立了民族民俗国际化教育基地,实行不同国家的高校合作,重点培养高校青年人才。这种国际化的合作研究和培养人才方式,拓宽了当代民俗学者的眼界,使他们能在全球化环境下开阔视野,打破"本土化"的边界,了解当今世界千变万化的活态民俗。不同国家高校的民俗学专业师生在一起工作,还能促进彼此之间对不同学术文化传统的理解,提高教学科研水平,然后回去加强"本土化"研究与教育。

我国拥有社会主义民族民俗教育的巨大资源。钟敬文先生在上世纪全球化袭来后提出建立"多民族的一国民俗学"。[①] 钟先生、季羡林先生还都提出,应在我国人文社会科学的重点领域建设"中国学派"。现在我们面临的问题是,如何创新利用已有资源,加强我国社会主义民族民俗教育的主体性建设。主要有三:一是新中国成立后,我国培养了汉族和少数民族各方的学者,鼓舞了各族人民,汉族与少数民族实现社会平等,在社会主义文化共荣中建立新认同和新感情。边疆多民族的语言,很多是跨境语言,但文化是国家统一文化。二是改革开放后,由国务院发动,文化部领导,我国56个民族共同建成中国民族民间十大文艺集成,形成民族民俗教育的公共精神财富,钟敬文、吕骥、张庚、马学良等一批国内院校重要学者参与了这项工作。这是一笔不可再生的国家级财富,兼容多民族非遗财富。这种成果

[①] 钟敬文:《建立中国民俗学派》,黑龙江教育出版社1999年版,第27—33页。

的文化性质,是我国社会主义多民族统一国家文化符号的标志性资源。三是进入 21 世纪后,国内院校学科体制大体稳定,进入专业化研究时期。但民族民俗教育分专业研究过细,缺乏国家文化建设层面的综合性。在专业化成果的社会应用上,在多民族更新换代之际,未能开辟多民族民俗文化交流的足够空间,没有将取之于民的历史财富变成还之于民的普及知识。比起新中国初期和改革开放后前辈学者恢复工作时期,这是当代做得不够的地方。

二、民俗非遗资源与民族民俗教育教材

钟敬文曾指出,民族民俗文化所承载的社会教育功能是惊人的。但人类进入异质文化时代后,原有文化传统不会自动传承,必须创新维护。我国多民族民俗非遗雄厚资源曾经是各族人民世代相传和高度认同的教材,现在需要经学术研究重新提炼、升华和概括,指出其在文化多样性比较中的精华特征和独具的优势,才能使之被激活。此外,全球化和现代网络信息化背景下的民族民俗教育也不可能是关门教子,而该走开放路线,包括开放专业边界,鼓励多学科综合研究;抓紧民族民俗教材建设,并纳入全民社会公益事业规划;在条件成熟的情况下,鼓励对外开放研究,推进保护文化多样性的国际化教育。

民俗学以文化差异性及其社会运行中的包容结构为专门研究对象,具有不容忽视的学科特色,但民俗学不可能包揽民族民俗教育研究。我国的民族民俗教育工作是一个庞大的系统工程,民俗学应与民族学、社会学、人类学和艺术学等相邻学科互补,在国家政策建设和促进社会整体良性运行上同进共荣。

第六章　中国传统行业文化建设专项规划

　　制定中国传统行业文化建设规划有三个出发点：一是在全球化时代，在中国文化与世界其他国家文化扩大交流的时期，提醒关注中国农业文明所创造的独有"行业文化"遗产的保护和传承的问题，提炼和传承这种自然与社会相协调的行业文化模式的精髓，针对现代化条件下大量国家地区借助高新技术的便捷和追求商业利益对大自然与农业文明财富的掠夺模式，指出这种模式的重大历史反思价值，及其对于呈现中国特色文化传统的现实意义；二是在我国高速现代化和城镇化的进程中，大批手工行业毕竟濒危，但它们同时又是在我国多民族、多地区经济社会发展不平衡国情中解决社会就业与文化多样性传承的互促途径和成功历史经验，面对这种现状，制定相应的行业文化建设专项规划，具有紧迫性；三是提供民俗学、社会学、人类学、历史学和自然科技史等文理科专业以往都涉及较少的研究新课题，如这种非工业化的自然生产所要求的对生态环境和地方资源的节制管理，对文化控制技术的历史原则的严格遵循，与个性化工匠生产的、富有文化约束性的师徒传承方式，等等，这些都值得加强专业研究和综合研究，以期为我国民俗文化软实力建设提供多样化的参考意见。

第一节　传统行业文化专项规划建设的要点

从国家文化软实力建设的角度制定我国传统行业文化的专项建设规划,着眼点不是传统行业历史、技术和工匠组织等某个方面,而是整体传统行业文化。它们代表了我国优秀农业社会文明的特质,但在当前遭遇现代工业化和网络信息化的冲击,我们要在调查研究的基础上,从国家政府的层面上,对它们加以保护和提升,使它们在现实社会中和向未来社会继续传承。制定传统行业文化专项建设规划的内容,应包括对传统行业文化优秀成分的价值评估、主要保护任务,与实施步骤等方面。

一、传统行业文化专项规划建设的价值评估

制定传统行业文化建设规划,从性质上说,是一场对于我国长期农业社会积累下来的独有手工行业技艺的保卫战。这项工作的进行,以我国历史上流传下来的优秀手工行业制度、知识、工匠、技艺和产品系统为对象,对我国文化传统中这批可视化的独有文化要素开展研究,然后对其中可持续发展的部分进行提炼,实施有计划、有步骤地扶持和保护,让它们在国家文化多样性建构中占有一席之地,并继续成为国家特色文化的伴随物。这是具有前瞻性的事业,功在当代,利在长远。

(一) 传统行业文化建设的国家历史意识与未来文化观

我国传统行业文化是我国自然环境、农业生产生活文化经验与手工技艺的"天人合一"的创造物,对于解决我国多民族、多地区国情条件下的生态环境保护利用、人口就业力、地方社会与民族文化走廊的建设,长期发挥了历史作用。传统行业文化遵循大自然的节律,按

照少、慢、精的原则,在人和自然相和谐的状态下,在师徒传承系统恪守行业社会认同和文化规约中,从事富有中国人的生命体验和情感价值观的创制,所生产的产品投入自然状态下的使用、改进和传承,形成在文化可控范围内利用自然资源于发展技术的生产活动模式,这与现代工业化社会大批量、快速度、掠夺资源和追求商业利润的经济生产,形成了鲜明的对比,引起了人类的反思。我国传统手工行业技艺的大量发明和广泛对外交流早已引起世界的关注。在我国文化软实力建设中,对传统行业文化建设进行规划建设,保存这批文化遗产,同时减少现代工业化生产和商业化侵袭对人类赖以生存的生态资源的急剧消耗,具有积极的现代意义和长远的未来意义。

行业文化是国家历史中不可再生的那一部分文化,因而必将成为国家未来文化中独有特色的那一部分文化。在高科技和现代工业化时代,到处是现代工业化产品,它们已几乎全部占领了现代商品流通领域,传统手工业行业产品已迅速从商品市场上下架。然而,与传统手工行业产品相比,现代化工业产品蔓延所潜在的问题,类似克隆人类,预示着对人类伦理文化和社会秩序文化的伤害风险。现代化工业产品的性质,与传统手工行业产品的性质相比,是两种人类社会模式和文化性质的比较。借用戈尔(Al Gore)讨论克隆人类的观点说,[①]传统手工行业产品的诞生,如同自然生育的人,带有工匠和产品的双重尊严。现代工业化产品的制造,如同克隆生物,使工匠和产品都变得商品化。传统手工行业产品制造与现代工业化制造的差别,同自然生育与克隆生物的差别一样,具有社会意义和文化价值上的本质差别。现代工业化使社会变得脆弱,工业化复制产品造

---

① 〔美〕阿尔·戈尔:《未来:改变全球的六大驱动力》,冯洁音等译,上海译文出版社2013年版,第247—248页。

成手工行业独创性产品的商品化,削弱了人的尊严。总之,无论国家文化怎样向未来文化发展,保护传统行业文化都是至为关键的。这项工作的重要性,不在其生产数量,也不在于其盈利与否,而在其鼓励自然文化在未来文化建设中所能显示的人文价值并产生新价值。

(二) 传统行业文化是现代城市化的历史窗口和现实基础

传统行业文化建设与现代城市化建设不矛盾,而是相辅相成。传统行业文化是城市社会分层的历史基础和城市现代化的窗口。

传统行业文化积累了大量政府历史档案、民间文献和民间口述史资料,是城市在不同历史时期和不同社会制度下运行的多元文件,体现了可记忆时间内的一部分城市内部事务发布内容和过程。保存和研究传统行业文化资料的目的,不是要重新组织个人化的集体或政治化的团体,而是观察这一部分社会实体怎样在国家整体文化和城市地方文化之间生活和生存,要研究他们自己的目标与价值观、文化社区与宗教信仰社区。在现代城市化的进程中,传统行业都要复兴的要求,这不是因为传统行业群体不想与国家社会合作,而是出自他们的师徒传承制度、社区文化和宗教信仰的制约,他们在这个世界上有自己的目标要去完成。现在传统行业也强调社会变迁,但这是他们的一种选择构建未来模式的方式,其内容是延续自己的传统。研究传统行业文化的目标,在于研究他们对于现代城市化的重要作用,而过去这种作用被边缘化了,或者被淹没在主流文化中,失去了自己的声音。研究传统行业文化的功能、社会变迁、观念差异和文化模式,可以反思我国城市化中具有自我方向的文化所在。

对传统行业文化的研究能让我们认识到,这类带有历史传统的文化模式的变迁与社会变迁不完全是一回事。传统行业文化内部各种事物的关系与社会发展理论有所不同。社会发展理论按照政府和行政管理者的构想去构建城市社会关系,传统行业文化模式却能显示出不同行业群体的信息,展示他们怎样面对国家社会变迁的影响,怎样在社会变迁中通过文化模式选择自我出路？城市中不同社会分层的文化、经济和法律在哪里进行有价值的交叉？哪些交叉能演变为技术的交叉？这些交叉又是如何带有差异性的运行？这些都应该是我国城市化建设中需要研究的问题。

(三) 传统行业文化建设为现代国家技术文化在继承中创新提供个案

我国传统行业文化中的手工技艺精粹产品是国家的绝活。它们在长期农业社会的缓慢发展过程中,由历代工匠发明制作,是历经千百年传承下来的非物质文化遗产。它们在自然生活状态与自然环境状态下产生,是浑然天成的产物。它们的每件精品都是工匠的呕心沥血之作,精雕细刻、慢工细活,凝聚着工匠的气质、文化观念和技术创造。它们来源于自然物质,脱胎于人体之手,又回到自然环境中被消费,是人与自然互动的结果。它们的生产规模小、速度慢、产量低,与自然节物的生长规律相匹配,也与社会就业的人际网络相适应。这样的自然性产品是无法与现代化社会的商业性产品对话的。全球化以来,高科技、工业化、商业性产品到处流行,而传统行业手工产品岌岌可危,两者生存现状的反差极大。造成这种危机的原因,除去其他因素不谈,仅从文化建设上看,这在一定程度上反映了文化价值和商业利润的尖锐冲突。

前面提到,我们近年调查了一批清宫造办处手工行业现代传承北京老字号企业,他们在政府的支持下,保留了传统行业的自然文化观和追求精品的技术运作方式。它们曾经是上层阶级享用的宫廷用品,与普通人的日常生活存在着较大距离,无法对全社会产生影响。但它们却在封建集权制度下形成了绝世精品,集中了中国手工行业文化的要素，包括宫廷用品的自然资源分布、优秀工匠的地方知识系统、强调产品的历史产地和重视师徒传承模式，以及吸收外来工艺和保持民族特色的物化工艺品等无形遗产。1949年以后，它们转型为国家出口行业产品。1979年改革开放后，又经过旅游化和商品化，它们部分地演变为流行文化大众文化产品。近年我国政府积极开展非遗保护工作，在以往行业文化保护工作的基础上，重点保护这批高端精品的历史文化模式和手工技艺精髓，促进其特种文化传承。它们为我们提供了认识与重估传统行业文化价值的宝贵个案。

目前国际同行都在思考手工行业是否有未来的问题，我国也应该拿出自己的答案。从国家未来文化观的角度，做好行业文化建设规划，可以让这些曾经给国家社会发展和中外文化交流带来活力，也给祖国传统行业和广大工匠带来传承动力的历史遗产重放光辉；让属于国家民族工业和文化权利的行业文化知识得到尊重和记忆，让所有工匠更有尊严地生活，让所有企业更加光荣地为"国字号"而传承，发挥其在世界多元文化交流中的不可替代的作用。

二、传统行业文化专项规划建设的主要任务

在现代社会文化氛围和现代人思维背景下，对我国传统行业文化进行规划建设，主要有以下任务。

（一）加强对传统行业文化的基础研究

城市传统行业文化与现代城市化社会管理分属于民俗学与社会学的不同学科领域，各自都有自己的理论范畴和话语内涵。社会学的城市化研究侧重政府对城市社会管理的研究，按照城市二元社会运行、社会结构分层理论和社会公正等理论，对城市传统文化的继承发展进行分类分析，关注解决我国进入现代化以来农村城市化转型

中的社会问题,[1]但这种分类与民俗学的分类不同,[2]在投入实际社会应用中也有不同的效果。钟敬文主编的《民俗学概论》对传统行业文化的分类主要有三方面:一是传统物质生产民俗理论,包括传统物质生产和消费经济民俗两方面;二是民间艺术学理论,包括民间艺术造型和民间宗教造像理论;三是民间科学技术理论,包括民间科技史、民间工匠组织系统和民间传统手工技术。这种民俗学理论与传统行业文化的内部分类是契合的。我们在近年对老字号企业的实地调查中使用这套理论,不仅促进了调查研究的顺利进行,也给老字号企业自身开展非遗保护提升了文化自信。

社会学的理论贡献体现在社会史理论方面。李强在《社会分层十讲》中结合中国实际情况,认为中国社会分层结构的变迁有精英层的作用,就精英层配置而言,包括有政治精英、经济精英和技术精英三种。[3] 在城市手工业中也必然存在一部分行业精英,他们凭借自身的行业技术,在行业内部拥有较高的威望,在社会中也占有一定地位和影响。董晓萍等运用社会史和民俗学相结合的方法对北京成文厚账簿店个案的研究认为,在民国现代史的进程中,市民和移民社会身份的断裂反而使行业成为城市社会的主要个体身份标志,行业技能和现代专业知识传承成为城市社会分层的新基础。同一行业者结成行会,加速了行业家族管理与城市企业组织管理的分离,促进了社

---

[1] 郑杭生主编:《社会学概论新修》(第三版),中国人民大学出版社2002年版,第217页。

[2] 关于花作技术的分类,一般作者和非遗保护工作者用现在的意识形态和使用功能划分。我认为,这不利于花作传统手工技术的传承。参见丁铁军、张亚伟:"绒绢纸花业",该书分类有:喜庆花、丧花、供花、瓶花、佩戴花、戏剧花等。收入北京市政协文史资料研究委员会北京市崇文区政协文史资料委员会编:《花市一条街》,北京出版社1990年版,第31页。

[3] 李强:《社会分层十讲》,社会科学文献出版社2008年版,第304页。

会分层，一旦传统行业技术与商业市场需求结合，就会形成新的城市社会生产生活结构。城市传统行业文化的发展也与胡同社会有密切关系。手工业者进入平民的胡同社区后，吸收胡同社区的民俗生活资源，与市民保持密切联系，如崇文门外花市地区作为北京造花业的集中地，花店、作坊与普通市民在生产经营上形成一个有效的结构性经营网络。北京东城区的晓市大街木作行业也有这种情况，城市社会分层为手工业者集聚提供了必要的生存环境、市场和劳动力资源，在手工业民俗形成的过程中，也丰富着普通城市市民的民俗生活。这种城市传统行业文化的内涵是相当丰富的，是生产文化社区、原料社区、消费社区和宗教社区的共同体。① 传统行业技术正是这种综合性城市社区培育的结果，而不仅仅是技术本身的原因，这种传统行业文化对工匠个体和行业整体的社会声望都起到一定的作用。

总之，我们要开展社会学与民俗学的交叉研究，拿出新的理论成果，做到既能解释也能提升传统行业文化的优秀特质，这样才能为国家民俗文化软实力的建设提供有益的学术参考意见。当然，从政府有关非遗保护部门来说，也要使用这种基础研究的成果，在传统行业文化保护利用的政策上做出一定的调整。

（二）保存和创新利用传统行业文化知识

我国传统行业内部历代传承着相当丰富的社会历史知识、行业组织知识、工艺技术知识和民俗文化知识，但过去缺乏整体搜集和系统整理。现在要对其政府历史档案和民俗文献双方加强搜集和整理。以我们对清宫造办处历史档案中的传统行业现代老字号传承调

---

① 董晓萍、[法]蓝克利："现代商业的社会史研究：北京成文厚(1942—1952)"，《北京师范大学学报》2010年第2期，第20—31页。另见周锦章：《数字行业民俗志》，北京师范大学出版社2009年版，第119页。

查为例说明。

我国政府管理手工行业有一批历史档案,其中最有代表性也保留最为完整的是清宫造办处档案。清宫造办处是有一个有连续工程档案的清代内务府工程管理机构,其档案由中国第一历史档案馆和香港中文大学文物馆编为《清宫内务府造办处档案总汇》出版。[①] 在这套历史档案中,含有自清雍正元年(1723 年)至清乾隆六十年(1795 年)行业档案五千余册,历时 72 年。它们逐年逐月地按行业作别进行记录,是一套完整的政府管理传统行业施工项目的历史文献,可以帮助我们获得对清代中期以后传统手工行业历史和行业组合工程的整体认识。这种档案在民间是无法找到的。但是,由于这批档案所涉及的手工行业核心技术和施工过程又是通过口述方式完成呈现的,是在师徒结合的手工行业系统内完成的,而这方面的实际内容要通过田野调查获得,收获有四:一是清宫造办处官员与工匠说话的意思;二是手工行业工程的社会制度与技术民俗;三是历史名匠及其行业组织的社会网络;四是手工行业的原料配方和施工方法的文化价值。

民俗文献能补充历史档案所没有的工匠的声音,工匠的农业化技术文明内涵,工匠的实际生产过程、核心发明技术和传承要素,工匠的日常生活和工匠传承人个体生活的口述史。从民俗文献来讲,可以从政府历史档案中,找到传统农业技术文明的大空间支配性要求,发现历代政府在自然资源与手工制造之间所恪守的天人合一规则,以及在原料调配、工程组织管理过程和产品流通文化上的详细记录,这样的书面文献与民俗调查资料就能互补。

---

① 中国第一历史档案馆、香港中文大学文物馆编:《清宫内务府造办处档案总汇》(全 55 册),影印本,人民出版社 2005 年版。

从社会应用上说,搜集整理传统行业文化知识的功能有四:一是发挥口述史的作用,对自然状态下的手工个性化生产与民俗文化传承的价值和意义有新的认识;二是发现技术动力的差异,如西方技术的发展与商业刺激和资源攫取扩张有关,中国技术的发展在社会文化分层的内部进行等;三是传统行业文化对农业社会剩余劳力的消化吸收起到特殊作用,它使原来在家族系统中循环的劳力分配,变为依赖行业技术的社会网络就业,两个人力系统互补,两个技术发明系统也互相流通,极大地丰富了我国农业社会文化创造物的积累;四是传统行业文化与自然生态文化协调统一。传统行业的传承,大到行业组织,小到工匠个体,其生产活动都来自工匠本身的具体经验,他们对动植物原料的使用是遵循自然节律的,这些传统原料失传了就不会再生,他们因此也要不断地改造原料配方、改进工具和操作技术,最终形成人与物合一的行业文化知识系统。

(三)建立数字传统行业文化知识系统

此指用数据库技术建设传统行业文化知识传承的数字资源系统,它的任务有两个,一是贮存传统行业历史档案和民间文献,二是在学术研究的基础上制作传统行业文化知识数字词典、数字民俗志、数字行业工匠口述史、工匠画稿、工匠工具库电子书、工匠手工制作音视频库和现代老字号企业档案,考察这些数字资源所保存的传承行业的社会历史记忆,所体现的技术变迁、口头传统和社会制度的关系,分析传统行业技术传承与全球和现代化新生活的联系。

第二节 传统行业文化建设规划专项的分布

编制传统行业文化建设规划不可能面面俱到,要分行业进行,要依据不同行业划分专项,讲究具体有效,进行民俗文化软实力建设。

前面反复提到的北京清宫造办处是我国历代政府距今时间最近的历史作坊管理单位,也是全国传统行业文化的集萃处。清宫造办处笼全国各地传统行业精华于北京,又由北京联网全国,由行业联络上下阶层,所以这里的传统行业文化有全国各阶层的代表性。清宫造办处历史档案共记录61个行业,分土木建筑营造、家具、陶瓷、丝织染绣、景泰蓝等金属加工、雕漆等漆艺、造纸和文房四宝、内画壶刻绘工艺和编制工艺等14个行业。北京现存21个行业老字号,我们已调查12个行业,占总数的57％。兹选择其中一些历史档案、田野调查和基础研究都较为充分的行业,尝试做专项规划。有了这个基础,以此为例,其他各地的传统行业文化建设可根据各地地方文化的不同情况加以拓展,做各自的传统行业文化专项规划建设。

一、木作传统行业文化建设专项

木作,指传统土木营造与家居木器装饰行业。我国是一个土木建筑大国,木作与中国的世界与国家非物质文化遗产都有广泛联系。清宫造办处木作塑造了北京的城市风格、宫廷生活、皇家园林与市民日常生活的历史价值、现实作用和未来传承意义。首批个案点北京市龙顺成中式家具厂,位于东城区永定门外大街64号,19世纪至20世纪中叶已有著名的鲁班馆和晓市大街等文化空间,有龙顺成和同兴和等大批木器作坊。主要工序有制材、用料、划线、开榫、凿卯、起线、雕刻、组装和烫蜡等。产品以精巧严密的榫卯结构,木器造型的民族形式,龙凤、葫芦、蝙蝠和缠枝花卉等民俗浮雕装饰著称。行业长期传承和发展民族木作技术,民族民俗文化底蕴深厚。传承人有种桂友、刘更生等。代表作紫檀五开光如意纹绣墩、花梨四出头官帽椅、黄花梨圈椅和金丝楠朝服大柜等声名远播海内外,近年推出的优秀制品中南海紫光阁大屏风和颐和园延赏斋复古家具等反映了行业工艺水平的新提升。

二、珐琅作传统行业文化建设专项

珐琅作传统行业文化,展示珐琅业与我国非物质文化遗产的密切联系。清宫造办处珐琅作遗产众多,体现了珐琅行在北京城市社会发展史发挥的独特作用,包括提供宫廷御用品,丰富精英艺术传统,美化城市日常生活和促进中外文化交流等,展现其历史文化内涵、现实意义和未来传承价值。首批数字化个案北京市珐琅厂,位于东城区永定门外安乐林路10号。1956年,政府将四十余家珐琅作坊合并,保护了珐琅行的历史工艺。珐琅专业工序有7道,含设计、制胎、掐丝、点蓝、烧蓝、磨光和镀金。现北京市珐琅厂是全国同业中唯一的中华老字号企业、国家级非物质文化遗产景泰蓝制作技艺保护传承基地。主要传承人有钱美华、戴加林、米振雄和钟连盛等几代大师,代表作有龙凤周其垒、如意樽、和平颂宝鉴、三线观音瓶和巴林瓶等系列精品,近年研制的新作"普天同庆"大瓶成为香港回归的国家庆典礼品,另有珐琅装饰制品在中南海、人民大会堂、钓鱼台国宾馆和北京首都国际机场陈设。珐琅行业的用料、工序、工具、图案和行业传承方式等都保存了丰富的民族民俗文化信息。

三、盔头戏装作传统行业文化建设专项

盔头戏装作行业,展示了该行业与京剧国剧和相关民族民间戏曲舞蹈文化遗产的联系。清宫造办处盔头作遗产体现了该行业对北京城市性格、皇家艺术史和市民文化空间的多元影响、现实意义和未来传承价值。首批数字化个案北京剧装厂,位于东城区珠市口西草市街32号,行业历史悠久。1956年政府将三顺戏衣庄、吴彩霞湘绣

庄、聚顺盔头铺、三义斋靴子铺和后盛永把子店等 17 家作坊组合为现企业，保护了北京剧装行业工艺的传统和继承发展，后成为国内规模最大的剧装行业。曾为我国著名戏剧大师梅兰芳、马连良、谭富英等制作剧装，享有很高的专业声誉。剧装工序主要是画样、扎样、刷粉、刺绣、剪裁和成活，盔头工序主要是打袼褙、喷花纹、镞活、拼活、掐丝、贴里子、刷底色、沥粉、刷清漆、贴金、走金、点绸和承装。整个行业技艺集设计、戏衣、把子和靴子为一体，产出成套系列制品，符合剧装在民族戏曲表演中整体运用的文化空间特征。国家级剧装戏具制作技艺代表性传承人为孙颖。孙颖的徒弟张颜擅长戏衣设计，正在青年一代传承群体中迅速成长。该厂的民族文化底蕴深厚，民俗图案设计积累丰富，成为展现北京城市历史文化的重要窗口。

四、雕漆作传统行业文化建设专项

雕漆作，展示手工雕漆礼器、艺术制品与日用器皿我国非物质文化遗产的历史联系。清宫造办处雕漆作，反映了北京古都营造、家居和生活装饰艺术的文化价值和未来传承意义。首批个案为原北京市雕漆厂工艺传承人及其传统技艺，其中，传承人李一之是清宫造办处工匠传人马海清的拜师弟子。他们出版了多部著作，对我国雕漆行业的历史文化和专业技艺知识做了全面记述。雕漆行业的主要工序是制胎、作地、光漆、画工、雕刻、磨光、抛光和作里，在行业用料、工序、工具、师徒传承方式和雕饰纹图中保存了大量的民族民俗文化信息。

五、花作传统行业文化建设专项

花作，展示丝绸、绒布等绢花制品与我国非物质文化遗产的绵长历史联系。清宫造办处花作对塑造北京历史城市的消费文化趣味、民族消费品结构、雅俗文化取向和人生仪礼用品的重要价值、现实生命力和未来传承意义。首批个案点为北京市绢花厂著名传承人"花儿金"世家,位于北京东城区花市大街。该家族从清代至今,五代人传承,为北京绢花盆景手工行业的保存与发展做出了重要贡献。20世纪以来,至21世纪,著名花作传承人金玉林和金铁铃父子,继承清宫造办处"福寿长春"、"秋英不老"等菊花、佛手和月季花的制作技艺,并不断创新,推出了玫瑰、文竹、棉花、悬崖菊、藤萝架、十丈珠帘菊花盆景等工艺水平极高的佳作,蜚声海内外。花作的主要工序有选料、上浆、凿活、染色、窝形、粘活、攒活,从用料、工序、工具、花样图案、师徒传承方式到绢花产品的使用功能,都富有丰富的民族民俗文化信息,堪称传统民族工艺中的奇葩。

六、油漆作传统行业文化建设专项

油漆作,展示我国土木建筑油漆彩绘业的文化传统与精美技艺。清宫造办处油漆作及其现代传承企业保存了皇室宫殿、皇家园林、皇家寺庙、皇城王府衙署等精美油漆彩绘遗产,其中包括北京故宫、天坛、颐和园等世界文化遗产的油漆彩绘装饰文化和技艺,也包括北京作为国家级历史遗产分布最多城市的大量油漆彩绘遗产。这批以皇家建筑为代表的传统油漆彩绘业作品充分体现了我国古典审美艺术的最高水平,也与我国古代通过油漆土木建筑防灾减灾的观念有关。清宫造办处传统油漆业现代传承专项文化建设,使用清宫造办处历史档案和清代以来涉及北京油漆作的相关史料,附以油漆作历史作坊和工匠口述史调查资料,研究北京油漆作的行业历史变迁、行业民俗文化特点、行业工匠知识传承和行业技术特征。民国以来至今,北京油漆作传承行业专门负责清宫系列工程项目,形成了北京首都历史城市社会与传统油漆行业的稳定联系,这成为该行业的专项文化建设的一个有利条件。

七、裱作传统行业文化建设专项

裱作,展示我国这个发明纸张的文明古国的独特用纸文化。清宫造办处裱作以书画用纸和宫廷生活用纸为主,反映了宫廷上层用纸观念,保存了中华文字文明在人、纸、墨、裱合一形式中呈现的精美遗产。清宫裱作用纸观念和行业知识在民间也有大量渗透,裱作工匠对纸张及其相关书画文具进行综合性地再加工,经过严密的社会管理,生产装裱成文化作品,这种用纸的社会文化观念与文人雅趣、市民社会生活和民间书画对联传统相融汇,延续了中国特色的用纸文明。清宫造办处裱作的用纸传承具有明显的社会分层与文化分层的差异,围绕裱作用纸呈现了复杂的社会管理网络,包括裱作的历史产地管理、手工技艺管理、行业知识管理和工匠管理等,研究该专项的社会管理与文化传承,可以对我国近世与现代社会的社会分层与文化分层关系的理论探讨有启示性,可以总结历史经验,提取有益于我国用纸文明传承的优秀成分,为我国这个纸文明大国的历史贡献提供新的解释。北京荣宝斋中华老字号是传承清代裱作文化和工匠技艺的国内知名单位,也是该行业专项文化建设的示范性个案。

第三节 传统行业文化专项规划建设的实施步骤

实施传统行业文化专项规划建设的重点是把历史文献和现代民俗志结合起来,把传统行业文化传承变成一个可观察的活态系统。其中,社会史的方法解决个别冲突,发挥行业集体的作用;技术的方法绕开冲突,进行文化传承。

传统行业文化专项建设规划的实施,分三阶段展开。

一、搜集资料并建立传统行业知识的数据库

第一阶段,查阅传统行业档案和历史知名手工作坊的地方文献和民间文献,从中获得政府对传统行业管理制度的连续性。

历史文献,包括政府历史档案、现代政府档案和现代老字号企业档案,地方史志和传统行业寺庙碑刻资料等。

民间文献,包括行业公会史料,工匠传承人口述史、工匠画稿、工匠工具、工匠工程、工匠著作、工匠日记和工匠师徒谱系图等。在获得这些资料后,还应附有专业学者的田野调查报告,根据不同历史时期、不同社会时期、不同行业作别、不同著作背景下的历史文献与民间文献所述工商行业用语的文化差异和技术知识内容的变化开展研究,厘清这些资料的多元含义。以期较为准确地接近研究对象。

以北京清宫造办处现代传承老字号传统企业为例,自20世纪初至今,它们承担了对明清皇室宫殿、皇家园林和皇家寺庙的维修保护工程,使这方面的传承行业被保存下来,也使这批皇室遗产也能够按照原有的社会空间内涵和历史完整性被延续利用。近年北京政府开展非物质文化遗产保护工作,在以往出台老字号手工行业保护政策的基础上,重点保护其中的高端精品的手工技艺精髓和行业生产组织的社会历史模式,促进其多元文化传承,这些资料的保存,有利于我们认识老字号行业的历史文化特点。

在获得基本资料并开展初步文献研究之后,要编制项目主题,设立元数据,创建数据库,包括传统行业历史档案数据库、传统行业现代政府工商档案数据库、传统行业技术数据库、传统行业网络数据库和传统行业文化数字辞典,等等;每个数据库都按行业、时间和地点分类,将档案与田野调查资料录入。

清宫造办处传统行业知识数据库系统分为历史遗产、现代遗产、政企保护方案、联合国教科文指标描述系统和行业文化基础研究等5个主题,设后台数据库11个,含清宫造办处档案数据库、北京政府工商档案数据库、北京手工行业现代传承调查数据库、北京手工行业代表作图像数据库、北京手工行业故事遗产数据库、北京手工行业遗产保护方数据库、北京手工行业研究著述数据库和联合国教科文组织非遗指标系统描述数据库等。

这种工作,将理论、资料与数据分析结合,探索行业文化专项建设规划,是一种踏实而有效的选择。

二、确定个案并开展专项建设的描述性研究

第二阶段,应根据各省市有关部门编印的《非物质文化遗产普查项目汇编》所提供的地方老字号和传统行业传承人描述,发现线索,核对已搜集文献和数据库,寻找重点线索,确定专项规划建设个案。被选择的个案一般应该是中华老字号非遗保护单位,或者老字号的工匠传承人,他们乐于配合学者调查,有将本单位或本行业的传统文化记录下来,出书和继续保护传承的愿望,这样双方工作都会保持积极性。

对专项个案的建设规划要做描述性研究,这方面的主要内容有:老字号企业的传承历史与现状,对清宫造办处传统行业的了解程度,工匠组织与民俗传承,含师徒传承、作的传承、家族传承、学校传承、接班传承、组合传承和传承关系谱系图,工匠技术与民俗传承,含画稿、工具传承、工具使用方法与产品和工程的关系谱系图,作坊、车间、展台、老照片、故事、歌谣、口诀、祖师信仰和祭拜仪式。通过描述性研究,获知手工行业的师徒传承制度、工程技术和施工材料。对工匠系统和行业社会组织的"活着"的系统,以及部分历史名匠的徒弟

或后代现存,并在政府非遗管理体制下得到保护的传承人,要列为重点个案,然后确定行业文化规划制定的方向与重点。

三、互动性保护并提升传承行业的传承能力

在搜集资料和确定专项个案的基础上,学者应对个案点积极进行非物质文化遗产研究,而不是将之当作文化景观去猎奇观赏。要充分理解和尊重传统行业在全球化和现代化进程中希望内部复兴的要求,通过个案点学习历史,发展未来。要让老字号企业了解学者的学术目标,双方建立良好的合作关系,学者也要适当参与这些老字号企业的非物质文化遗产保护工作,双方实施互动性保护,争取双赢的合作成果。

在有条件的情况下,可编制"全球化文化多样性行业文化传承地图",促进提取我国传统行业文化的优秀特质,加入国际交流,加强我国传统行业文化在现代全球文化环境中的自我保护与传承能力。

制定正确的专项规划建设步骤,是我们开展行业文化建设的保障,能为落实规划工作创造有利的条件。

第七章　中国节日文化建设专项规划

我国历史悠久,多地区共存,多民族共处,在这种环境中发展起来的节日文化,在类型、结构、要素和文化空间上是多种多样的。本章重点讨论我国传统节日。传统节日在不同地区、不同民族的生活传统中,有不同的过法,在现代社会公共生活中有现实社会意义。从中央到地方,在传统节日文化的保护上,都要探索统一管理与多样化兼容的途径。

第一节　节日文化模式建设专项规划

我国进入现代化转型后,外界强力影响与内部的容忍度发生了冲突或偏差,引发了一系列社会问题,包括现代保护的非遗节日与原有单一文化模式的不协调,节日传承与保护项目的矛盾,非遗节日所暴露的民俗不适应性,某些非遗节日活动的负面作用,如追逐市场吸引力,趋附新媒体的强势传播等。根据上述变化,学者的研究,要进一步明确建立节日文化专项建设规划的目标。

一、非遗节日文化建设专项规划

非遗节日文化是不以经济利益为主的文化,而是以地方利益、民族利益和民众文化利益为中心的文化。民俗学者要避免将非遗节日的历史文化做成博物馆资料，而应与社会学相结合，关注原地非遗节日保护与社会文化建设的主流方面。民俗学研究的新课题可包括：节日吸引力的资源组合研究，节日凝聚力的社会结构研究，节日价值取向的过程性研究，节日观念的主体无形深嵌研究和节日历史传承的社会认同研究。

二、其他节日文化建设专项规划

政府在实行节日社会管理和制定相应的社会公共政策上，应该考虑其他未列入非遗清单的传统节日，为其优秀节日文化传统买单。要对当地基层政府加以引导，形成传统节日的历史文化共识，所设定的社会评价原则可包括：是否突出原地人在传统节日中的文化主体地位；是否充分尊重原地人的节日文化权利和意愿，增进原地人对传统节日文化的认同感和自豪感，肯定原地人的传统节日价值取向；对有益于传统节日历史文化传承的民俗活动，以及这种积极民俗的民间传承组织，给予政府扶持；调动社会公众的参与，激发其传承节日传统的主动性与创造性；节日文化建设的红色理想、绿色生态、古典装饰和俗色狂欢等各种情调相结合，体现节日文化活动的综合性。对那些积德行善、显亲扬名的慈善节日文化，要加以正确引导和提倡利用。要注意到理性低调的节日宗教文化的隐性作用。

三、多元节日文化建设专项规划

我国是多民族统一社会主义大家庭，要根据自身国情开展多元节日文化模式的专项建设，展现从农耕社会的历史节日文化到现代多元节日文化的转型，从国家节日思想到一国多民族节日文化模式的转型。要突破以往习惯的单一节日文化模式解释，参与构建国家多元节日文化保护的现代策略。

在政府社会管理和社会评价上,在讨论多元节日文化模式的建设方面,要注意多元化节日模式与风险社会的关系,注意多元节日文化开发与历史资源脱节的倾向。所设定的社会评价原则可包括:节日历史模式与现代商业目标的冲突与风险,节日文化伦理与旅游目标的冲突与风险,节日生活方式被纳入现代传输轨道后产生的不适应冲突与风险,节日文化空间的历史权属边界和多重属性的冲突与风险,节日历史区域共有资源产权的竞争冲突与风险,节日集体仪式资源被小团体侵占或强势群体侵占的冲突与风险,过度节日开发造成资源枯竭的风险,节日预期结果与实际结果发生误差的风险,节日狂欢平衡与日常稳定对社会发展的不确定性,以及节日消费的贫富分化、节日群体事件与预警机制、节日民族关系与民族地区经济社会发展的不平衡风险,节日文化资源的宣传与开发,对加速地方或民族社会的分化与转型的作用,以及与原地生产生活结构的对抗性影响等。

第二节 节日文化保护专项建设规划

传统节日文化建设专项规划,要针对节日文化保护提示实施要点,主要有四。

一、保护节日文化机制

此指在传统节日文化保护上,需要把握节日机制,阐述节日的本质,这样就能对节日的遗产形态和社会变迁有更自觉的认识,然后才能正确利用。

表 7-1　节日机制的关键词收集表

类　目	机制 1	机制 2	机制 3
社会整合	人文整合	临界整合	模糊整合
三元内涵	休息放松	临界交替	时空单元
庆典象征	人类狂欢	危机过关	超常消费
仪式学校	踏土民俗	祭祀民俗	盛装民俗
文化安全	回忆安全	表演安全	公正安全

其中比较重要的,是要认识节日的"社会整合"、"三元内涵"、"庆典象征"、"仪式学校"和"文化安全"共通点,然后有主有次地处理节日机制保护中的其他问题。

二、保护节日文化凝聚力

探寻传统节日文化保护途径的第二个要点,对自我文化中的节日遗产进行合理重建,使之体现出自我文化主体性的代表作价值。

表 7-2　节日凝聚力的关键词收集表

类　目	内核 1	内核 2	内核 3
祖先凝聚	共同祖先	共同历史	共同地域
家庭凝聚	伦理不可逆	亲情不可逆	故乡不可逆
人文凝聚	根谱回忆	文化项链	纪念品质
社会凝聚	权威民俗	敬老民俗	结社民俗
国家凝聚	人文回归	传统回归	文化回归

节日以家庭为单位崇先祭祖、敬老爱幼、人伦和睦,保持凝聚力。这种特点与"社会凝聚"和"国家凝聚"的特点联结在一起,产生国家社会凝聚力。节日保护离开这个核心,就会成了没有灵魂的空壳。

三、保护节日文化空间

探寻传统节日文化保护途径,还要重视保护节日的文化空间。

这个空间是由一套地理历史要素构成的"地盘",里面包括口头文化、地方知识、社会关系、节庆仪式、传统工艺技能、审美风格、宇宙观和历史地理地点。它们不是普通的地名志和文化志,而是一个约定俗成的节日社会系统。

表 7-3　节日文化空间的关键词收集表

类　目	空间 1	空间 2	空间 3
哲学解释	社会空间	神灵空间	自然空间
文学解释	民艺表演	节日传说	岁时知识
地理解释	社区民俗	圣地民俗	物候民俗
宗教解释	绕游仪式	洁除仪式	丰饶仪式

节日文化空间是民众思维和实践的历史走廊。在节日遗产中,这一部分是最结实的。它既呈现节日属性,也表现节日魅力。

四、保护节日生活传统

传统节日文化保护的第四个要点是保护节日的生活传统。中国人有中国人的生活传统,节日正好是一所集中示范的学校。

表 7-4　节日生活传统的关键词收集表

类　目	传统 1	传统 2	传统 3
节约传统	生活节约	象征节约	生产节约
时间传统	违时禁忌	抢早迎新	计算计划
共享传统	物质馈赠	精神馈赠	社会馈赠

"节约传统"、"时间传统"和"共享传统"是节日传承的三大生活传统。它们在春节中体现得最为明显。只要是被中国文化教育长大的中国人,就会熟悉这些传统,说出这些传统的好处,体验到在节日里享受这些传统的欢乐。

第八章　中国防灾减灾民俗文化建设专项规划

开展我国民俗文化软实力建设,有一个不可忽视的方面,就是积极参与国家综合防灾减灾文化建设。它的迫切性有三:一是党的十八大提出生态文明建设,综合防灾减灾是其中的一项重要内容;在全球气候变迁的环境中,我国作为民俗大国兼灾害大国的特征突显,从民俗文化建设方面,抵御社会风险源,已被提到议事日程上来;二是目前各国防灾减灾有技术模式而无文化模式,这种文化模式构建的特征之一,是要充分尊重各国各自的民俗文化,包括民间宗教,并在现代社会体制加以重构,我国在长期农业社会历史中积累了丰富的防灾减灾民俗资源,但目前又面临农村高速城市化,这类民俗已被忽略,乃至消失,因此抓紧搜集、整理和提升利用的任务十分迫切;三是我国已进入网络化时代,防灾减灾工作的领域已向网络方向发展,政府需要加大力度,迅速建立综合防灾减灾文化管理网络平台,发挥民俗文化的正能量,目前这项工作已势在必行。

第一节　防灾减灾民俗文化专项建设的思路

在全球气候变迁的环境中,许多国家已面临社会发展与灾害加剧的尖锐冲突。据联合国 2010 年统计,亚太国家在这方面的冲突已

经十分明显:

在亚太地区,由于各国政府的努力,水灾和飓风导致的国民生命损失,相对于区域人口总数,已降低到 1980 年代的 1/3,但在过去的十年中,这些国家也为经济财产的损失付出了高昂的代价。[①]

一些发展中国家,由于 GDP 低,急于脱贫,在经济发展的过程中缺乏对文化教育、中低收入家庭与社区,城市化与工业化和农业化等有预见的综合治理,使它们"成为灾情和灾害打击的新类型"。[②]

我国是灾害频发国家兼世界救援行动国家。开展防灾减灾民俗专项建设,是拓展我国文化软实力建设研究的新分支,我们需要在这方面加强预测,及时进行民俗文化专项规划建设,在世界多元治灾模式中,提供中国经验。

一、防灾减灾民俗文化专项建设的概念

防灾减灾文化史观曾吸收早期文化人类学的观点论及灾害,恩格斯就曾提出灾难是以历史进步做补偿的观点,这是一种人类社会与历史革命相协调的观点,在现代社会仍具一定支配性,但它也被修正和发展。在全球气候变迁致灾的严峻挑战面前,仅以社会史观解释灾害还是不够的。

---

　　① United Nations, *Revealing Risk*, *Redefining Development*：*Global Assessment Report on Disaster Risk Reduction*,Oxford:Information Press,Oxford,UK,2011,p. 22.

　　② United Nations, *Revealing Risk*, *Redefining Development*：*Global Assessment Report on Disaster Risk Reduction*,Oxford:Information Press,Oxford,UK,2011,p. 48,另参见 p. 18,34 和 54。

在近年对我国影响较大的外来学说中,安全文化说(safety culture)颇受关注,沙龙·G.克拉克(Sharon G. Clarke)曾提出较为系统的观点。从他的角度看,防灾减灾政府管理文化是一个应用型的概念,它针对防御灾害所建立的综合概念,包括现代人文安全理念、社会安全组织、安全应急物质、防灾减灾技术措施和安全市场机制。以往的文、史、哲、地、化、生研究理论和历史文献都可以看成是政府防灾减灾管理文化的传统资料,可以对它们加以重构,派上新用场。[1] 我国政府曾根据我国实际,出台《21世纪国家安全文化建设纲要》,徐德蜀等描述了这方面的基本思想和政策内涵,但我国防灾减灾职能部门侧重提高防灾减灾硬件建设,[2]虽然这类文献也使用"社会效益"一词,但却未涉及任何文化建设对策。

我国历来有关注灾害与民俗文化史关系的传统,但以往多从农民运动史、移民史、农村社会史或前城市史的角度开展研究,将其作为"整体社会现象"进行讨论。有些学者由此转入社会管理传统的研究。郑功成使用先秦至民国时期历史文献资料和社会史研究成果,包括陈高佣的《中国历代天灾人祸年表》、邓云特的《中国救荒史》和李文海的《近代中国灾荒与社会稳定》等,提出加强社会治理,应对自然灾害的观点,指出,灾中和灾后爆发的饥馑、疫病、死亡和移民等是"自然灾害造成的最直接的社会后果","在中国历史上不计其数"。作者还对新中国防灾减灾政府管理的历程做了深入的理论探讨。[3] 郝治清提出灾害现象具有"自然和社会双重属性","灾害对思想文化

---

[1] Clarke, Sharon G., "Safety culture: under-specified and overated?", in *International Journal of Management Reviews*, Vol 2, Issue 2, March, 2000, pp. 65-66.

[2] 徐德蜀、金磊、罗云、陈昌明、邱成、周善华、甘心孟:"关于制定《21世纪国家安全文化建设纲要》的建议"(摘要),《国家安全科学学报》1997年第7卷第4期,第60页。

[3] 郑功成等:《多难兴邦——新中国60周年抗灾史诗》,湖南人民出版社2009年版,第3页。

的影响是十分深刻的",①他的研究对象是历代政府的荒政管理、社会组织赈灾措施和中国人应对灾害的坚忍不拔精神。梁其姿研究自然灾害与传染病史,②蔡勤禹研究华洋义赈会等非政府组织对社会防灾减灾的作用。③ 这些研究取向与我国富于灾害社会史的历史文献传统有关,但还需要从政府社会管理的角度加以重新概括和提取。

人类学关注在自然结构变迁中文化对人类的灾害反应能力的控制。李亦园曾广泛分析文化的控制力,涉及社会制度、物质文化和精神世界。他将之界定为"文化的塑模力"。他指出:"同类的生物体都有相同的生物本能,然文化的塑模使本能的表现不同。""人类创造文化原本是为了增进生活的舒适,结果却也受到文化的束缚。"④近年我国也有一些人类学者研究我国城乡二元社会转型带来的灾害想象。⑤ 不过这种研究局限于人文科学研究,还没有转化在公共政策研究上。

社会学的灾害研究比较集中于灾害引发的社会问题和政府治理的现实问题。李强近期撰文指出,我国高速形成的城市群容易成为自然与社会灾害双打击的对象,这种"风险的来源既可能是自然,也可能是社会。风险一旦转化为事故,可能导致生命支撑体系的短缺或污染、城市运转体系的阻断或堵塞,以及其他重大社会危害的自然和人为灾害等,进而造成巨大的社会和经济损失"。他提出一种城市

---

① 郝治清:《中国古代灾害史研究》,中国社会科学出版社 2007 年版,第 28、29、198、373 页。
② 梁其姿:《施善与教化:明清的慈善组织》,联经出版事业公司 1997 年版。
③ 蔡勤禹:《民间组织与灾荒救治——民国华洋赈会研究》,商务印书馆 2005 年版。
④ 李亦园:《人类的视野》,上海文艺出版社 1996 年版。重点看《四二、文化的塑模力》,第 95 页。
⑤ 清华大学社会学系吕文江博士学位论文:《理性与文化之间:一桩土地纠纷之分析》,博士生导师景军教授。答辩时间:2005 年 4 月。

群社会风险的"PIETINC"分析模型,即"人口(Population)—产业(Industry)—环境(Environment)—技术(Technology)—制度(Institution)—规范(Norm)—观念(Consciousness)"的五要素分析框架。① 这是一种新测量模型,它关注自然灾害,吸收人类学的文化解释思想,注重社会实证,比社会学的一般理论和政策讨论要更为深入。这种研究"关注人们在日常生活中如何理解和面对风险",探寻分析日常社会实践中防灾减灾的"规范"和"观念",也是社会学与民俗学的交叉研究课题。宋林飞在20世纪90年代中后期曾提出我国社会风险评价的指标体系。② 2006年以来,杨雪冬等研究预防风险管理和风险纠正管理机制,③童星等提出公共管理与风险转移的政策建议④。这些研究都对政府防灾减灾政策建设有明显的支撑倾向,但也有忽略民俗文化功能和防灾减灾民俗经验的不足。

民俗学介于自然科学与人文社会科学之间,在防灾减灾民俗研究上,更接近于法国历史学家布罗代尔的三种历史尺度学说,即采用长历史、中历史和短历史三种尺度界定地球史和人类史。⑤ 当然这与布罗代尔的学说吸收了地理学、社会学、人类学、心理学、经济学和

---

① 李强、陈宇琳:"城市群背景下'社会风险综合分析框架'初探",《广东社会科学》2011年第6期。

② 宋林飞:"社会风险指标体系与社会波动机制",《社会学研究》1995年第6期,第90—95页;宋林飞:"中国社会风险预警系统设计与运行",《东南大学学报》1999年第12期,第69—76页。

③ 杨雪冬等:《风险社会与秩序重建》,社会科学出版社2006年版;另见徐安琪等:《风险社会的家庭压力和社会支持》,上海社会科学出版社2007年版;刘岩:《风险社会理论新探》,中国社会科学出版社2008年版;蔡定剑主编:《公众参与与风险社会的制度建设》,法律出版社2009年版。

④ 童星、张海波等:《中国转型期的社会风险及识别——理论探讨与经验研究》,南京大学出版社,2007年版。

⑤ 〔法〕布罗代尔:《菲力普二世时代的地中海和地中海世界》,吴信模、唐家龙、曾培耿译,商务印书馆1996年版。

语言学等人文社会科学的成果有关。[1] 民俗学还早于布罗代尔百余年,积累了这三种历史的搜集与研究资料。他的所谓长历史,提出以地球结构史为尺度,从无生命接触的地理时间上解释地球造物运动,而民俗学已有对宇宙三体的神话传说和相应的研究传统,能提供地球结构与创世联系的人类共有文化解释。[2] 他的所谓中历史,以人类史为尺度,考量自然界变迁与社会史的关系,而民俗学研究人、自然界与社会沟通是长项,并有多区域、多民族防灾减灾民俗资料。他的所谓短历史,关注一时一事的具体史。受他的影响,20世纪晚期欧美学者开始研究城市化和工业化民俗[3],而我国历代政府管理与民间自治防灾减灾都有合作,已积累了多元化的个案,对民间组织、社区和家庭防范的习惯法和实践,也有现代民俗学的研究成果。

现代防灾减灾社会管理的文化建设是将三种时间尺度结合的,因此民俗学有学科优势。但民俗学也要与相邻学科结合,发挥我国人文社科科学整体介入防灾减灾社会管理的作用。欧达伟在十几年前就已指出这种跨学科研究的功用,指出"跨学科研究取代传统史学与其他学科不相往来的闭塞状态"意义重大,[4]这是国家社会管理进程和人类思想史的共同革命。

---

[1] 〔美〕欧达伟:"西方史学界的下层文化研究",董晓萍译,钟敬文主编:《民间文化讲演集》,广西民族出版社1998年版,第63页。

[2] 〔日〕樱井龙彦:"灾害的民俗表象——从'记忆',到'记录',再到'表现'",虞萍、赵彦民译,《文化遗产》2008年第3期,第76—87页。

[3] Levine, Lawrence W., "The Folklore of Industrial Society: Popular Culture and Its Audiences", in American Historical Review, 1997, Vol. 5(December, 1992), pp. 1369—1399.

[4] 〔美〕欧达伟:"西方史学界的下层文化研究",董晓萍译,钟敬文主编:《民间文化讲演录》,广西民族出版社1998年版,第63页。

二、防灾减灾民俗文化专项建设的性质

从民俗学的角度看,防灾减灾社会管理的文化建设,是继承和发展中国文化传统中的独有文化价值观。自然灾害带给人类的威胁是共同的,但各国各民族认识和应对灾害的文化价值观却并不相同,而它决定着政府防灾减灾公共投入的方向和效益评价。我国天人合一的敬天自律思想和多元化用的优秀民俗文化成分,都是可以被创新利用的。

我国是社会主义国家,防灾减灾社会管理的行动结构,由我国政府领导力、科技支撑力、经济实力、军力警力、社会动员力和国际救援力量综合而成。它们在我国综合国力建设中,与优秀文化价值观形成综合管理形态。它的基本任务包括协调社会关系、规范社会行为、解决社会问题、化解社会矛盾。促进社会公正、应对社会风险、保持社会稳定等方面。做好社会管理工作,促进社会和谐,是坚持和发展中国特色社会主义的基本条件。[①] 防灾减灾社会管理文化建设的目标,有利于"解决社会问题、化解社会矛盾、促进社会公正、应对社会风险、保持社会稳定",促进治灾兴国,对世界多元防灾减灾民俗模式的建设起到启示作用。

第二节 防灾减灾民俗文化建设专项的分类

防灾减灾民俗文化建设的方案,根据我国实际,分为三类:一是已有民俗文化建设方案;二是政府管理民俗文化建设方案;三是政府

[①] 胡锦涛:"扎扎实实提高社会管理科学化水平 建设中国特色社会主义社会管理体系",《党建》2011年第3期,第5页。

信息网络文化建设方案,三者互补。

一、已有民俗文化建设

所谓已有民俗文化分类,指我国在社会主义主导文化体系中,已存在的历史性辅助文化,包括传统文化、民俗文化、民族文化和地方文化,及其与防灾减灾民俗建设的关系。

自然灾害是自然现象,也是特定时空格局中的社会文化现象。从自然科学的观点分析灾害成因,主要采用以自然现象为主的立场。但是,用人文社会科学的观点分析致灾原因,是从人们解释灾害的社会性和文化性立场出发的。以民俗学为例,这种记忆和叙述资料,是一种人为自发的公共文化资源,具有多样化的区域认知模式,并不以自然科学规律为转移。政府了解这类资源和模式,对掌握人们的灾害反应,制订合理的公共投资计划,进行适度救灾,是有相当的帮助的。对国际救援行动来说,了解受灾国的社会文化,更是不可或缺的准备,是顺利开展救援工作的保障。

在我国,传统文化中的灾害学思想和历史经验已被历史文献化,清理和利用这批资源,对中央与地方政府灾害管理的互补,对推进社会稳定延续,起到关键作用。民俗文化,是一套有关宇宙观、人生文化和周围世界和谐运行的人文知识系统与行为惯制,其中的很多工程类和非工程类建筑的民俗功能、风水意识和空间配置思想等,经过创新改造,可以转化为现代防灾减灾政府管理文化的元素。民族文化和地方文化,通过对各民族、各地区的灾害观比较,反映了我国灾害的普遍性与文化多样性,是在多元时空格局中进行灾害救助的深厚社会基础。防灾减灾社会管理文化建设,要正确利用这些历史性的辅助文化,并将之妥善纳入我国防灾减灾民俗模式的构建中。

二、政府管理民俗文化建设

政府管理民俗文化建设方案，在已有民俗文化建设方案的基础上构建，可分为四类，即积极性文化、凝聚力文化、表演性文化和宗教性文化。①

积极性文化，指抵御防灾减灾社会风险的积极向上的管理文化，它是在政府管理部门指导下构筑的社会安全教育模型。

凝聚力文化，指带有民俗文化认同和社会整合性质的文化，它在防灾减灾社会管理上充分应用。

表演性文化，指符合社会整体利益的健康、善良、乐观的艺术演出文化，它在政府文化艺术管理部门的指导下进行，选择正确的方向进行公众引导，促进表演性文化的返本开新。

宗教性文化，持有不同宗教信仰者对灾害观和生死观有不同的看法。尊重宗教性文化，要在这类灾区和民族聚居区开展救灾活动时，具备相应的宗教知识，理解当地的宗教信仰，做到既救灾，又受到人们的欢迎。

防灾减灾民俗的特殊性在于，它具有解释自然灾害的口头叙事和事件的仪式性，在灾害全过程中应用。这是因为人类对防灾减灾日常认识和历史实践是一种累积性文化，成功的文化模式可以通过讲故事和用谚语等的公共传播形式产生新的社会认同，提高灾区人民的文化自信。此外，自然灾害的影响信息传播具有即时性和直接

---

① 在防灾减灾文化分类上，作者参考了 Sharon G. Clark 的分类，但他强调宗教仪式和信仰行为在安全文化中的地位，本文根据中国资料和防灾减灾文化建设的目标，强调历史传统、民俗文化和政府社会管理的共同作用。参见 Clarke, Sharon G., "Safety culture: under-specified and overated?", in *International Journal of Management Reviews*, Vol 2, Issue 2, March, 2000, p. 69.

性,能瞬间制造人类恐慌,造成社会心理的毁灭感。面对瞬间灾难,启动正确的文化模式,能帮助人们在情感修复和信念重建中找到强大的精神支撑,增加政府防灾减灾的社会效益。

三、政府信息网络文化建设

现代社会新媒体中的互联网和手机等,对自然灾害信息的预警发布,对灾害损失的数据统计,以及对灾后重建信息的发布频率、速度和广度都产生了飞跃。但是,减轻自然灾害风险与政府社会管理

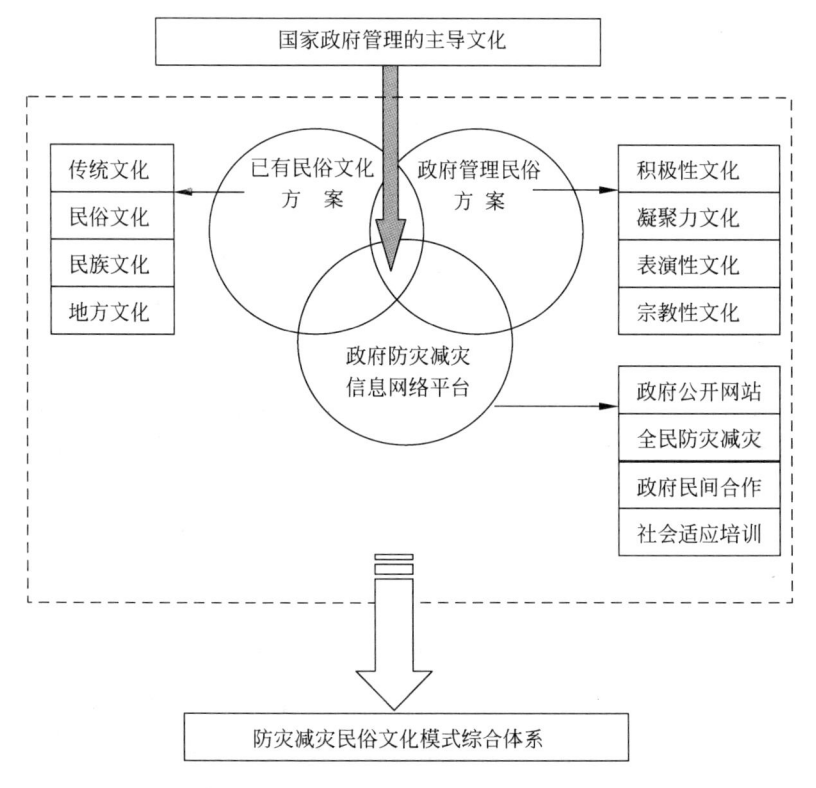

图 8-1 防灾减灾民俗文化专项建设结构示意图

的关系的性质,并没有因此而发生任何质的改变。网络信息时代的到来,还给政府的社会管理提出了更高要求,政府要在防灾减灾管理中,特别是在文化建设方面,加强新媒体平台的建设。

防灾减灾民俗建设有近期目标和长期目标。近期目标,是增强我国政府防灾减灾工作的社会效益,减少救灾与被救灾的无底洞投入的恶性循环,使政府巨大的防灾减灾投入获得效应最大化的文化回报。长期目标,是加强国家文化软实力的综合建设,在世界灾害一体化效应到来的新世纪,建立减灾兴国的中国经验,与世界各国共建绿色地球的治理方略。

第三节　防灾减灾历史资源整理与优化利用

防灾减灾历史资源,指我国历代正统史书对我国各地灾害有丰富的文献记载,主要分成两个系列,一是记述灾害预测和灾害过程的文献史料,一是把自然灾害放在自然、人与社会三者关系中记述的史料。我国自先秦以来形成的大量经书典籍、诸子著作和汉代以后编纂的二十四史和笔记杂纂,成为收纳两者的文化宝库。防灾减灾民俗建设要整理和分析历代文献记载灾害文化的要点,转为现代利用。

一、正统史书对自然灾害预测和灾害过程的记载

在传统文化资料中,占一定比例的是预测和应对自然灾害的技术性史料,主要记述灾害预测和灾害过程等方面的内容。但这批技术性资料的表述是文化性的。它们采用我国传统文化所强调的"秉笔直书"的史笔方法记录,将精细测量和哲学推理融合,数据测查与社会谶纬见解兼有。它们有时还配有文学性的散文和诗词歌赋,将今天所说的文、史、哲、地、化、生相混合,并不符合现代科学的要求,

但它们也因此拥有中国传统文化的血脉,能体现中国历代减灾技术富含文化性的特征。它们中间的成功减灾技术案例,几乎都有相应的建筑工程,还有大量的非工程类减灾纪念性建筑和文物,如寺庙、碑刻、塔林、摩崖题刻、岩画、壁画、镇灾神兽雕刻、山水之间神话传说式的勘测遗址等。这些水利文物记载了我国在自然资源匮乏、地理气候条件复杂和灾害频仍的条件下防灾减灾的文化史见证。

二、正统史书对灾害社会文化现象的记载

在传统文化史料中,大多数的内容,是记述灾害社会现象和灾害历史文化现象,它们反映了我国传统文化将自然、社会与人三者放到一起讨论灾害的认知特点和传承类型,包括以下要点。

文化英雄治灾观。在我国长期封建社会中形成的传统文化,在对付自然灾害的支配因素上,重视集权领导者的关键作用,将之视为文化英雄。在二十四史中,这种史料被放到"帝王本纪"、"列传"、"河渠志"和"地理志"等专篇的显要位置记载,从《史记》到《清史稿》历代延续不绝。这类史料有一个共性,就是将不同时期的领袖人物神话传说化,或者以神话传说人物附会后世社会的善治帝王和地方声望官员,将领袖人物描写成治灾伟人。

历代农政思想体系中的灾害观。传统农政观认为,自然灾害是可防的。政府善于管理,就能察觉灾害,提前预防。统治者"勤农"、"勤政",就能提前发现灾害和预测灾害,增加土地增产与粮食丰收的稳定性,这是一种可以考量的政绩。历史文献还说明,技术不是主要的,要靠中央和地方联合抗灾,而政府职能是治灾立法,减少官民差别、地方差别和民族差别造成的社会安全隐患。

历代农书是我国农业社会中积累的减灾文化史料的标志性著作。搜集和阐释农书,可以更多了解历史上发生的自然灾害的种类

和时空分布，观察当时人们最担心的水灾、旱灾、火灾、虫灾和瘟病灾害的理由，认识人们预防灾害的时节规律，减轻灾害风险技术的知识内涵、应急部分、操作方式、工具器械、社会动员方式和资源分配制度等。

我国地方志记载地方社会的地理历史、山川风物、土地水利、建筑景观、民族聚居、民俗习惯、宗教传统和社会组织，列举地方社会的历代灾情和当地解释，在保存我国传统社会的地方减灾环境与活动方面，是不可不读的宝贵资料。地方志记载自然灾害中的异常气象和雷电现象，或者动物活动，或者异常社会反应，往往列入"祥异"、"灾异"等专章，保存了用异兆观念看待自然灾害的民间解释，并解释有防灾效果的场所的空间配置和风水思想。

防灾减灾历史资源的文化建设，要全面地认识我国这批传统防灾减灾史料的属性特点、历史内涵和实际运作过程，解释它们的学术价值。要继承我国传统文化中的灾害学遗产，包括传统防灾文化系统的整体思考，防灾建筑的功能意识等。此外，在现代防灾减灾民俗教育中，应开展历史文化遗产保护。

三、对历代防灾减灾民俗经验的优化利用

在防灾减灾民俗研究中，清理和利用民俗文化是十分必要的。在我国社会主义文化主导下的各层次文化结构中，在防灾减灾民俗方面，民俗文化是尤其值得注意的，因为民俗文化是生态性与社会性结合最紧密的文化形态。从历史上到今天，在自然灾害方面，能将灾害过程与文化反应同时疾迅地传达给全社会的、社会成员最熟悉的符号，首先是民俗文化，其次才是其他层面的文化。

民俗文化反映自然灾害，有预兆性、身体性、回忆性和群发性，能直接扩散，征信于民，让人们在惊恐的情绪中，在危机四伏的意识状

态中,建立起与太平盛世相区别的居安思危的思想素质,营造多元防灾减灾民俗网络。换句话说,民俗文化,是一种符合人们认识的突发性和巨害的自然现象自天而降的认知规律的"惊恐型"的群体加工的社会反应文化,这种文化让生理系统与思想系统同步进行"危机"报警,利用得好,今天也还需要。人类在山呼海啸、天崩地裂的自然灾害面前,几如无助的幼儿,其自救和群助都有天然的成分,而我们的祖先发明和流传下来的民俗文化在这方面是顺乎自然而合于人性的。现代科技能为人类提供先进的救灾武器,却不能把人类面对自然灾害的弱势状态从幼儿变成成人,所以世界各国各民族的民俗文化都没有被抛弃,我国也如此。更何况民俗文化所描述的很多自然灾害现象现在还不能完全用科学原理解释。

我国的民俗文化积累了大量的战胜灾害、鼓舞心志的永久性精神遗传模式,它们口耳相传、历久不歇,凡是中国人都知道它和熟悉它。在现代防灾减灾民俗研究中,不采纳民俗文化是不明智的。

(一) 民俗文献史中的灾害文化分类

1. 差异性分类

民俗文献对灾害的分类,不是按自然科学的灾种、灾情和灾区分类,而是按自然时序、地理区域、民族分布和社会反思分类。了解这种分类,对政府管理来说,可以补充和改善对我国基层社会长期沿用的民俗灾害观认识,看到民俗灾害观正是自然科学观的基础,而不是对立物。例如,我国从6世纪梁宗懔《荆楚岁时记》起,就有记载灾害的月令差异性史料;从9世纪宋代《东京梦华录》的笔记杂纂起,就有记载灾害的区域差异性史料;从2世纪的《史记》和《汉书》起,就有记载灾害的民族差异性史料,这些史料的记载形成传统,到近现代还在进行。

2. 民间组织分类

自先秦起,我国已有民俗文献记载民间预防灾害的社会管理活动,这种社会管理的形式,大体有"里"、"社"、"百户"和"会"等。民间组织防灾减灾管理分类有三种:①负责传递灾害即将到来的信息和疏散安排,负责组织灾情范围内的人员进行演练,记载防灾减灾过程并传诸后世;②建设缓解灾害的空间配置,注意观测四季嬗变中的空间方位的变化,跟踪空间方位中的星斗转移、土壤干湿、物候动静和建筑地标的反应做经验判断,着手防灾抗灾;③在沿岸地区和多民族混合聚居区,形成跨省和多民族联合解决灾害问题的优良传统。

有些民间组织管理卓有成效者,世代延续下来,演变成常规节日,如南方的端午节和北方的重阳节,其功能其实与今天的"全国减灾日"相仿。不过这些传统防灾节日历时弥久,掺入了故事戏曲、儿童游戏、成人体育、家庭和社区的聚会等活动,已经变得丰富多彩,适合各年龄段和各阶层人群,形成一种寓防于乐的民间自我管理形式,比起现代政府法定防灾减灾日更为活泼有趣。

3. 文化习惯分类

民俗文化与自然科学认识自然灾害的道理往往殊途同归,但在表述自然灾害上,两者分类不同,命名也不同。现代自然科学越来越注意本土文化分类,民俗学在这方面积累了较多的前期成果。从民俗学的研究看,民俗文化的灾害分类是一种文化习惯分类,包括预兆性分类、器物性分类、回忆性分类和身体性分类等。这种文化习惯分类提供的思想遗产是岁时治灾相宜论,它告诉我们,灾害风险源于生物圈的警告。在现实生活中,生物圈就是物候圈,人们借助对灾前和灾害过程物候现象的认识,宣布自然界神灵的警告或旨意,达到风俗自律、避免灾害目的。这是从经验世界找出预测救助的模式,民俗文化据此发挥独特作用。

我国人民从长期的民俗文化传承中意识到防灾减灾民俗的独立价值，各地各民族尊重历史上流传下来的实际经验，并将其转化到现实实践中，这些宝贵史料和群体智慧经过创新利用，是可以起到新作用的。日本学者认为，民俗资料保存灾害民俗信息不足，这一说法并不符合中国国情。日本虽为防灾强国，但在民间减灾记录的积累上，却远不能与中国相比。中国是灾害大国，但也是历史文献大国和民俗大国，发掘中国民俗文化中的灾害学遗产是中国的优势。

第四节　政府防灾减灾网站的民俗文化建设

在我国防灾减灾民俗文化建设中，整理和解释优秀民俗文化传统，可以改善政府对灾害文化的认识，揭示政府没有解决或应该强调的某些防灾减灾中的问题。从政府治灾投入方式讲，继承和发扬民俗文化传统，还有利于政府发动民间组织和非政府组织，调动各种深藏于民间的减灾手段，建立政府合作抗灾的广泛战线，取得防灾减灾的更大胜利。

民俗文化从古留传至今，肯定有一些与今天的意识形态不相符的地方，但与它给予国民防灾减灾的精神能量相比，启用它的意义仍然是重要的。民俗文化既能帮助政府提升防灾减灾工作的社会效益，又能帮助政府降低这项工作的社会成本。

一、政府防灾减灾网站的信息分类与现状分析

防灾减灾信息发布是政府管理的重要组成部分，我们搜集了国内 31 个省市区（港澳台除外）的政府门户网站。这些网站普遍建有"应急管理"专栏，信息样本主要从这里抽取，信息内容以自然灾害为主，包括火灾，其他应急管理内容则不列入调研范围。共筛选得到

3312条信息样本。分析这些样本可见,我国政府网络信息发布平台所发布的防灾减灾信息分以下六类。

主灾与灾害链。主灾即我们的研究对象自然灾害,主要灾种包括地震、水灾、旱灾、台风、雨雪冰冻、滑坡泥石流、火灾、沙尘暴、虫灾等。主灾会引发一些次生灾害,以水灾和地震引发的地质灾害和台风引发的水灾为主,也包括由此带来的水源污染、设施损坏泄漏、病虫害等危害,主灾与灾害链这一类内容指的就是灾害所引发的一系列问题的报道。

军地救灾。指灾害发生后军队救援与地方单位参与救助信息,这类内容救灾主体重点强调的是军队、武警、民兵以及气象局、交通局等军队和地方部门,标题若无明显指出,则笼统定为政府保障行为,不归入此类。

经济生产安全。这类信息主要收录标题中明显强调生产生活安全的信息,包括设备安全、项目安全、水情监测与堤坝安全、生产安全、生命安全。

自护自救。这类信息涵盖的是灾害的卫生救助和保障,主要指医疗人员提供防控疫情、疫病、处理医疗垃圾和生活垃圾、食品与饮水、蚊蝇、皮肤病、破伤风等支援或知识。

政府保障。这是涵盖面最广的一类,指政府对灾害的各种防、抗、救行为,包括预案制定、演习训练、备灾建设、信息发布、应急决策、组织救援、领导慰问、物资供应、住房安置、灾后重建、政策扶持等。

社会文化。指灾害产生的社会、文化方面的影响和人文视角关注。包括公共宣传、事迹表彰、纪念活动、维持稳定、心理咨询、保护遗产、公益慈善等活动。

从全国总体情况来看,这种以政府保障为主要防灾减灾手段的内容占大部分比例,各省内部也多是如此,网站上宣传最多的就是政府指导救灾工作的内容和领导讲话、工作部署等。

其次是社会文化和经济生产安全类内容,在15%上下。社会文化按上文的定义属于现代文化,与我们要建设融合的传统文化几乎没有交集,其中一大部分是防灾减灾知识的公共宣传,表现为知识普及活动和社区示范建设等,"防灾日"是一个密集的着眼点;另一大部分是爱国主义教育和民族精神感召,表现在捐款捐物和纪念活动。其中近年几起大灾巨灾震撼全国,波及深远,包括汶川和玉树地震、南方雨雪冰冻、云南旱灾、舟曲泥石流等。目前只发现两条灾难后发扬民族文化或传统文化的内容,西藏的"当雄灾区牧民为罹难者举行传统丧葬仪式(2008年10月9日)",上海的"玉佛寺为受灾台胞举行祈福消灾大法会(2009年8月21日)"。另外也有极少量的社会管理内容,如上海的"华东理工大学召开灾后社会重建与社会工作研讨会(2009年5月7日)"。此外,从网站内容设计上看,目前政府是把灾害当作安全工作一揽子抓的,统一归为应急管理,但是全社会安全文化体系没有建立起来,这样这项工作就还停留在政府管理层面,企业和社会力量跟进不足。

经济生产安全是政府重视的头等大事,火灾相关内容一般都与此有关,所占比例也相对较高。

强调军队与当地具体部门行动的标题不如泛指政府的多,故军地救灾类内容报道较少,不足10%。

主灾与灾害链内容在标题上也体现得不明显,所报道主要是地震、水灾、台风三类突发性剧烈灾害,但信息总量也很少,不足5%。

自护自救类内容在大灾过后宣传较多,在应急网上出现很少,只占2%强。

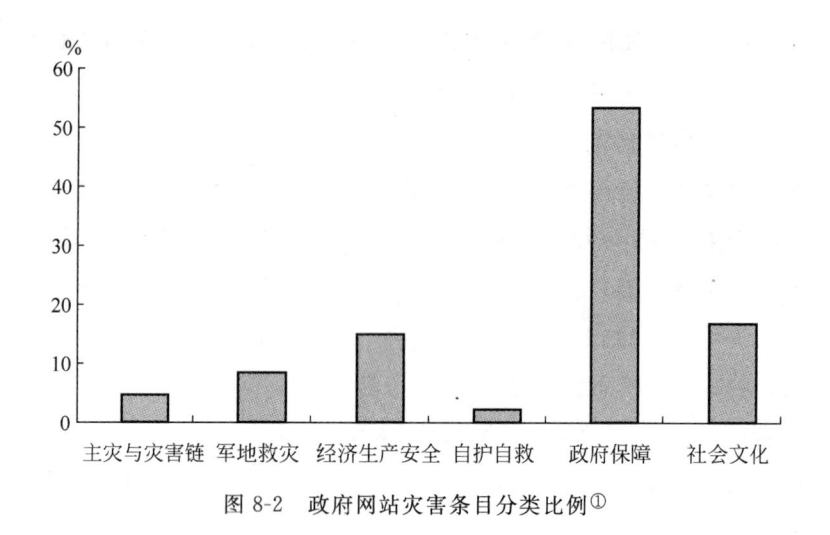

图 8-2　政府网站灾害条目分类比例[1]

由于各地常见的灾害不同,为区分不同灾种的应对方式和宣传报道的差异,我们参考《中国自然灾害系统地图集》,[2]根据自然灾害发生的地域和研究侧重,将全国大致分成几个主要的灾害类型区,包括水灾区、旱灾区、台风区和地震区。这四类地区各自以某种灾害为主,实际上都是多种灾害并存:水灾区有旱灾,旱灾区也有水灾,但总体是水灾多于旱灾。除了 2010 年云南旱灾外,旱灾内容相对较少,地区突发性的山洪很多。滑坡、泥石流、山崩等地质灾害经常伴随发生,水灾过后易发病虫害。高寒区雪灾频繁,南方冬季雨雪冰冻灾害增多。此外,森林火灾和冰雹也很常见,但沙尘暴几乎没有,推测是因为沙尘暴极少造成大规模破坏,不在应急工作范畴内。目前我国政府突出的是大灾和巨灾的报道,因为它们产生的影响大,更全面完

---

[1] 本小节《政府防灾减灾网站的信息分类与现状分析》的信息搜集和图 8-1 至图 8-5 的绘图工作由吕红峰博士承担并完成。

[2] 史培军主编:《中国自然灾害系统地图集》(光盘版),科学出版社 2003 年版,主要依据其中的《中国重大自然灾害点位图(1900—2000 年)》。

善的安全体系还有待构建。主要不足有：①防灾减灾工作以政府保障为主导，网站内容较单一，以行政管理为主，没有充分调动民间下层积极性，传统文化几乎没有利用，政府的安全管理需要普及为全社会的文化。②各省市区都是多种灾害并存，网站的灾害内容与所属灾害类型区不完全一致，水灾、台风、地震内容较多，旱灾少，沙尘暴缺少，可能与应急程度有关。③灾害种类与信息类别有一定关系，水灾、台风和地震的灾害链较多，旱灾、雪灾无明显灾害链，水灾和火灾的经济生产安全信息较多，巨灾的自护自救和社会文化比例较高。④大城市防灾减灾宣传教育相对主动，中小城市防灾减灾教育不积极。

二、政府防灾减灾网站的民俗信息特征与文化建设

（一）重视巨灾影响与灾后积极文化建设

四川处于西南多山地带，气候潮湿，水灾和地质灾害本来就多发。举世震惊的汶川地震发生后，全国乃至全世界的目光都聚焦到了这里，四面八方的援助纷至沓来、源源不断。这场灾难已经成为凝聚民族精神的标志物，所以媒体都不遗余力地报道帮扶救助的功劳业绩，其他省份甚至都长期占有这类信息。四川省自身也格外注意灾后的民生保障，医疗卫生和食品衣物等物质条件自不必说，稳定社会秩序也是重中之重，包括资金管理、治安维持、市场监管等。全社会这次更加关注巨灾后灾民的积极文化建设，注意心理健康，提供了大量干预和疏导。政府也更重视防震减灾的宣传和教育。以上内容都大大提高了"自护自救"和"社会文化"的比例。另外，由于地震报道集中，震后的次生灾害比较明确，加上四川本来就多山洪，容易带来地质灾害，导致"主灾与灾害链"内容比例也很高。

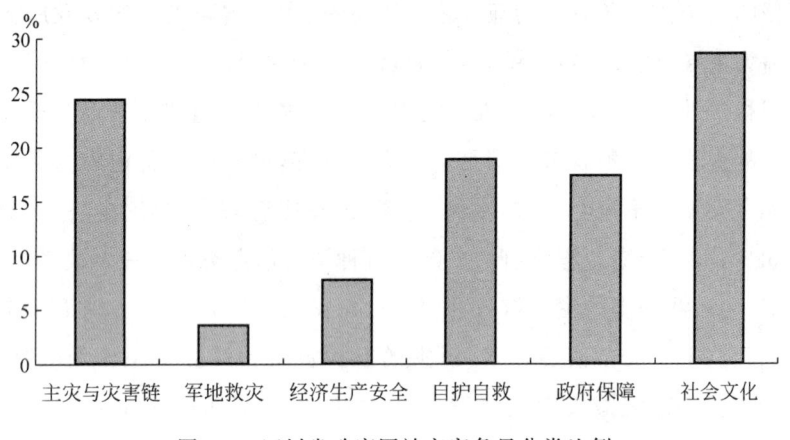

图 8-3　四川省政府网站灾害条目分类比例

(二) 加强大城市防灾减灾凝聚力文化建设、聚焦高密度城市安全运转

我们统计的 31 个省级政区中,有两个是直辖市,也是全国最大的两个城市——北京和上海。它们面积小、人口高度密集,城市化发达,防灾减灾工作有大城市特点。首先,所关注灾害是关系到城市安全和正常运转的,如地震、暴雨、冰雪、大雾、火灾等,没有旱灾,与所在的灾害类型区并不完全一致,作用形式与乡村也不大一样。其次,这种大城市财富密集,一旦受灾损失也极为严重,社会风险更高,所以政府更重视防灾减灾宣传教育,要求市民增强防护和避险能力,最大程度地减轻灾害的危害。在这个城市中,"社会文化"类信息显示程度高,特别是上海,超过了"政府保障"类别。

政府利用网络信息,有助于提高政府信息公开的程度,提升全民防灾减灾的社会适应性。特别是在网络信息已成为重要的新媒体工具的今天,加强防灾减灾政府网络平台建设已刻不容缓。但目前我国各地政府对此还没有引起高度重视,在已有政府网站防灾减灾信

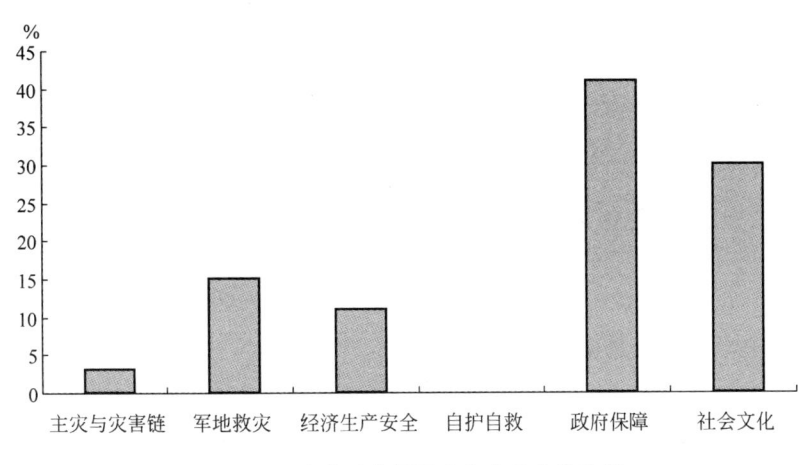

图 8-4　北京市政府网站灾害条目分类比例

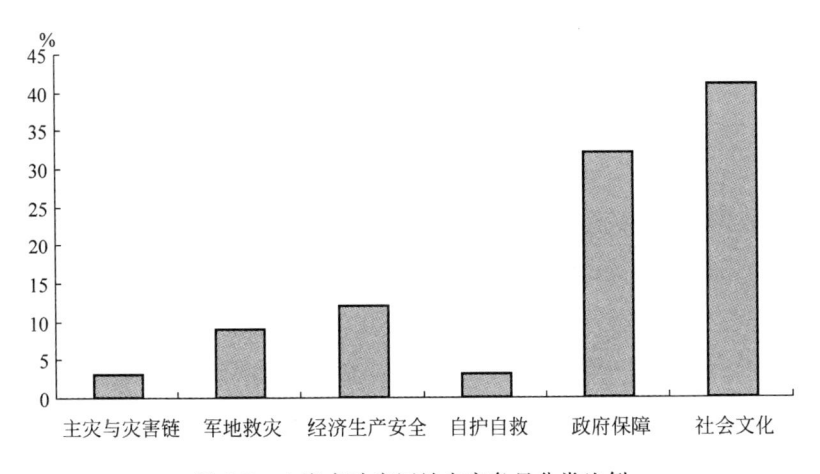

图 8-5　上海市政府网站灾害条目分类比例

息发布中,也侧重灾害预报、政府援助与各部门救生信息,缺乏文化建设,状况堪忧。而这项工作并不难,如利用我国丰富的防灾减灾历史资源和民俗经验,就是一种文化建设,它们为广大人民喜闻乐见,可以提升市民对政府网络平台的关注度。在本次研究中,我们搜集到与各地各民族防灾减灾民俗有关的故事、谚语、民歌和民间舞蹈数据96,782条,将之加以利用,编纂防灾减灾通俗文化读本会大受欢迎。再举个例子,我国的世界文化遗产都江堰和北京颐和园铜牛,都是典型的防灾减灾建筑遗产。这类故事讲得好,又能进行防灾减灾民俗建设,又能保护世界文化遗产,一举两得。

结论　民俗文化软实力建设的社会重要性、国际性与未来意义

在中国文化软实力的建设中,加强民俗文化软实力的建设,是在国家政府层面上,在全球化背景下,在我国全面实现现代化进程中,所进行的社会主义意识形态"新精神性"系统的建设。目前很多欧美国家乃至非洲国家,都十分重视民俗学者参与这种"新精神性"的建设,国际民俗学界用以反思和修正以往单纯用乡村民谣和古老神话构建国家统一历史的浪漫主义思想,批评将民俗附以贫穷、保守、落后偏见的殖民主义偏见,同时也抵制全球化霸权大国以科技进步统一世界多样文化的吞食策略,抵御金元强国以经济增长指标控制别国文化建设权利的经济霸权思想。在这种形势下,中国民俗、中国民俗研究机构和中国民俗学的问题,及其在与国家社会建设和文化建设的互动方面,所持有的积极学术作为,就成为一种新的世界期待。

在当今世界环境中,中国民俗文化软实力建设的价值和意义,在于现代民俗文化建设的广泛国际性,以及现代民俗文化建设的社会重要性。从这两方面看,民俗文化进入国家文化软实力整体建设都是必要的和可行的。

在我国社会主义特色文化软实力建设方面,民俗文化现象宽泛与民俗学具有跨学科交叉研究的特征需要引起政府注意。我国上中下三层文化中都有民俗,它们不一定都是政府管理的对象,但它们在

面对面地传播,或者在小群体中蔓延,或者在少数民族群众中蕴藏、发酵和加强民族认同。我国进入现代化社会以来,民俗文化还是大众媒体、作家小说、影视大片、流行音乐和网络信息的活跃成分,无所不在、无奖不提。现代民俗文化的定义,已成为保留传统并在文化与社会进程中产生新涵义的种类。对民俗学的研究和成果利用,从五四、到延安文艺、到新中国史,再到改革开放,已形成民俗学与文艺学、艺术学、民族学、文化学和社会学相互吸收的综合性形态。中国民俗文化的发展,与中国民俗学建设历程,在这个意义上说,是与我国社会主义意识形态文化体系构成的理论进程紧密联系在一起的。在国家"新精神性"文化建设中,民俗文化所表现的草根性与国际性高度统一,还容易成为软中之软,继续为国家文化建设服务。

从国家角度对民俗文化进行软实力规划建设,要从研究学理、社会文化重要性和国际化三个视角出发,确定重点领域和确定行动步骤,主要有以下五点。

第一,建设中国故事软实力。本项目研究的一个突破点是中国文化符号研究。在中国文化符号中,故事是具有传统出身和现实普遍意义的符号系统。故事具有处理符号的文本形式,具有赋予符号社会意义的叙事方式,并将符号放到文化结构中,使之产生国家民族文化符号的差异性和多元性。下册对此进行了充分论述。19世纪末叶以来,故事搜集和研究进入国家民族独立运动,在欧洲德国、芬兰和俄国等国家都产生了重要影响,产生了著名学者。在我国,在20世纪中,经历晚清重审传统国学、五四运动、延安《讲话》、苏联影响和社会新文化建设,以文艺学为支配的民间文学理论建设,辅以社会学和民族学,已形成意识形态与学科建设相重叠的一种格局。改革开放后,在这方面的建设中,社会学、艺术学的加入,网络时代到来,孔子学院的"开花",都推动故事迅速进入媒体工业、互联网和对外交流渠道。通过本项目调研,我们发现,中国传统故事在现代社会的生存状况,是"大面积的符号穿越",而不像日本学者说的"故事死了"。在我国20世纪的各种变迁中,故事都展露了极强的文化符号特质,并成为中外文化交流的一种载体。但是,在现代社会和世界文化环境中,故事符号系统的传承发生了变化。现在故事不是以家族、地方口传和代际相传为主,而是口头、纸介和多媒体综合流传。总报告的上编和中编对中国文化符号进行了系统调查和研究,下编予以相应的故事符号支撑性调研和个案研究,提出政府从文化软实力建设的角度,重新审视、利用和研发现存中国巨大故事资源,实施跨媒体故事文化建设策略,这是国家"新精神性"文化建设中的文化符号创新维护与建设。

第二,建设非遗文化软实力。我国民俗文化软实力建设工作的一个矛盾,是民俗文化与非遗的热闹纠结与学理矛盾。近年政府开展申遗和非遗保护工作,吸引了大量民俗学者的参与,政府也颁布了大量民俗非遗保护项目。但是,从原则上说,民俗文化是非政府文化,非遗保护是政府工作,两者不都是一回事。下册的研究指出,政府非遗保护工作要依靠行政部门执行,政府行政部门受理和保护非遗项目重视其传承的历史性,即"时间"要素。但是,政府要调动广泛的社会力量参与非遗保护,就还要充分重视民俗文化传承的"空间"要素。本项目的调研指出,大量省域和县域的优秀非遗以"文化空间"为范围,进行跨省跨县的联合申报,这是与单一省域或县域行政管理不一致的。这种非遗项目一旦被政府批准,又会出现地方保护落空的现象,结果造成政府当奶妈,替地方投资保护的问题。这种申报与保护不一致的根源,正是政府保护与非政府保护的矛盾。在政府知识结构中增加民俗文化知识,通过发现非遗保护的薄弱环节的机会,加强民俗文化建设,正是扭转这种被动局面的好机会。在非遗保护上，建设民俗文化，指加强对非遗的"文化空间"保护的政策研究和政策投入。经过这种转变，非遗才不是包袱，而是一种软实力。从政府管理的角度说，它是国家"新精神性"文化建设的跨文化对话点，能够帮助国家改变形象，在联合国教科文组织推行人类遗产保护工作框架中发挥更大作用。

第三，建设手工行业文化软实力。在国际上，特别是在欧洲国家，民俗学有研究精神民俗的传统，对物质民俗研究不够。法国、德国和芬兰比较关注物质民俗，但其对象主要是建筑和器具。我国是长期农业国家，有大量手工技艺和精美产品，手工技艺的范围遍布营造、器具、农业生产、城市审美装饰、衣食交通等日常生活各领域，并且主要是以口传民俗的方式进行传承，这是世界其他国家不能比拟的地方，它们的特殊技术也引起了较大的世界关注。现代手工技艺民俗研究对认识中国资源紧缺、人口众多条件下的就业力、生态环境保护和地方社会多元发展形态，都有积极意义。下编指出，中国民俗文化富有手工技艺的特点，应加强规划建设。从政府管理的角度来说，还应将这项工作纳入国家"新精神性"文化建设的指标体系进行考量。

第四，建设节日文化软实力。节日文化是传统文化、民族主体文化和对外输出文化的综合体。在节日文化中，民俗文化软实力的特征表现得十分突出，它从国民的角度，将历史传统与文化创新相结合，在保护传统的社会认同和集体事件中，将现实社会和外来文化的新价值观融入，并以地方遗产的方式保护，产生新的文化自觉和文化自信。从政府管理的角度说，它是国家"新精神性"文化建设与国际化题目的结合点。

第五，建设综合防灾减灾民俗软实力。将我国综合防灾减灾民俗建设纳入民俗文化建设是民俗学建设的新课题。进入 21 世纪以来，世界自然灾害一体化成为共同趋势，而人类抵御灾害的差异性主要表现为民俗文化差异，而不是物质差异。灾难之后的物质补偿与重建精神家园的关系是无法平衡的。民俗学有研究民间宗教和民俗信仰的经典成果，在这方面可以发挥学科的作用，从民俗文化建设上辅助国家防灾减灾。

民俗文化软实力建设有多方面的内容，但从辅助国家社会建设、文化建设、民生建设、社区建设和生态文明建设的角度说，从现代民俗文化和民俗学研究的国际化性质看，以上五种民俗文化专项规划建设都是重点。

附录一

主要参考文献

一、中央和政府文件

江泽民：《全面加强党的建设的伟大纲领》，人民出版社 2000 年版。

胡锦涛：《高举中国特色社会主义伟大旗帜，为夺取全面建设小康社会新胜利而奋斗——在中国共产党第十七次全国代表大会上的报告》，人民出版社 2007 年版。

习近平：《在第十二届全国人民代表大会第一次会议上的讲话》，人民出版社 2013 年版。

《党的十七大文件汇编》，党建读物出版社 2007 年版。

《党的十八大文件汇编》，党建读物出版社 2012 年版。

中共中央宣传部理论局：《理论热点面对面：2008》，学习出版社、人民出版社 2008 年版。

《中共中央关于深化文化体制改革推动社会主义文化大发展大繁荣若干重大问题的决定》，人民出版社 2011 年版。

中共中央宣传部、中国人民银行、财政部、文化部等九部委：《关于金融支持文化产业振兴和发展繁荣的指导意见》，2010 年 3 月。

《中华人民共和国非物质文化遗产法》，2011 年 2 月 25 日全国人大常委会第十九次全体会议通过。中华人民共和国主席令（第 42 号）签发自 2011 年 6 月 1 日起执行。

《〈中华人民共和国非物质文化遗产法〉释义及实用指南》，中国民主法制出版社 2011 年版。

文化部：《国家级非物质文化遗产代表作申报指南》，2005 年 5 月。

国家统计局:《中华人民共和国 2012 年国民经济和社会发展统计公报》,2012 年。

二、政府与高校网站

人民网 http://www.people.com.cn/
新华网 http://www.xinhuanet.com/
中国新闻网 http://www.chinanews.com/
中国教育部网站 http://www.moe.gov.cn/
　　　　　　　http://www.moe.edu.cn/
中国文化部网站 http://www.ccnt.gov.cn/
中国文化部民族民间文艺发展中心 http://www.cefla.org/
中国国家统计局网站 http://www.stats.gov.cn/
中国商务部网站 http://www.mofcom.gov.cn/
中国国家新闻出版总署网站 http://www.gapp.gov.cn/
国家广播电影电视总局网站 http://www.sarft.gov.cn/
中国政府网站—应急管理版块 http://www.gov.cn/yjgl/index.htm
中国民政部救灾司网站 http://jzs.mca.gov.cn
中国教育信息网 http://www.chinaedu.edu.cn/
北京大学网站 http://www.pku.edu.cn/
北京大学《跨文化对话》网站 http://pkujccs.cn/
清华大学网站 http://www.tsinghua.edu.cn/publish/th/index.html
北京师范大学网站 http://www.bnu.edu.cn/
北京师范大学数字民俗学实验室网站 http://bnudfsl.cn/
中国传媒大学网站 http://www.cuc.edu.cn/
北京语言大学网站 http://www.new.blcu.edu.cn/index.html
中国艺术研究院网站 http://www.zgysyjy.org.cn/main.jsp
北京外国语大学网站 http://www.bfsu.edu.cn/

三、研究著述

1. 经典理论著作

邓小平:《邓小平文选》第 2 卷,人民出版社 1994 年版。

邓小平:《邓小平文选》第 3 卷,人民出版社 1993 年版。

江泽民:《江泽民文选》第 3 卷,人民出版社 2006 年版。

〔俄〕列宁:《列宁全集》第 43 卷,人民出版社 1987 年版。

〔德〕马克思、〔德〕恩格斯:《马克思恩格斯全集》第 1 卷,人民出版社 1995 年版。

〔德〕马克思、〔德〕恩格斯:《马克思恩格斯全集》第 26 卷,人民出版社 1972 年版。

〔德〕马克思、〔德〕恩格斯:《马克思恩格斯全集》第 3 卷,人民出版社 2002 年版。

〔德〕马克思:《资本论》第 2 卷,人民出版社 2002 年版。

〔德〕马克思:《资本论》第 3 卷,人民出版社 2002 年版。

毛泽东:《毛泽东著作选读》下卷,人民出版社 1986 年版。

毛泽东:《文化工作中的统一战线》,《毛泽东选集》第 3 卷,人民出版社 1991 年版。

毛泽东:《在延安文艺座谈会上的讲话》,《毛泽东选集》第 3 卷,人民出版社 1991 年版。

2. 理论研究

陈鼓应注释及评介:《老子注释及评介》,中华书局 1984 年版。

费孝通:《行行重行行》,宁夏人民出版社 1992 年版。

顾颉刚:《顾颉刚民俗学论集》,上海文艺出版社 1998 年版。

季羡林:"《东方文化集成》总序",张玉安、裴晓春:《印度的罗摩故事与东南亚文学》,季羡林主编:《东南亚文化编》,昆仑出版社 2005 年版。

江绍原:《江绍原民俗学论集》,上海文艺出版社1998年版。
康有为:《康有为政论集》,中华书局1981年版。
梁漱溟:《中国文化要义》,上海人民出版社2005年版。
梁漱溟:《梁漱溟全集》,山东人民出版社1990年版。
钱穆:《论语新解》,三联书店2002年版。
孙中山:《孙中山全集》,中华书局1981年版。
郭化若译注:《孙子译注》,上海古籍出版社1984年版。
[战国]荀况:《荀子校释》,王天海校释,上海古籍出版社2005年版。
严复:《严复集》,中华书局1986年版。
章太炎:《章太炎全集》,上海人民出版社1982年版。
钟敬文:《民间文学论集》(上),上海文艺出版社1982年版。
钟敬文:《民间文学论集》(下),上海文艺出版社1985年版。
钟敬文:《民俗文化学:梗概与兴起》,董晓萍编,中华书局1996年版。
钟敬文:《钟敬文民俗学论集》,上海文艺出版社1998年版。
钟敬文主编:《民间文化讲演集》,广西人民出版社1998年版。
钟敬文:《建立中国民俗学派》,董晓萍编,黑龙江教育出版社1999年版。
钟敬文主编　许钰、董晓萍副主编:《民俗学概论》(第二版),高等教育出版社2010年版。
钟敬文主编:《民间文学概论》(第二版),高等教育出版社2010年版。
周作人:《周作人民俗学论集》,上海文艺出版社1998年版。
[宋]朱熹:《朱子语类》,黎靖德编,王星贤点校,中华书局1986年版。
[宋]朱熹:《四书章句集注》,中华书局2011年版。
范军:《文化软实力"力"从何来》,湖北人民出版社2011年版。
顾江主编:《文化产业研究第3辑文化软实力与产业竞争力》,东南大学出版社2009年版。

胡文臻:《企业文化软实力新论》,社会科学文献出版社2013年版。
李建平:《文化软实力与经济社会发展》,江苏大学出版社2013年版。
刘晓玲:《文化软实力提升浅论》,湖南人民出版社2009年版。
龙耀宏:《民族文化与文化软实力》,民族出版社2011年版。
骆郁廷:《文化软实力》,中国社会科学出版社2012年版。
门洪华主编:《中国软实力方略》,浙江人民出版社2007年版。
牛大勇等主编:《中华文化软实力——2011嵩山论坛文集》,红旗出版社2011年版。
彭立勋主编:《文化软实力与城市竞争力》,中国社会科学出版社2008年版。
沈壮海主编:《软文化,真实力——为什么要提高国家文化软实力》,人民出版社2008年版。
沈壮海:《文化软实力与价值之轴》,中华书局2013年版。
童世骏:《文化软实力》,重庆出版社2008年版。
王桂兰等:《文化软实力的维度》,河南人民出版社2010年版。
艺衡:《文化主权与国家文化软实力》,社会科学文献出版社2009年版。
张国祚主编:《中国文化软实力研究报告》,社会科学文献出版社2011年版。
张国祚主编:《中国文化软实力研究要论选》,社会科学文献出版社2011年版。
张国祚:《中国文化软实力发展报告2012》,北京大学出版社2013年版。
张祥:《文化软实力与国际谈判》,社会科学文献出版社2013年版。
董晓萍、〔美〕欧达伟:《乡村戏曲表演与中国现代民众》,北京师范大学出版社2000年版。
董晓萍:《说话的文化》,中华书局2002年版。

董晓萍:《全球化与民俗保护》,高等教育出版社 2007 年版。
董晓萍:《现代民俗学讲演录》,广西师范大学出版社 2007 年版。
董晓萍:《现代民间文艺学讲演录》,广西师范大学出版社 2008 年版。
董晓萍、万建中主编:《北师大民俗学论集》,中华书局 2013 年版。
李强:《转型时期的中国社会分层结构》,黑龙江人民出版社 2002 年版。
李强:《社会分层十讲》,社会科学文献出版社 2008 年版。
毛韵泽:《葛兰西:政治家、囚徒和理论家》,求实出版社 1987 年版。
牟宗三:《中国哲学的特质》,上海古籍出版社 2008 年版。
孙伯鍨:《卢卡奇与马克思》,南京大学出版社 1999 年版。
汪曾祺:《汪曾祺全集》第 6 卷,北京师范大学出版社 1998 年版。
王尔敏:《中国近代思想史论续集》,社会科学文献出版社 2005 年版。
王一川:《中国形象诗学》,上海三联书店 1998 年版。
王一川:《中国现代学引论》,北京大学出版社 2009 年版。
萧乾:《萧乾回忆录》,中国工人出版社 2005 年版。
乐黛云:《当代名家学术思想文库·乐黛云卷》,北方联合出版传媒(集团)股份有限公司 2010 年版。
张仲礼:《中国的绅士》,上海社会科学出版社 1991 年版。
安介生:《历史民族地理》,山东教育出版社 2007 年版。
包亚明编:《文化资本与社会炼金术:布尔迪厄访谈录》,上海人民出版社 1997 年版。
蔡定剑主编:《公众参与与风险社会的制度建设》,法律出版社 2009 年版。
蔡勤禹:《民间组实践与反思织与灾荒救治——民国华洋赈会研究》,商务印书馆 2005 年版。
邓云特:《中国救荒史》,上海书店 1984 年版。
龚鹏程:《生活的儒学》,浙江大学出版社 2009 年版。

郭镇之:《第一媒介:全球化背景下的中国电视》,清华大学出版社 2009 年版。

郝治清:《中国古代灾害史研究》,中国社会科学出版社 2007 年版。

胡鞍钢:《中国 2020:一个新型超级大国》,浙江人民出版社 2012 年版。

胡鞍钢等:《2030 中国:迈向共同富裕》,中国人民大学出版社 2011 年版。

花建等:《文化产业竞争力》,广东人民出版社 2005 年版。

黄亚平:《典籍符号与权力话语》,中国社会科学出版社 2004 年版。

黄育馥:《京剧·跷和中国的性别关系》,三联书店 1998 年版。

蒋三庚、张杰、王晓红:《文化创意产业集群研究》,首都经济贸易大学出版社 2010 年版。

李文海:《近代中国灾荒与社会稳定》,中央党校出版社 1998 年版。

李亦园:《人类的视野》,上海文艺出版社 1996 年版。

梁其姿:《施善与教化:明清的慈善组织》,联经出版事业公司(台北) 1997 年版。

刘禾:《语际书写:现代思想史写作批判纲要》,上海三联书店 1999 年版。

刘小枫:《现代性社会理论绪论》,上海三联书店 1998 年版。

刘岩:《风险社会理论新探》,中国社会科学出版社 2008 年版。

吕庆华:《文化资源的产业开发》,经济日报出版社 2009 年版。

马祖毅等:《中国翻译通史》(古代部分),湖北教育出版社 2006 年版。

斯炎伟:《全国第一次文代会与新中国文学体制的建构》,人民文学出版社 2008 年版。

王恩涌、赵荣、张小林、刘继生、李贵才、韩茂莉编著:《人文自然科学》,高等教育出版社 2000 年版。

王颖:《城市社会学》,上海三联出版社 2005 年版。

吴必虎、刘筱娟:《人类景观史》,上海人民出版社 2004 年版。

吴凌芳:《企业集群形成和发展的力量》,经济科学出版社 2008 年版。
谢金文:《中国传媒产业概论》,上海交通大学出版社 2007 年版。
徐安琪等:《风险社会的家庭压力和社会支持》,上海社会科学出版社
　　2007 年版。
徐康宁:《产业聚集形成的源泉》,人民出版社 2006 年版。
许宝强等编:《语言与翻译的政治》,中央编译出版社 2001 年版。
许倬云:《我者与他者:中国历史上的内外分际》,三联书店 2010 年版。
杨雪冬等:《风险社会与秩序重建》,社会科学出版社 2006 年版。
袁间琨、薛洪勋主编:《唐宋传奇总集》,河南人民出版社 2001 年版。
臧新:《产业集聚的行业特性研究——基于中国行业的实证分析》,经
　　济科学出版社 2011 年版。
张洪忠:《大众媒介公信力理论研究》,人民出版社 2006 年版。
赵毅衡选编:《符号学文学论文集》,百花文艺出版社 2004 年版。
郑保卫主编:《中国共产党新闻思想史》,福建人民出版社 2005 年版。

3. 外国学者著述

〔美〕阿尔·戈尔(Al Gore):《未来:改变全球的六大驱动力》,冯洁音
　　等译,上海译文出版社 2013 年版。
〔法〕阿尔都塞(Louis Pierre Althusser):《保卫马克思》,顾良译,商
　　务印书馆 2006 年版。
〔法〕阿尔都塞:《哲学与政治——阿尔都塞读本》,陈越编,吉林人民
　　出版社 2003 年版。
〔美〕阿尔温·托夫勒(Alvin Toffler):《第三次浪潮》,朱志焱等译,
　　三联书店 1996 年版。
〔德〕埃里克·奥尔巴赫(Erich Auerbach):《摹仿论:西方文学中所
　　描绘的现实》,吴麟绶等译,百花文艺出版社 2002 年版。
〔美〕艾略特(Thomas Stearns Eliot):《基督教与文化》,杨民生、陈常

锦译,四川人民出版社 1989 年版。

〔以色列〕艾森斯塔特(S. N. Eisenstadt)"反思现代性·导言",《国外理论动态》2006 年第 4 期。

〔美〕爱德华·赫尔曼(Edward Herman)、〔美〕罗伯特·麦克切斯尼(Robert McChesney):《全球媒体:全球资本主义的新传教士》,天津人民出版社 2001 年版。

〔意〕安东尼奥·葛兰西(A. Gramsci):《葛兰西文选》,人民出版社 2008 年版。

〔意〕安东尼奥·葛兰西:《现代君主论》,陈越译,上海人民出版社 2006 年版。

〔意〕安东尼奥·葛兰西:《狱中札记》,葆煦译,人民出版社 1983 年版。

〔意〕安东尼奥·葛兰西:《狱中札记》,曹雷雨译,中国社会科学出版社 2000 年版。

〔俄〕巴赫金(M. M. Bakhtin):《巴赫金全集》,钱中文译,河北教育出版社 1998 年版。

〔美〕贝斯特(Steven Best)、〔美〕凯尔纳(Douglas Kellner):《后现代理论:批判的质疑》,朱元鸿等译,巨流出版社 1994 年版。

〔法〕贝特朗·巴迪(Bertrand Badie)、〔法〕玛丽-弗朗索瓦·杜兰(Marie-Francose Durand)等编:《全球化地图》,许铁兵译,社会科学文献出版社 2007 年版。

〔英〕本尼迪克特·安德森(Benedict Anderson):《想象的共同体:民族主义的起源和散布》,吴叡人译,上海人民出版社 2005 年版。

〔美〕波特(Michael E. Porter):《竞争论》,刘宁等译,中信出版社 2009 年版。

〔法〕布迪厄(Pierre Bourdieu)、〔法〕华康德(Loïc J. D. Wacquant):

《实践与反思》,李猛、李康译,中央编译出版社 1998 年版。

〔法〕布罗代尔(Fernand Braudel):《菲力普二世时代的地中海和地中海世界》,吴信模、唐家龙、曾培耿译,商务印书馆 1996 年版。

〔美〕伯格(Jerry M. Burger):《人格心理学》(第六版),陈会昌等译,中国轻工业出版社 2004 年版。

〔澳〕戴维·思罗斯比(David Throsby):《经济学与文化》,王志标、张峥嵘译,中国人民大学出版社 2011 年版。

〔美〕戴维·阿古什(R. David Arkush):《费孝通传》,董天民译,时事出版社 1986 年版。

〔美〕丹尼尔·贝尔(Daniel Bell):《资本主义文化矛盾》,赵一凡等译,三联书店 1989 年版。

〔美〕道格拉斯·C.诺思(Douglass C. North):《经济史中的结构与变迁》,陈郁等译,三联书店 1991 年版。

〔美〕德伯里(Harm J. de Blij):《人文地理:文化、社会与空间》,王民等译,北京师范大学出版社 1988 年版。

〔美〕杜赞奇(Prasenjit Duara):《文化、权力与国家》,王福民译,江苏人民出版社 1994 年版。

〔德〕恩斯特·卡西尔(Ernst Cassirer):《人论——人类文化哲学导引》,甘阳译,上海译文出版社 1985 年版。

〔美〕费正清(John King Fairbank):《剑桥中国晚清史》,中国社会科学出版社 1985 年版。

〔美〕费正清:《美国与中国》,张理京译,世界知识出版社 1999 年版。

〔美〕弗·杰姆逊(Fredric Jameson):《后现代主义与文化理论》,唐小兵译,陕西师范大学出版社 1986 年版。

〔法〕福柯(Michel Foucault):《疯癫与文明》,刘北成、杨远婴译,三联书店 2009 年版。

〔美〕格雷柯(Albert N. Grecob):《媒体与娱乐产业》,饶文靖等译,清华大学出版社 2006 年版。

〔德〕哈贝马斯(Jürgen Habermas):《交往与社会进化》,张博树译,重庆出版社 1989 年版。

〔德〕汉娜·阿伦特(Hannah Arendt):《人的条件》,竺乾威译,上海人民出版社 1999 年版。

〔美〕郝大维(David Hall)、〔美〕安乐哲(Roger Ames):《先贤的民主》,何刚强译,江苏人民出版社 2004 年版。

〔美〕亨廷顿(Samuel P. Huntington):《文明的冲突与世界秩序的重建》,周琪等译,新华出版社 2002 年版。

〔加〕霍斯金斯(Colin Hosins)等:《全球电视和电影》,刘丰海等译,新华出版社 2004 年版。

〔法〕吉尔·利波维茨基(Gilles Lipovetsky)、〔法〕塞巴夏蒂安·夏尔(Sebastian Charles):《超越现代时间》,谢强译,中国人民大学出版社 2005 年版。

〔英〕克里斯·比尔顿(Chris Bilton):《创意与管理》,向勇译,新世界出版社 2010 年版。

〔美〕克利福德·格尔茨(Clifford Geertz):《文化的解释》,韩莉译,译林出版社 1999 年版。

〔美〕肯尼迪(Paul Kennedy):《大国的兴衰》,天津编译中心译,四川人民出版社 1988 年版。

〔美〕拉里·A.萨默瓦(Larry A. Samovar)等:《跨文化传播》,中国人民大学出版社 2004 年版。

〔美〕兰比尔·沃拉(Ranbir Vohra):《中国:前现代化的阵痛》,辽宁人民出版社 1989 年版。

〔法〕蓝克利(Christian Lamouroux)主编:《中国近现代行业文化研

究:技艺和行业知识的传承与功能》,国家图书馆出版社2010年版。

〔英〕雷蒙·威廉斯(Raymond Williams):《文化与社会:1780—1950》,吴松江、张文定等译,北京大学出版社1991年版。

〔美〕雷默(Joshua Cooper Ramo)等:《中国形象——外国学者眼里的中国》,沈晓雷等译,社会科学文献出版社2008年第二版。

〔美〕理查德·罗蒂(Richard Rotry):《哲学、文学和政治》,黄宗英等译,上海译文出版社2009年版。

〔美〕刘易斯·芒福德(Lewis Murnford):《城市发展史》,宋俊玲、倪文彦译,中国建筑工业出版社2005年版。

〔美〕刘易斯·芒福德:《城市文化》,宋俊玲、李翔宁、周鸣浩译,中国建筑工业出版社2009年版。

〔匈〕卢卡奇(Georg Lukács):《历史和阶级意识——马克思主义辩证法研究》,燕宏远译,商务印书馆1992年版。

〔美〕罗兹曼(Gilbert Rozman):《中国的现代化》,国家社会科学基金"比较现代化"课题组译,江苏人民出版社1988年版。

〔意〕马基雅维利(Niccolò Machiavelli):《君主论》,徐继业译,光明日报出版社1996年版。

〔德〕马克斯·韦伯(Max Weber):《经济与社会(第1卷)》,阎克文译,上海人民出版社2010年版。

〔英〕马修·阿诺德(Matthew Arnold):《文化与无政府状态:政治与社会批评》,韩敏中译,三联书店2008年版。

〔英〕迈克·费瑟斯通(Mike Featherstone):《消费文化与后现代主义》,刘精明译,译林出版社2000年版。

〔美〕迈克尔·E.波特(Michael E. Porter):"簇群与新竞争经济学",郑海燕等译,《经济社会体制比较》2000年第2期。

〔美〕蒙特豪克斯(Pierre Guillet de Monthoux):《艺术公司:审美管理与形而上营销》,王旭晓等译,人民邮电出版社 2010 年版。

〔比〕尼科里斯(G. Nicolis)、〔比〕普利高津(I. Prigogine):《探索复杂性》,罗久里、陈奎宁译,四川教育出版社 1986 年版。

〔德〕佩茨沃德(Heinz Paetzold):《符号、文化、城市:文化批评哲学五题》,邓文华译,四川人民出版社 2008 年版。

〔德〕皮珀(Josef Pieper):《闲暇:文化的基础》,刘森尧译,新星出版社 2005 年版。

〔美〕珀文(Lawrence A. Pervin)、〔美〕约翰(Oliver P. John):《人格手册:理论与研究》(第二版),黄希庭译,华东师范大学出版社 2003 年版。

〔美〕乔尔·科特金(Joel Kotkin):《全球城市史》(修订版),王旭等译,社会科学文献出版社 2010 年版。

〔美〕塞缪尔·亨廷顿(Samuel P. Huntington)、〔美〕劳伦斯·哈里森(Lawrence Harrison):《文化的重要作用:价值观如何影响人类进步》,程克雄译,新华出版社 2010 年版。

〔美〕赛缪尔·鲍尔斯(Samuel Bowls)、〔美〕赫伯特·金蒂斯(Herbert Gintis):《民主和资本主义》,韩水法译,商务印书馆 2003 年版。

〔美〕斯科特(Allen J. Scott):《城市文化经济学》,董树宝等译,中国人民大学出版社 2010 年版。

〔瑞士〕索绪尔(Ferdinand de Saussure):《普通语言学教程》,高名凯译,商务印书馆 1999 年版。

〔英〕特瑞·伊格尔顿(Terry Eagleton):《文化的观念》,方杰译,南京大学出版社 2003 年版。

〔美〕沃尔夫(Richard D. Wolff):"意识形态国家机器、消费主义和美国资本主义:左派的教训",吴昕炜译,《学术研究》2008 年第

6期。

〔希腊〕修昔底德(Thucydides):《伯罗奔尼撒战争史(上册)》,谢德风译,商务印书馆1960年版。

〔美〕约瑟夫·奈(Joseph Nye):《美国霸权的困惑》,郑志国译,世界知识出版社2002年版。

〔美〕约瑟夫·奈:《软力量——世界政坛的成功之道》,吴晓辉、钱程译,东方出版社2005年版。

〔美〕约瑟夫·奈:《硬权力与软权力》,门洪华译,北京大学出版社2005年版。

〔美〕朱克英(Sharon Zukin):《城市文化》,张廷佺、杨东霞、谈瀛洲译,上海世纪出版股份有限公司2005年版。

Arkush, R. David and Lee, Leo Ou-Fan, *Land Without Ghosts: Chinese Impressions of America from the Mid-Nineteenth Century to the Present*, Berkeley: University of California Press, 1989.

Bhabha, Homi K., *The Location of Culture*, New York: Routledge, 1994.

Blaney, David & Inayatullah, Naeem, "Undressing the Wound of Wealth: Political Economy as a Cultural Project", *Cultural Political Economy*, edited by Jacqueline Best & Matthew Paterson, New York: Routledge, 2010.

Clarke, Sharon G., "Safety culture: under-specified and overated?" *International Journal of Management Reviews*, Vol 2, Issue 2, March, 2000.

Damrosch, David, *What Is World Literature*, Princeton: Princeton University Press, 2003.

Fraim, John, *Battle of Symbols: Global Dynamics of Advertising,*

Entertainment and Media, Einsiedeln Switzerland: Daimon Verlag,2003.

Leadbeater, Charles, *Living on Thin Air: The New Economy*, Harmondsworth: Viking,1999.

Moeran, Brian and Pedersen, Jesper, *Negotiating Values in the Creative Industries: Fairs, Festivals and Competitive Events*, New York: Cambridge University Press,2011.

Pêcheux, Michel, *Language, Semantics and Ideology: Stating the Obvious*, Trans. Harbans Nagpal, London and Basingstoke: Macmillan,1982.

Pratt, Andy and Jeffcutt, Paul, *Creativity, Innovation and the Cultural Economy*, New York: Routledge, 2009.

Salman Rushdie, *Imaginary Homelands: Essays and Criticism 1981-1991*, London: Granta Books,1992.

Shambaugh, David, "Falling Out of Love with China", *New York Times*, March 19,2013.

Williams, Raymond, *Culture & Society 1780-1950*, London: Penguin, 1961.

Williams, Raymond, *The Long Revolution*, London: Penguin, 1961.

Williams, Raymond, *Marxism and Literature*, Oxford: Oxford University Press, 1977.

4. 论文及相关论述

程曼丽:"国际传播主体探析",《中国传媒报告》2005年第4期。

戴元光、邱宝林:"全球化语境下中国电影文化传播策略检讨",《现代传播》2004年第2期。

董晓萍:"论民俗保护区的方案及其构成",《河南社会科学》2007年第 2 期。

董晓萍:"民俗学与非物质文化遗产保护",《文化遗产》2009 年第 1 期。

董晓萍:"跨文化对话与民俗文化交流",北京外国语大学《倾听名家》,外语教学与研究出版社 2010 年版。

董晓萍:"民俗'实力化'的现代思想",《民族文学研究》2010 年第 3 期。

董晓萍等:"'文化空间'的民俗地理学研究",《民俗典籍文字研究》第 8 辑,商务印书馆 2011 年版。

董晓萍:"春节遗产与现代社会",《文史知识》2011 年第 2 期。

董晓萍:"跨文化的汉语文化交流:调研与对策",《温州大学学报》2012 年第 1 期。

董晓萍:"新时期民俗学研究与国家文化建设的基本问题",《西北民族研究》2013 年第 1 期。

董晓萍:"节日的被遗产化与现代知识建构",《文史知识》2013 年第 2 期。

董晓萍:"城市化与中小商人的'文化人'角色",《社会学评论》2013 年第 3 期。

董晓萍:"当代民俗文化的'新精神性'建设",《山西大学学报》2014 年第 1 期。

董晓萍:"女性的社会发展及其文化多样性",《民俗研究》2014 年第 2 期。

董晓萍:"政府非遗与民间非遗——从两种知识的角度切入",《西北民族研究》2014 年第 2 期。

段华明:"发达国家社会管理对中国的借鉴意义",《社会学评论》2013 年第 2 期。

范建华:"乡村文化产业:融合发展的特色之路",《中国文化产业》2010年第12期。

费孝通:"'美美与共'和人类文明",载《费孝通在2003:世纪学人遗稿》,中国社会科学出版社2005年版。

郭可:"改革开放30年来中国对外传播媒体的发展现状及趋势",《对外传播》2008年第11期。

国家广电总局:"2008年度电影创作生产发行放映情况",《当代电影》2009年第2期。

韩三平、胡正东:"抓住六个环节 做大做强中影品牌",《当代电影》2008年第10期。

胡鞍钢、张晓群:"中国传媒迅速崛起的实证分析",《战略与管理》2004年第3期。

胡鞍钢、张晓群:"国际视角下中国传媒实力的实证分析——兼与黄旦、屠正锋先生商榷",《清华大学学报》2007年第3期。

华文:"媒介影响力经济探析",《国际新闻界》2003年第1期。

季羡林:"《中国翻译词典》序",《中国翻译》1995年第6期。

蒋林:"韩国文化产业多点开花 积极开拓新市场",《文化月刊》2010年第8期。

焦国瑛:"中国图书如何'走出去'?",《出版参考》2005年3月上旬刊。

李怀亮:"全球文化贸易与中国文化产业发展的国际路线",《中国经贸》2007年第5期。

李年鑫,马维振,石世锐:"改革开放30年少数民族教育发展的经验及思考",《中共贵州省委党校学报》2009年第1期。

李强、黄旭宏:"新形势下如何加强和创新社会管理",《前线》2011年第4期。

李迎生、卫小将:"社会政策与社会建设——兼谈国际社会政策的新近趋势对我国的启示",《社会学评论》2013年第3期。

李智:"文化软权力化与中国对外传播战略",《北京行政学院学报》2010年第3期。

林玮:"'茶文化'产业价值实现形式的演进",《湖南农业大学学报》(社科版)2012年第1期。

林玮:"中国共产党90年来文化政策重心的四次转移",《四川省委党校学报》2012年第2期。

刘小枫:"现代学的问题意识",《读书》1994年第5期。

刘小燕:"关于传媒塑造国家形象的思考",《国际新闻界》2002年第2期。

刘笑盈:"扩渠道、增内容、强效果:2012年电视国际传播综述",《电视研究》2013年第4期。

马戎:"理解民族关系的新思路:少数族群问题的'去政治化'",《北京大学学报》2004年第6期。

马戎:"中国人口跨地域流动及其对族际交往的影响",《中国人口科学》2009年第6期。

齐勇锋、蒋多:"中国文化走出去战略的内涵和模式探讨",《东岳论丛》2010年第10期。

钱晓文:"我国传媒的国际化竞争战略",《青年记者》2008年第10期。

邱凌:"软实力背景下的中国国际传播战略研究",复旦大学博士学位论文,2009年。

任琦:"'走出去',中国报业的路径及策略分析",《新闻实践》2013年第3期。

劭奇:"中国电影制作融资渠道的策略分析",《当代电影》2006年第6期。

唐建英:"中国电影制作扶植政策的演进与反思",《电影艺术》2010年第1期。

汪晖:"当代中国的思想状况与现代性问题",《天涯》1997年第5期。

王一川:"现代文学研究需要新眼光:中国现代学刍议",《文汇报》1998年5月13日。

王一川:"中国电影文化:从模块位移到类型互渗",《社会科学》2009年第5期。

王一川:"主流文化与中式主流大片",《电影艺术》2010年第1期。

王一川等:"中国大陆电影现状及其软实力提升策略",《天津社会科学》2010年第4期。

王一川:"理解国家文化软实力",张国祚主编:《中国文化软实力研究报告(2010)》,社会科学文献出版社2011年版。

王一川:"新世纪中国电影类型化的动因、特征及问题",《当代电影》2011年第9期。

王一川:"当前中国现实主义范式及其三重景观",《社会科学》2012年第12期。

王一川:"死地上的族群生存实验——《一九四二》中的人生境界探求",《当代电影》2013年第1期。

王云鹏:"从对外广播到国际传播的历史转变",《中国广播电视学刊》2013年第5期。

吴立斌:"海外并购:中国传媒'走出去'",《声屏世界》2011年第4期。

徐德蜀、金磊、罗云、陈昌明、邱成、周善华、甘心孟:"关于制定《二十一世纪国家安全文化纲要》的建议",《国家安全科学学报》1997年第7卷第4期。

杨恒源:"中国共产党文化建设七十年",《苏州大学学报》(社科版)1991年第1期。

杨新洪:"关于设置文化软实力产业统计评价指标体系的考量意义及其路径问题",《南方论丛》2008年第4期。

杨新洪:"关于文化软实力量化指标评价问题研究",《统计研究》2008年第9期。

尹鸿:"好莱坞的全球化策略与中国电影的发展",《当代电影》2001年第5期。

尹鸿、尹一伊:"2012年中国电影产业备忘",《电影艺术》2013年第2期。

喻国明:"关于传媒影响力的诠释——对传媒产业本质的一种探讨",《新闻战线》2003年第6期。

张军华:"传媒影响力:在传播效率与传播公正之间",《河北大学学报》(哲学社会科学版)2001年第4期。

张小明:"约瑟夫·奈的软权力思想分析",《美国研究》2005年第1期。

郑丽勇:"当前我国新闻影响力格局解析——基于北京、上海等16个城市376个传媒的影响力实证调查",《中国出版》2011年第7期。

钟虎妹:"从媒介机理来看新闻影响力及影响力经济",《东北师大学报(哲学社会科学版)》2008年第2期。

周鸿铎:"中国传媒经济发展历程",《现代传播》2009年第6期。

周鸿铎:"中国传媒经济六十年成长报告",《传媒》2009年第10期。

朱炳祥:"社会文化转型中的村庄变迁:兼论村庄的本性及其意义",《社会学评论》2013年第2期。

四、研究资料

United Nations, *Revealing Risk, Redefining Development: Global Assessment Report on Disaster Risk Reduction*, Oxford:

Information Press, Oxford, UK, 2011.

World Commission on Culture and Development, *Our Creative Diversity*, Oxford & IBH Publishing Co./UNESCO Publishing, 1997.

艾瑞咨询:《2012中国Q4及年度中国在线视频核心数据发布》。

崔保国主编:《中国传媒产业发展报告2007—2008》,社会科学文献出版社2008年版。

崔保国主编:《传媒蓝皮书·2013年中国传媒发展报告》,社科文献出版社2013年版。

国家广电总局:《2012中国网络视听产业报告》。

康保成主编:《中国非物质文化遗产保护发展报告(2011)》,社会科学文献出版社2011年版。

康保成主编:《中国非物质文化遗产保护发展报告(2012)》,社会科学文献出版社2012年版。

李闽榕、杨江帆:《中国茶产业研究报告》(2011),社会科学文献出版社2011年版。

联合国教科文组织:《保护非物质文化遗产公约》(*Convention for the Safeguarding of the Intangible Cultural Heritage*),2003年10月17日在法国巴黎通过。

联合国教科文组织:《保护文化内容和艺术表现形式多样性公约》(*Preliminary Draft of a Convention on the Protection of the Diversity of Cultural Contents and Artistic Expressions*),2004年7月在法国巴黎通过。

联合国教科文组织:《世界文化发展报告:文化创新与市场(1998)》,关世杰译,北京大学出版社2000年版。

刘萍编:《中国动产担保创新经典案例》,中信出版社2010年版。

陆学艺等主编:《2010年北京社会建设分析报告》,社会科学出版社2010年版。

祁述裕:《中国文化产业国际竞争力报告》,社会科学文献出版社2004年版。

商务部服务贸易司:2012年度《中国服务贸易统计》。

童刚:《实践科学发展,加大改革创新,努力开创电影大发展大繁荣的局面——2007年电影工作报告》,全国电影工作会议文件,2008年1月30日。

徐丹丹等:《北京文化创意产业发展的金融支持研究》,经济科学出版社2011年版。

杨江帆、李闽榕:《中国茶产业研究报告》(2010),社会科学文献出版社2010年版。

喻国明,焦中栋著:《中国传媒软实力发展报告》,同心出版社2009年版。

袁殿池编选:《海外望神州——外国人眼中的中国改革开放》,人民文学出版社2008年版。

张洪忠:《转型期的中国传媒公信力》,南京师范大学出版社2013年版。

张京成主编:《中国创意产业发展报告(2006)》,中国经济出版社2006年版。

张明龙等:《产业集群与区域发展研究》,中国经济出版社2008年版。

中国现代化战略研究课题组:《中国现代化报告2009——文化现代化》,北京大学出版社2009年版。

中华人民共和国联合国教科文组织全国委员会:《世界遗产与我们》,北京师范大学出版社2004年版。

附录二

中国文化软实力发展战略研究网站样本

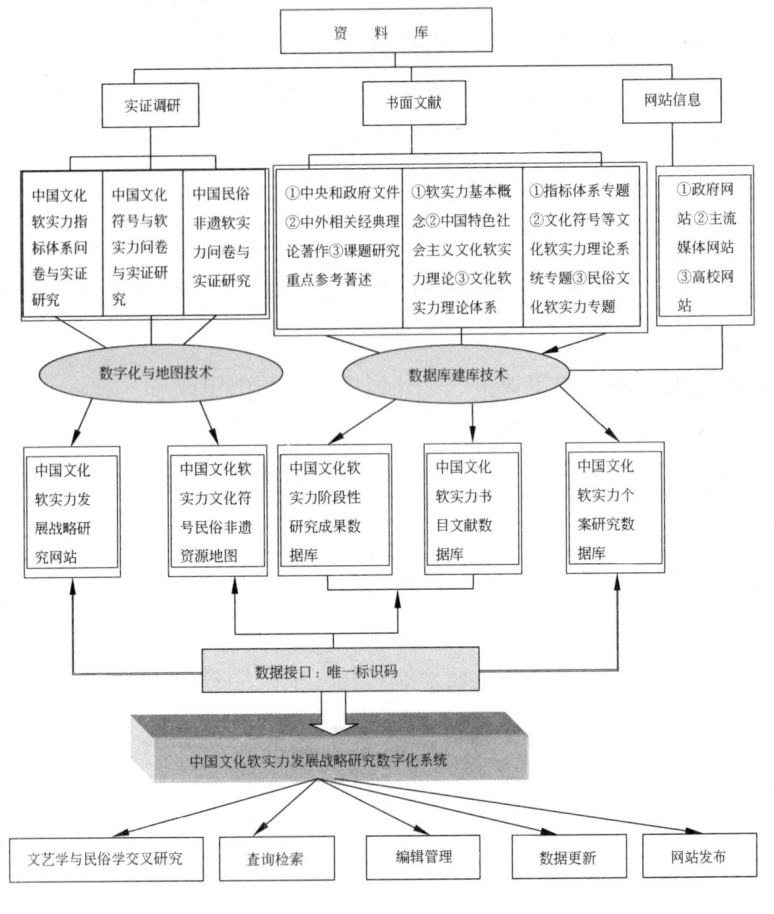

图 1　中国文化软实力发展战略研究网站逻辑框图

附录二 中国文化软实力发展战略研究网站样本 437

图2 中国文化软实力发展战略研究网站首页

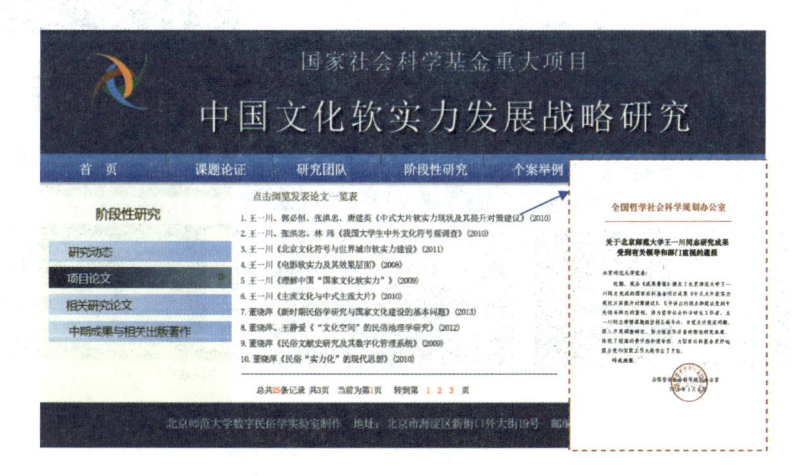

图3 项目组阶段性成果被全国哲社规划办采纳

图 4 项目组发表注明"国家社科基金重大项目"系列论文

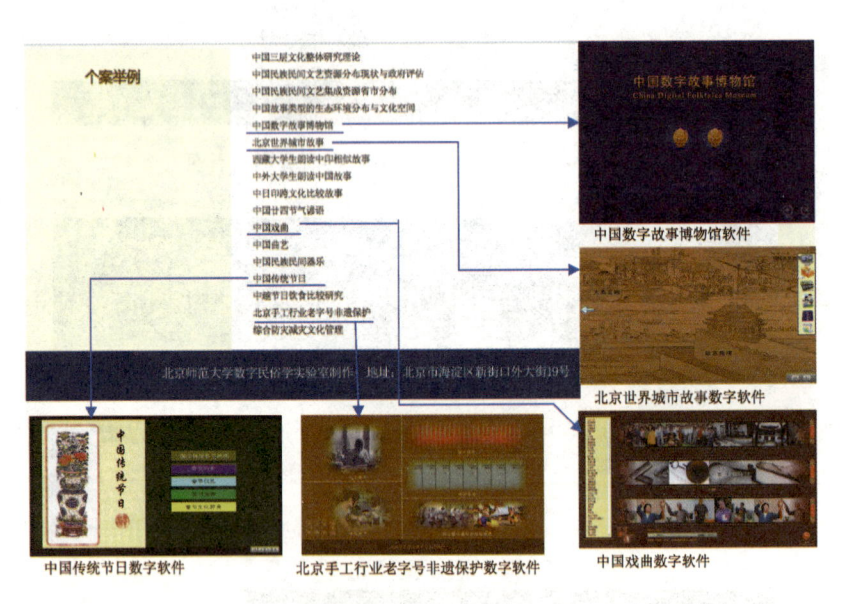

图 5 个案举例:数字化专题研究个案

附录二 中国文化软实力发展战略研究网站样本　　439

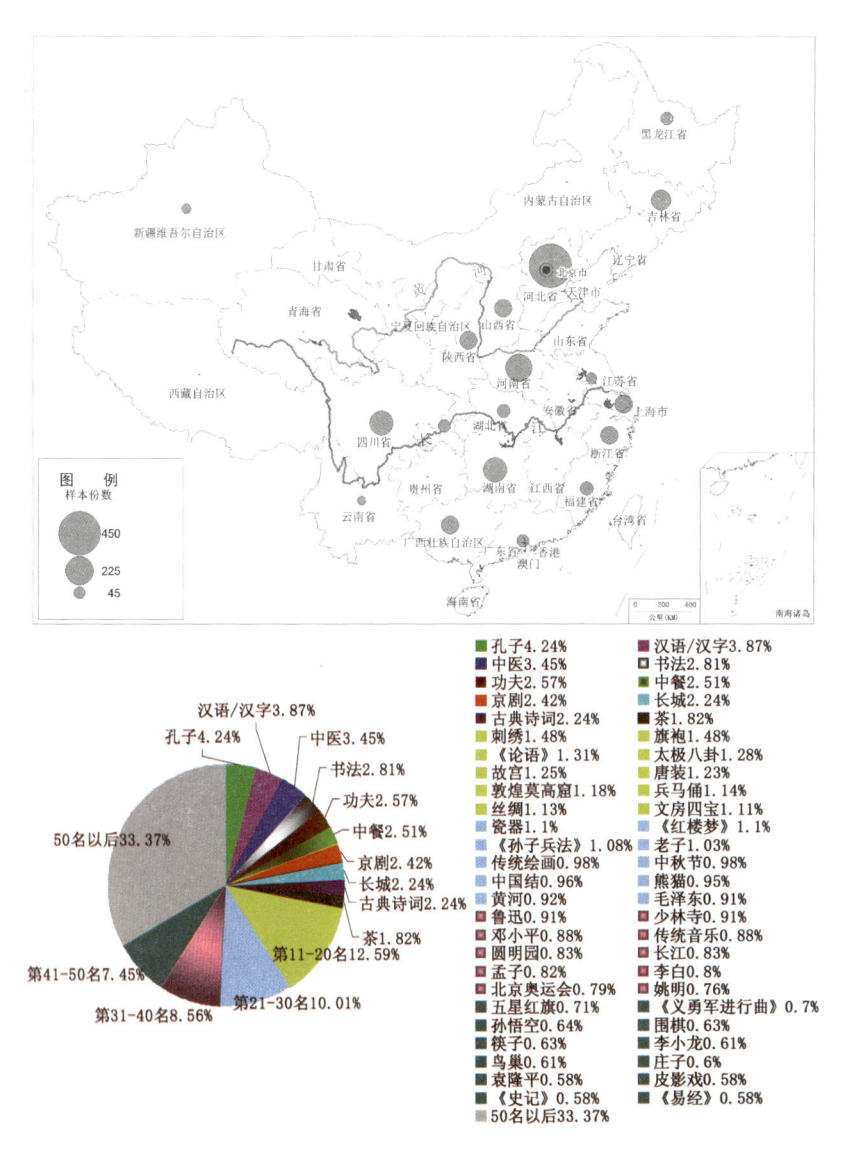

图6　地图库：大学生眼中的中国文化符号调查问卷地区分布
示意图(2008—2009年)

图 6 配表　大学生眼中的中国文化符号调查问卷地区分布示意图(2008—2009 年)

基 本 信 息 表

类　别	名　　称
底图来源	国家基础地理信息系统《2000 年中国行政区划数字地图(1∶400 万)》。
数据来源	(上册)第五章　《中国文化符号与软实力发展》之第三节.《个案分析:从大学生文化符号观看中国文化软实力资源现状》,第 219—221 页。
本图参照图表	(上册)第五章　第三节,第 219 页,表 5-1.《中国文化符号代表性调查抽样高校一览表》。
地图数据协助整理	赵　娜
地图编绘	赖彦斌

附录二 中国文化软实力发展战略研究网站样本 441

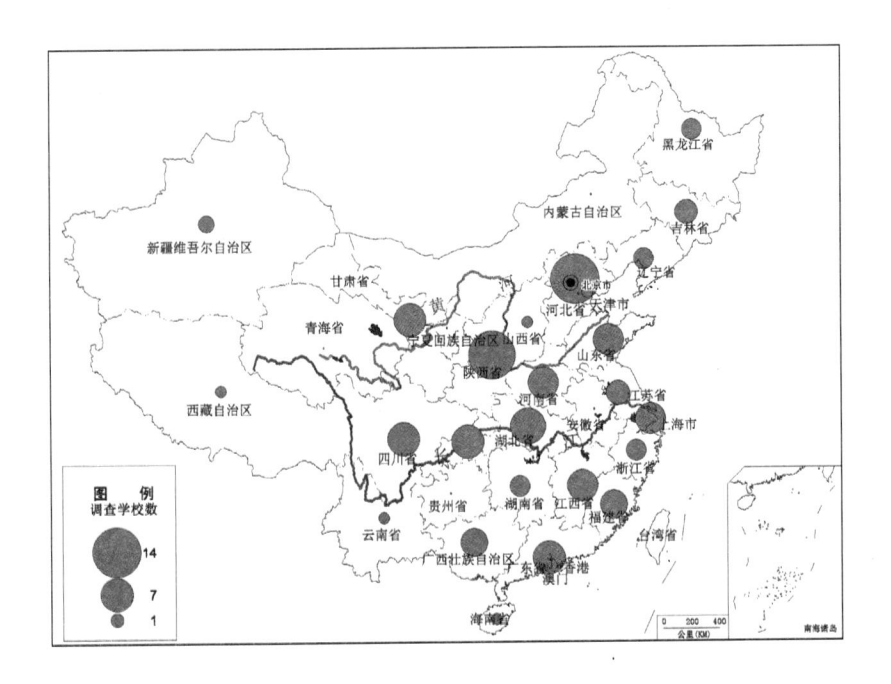

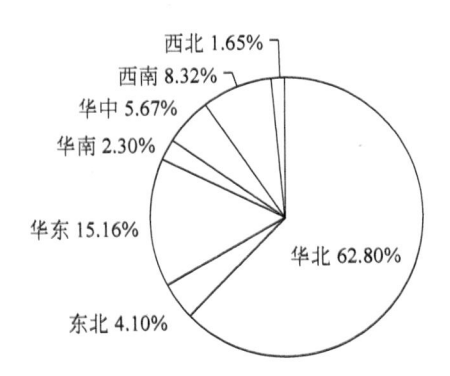

图 7 地图库:中国故事与相关民俗传承现状调查高校地区分布
示意图(2007—2013 年)

图 7 配表　中国故事与相关民俗传承现状调查高校地区分布示意图(2007—2013 年)基　本　信　息　表

类　　别	名　　称
底图来源	国家基础地理信息系统《2000 年中国行政区划数字地图(1∶400 万)》。
数据来源	(下册)第四章《中国故事跨媒体建设专项规划》第三节《中国故事跨媒体建设的校园基础》,第 271—273 页。
本图参照图表	(下册)第四章第三节,第 271 页,表 4-2.《中国故事与相关民俗传承现状调查高校地区分布一览表》。第 272 页,图 4-3.《中国故事与相关民俗传承现状调查高校地区分布示意图》。
数据搜集协助	谢开来
地图编绘	赖彦斌
地图数据整理协助	赵　娜

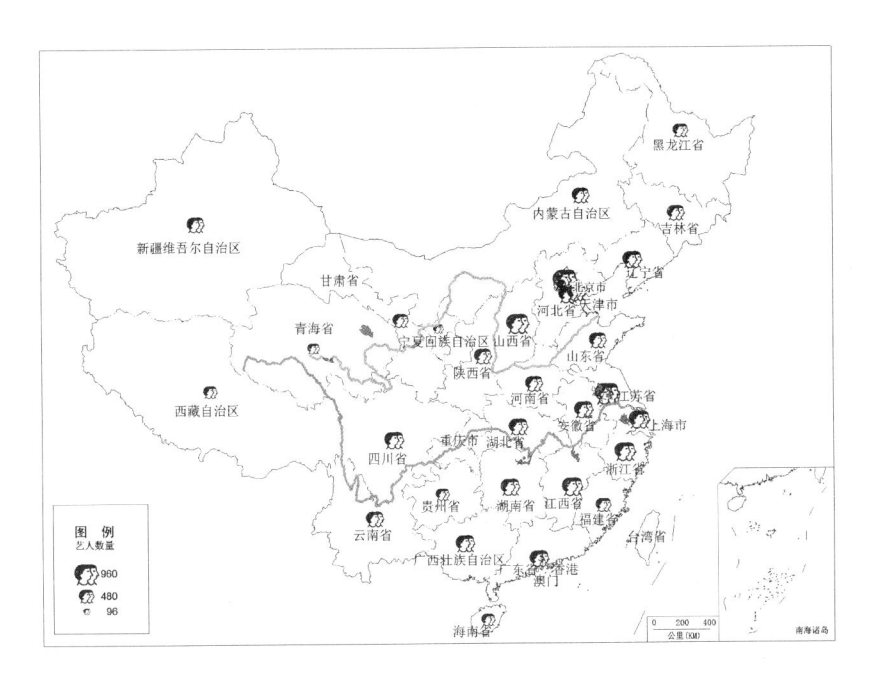

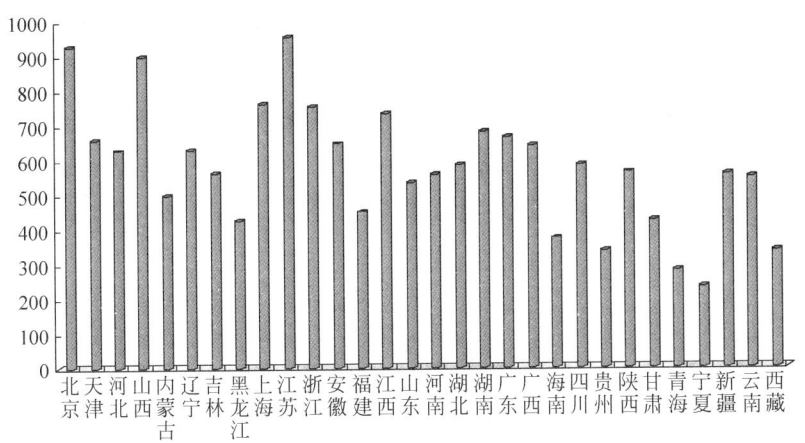

附录二　中国文化软实力发展战略研究网站样本　　443

图8　地图库：中国民族民间文艺十套集成志书民间艺人（讲述人）数量分布示意图（2007—2012年）

图 8 配表　中国民族民间文艺十套集成志书民间艺人(讲述人)数量分布示意图(2007—2012 年)

基 本 信 息 表

类　别	名　　称
底图来源	国家基础地理信息系统《2000 年中国行政区划数字地图(1∶400 万)》。
数据来源	(下册)第二章《中国民俗文化软实力建设的战略途径》之第一节《中国民俗文化软实力战略建设的核心理论问题》,第 134 页。
本图参照图表	(下册)第二章第一节,第 134 页,图 2-1.《中国民族民间文艺十套集成志书记录各省艺人(讲述人)数量示意图》。
十套集成志书资源数据提供	李　明
地图编绘	赖彦斌

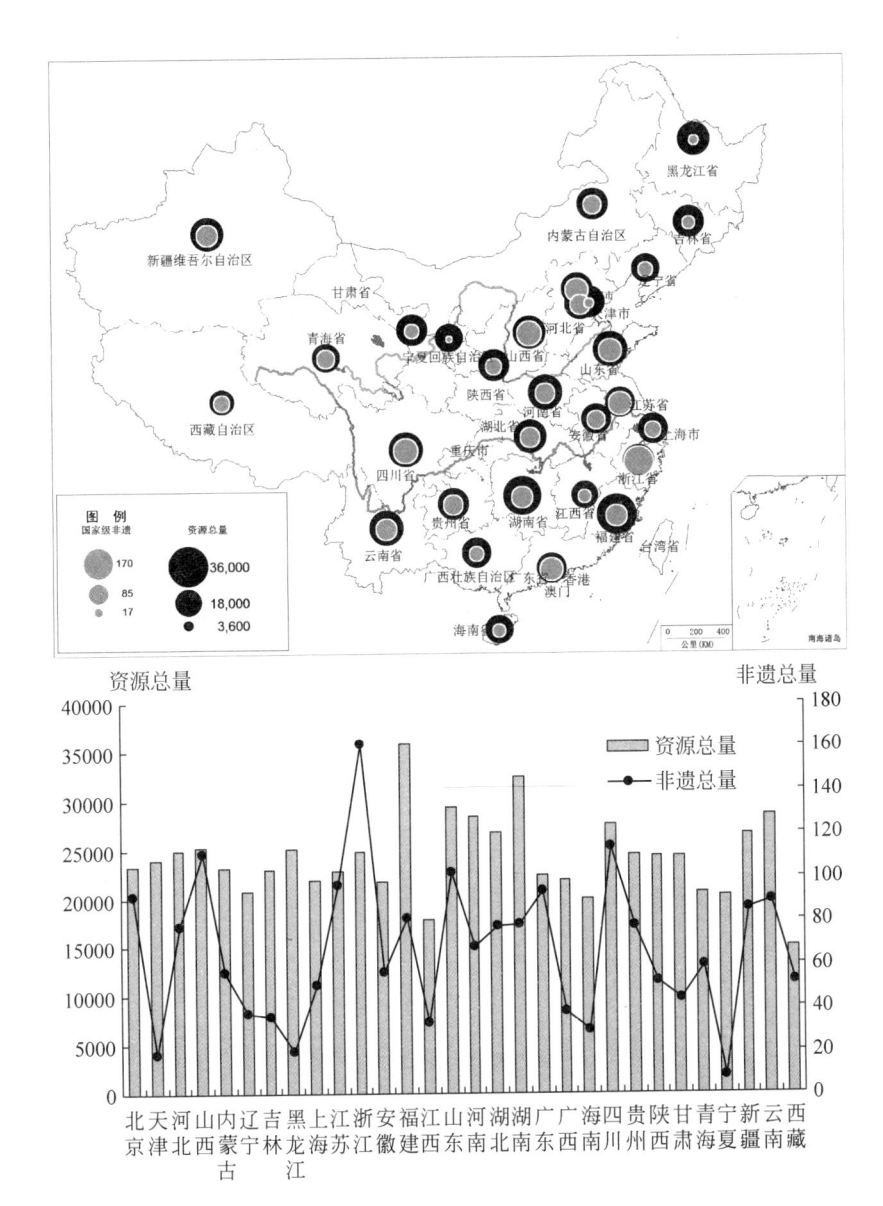

附录二 中国文化软实力发展战略研究网站样本 445

图9 地图库:中国民族民间文艺资源总量与中国世界级遗产地民俗非遗项目比较示意图(2007—2012年)

图 9 配表 中国民族民间文艺资源总量与中国世界级遗产地民俗非遗项目比较示意图(2007—2012 年)

基 本 信 息 表

类　别	名　　称
底图来源	国家基础地理信息系统《2000 年中国行政区划数字地图(1∶400 万)》。
数据来源	(下册)第二章《中国民俗文化软实力建设的战略途径》之第一节《中国民俗文化软实力战略建设的核心理论问题》,第 136 页。
本图参照图表	(下册)第二章第一节,第 136 页,图 2-3.《我国民俗文艺总资源与分省国家级非遗"历史实体"比较示意图》。
十套集成志书资源数据提供	李　明
地图编绘	赖彦斌

附录三

本书使用彩图样页

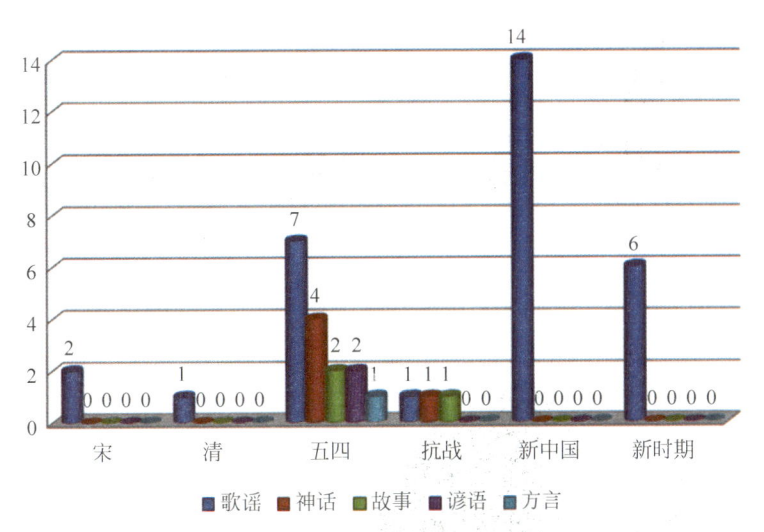

附图1 汉魏时期民间文艺研究著述分布示意图

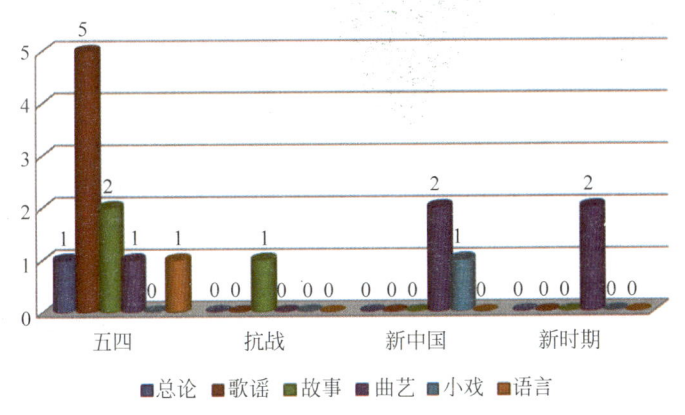

附图2 宋元民间文艺重要研究著作体裁分布示意图

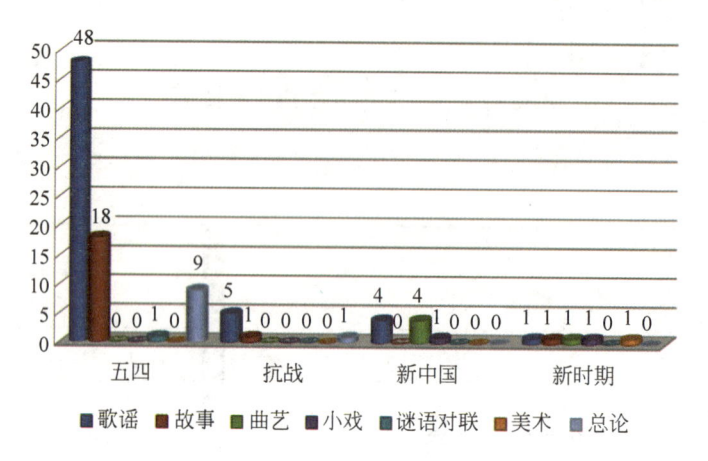

附图3　五四以来学者研究故事与歌谣等民间文艺体裁分布示意图

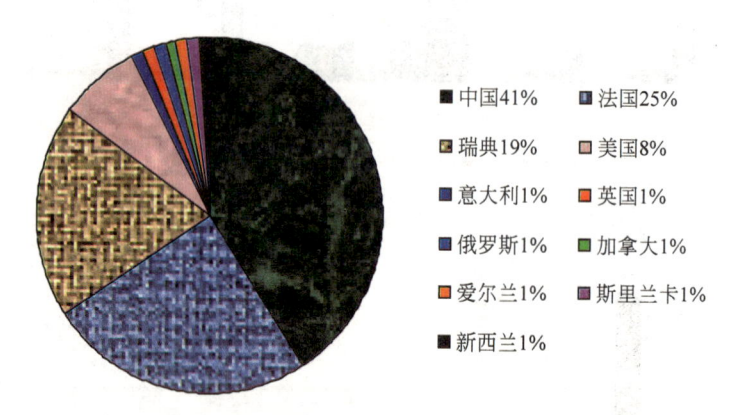

附图4　《跨文化对话》国际作者国籍分布示意图(1998—2013年)①

---

① 附图4的编制，由作者使用乐黛云、[法]李比雄(Alain Le Pichon)主编的《跨文化对话》杂志数据分析结果制成。附图5至附图12，使用文化部民族民间文艺发展中心与本项研究实验室合作项目"改革开放30年中国十大集成志书数字资源与文化技术产品"共享数据，十集成民俗文艺原始数据由文化部民族民间文艺发展中心提供。附录三中附图除地图外均由网络工程师赖彦斌编绘。

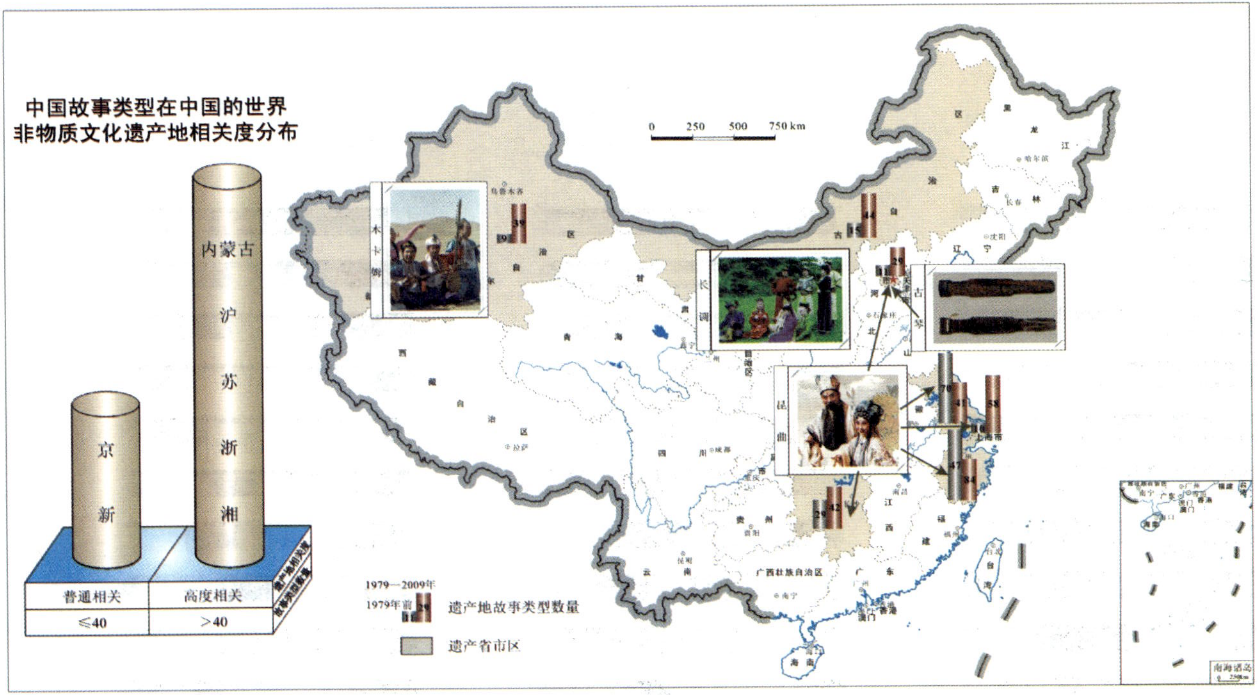

附图 5　中国故事类型在中国的世界非物质文化遗产地分布地图

注：博士生吕红峰编绘，指导教师董晓萍教授，2009 年 5 月通过博士学位论文答辩。

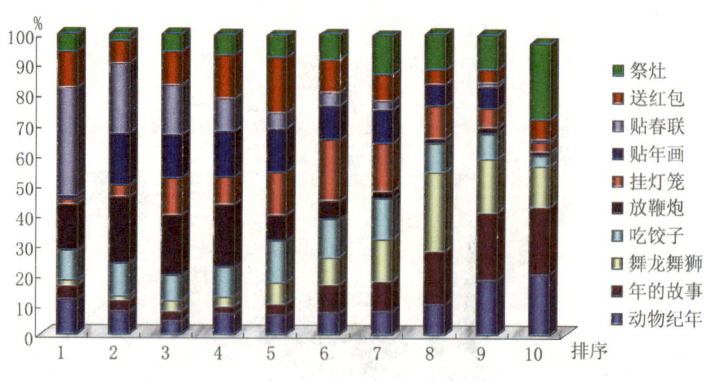

450　中国民俗文化软实力发展战略专论

附图6　春节民俗文化符号频率总体统计示意图

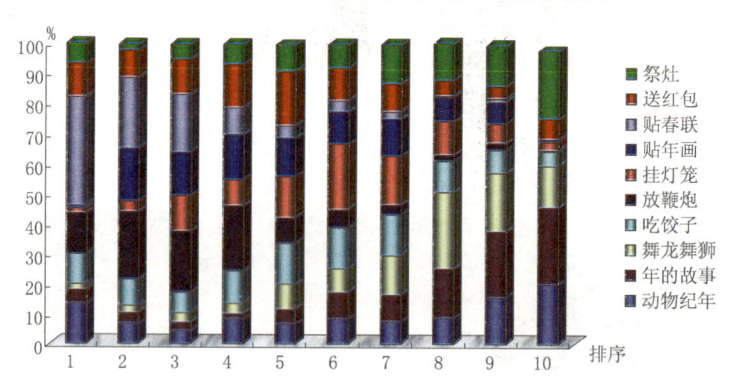

附图7　A组汉族春节民俗文化符号频率统计示意图（汉族）

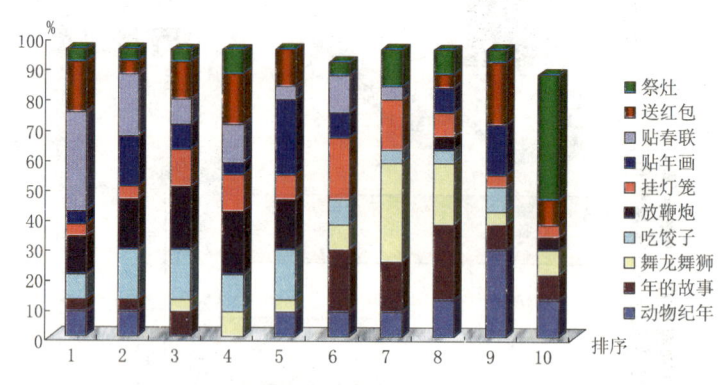

附图8　B组少数民族春节民俗文化符号频率统计示意图
（回族、维吾尔族和柯尔克孜族）

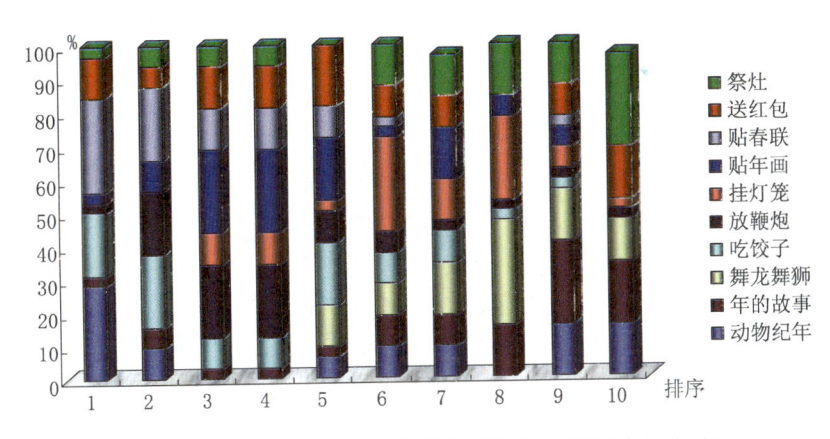

附图9　C组春节民俗文化符号频率统计示意图（华北地区）

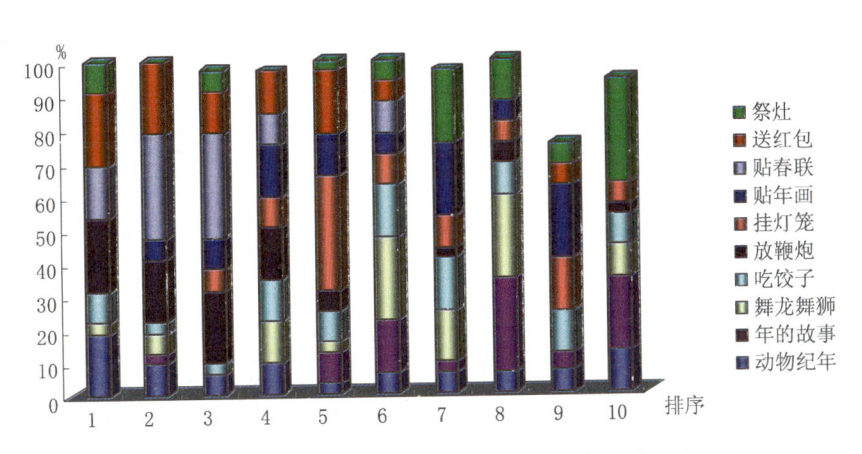

附图10　D组春节民俗文化符号频率统计示意图（华中地区）

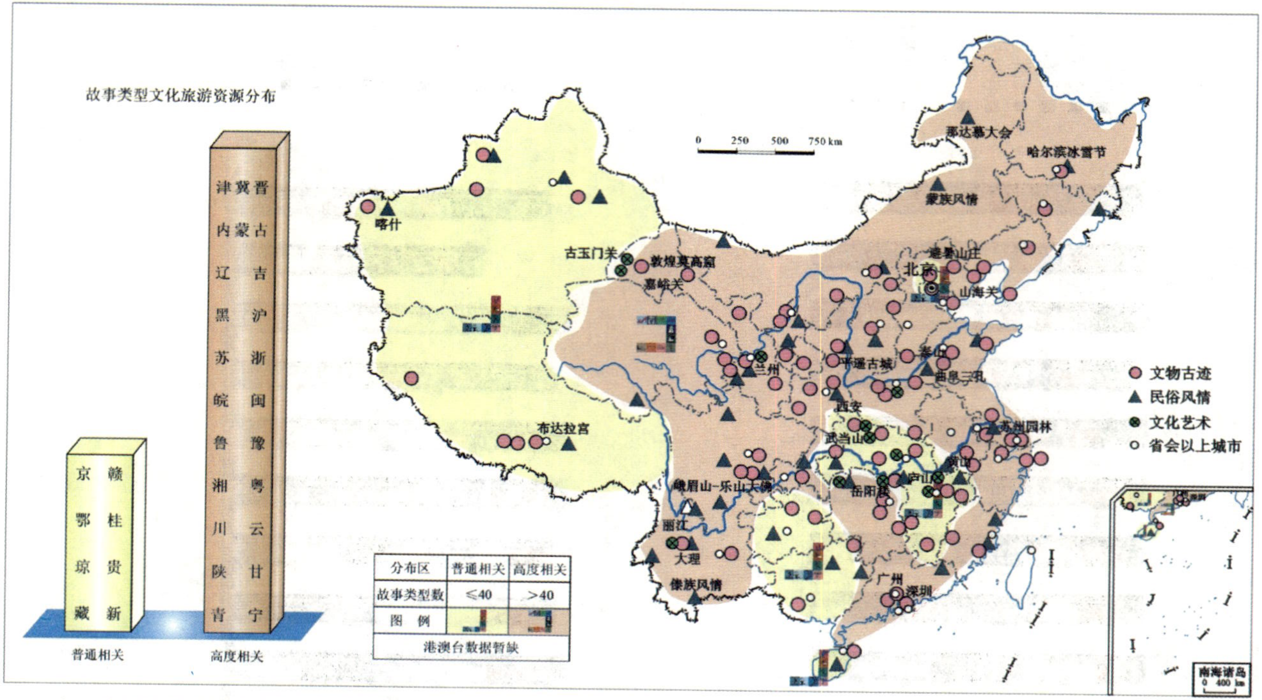

附图 11 中国故事类型文化旅游资源地图

注：《中国故事类型文化旅游资源地图》，吕红峰博士编绘，2009 年。

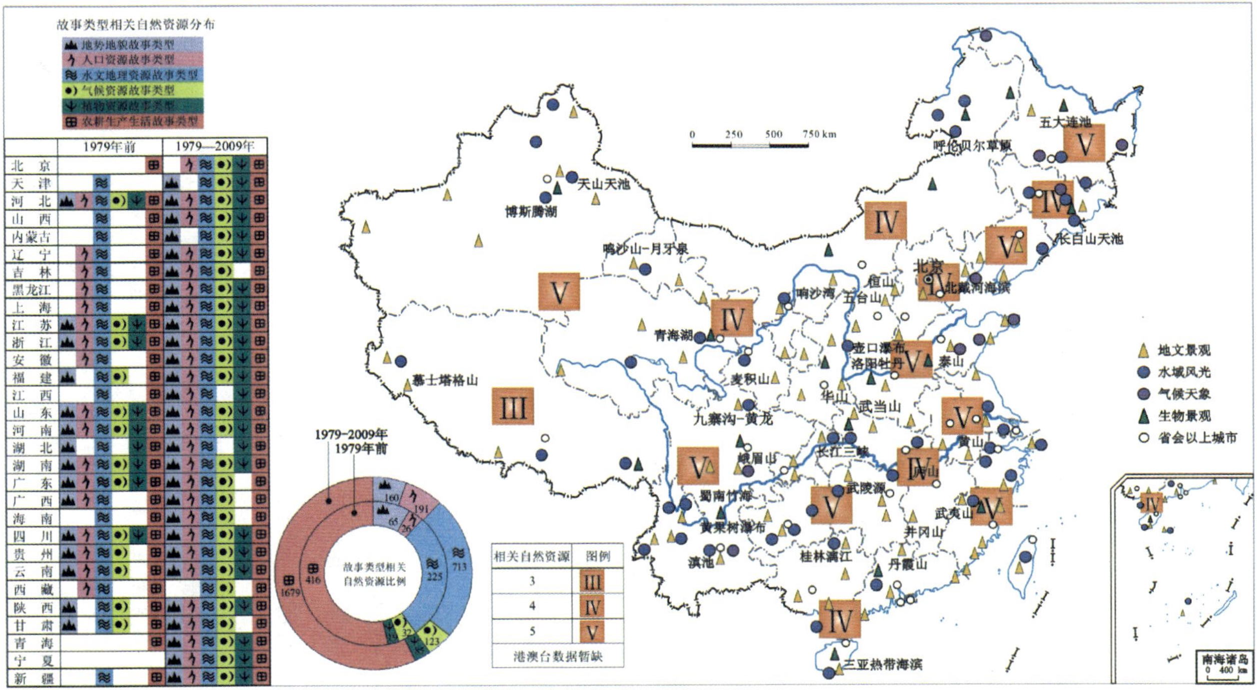

附图 12 中国故事类型自然旅游资源地图

后　　记

在王一川教授与我共同担任首席专家的2007年度国家社科基金重大项目"我国文化软实力发展战略研究"的结项成果(结项证书号:2014&J005)的基础上,又利用了将近一年的时间,修改完成了这部著作。按照我们共同商量的结果,王一川教授负责上册,主要从文艺学和艺术学的视角切入,做国家文化软实力建设的综合研究;我负责下册,主要从民俗学的视角切入,做民俗文化软实力的专题研究。两册互补,自上而下,也自下而上,双向讨论,对我国上、中、下三层整体文化的软实力发展战略做较为全面的研究。在这方面,我们的学术前辈已有历史开创,我们的任务是在前人的基础上继续前行。

在完成书稿之际不免还有许多感慨。我最想说的是,承担这样对国家社会文化建设负有高度责任的重大项目,所得到的社会关注、理论提升和跨学科团队合作成果是他处没有的。特别是跨学科的团队合作和交叉研究,的确是创新研究的必备条件。在合作期间,不同专业的学者的工作,皆以其多年之专攻和积累之所在,不容忽视。有的学问成绩突出的学者,还放下了手头的个人研究,对团队项目倾力而为。有的还要做很多非学术性的协调工作,却从始至终无怨无悔,这些都是令人难忘的。在项目进入艰难的时刻,特别需要"七分人品、三分学问"的更高人生境界,这在团队成员中也有充分体现。正是这种社会理想、理论追求和学术伦理的凝聚,带动了团队集体你欢我笑地走到终点。

借此机会,我特别要向王一川教授等学术友人致谢!在本项目申请之初和实施的前期我都不在国内,皆由一川教授独当一面,提前拿出了上册的优异成果。有了上册的开路和示范,才有了下册的得月之便,其中郭必恒副教授对不同学科的协调和沟通付出最多。下册中所使用的一些国外调研数据(China/Chinese Interest Survey)和中国民俗文化软实力在全球文化环境变迁条件下的发展策略分析(The Analysis of National Strategy for Global Cultural Environment Change Research),曾得到过美国学者R. David Arkush,Edewar Ronald,Amy Tang 诸教授和 American Sun Yat-Sen Spartacus Charitable Trust 等单位的支持,中外专家都对世界关注下的中国历史文明和多元民俗文化建设感兴趣,纷纷献策出力。此时回顾五四时期北大教授刘复的话"在一个伟大的变革时代,合作总比单干好",仍有隔空呼应之感。谁知在当今全球化和信息化的时代,还需要多少团队合作的事要做?故项目可以结束,团队合作研究的收获将影响长远。

下册的成果,除了本书,还有"中国文化软实力发展战略研究数据库"(参见本书《附录二》)。数据库的理论方案,由我与王一川教授共同拟定。数据库使用的总项目组阶段性论文资料、成果简报和工作动态,由郭必恒副教授提供。数据库的建设,依托我所负责的北京师范大学数字民俗学实验室进行,下列师生参与了这项工作,兹将他们的姓名开列于后,并一一致谢:

数据统计、填写与编辑:

赖彦斌(北京师范大学文学院网络工程师)

鞠　熙(时为北京师范大学博士后、现为北京师范大学讲师)

周锦章(时为北京师范大学博士生、现为首都师范大学副教授)

　　　　赵　　娜（时为北京师范大学博士生、现为清华大学博士后）
　　　　毕传龙（时为北京师范大学博士生、现为中国社会科学院博士后）
　　　　谢开来（北京师范大学博士生）
　　　　唐　　超（北京师范大学博士生）
　　　　王文超（北京师范大学博士生）
　　　　高　　磊（北京师范大学硕士生）
　　　　徐令缘（北京师范大学硕士生）
数字地图编绘：
　　　　赖彦斌
中外大学生、留学生数字中国经典故事朗读指导教师：
　　　　金舒年（北京大学副教授）
　　　　舒　　燕（北京语言大学副教授）

　　上述参与者都在不同程度上付出了自己的聪明才智与辛劳。还有来自国内25个省市的大学生和世界17个国家的来华留学生参与了中国经典故事传承现状的问卷调查与数字故事朗读工作，他们留下的音视频数据虽然是这个庞大数据集群中的星星点点，但他们同样也创造了网络信息时代的新亮点。

　　同上册一样，谨此向钟秉林教授郑重致谢！在本次国家社科基金重大项目的交叉研究立项和文化创新方向的选择上，他最早给予我们鼓励和支持。

　　感谢商务印书馆王齐副总经理对先师钟敬文教授主持的世界名著翻译项目和本次出版工作的一如既往的支持！一并向全面承担落实工作的编校人员表示衷心感谢！

董晓萍

2014 年 12 月 9 日